THE LIFE AND DIARY OF DAVID BRAINERD

데이비드 브레이너드
생애와 일기

옮긴이 **원광연**

역자는 총신대학 신학과를 졸업하고, 합동신학교를 수학하였으며, 호주 장로회 신학교(P.T.C.)를 졸업하였다. 호주 장로교회에서 목사 안수를 받고, 시드니 한인교회에서 시무하였으며, 현재 연구와 번역에 힘쓰고 있다. 역서로 칼빈의 『기독교 강요』(전3권), 『구약의 기독론』(헹스텐베르크), 『성경신학』(게할더스 보스), 『바빙크의 개혁교의학 개요』, 『하이델베르크 요리문답 해설』(우르시누스), 『그리스도인의 전신갑주』(윌리엄 거널) 외에 많이 있다.

● 독자 여러분들께 알립니다!

'CH북스'는 기존 '크리스천다이제스트'의 영문명 앞 2글자와 도서를 의미하는 '북스'를 결합한 출판사의 새로운 이름입니다.

세계기독교고전 1
데이비드 브레이너드 생애와 일기

개정판 1쇄 발행 2009년 8월 20일
개정판 중쇄 발행 2025년 5월 26일

지은이 조나단 에드워즈
옮긴이 원광연
발행인 박명곤 **CEO** 박지성 **CFO** 김영은
기획편집1팀 채대광, 백환희, 이상지
기획편집2팀 박일귀, 이은빈, 강민형, 박고은
기획편집3팀 이승미, 김윤아, 이지은
디자인팀 구경표, 유채민, 윤신혜, 임지선
마케팅팀 임우열, 김은지, 전상미, 이호, 최고은

펴낸곳 CH북스
출판등록 제406-1999-000038호
전화 070-4917-2074 **팩스** 0303-3444-2136
주소 서울시 강서구 마곡중앙6로 40, 장흥빌딩 10층
홈페이지 www.hdjisung.com **이메일** support@hdjisung.com
제작처 영신사

ⓒ CH북스 2009

※ 이 책은 저작권법에 따라 보호받는 저작물이므로 무단 전재와 복제를 금합니다.
※ 잘못 만들어진 책은 구입하신 서점에서 교환해드립니다.
※ CH북스는 (주)현대지성의 기독교 출판 브랜드입니다.

세계
기독교
고전

THE LIFE AND DIARY OF DAVID BRAINERD

데이비드 브레이너드
생애와 일기

조나단 에드워즈 편집 | 원광연 옮김

세계 기독교 고전을 발행하면서

한국에 기독교가 전해진 지 벌써 100년이 넘었습니다. 그동안 수많은 기독교 서적들이 간행되어 한국의 교회와 성도들에게 많은 공헌을 해 왔습니다. 그러나 기독교 역사 100년을 넘어선 우리의 교회와 성도들에게 더 큰 영적 성숙과 진정한 신앙을 심어주기 위해서는 가치있는 기독교 서적들이 많이 나와야 한다고 생각합니다. 그리하여 영혼의 양식이 될 수 있는 훌륭한 기독교 서적들이 모든 성도들의 가정뿐만 아니라 믿지 아니하는 가정에도 흘러 넘쳐야만 합니다.

믿는 성도들은 신앙의 성장과 영적 유익을 위해서 끊임없이 좋은 신앙 서적들을 읽고 명상해야 하며, 친구와 이웃 사람들의 구원을 위하여 신앙 서적 선물하기를 즐기고 읽도록 권해야 합니다. 이것은 하나님의 백성으로서 살기 원하는 사람의 의무입니다.

존 웨슬리는 "성도들이 책을 읽지 않는다면 은총의 사업은 한 세대도 못 가서 사라져 버릴 것이다. 책을 읽는 그리스도인만이 진리를 아는 그리스도인이다."라고 말했습니다. 우리는 이제 한국에서 최초로 세계의 기독교 고전들을 총망라하여 한국의 교회와 성도들에게 소개하고자 합니다. 전세계의 기독교 고전은 모든 기독교인들에게 영원한 보물이며, 신앙의 성숙과 영혼의 구원을 위하여 이보다 더 귀한 것은 없을 것입니다.

이러한 취지로 어언 2천여 년의 세월이 지나는 동안 세계 각국에서 저술된 가장 뛰어난 신앙의 글과 영속적 가치가 있는 위대한 신앙의 글만을 모아서 세계 기독교 고전 전집으로 편찬하고자 합니다.

우리는 이 세계 기독교 고전 전집을 알차고, 품위있게 제작하여 오늘날 한국의 교회와 성도들에게 제공하고 후손들에게도 물려줄 기획을 하고 있습니다. 우리는 다시 한번 다니엘 웹스터가 한 말을 깊이 생각해 보아야 할 것입니다.

"만약 신앙 서적들이 우리 나라 대중들에게 광범위하게 유포되지 않고, 사람들이 신앙적으로 되지 않는다면, 우리나라가 어떤 나라가 될지 걱정스럽다 … 만약 진리가 확산되지 않는다면, 오류가 지배할 것이요, 하나님과 그의 말씀이 전파되고 인정받지 못한다면, 마귀와 그의 궤계가 우세할 것이요, 복음의 서적들이 모든 집에 들어가지 못한다면, 타락하고 음란한 서적들이 거기에 있을 것이요, 우리나라에서 복음의 능력이 나타나지 못한다면, 혼란과 무질서와 부패와 어둠이 끝없이 지배할 것이다."

독자들의 성원과 지도 편달을 바라마지 않습니다.

CH북스
발행인 박명곤

필독을 권하면서

앤드류 머리

하나님이 교회나 그 시대에 줄 수 있는 가장 고귀한 선물은 하나님의 뜻을 몸소 체현시키는 삶을 살며, 그의 믿음으로 주위의 사람들에게 영감을 주는 사람이다. 우리는 19세기를 선교사 부흥의 세기라고 말한다. 지나간 세기에 하나님이 그의 교회에 어떻게 두 사람을 주셨는지 놀라운 일이다. 그들은 생애를 선교사업에 산제사로 바쳤을 뿐 아니라, 특별히 그들을 따르는 사람들이 하나님의 나라를 섬기는데 있어서 필수적인 요소가 기도의 능력이라는 것을 믿도록 도와주었다.

데이비드 브레이너드와 헨리 마틴, 두 사람은 기도가 하나님의 나라를 앞당긴다는 하나님의 약속에 대한 믿음과 확신에 대한 능력 있는 증거자들이었다.

그들을 뒤이은 수많은 선교사들이 그들의 본을 따라 기도에 대한 믿음을 더욱 깊게 하게 되었다.

데이비드 브레이너드의 일기는 모든 그리스도인들에게 그의 열정적이고 능력 있는 기도생활을 보여주기 위하여 나온 것이다.

우리가 모든 독자들에게 말하고 싶은 것이 한 가지 있다. 당신이 읽은 브레이너드의 열렬한 기도와 신속한 응답에 대하여 만족하거나, 심지어 기쁨에 넘치는 것도 주의해야 한다. 이러한 기쁨은 당신으로 하여금 브레이너드가 행한 것을 아는 기쁨과 그것을 인정하는 것에만 만족하도록 유혹할지 모른다. 그러나 이것은 별로 유익이 없다.

당신이 하나님의 종들의 발자취를 따르도록 당신을 부르시는 성령의 소리를 들을 때까지, 하나님이 함께 하시는 가운데 읽고, 쉬었다가 다시 읽으라.

그리고 그 비결이 영혼에 대한 강렬한 사랑과 당신의 기도에 응답하여 당신을 위하여 기도하는 그들에게 하나님의 축복을 내리실 것을 믿는 확신이라는 것을 당신이 증명할 수 있도록 하나님께 은혜를 구하라.

그리고 교회가 기도하지 않는 죄를 깨닫고, 아직 어둠에 있는 사람들에게 하나님의 축복을 내리시도록 밤낮으로 하나님께 구하는 종이 나타날 복된 가능성을 위하여 함께 특별히, 아주 특별히 기도하자.

하나님이 이 책의 모든 독자들을 축복하시기를 기원한다.

추천사

기도의 사람 데이비드 브레이너드

김명혁 박사(전 합동신학원 교회사 교수)

브레이너드는 굉장한 일을 한 사람은 아니었다. 오랫동안 주의 일을 감당하지도 못했다. 그는 21세에 개종을 하고 24세에 헌신을 해서, 29세로 생애를 마쳤던 질그릇과 같이 연약한 사람이었다. 그는 폐결핵을 비롯한 온갖 병으로 가득 찬 사람이었다. 인디언 틈에서 온몸과 심혈을 쏟아 버린 이름 없는 선교사였다.

그러나 그의 삶 속에는 하나님의 능력의 심히 큰 것이 있었다. 그의 삶 속에는 하나님께서 임재하고 계셨다. 그가 기도로 숨쉬었고, 기도로 움직였고, 기도로 선교하다가 기도 가운데 숨을 거둔 사람이었기 때문이다.

이러한 그의 생애는 후세에 수많은 하나님의 사람들의 가슴과 생애를 뒤흔들어 놓았다. 그는 1740년대 미국을 휩쓴 대각성 운동의 주도자 조나단 에드워즈의 심장에 깊은 감동을 끼쳤고 존 웨슬리의 마음에 큰 전환점을 마련해 주었다. 윌리암 케리와 헨리 마틴, 짐 엘리엇 선교사의 마음을 움직여서 복음 사역에 종사하도록 하였다.

그의 어떤 점이 이 세기적인 하나님의 사람들을 움직였을까? 모든 생명을 내걸고 하나님 앞에 헌신한 삶이라고 말할 수 있을 것이다. 그가 29세란 나이로 하나님 앞에 간 이유 중 하나는 그가 임종시에 고백한 대로 지나친 수고라고 할 수 있다. 그는 건강을 돌볼 겨를이 없었다. 건강을 완전히 희생하여 선교에 전념했다. 이는 주님 앞에 그가 받을 최고의 상급이 될 것으로 믿는다.

그의 생애를 살펴 볼 때 우리는 몇 가지 아름다운 교훈을 얻게 된다.

첫째, 자신을 하나님께 절대적으로 헌신한 하나님의 사람이 얼마나 귀한 것인가를 가르쳐 준다.

둘째, 참된 그리스도인의 체험이 어떤 것인지를 가르쳐 준다. 그는 완전히 하나님께 사로잡힌 자로서 여러 가지 감동적인 체험을 갖고 있었다.

셋째, 자기 몸을 선교와 봉사의 제물로 바친 자로서의 본을 보여 준다.

그러나 무엇보다 그의 생애에서 단연 돋보이는 것은 기도생활이다. 그는 개종하기 바로 전 하나님께 버림받았다는 의식에 깊이 사로잡혀 있었다. 그러한 중에도 그는 힘써 기도했다.

그가 21세에 회심한 후 그의 기도 생활은 더욱 빛이 났다. 그는 한 시간의 기도 가운데 얻는 기쁨이 이 세상의 모든 기쁨을 능가한다고 고백하고 있다. 그의 24번째의 생일(1742. 4. 20)을 금식과 기도로 바치기로 작정할 만큼 기도열은 대단했다. 그는 그의 생일에 복음 사역을 준비하려고 밤이 다하도록 힘써 기도하였다. 그는 기도 중에 "나의 보배로우신 주님"을 고백하며 끝없이 감격하기도 했다. 그에게는 한때 전도의 길이 막혀 많은 고생을 하기도 하지만 누구도 그의 기도의 길만은 막을 수 없었다. 그는 자신의 영적인 교만을 회개하며 기도했고, 친구와 이웃 전도자를 위한 중보기도를 하였고, 자기에게 맡겨진 주민들을 위해 기도하느라고 며칠이고 기도에 열중하기도 했다. 어떤 때는 말을 타고 가다가도 도중에 내려 기도하기도 했다.

1745년 그는 영혼의 깊은 밤을 경험하게 되었다. 몸이 너무나 쇠약해졌다. 몸의 뼈마디 하나하나가 모두 무너져 내린 듯했고 온 몸에 온전한 곳이 없었다. 고통으로 인하여 설교도, 기도도 할 수 없었다. 이러한 절망적 상황은 하나님과 끊어진 듯한 영혼의 깊은 밤이었다. 그러나 그 밤은 하나님의 놀라운 은혜의 사역으로 이어졌다. 여기서 시작된 신앙 부흥은 일년간 계속되었다. 그의 가슴은 기도로 녹아졌고 은혜의 소나기가 홍수처럼 쏟아부어져서 완악한 인디언들의 가슴을 녹여 갔다. 그의 몸도 한계를 지니고 있었다.

1746년 가을부터 임종시까지 그는 조나단 에드워즈의 집에서 지내게 된다. 더 이상 회복할 수 없을 만큼 그의 몸은 이미 탈진해 있었다. 그는 임종의 자리에서도 기도에 맡기고 진리를 잃고 명상하라는 권면을 잊지 않았다. 그는 천국에 대한 사모심이 사도 바울만큼이나 강했다. 그러나 그가 천국에 가고 싶어하는 것은 천국의 한 모퉁이에서라도 하나님을 찬양하고 그분께 영광을 돌리기 위함이었다.

1747년 10월 9일 그는 "오, 주 예수여 오시옵소서"라는 기도와 함께 이 세상을 떠나 하나님의 품으로 갔다. 그가 숨을 거두는 순간까지 중단하지 않고 기록한 그의 일기는 이상과 같은 생애를 감명 깊게 소개하고 있다.

존 웨슬리는 모든 설교자들이 브레이너드의 일기를 세밀히 읽어야 한다고 말했다. 우리 한국의 수많은 하나님의 사람들이 이 브레이너드의 생애를 접하고 바른 신앙, 깨어 있는 신앙생활을 하기를 바라는 마음 간절하다.

바라기는 이 책을 읽는 이들의 가슴마다 브레이너드의 가슴에 가득했던 기도와 헌신의 정열이 솟아넘치기를 기원한다.

차 례

> 필독을 권하면서 · 앤드류 머리 ······ 7
> 추천사 · 김명혁 박사 ······ 9
> 조나단 에드워즈 목사의 서문 ······ 15

제 1 장 [1718년 4월 20일~1741년 2월] ································ 21
그의 출생에서부터 사역을 위한 공부를 시작하기까지—
그의 회심, 예일 대학과의 관계, 그리고 그의 퇴교의 사정들

제 2 장 [1742년 4월 1일~7월 29일] ······································· 44
신학 공부 시작 시부터 설교 자격 취득까지

제 3 장 [1742년 7월 30일~11월 25일] ···························· 58
강도사 인허부터 선교사 임직까지

제 4 장 [1742년 11월 26일~1743년 3월 31일] ······················ 67
선교사 임직 시부터 뉴욕의 카우나우믹에서의
인디언 선교 사역 개시까지

제 5 장 [1743년 4월 1일~1744년 6월 12일] ·························· 77
거의 1년 동안의 카우나우믹의 인디언 사역—일시적인 퇴거와
고난들—학교를 세움—예일 대학 교수회에 제출한 고백—금식기
간—인디언들의 교육 방법들—뉴저지와 코네티컷(Connecticut)
방문—델라웨어의 폭스에서의 인디언 사역의 개시—목사 안수

차례 13

제 6 장 [1744년 6월 13일~1745년 6월 18일] ·························· 111
델라웨어의 폭스 인근에서의 인디언들을 위한 사역-우상 숭배
의 축제와 춤-오페홀하우풍 혹은 서스퀴한나까지의 황야를 통
과하는 여정-델라웨어의 폭스에 학교를 세움-인디언들에게 성
령께서 역사하신 몇 가지 증거들-한 동료를 후원할 자금 마련
을 위한 뉴잉글랜드에로 여정-서스퀴한나의 인디언들을 방문
함-뉴저지의 크로스윅성에로의 여정

제 7 장 [1745년 6월 19일~11월 5일]······································ 147
브레이너드의 일지(日誌): "뉴저지와 펜실베이니아의 인디언들
에게 일어난 놀라운 은혜의 역사: 기독교 지식 전파를 위한 스
코틀랜드 선교회의 명에 따라 작성함" 제1부-크로스윅성 사역
을 시작함-델라웨어의 폭스에서 사역을 재개함-그의 통역자의
회심-크로스윅성으로 귀환-성령의 부으심-델라웨어의 폭스와
서스퀴한나 방문-한 주술사-크로스윅성 사역의 재개-하나님
의 은혜의 역사에 대하 몇 가지 소견

제 8 장 [1745년 11월 24일~1746년 6월 19일]······················ 204
레이너드의 일지: "뉴저지와 펜실베이니아의 인디언들에게 일
어난 놀라운 은혜의 역사: 기독교 지식 전파를 위한 스코틀랜드
선교회의 명에 따라 작성함" 제2부-크로스윅성 사역의 재개-
성령의 부으심-두드러진 사례-하나님의 능력이 놀랍게 나타
남-한 회심자-여러 그리스도인 인디언들이 델라웨어의 폭스까

지 그와 동행함-크로스웍성에 일어난 충격적인 회심 -금식일-
성찬-한 주술사의 회심-기술 내용에 대한 대략적인 소견.

제 9 장 [1746년 6월 19일~1747년 10월 9일] ················ 280
브레이너드의 공식일지의 마지막 시점(1746년 6월 19일)부터
그의 죽음까지-크로스웍성과 크랜베리에서의 사역의 계속 -6
명의 그리스도인 인디언들과 함께 서스퀴한나로 향하여 거기서
수고함 -크로스웍성으로 돌아옴-건강의 악화로 어쩔 수 없이
인디언들을 떠남-병의 악화로 엘리자베스타운에서 발이 묶임-
인디언 고별 방문-그의 동생 존이 그를 이어 선교사가 됨-코네
티컷에 도착하여 친지들과 함께 지냄-노샘프턴으로 에드워즈
학장을 방문함-보스턴으로 향함, 거기서 거의 죽음에 가까운
상태에 이름-보스턴에서 쓰임받음-노샘프턴으로 돌아옴-마지
막 질병에서 은혜로 승리함-그의 죽음

제10장 브레이너드의 생애에 대한 소견 ················ 344

해설 · 데이비드 브레이너드의 일기 · 프랭크 마길 ················ 361

조나단 에드워즈 목사의 서문

브레이너드의 생애에서 쉽게 분간해 낼 수 있는 한 가지 요인이 있는데, 바로 그가 천성적으로 우울증과 낙망의 상태에 쉽게 빠지는 정서를 지녔다는 것이 그것이다. 이를 두고서 그의 신앙과 헌신에 대한 놀라운 증거들을 뒤집는 것으로 여기는 이들이 많다. 신앙이란 모두가 우울한 것이며 그리스도인의 체험이라 불리는 것은 뇌를 괴롭히고 열광적인 상상을 자극하는 것으로 우울증과 거의 다를 바 없다고 생각하는 이들도 있다. 그러나 의기소침해지는 성향을 지닌 브레이너드의 정서나 기질을 근거로, 그의 놀라운 헌신이 그저 열광적인 상상의 산물에 지나지 않는다고 생각한다면 그것은 전혀 이치에 맞지 않는 것이다. 물론 의기소침에 빠지는 성향이 있었으나, 그는 보통 풍부한 상상과는 전혀 거리가 먼 사람이었음이 분명하다.

그를 아는 모든 사람들이 인정하듯이, 그는 사물을 꿰뚫어 보는 천재성과 선명한 사고와 면밀한 추리와 매우 정확한 판단을 지닌 인물이었다. 그는 인간 본성에 대한 위대한 통찰을 지녔으며, 또한 전반적으로 사리 분별이 매우 밝은 사람이었으며, 동시에 신학적인 판단과 지식에서도 뛰어났고, 특히 체험적인 신앙에 있어서는 더더욱 그러했다. 그는 참된 견고한 경건과 열광적인 상태를, 빛과 판단에 기초를 둔 이성적이며 성경적인 감정들과 또한 변덕스런 욕심이나 상상에 근거한 강한 감동과 동물적인 격렬한 감정 따위에 기초하는 감정들을 서로 정말 정확하게 구별하였다. 그는 인간이 이런 것들에 노출되어 있음을 예민하게 감지하고 있었다. 그것들이 얼마나 광범위하게 인간을 사로잡았으며, 얼마나 많은 무리가 그것들에게 속임을 당하였으며, 그것들의 사악한 결과들과 또한 그것들이 기독교 세계에 끼친 무시무시한 해악을 놀랍게 지각한 것이다. 그는 그런 식의 신앙을 전혀 신뢰하지 않았고, 살든지 죽든지 그것에 대해 반대하여 풍성하게 증언하였고, 무엇이든 그런 성격을 지닌 현상이 일어나면 제아무리 멋지고 그럴듯하게 위장하고 나타날지라도 그 시초부터 그것을 분별하였던 것이다. 그는 이처럼 상상에 근거한 열광적인 신앙의 갖가지 현상들을 묘사하여 그 그릇됨과 헛됨을 드러내며, 또한 이런 신앙과 참된 영적인 헌신의 크나큰 차이를 입증하는 데에 나로서는 도저히 따라갈 수 없는 재능을 지니고 있었다.

그의 영민함은 다른 이들의 체험들을 분별하는 데뿐 아니라 자기 자신의 마음의 갖가지 활동들을 분별하는 면에서도 나타났다. 특히 자신의 내면적인 활동 가운데 우울증에서 비롯된 것이 어떤 것인지를 분간하는 면에서는 내가 지금까지 만난 그 어떤 우울한 사람들보다 뛰어났다. 이것이 그의 특유한 판단력 덕분이었음은 물론이다. 우울증의 영향 아래 있는 사람들이 자기 자신의 질병을 지각하며 또한 자기에게서 나타나는 이런저런 현상들이 그 질병에 기인하며 또한 그 순전한 작용의 결과물들이라는 것임을 납득한다는 것은 정말이지 희귀한 일이니 말이다. 독자들이 다음에 이어지는 그의 생애에서 보게 되겠지만, 브레이너드가 단번에 그 정도의 수준에 이른 것은 아니고, 점차적으로 그렇게 된 것이다.

그의 신앙적인 여정의 전반부에서는 마음이 침울해지는 현상의 상당 부분을 자신의 영적인 침체에서 비롯된 것으로 여겼으나, 후반부에 가서는 그것이 우울증에서 비롯된 것임을 아주 풍부하게 지각하였고, 그리하여 그러한 사실을 그의 일기에서 명확하게 이야기하는 경우가 많이 나타난다. 대화중에 그는 우울증과 경건한 근심의 차이에 대해, 참된 겸손과 영적인 침체의 차이에 대해, 그리고 이 둘을 서로 착각할 때에 생기는 큰 위험과 또한 큰 상처를 주는 우울증의 본질에 대해 자주 이야기하였고, 그것에 대해 명확한 판단을 갖고 있었고, 자기 자신의 체험을 통해서 알게 된 문제에 대해서는 더욱 영민하게 논하였음은 물론이다.

다음에 이어지는 브레이너드의 생애의 기록에서 보게 되겠지만, 그에게서 나타나는 또 다른 불완전한 면은 바로 지나친 과로(過勞)였다. 체력과 피로를 적절히 조절하는 일에 신경을 쓰지 않은 것이다. 사실, 섭리의 부르심을 받고서 자신의 체력에 지나치도록 수고하지 않는다는 것은 그로서는 극히 어려운 일이었다. 그렇다. 그의 처지와 인디언들 중에서 행한 그의 선교 사역 자체가 굉장한 피로와 고통을 불가피하게 수반하는 것이었다. 그러나 그는 마침내 자신이 이 문제에서 실수를 범했다는 것을 깨달았다. 좀 더 철저하게 조심하여야 했고 건강을 해칠 정도로 과로하고자 하는 유혹들을 더욱 의연하게 물리쳤어야 옳았다는 것을 수긍한 것이다. 그리하여 그는 자신을 이어 그의 선교 사역을 담당하게 된 그의 동생에게 이런 실수를 범하지 않도록 주의하라고 경고하였다.

이미 언급한 불완전한 면들 외에 다른 불완전한 요소들도 그의 모든 신앙적 정서와 신앙 활동에 뒤섞여서 그의 생애 전반에서 나타났다는 것을 기꺼이 인정한다. 이 세상의 아무리 훌륭한 성도라도 언제나 그렇듯이 본성적인 것이 영적인 것과 뒤섞여 나타난 것이다. 천성적인 기질이 브레이너드의 신앙 활동에 어느 정도 영향을 주었음은 주지의 사실이다. 이 점은 경건한 다윗이나 사도 베드로, 요한, 바울에게서도 분명하게 나타나는 것이다. 참된 경건한 근심과 진정한 그리스도인의 겸손이 우울증의 요인과 뒤섞이고, 천성적인 청년의 불 같은 정열과 하나님을 향한 그의 거룩한 열정이 뒤섞이고, 본성의 원리의 영향이 갖가지 다른 면에서 은혜와 뒤섞여 나타난 경우가 매우 많았던 것도 분명하다. 성도들이 이 땅에 살아 있는 동안에는 언제나 그랬고 또한 앞으로도 계속 그럴 것이다. 어쩌면 브레이너드의 불완전한 요소들에 대해 가장 깊이 지각한 것은, 혹은 천성적인 요소와 영적인 요소를 가장 정확하게 분별할 수 있었던 것은, 바로 그 자신이었을 것이다. 사려 깊은 독자라면 그가 나이가 들수록 그의 은혜가 무르익었고, 그 마음의 신앙적인 활동이 더욱 순결해졌고, 그의 판단이 더욱 예리해졌다는 것을 쉽게 관찰할 수 있을 것이다. 그에게는 그를 가르치고 순결하게 해 주는 요소가 많았고, 그는 이를 놓치지 않고 거기서 유익을 얻은 것이다.

이런 모든 불완전한 요인들에도 불구하고, 경건하고 사려 깊은 독자라면 여기 제시되어 있는 이 전기야말로 마음에서와 실천에서 참된 훌륭한 경건의 놀라운 모범으로서 생명력 있는 신앙의 실체와 경건의 능력을 크게 확증해주는 것이요, 이것이야말로 그대로 본받을 만한 귀한 가치가 있으며 또한 여러 가지 면에서 조심스럽게 관찰하는 이에게 영적인 유익을 주도록 계산된 것임을 기꺼이 인정하게 될 것이다.

　독자는 브레이너드가 그의 일기에 기록한 내용이 ― 다음에 이어지는 그의 생애의 전기는 주로 이 일기에서 취한 것이다 ― 세상에서 존귀와 박수를 받기 위한 것도 아니요 혹은 그의 생전에나 그의 사망 이후 세상이 그것을 보도록 하기 위하여 계획적으로 쓴 것도 아니요, 그 스스로 사사로이 사용하기 위하여 기록한 것이었음을 유의하여야 한다. 다만, 그가 죽어가는 상태에서 쓴 몇 가지 내용은, 그의 사사로운 기록들을 완전히 감추어 두지는 말라는 권고에 어렵사리 동의하여 공개한 것이다. 그는 자신의 사망 이후 그의 일기의 한 부분이라도 출간하여 공개하는 일에 대해 거의 어찌 해볼 수 없을 정도로 반대하였다. 그리고 보스턴에서 자신이 죽어가는 처지가 되었을 때도 지극히 철저하고도 결연하게 반대하였다. 그러나 거기 몇몇 친지들이 그렇게 철저하고도 절대적인 금지는 철회해 줄 것을 옆에서 간곡히 권면하여, 마침내 다음과 같은 단서를 달아서 공개할 것을 기쁘게 허락하였다. 곧, "그가 남긴 글들이 내 손에 주어져서 내가 하나님의 영광과 신앙의 유익을 위하여 최선이라고 여기는 대로 그것들을 처리하도록" 한 것이다.

조나단 에드워즈

조나단 에드워즈 목사의 집, 매사추세츠 주의 노샘프턴, 1747년

제 1 장

그의 출생에서부터 사역을 위한 공부를 시작하기까지 — 그의 회심, 예일 대학과의 관계, 그리고 그의 퇴교의 사정들.

1718년 4월 20일 〉 1741년 2월

데이비드 브레이너드는 1718년 4월 20일 코네티컷(Connecticut)의 헤덤(Haddam)에서 출생하였다. 그의 아버지는 헤제카이어 브레이너드(Hezekiah Brainerd)요, 어머니는 제레마이어 호바트 목사(Rev. Jeremiah Hobart)의 딸인 도로시 호바트(Dorothy Hobart)였다. 그의 부모는 아들 다섯과 딸 넷을 두었는데, 그 중 데이비드는 셋째 아들이었다. 맏아들은 헤덤의 존경받는 시민이었고, 둘째는 느헤마이어 브레이너드 목사(Rev. Nehemiah Brainerd)로서 코네티컷의 이스트베리(Eastbury)의 귀한 목회자였으며, 넷째인 존 브레이너드(John Brainerd)는 형인 데이비드를 이어 인디언 선교사가 되어 뉴저지(New-Jersey)의 그리스도인 인디언 교회를 담임하였다. 다섯째는 이스라엘 브레이너드(Israel Brainerd)는 후에 예일 대학(Yale College)의 학생이 되었으나 그의 형 데이비드의 사망 이후 곧바로 사망하였다. 어머니는 아버지의 사망 후 5년을 과부로 살다가 이 전기의 주인공이 열네 살 되던 해에 사망하였다. 그리하여 데이비드는 어린 시절 부모를 다 여읜 것이다. 다음은 스물세 살까지의 그의 삶에 대해 그 자신이 기록한 내용이다:

어린 시절부터 나는 다소 침착했고, 우울한 기분에 빠지는 경향이 있었다. 그러나 예닐곱 살 때까지는 죄를 깨닫는 일에 대해서 언급할 만한 중요한 일이 전혀 기억나지 않는다. 그 이후 영혼의 문제에 대해 염려하게 되었고 또 죽음을 생각하면서 공포에 휩싸여 신앙적인 임무들을 행하게 되었다. 그러나 그런 임무를 행한다는 것은 놀고 싶은 열망을 다 망가뜨리는 아주 우울한 일로 여겨졌다. 하지만, 안타깝게도, 이런 신앙적인 관심은 얼마 가지 못했다. 이따금 은밀하게 기도를 행하기는 했으나, 열세 살이 지날 때까지는 별 염려 없이 그렇게 "하나님이 없이 세상에서" 지낸 것으로 기억된다.

그런데 1732년 겨울(이 당시 그는 열네 살이었다 — 역주), 육신적인 안일함에서 깨어나게 되었다. 어떻게 해서 그렇게 되었는지는 잘 알 수 없으나, 당시 헤덤에 나돌던 치명적인 전염병 때문에 크게 충격을 받은 것은 사실이었다. 나는 자주 끈질기게, 다소 열정적으로 기도에 힘썼고, 책을 읽는 것을 좋아했고, 특히 제인웨이 목사(James Janeway: 1636-1674, 잉글랜드의 청교도 목회자 — 역주)의 『어린이들을 위한 신앙의 증표』(Token for Children)를 읽고 기쁨을 얻었다. 때로는 신앙의 임무들을 행하는 가운데 상당히 뜨거워지는 것을 느꼈고, 그 임무들을 행하는 데에서 큰 기쁨을 얻었다. 그리고 때로는 내가 회심(回心)했다면 얼마나 좋을까, 혹은 내가 천국과 행복으로 가는 길에 서 있다면 얼마나 좋을까 하고 바라기도 했다. 회심이 무엇인지도 모르면서 말이다. 이 때에 하나님의 성령께서는 줄곧 나와 함께 하셨다. 내가 세상에 대해서 놀랍게 죽어 있었고, 생각이 거의 온통 내 영혼에 대한 염려로 가득했다. 사실 "내가 그리스도인임을 거의 확신했다"고 말할 수 있을 정도였다. 1732년 3월, 어머니께서 돌아가시자 나는 무척이나 괴로웠고 우울했다. 그러나 그 이후부터 나의 신앙적인 관심이 시들어져 갔고, 점점 안일함에 상당히 다시 빠져 들어갔다. 그러나 여전히 은밀한 기도는 행하고 있었다.

1733년 4월 15일 경, 나는 아버지의 집을 떠나서 이스트헤덤(East-Haddam)으로 거처를 옮겨 4년을 그 곳에서 지냈다. 이따금씩 은밀한 신앙적 임무들을 행하기는 했으나, 여전히 "하나님이 없이 세상에서" 살았다. 다른 아이들과 어울려 노는 일에는 그렇게 많이 탐닉하지 않았다. 하지만, 그렇게 아이들과 어울릴 때면 나갈 때처럼 그렇게 선한 양심으로 돌아온 적이 한 번도 없었다는 것은 지금도 기억이 난다. 언제나 새로운 죄가 가중되어서 은혜의 보좌 앞에 나아가기가 두려워졌고, 내 스스로 나에 대해 가지고 있던 좋은 기분이 망가져 버리는 것이었다. 하지만, 안타깝게도, 나 자신에 대해 갖고 있던 좋은 기분은 하나님의 영광을 위하는 열정에 기초한 것이 아니라, 모두 자기의(自己義: self-righteousness. 롬 10:3을 참조하라 — 역주) 이외에 아무것도 아니었던 것이다!

1737년 4월말 경, 열아홉 살이 된 나는 더럼(Durham)으로 옮겨가 일년 동안 농장 일을 했다. 이 때에 공부를 하고픈 간절한 마음이 자주 들었다. 스무 살 쯤 되었을 때, 스스로 공부를 시작했고, 이제 그 어느 때보다도 신앙의 임무들에 더욱 열심히 정진하였다. 나의 생각이나 말, 행동들을 매우 엄격하게 살펴보았고, 사역자의 길에 헌신할 생각이 있으니 정말로 진지해져야 한다고 생각했고, 또한 실제로 내가 나 자신을 주님께 드렸다고 상상하였다.

1738년 4월 쯤, 나는 헤덤 교회의 피스크(Fiske) 목사님에게 가서 그가 돌아가시기까지 그와 함께 생활하였다. 내 기억으로 목사님은 내게 또래 아이들과 어울리는 것을 철저히 금하고 나이 든 점잖은 분들과 어울릴 것을 권면하셨고, 나는 그대로 순종하였다. 이제 생활 방식이 상당히 규칙성을 띠게 되었고, 신앙적인 모습으로 가득 차게 되었다. 1년도 채 안 되어 성경 전체를 두 번 이상 읽었고, 날마다 기도를 비롯해서 갖가지 은밀한 신앙적인 임무들에 많은 시간을 할애하였고, 설교 말씀을 아주 진지하게 경청했고, 그 말씀을 담아두기 위해 최고의 노력을 기울였으니 말이다.

신앙에 대해 얼마나 관심이 깊었던지, 몇몇 청년들과 함께 신앙 활동을 위하여 주일 저녁마다 사사로이 모임을 가졌고, 또한 이 모든 임무들에서 나 자신이 아주 순전하다고 생각했다. 그 모임이 끝나면, 그 날 들은 말씀들을 홀로 되씹곤 했고, 기억할 수 있는 만큼 기억해 내느라 때때로 밤늦도록 애를 쓰기도 했다. 또 이따금씩 월요일 오전 내내 주일에 들은 설교 말씀들을 다시 기억하고 묵상했고, 신앙적인 활동에서 기쁨을 얻었고, 그리하여 그

교회에 회원이 되는 문제를 진지하게 생각하기도 했다. 간단히 말해서, 겉으로 보면 나는 매우 선한 모습이었다. 요컨대, 나는 겉모양으로는 매우 선하였고, 내가 행하는 여러 신앙적인 임무들에 전적으로 의지하고 있었던 것이다. 하지만 그런 나의 상태를 지각하지 못하고 있었다.

피스크 목사님이 돌아가신 후, 나는 동생과 함께 공부를 계속했고, 신앙적 임무들도 꾸준하게 지속하였다. 그리고 신학교 교수들의 경박스러운 모습을 보고 의아했던 적도 많았고, 그분들이 신앙에 대해 그렇게 부주의한 것에 가슴이 아팠다. 이렇게 해서 나는 한동안 자기의를 근거로 삼아 계속 나아갔다. 그러니 하나님의 긍휼하심이 그것을 막지 않으셨다면, 나는 정말이지 완전히 버려진 상태가 되고 말았을 것이다.

1738년 초겨울의 어느 주일, 은밀한 임무들을 행하러 바깥으로 걸어가는 중에 불현듯 나의 위험한 상태와 하나님의 진노하심에 대한 생각이 밀려와 나를 압도하였고, 나는 깜짝 놀라 멍하니 서 있었다. 그 전까지 나의 대한 기분 좋은 상태가 순식간에 사라져버렸다. 나의 죄와 사악함이 시야에 들어와 하루 종일 큰 괴로움에 휩싸였다. 하나님의 보응(報應)이 당장에라도 나를 칠 것만 같은 두려움이 엄습했다. 크나큰 낙심이 찾아왔고, 외로움이 밀려들었다. 때로는 새와 짐승들의 행복이 부럽기까지 했다. 그것들은 최소한 나처럼 영원한 비참함에 노출되어 있는 것은 아니지 않은가! 이렇게 해서 하루하루를 그런 상태로 큰 괴로움에 시달리며 살아갔다. 때로는 내 앞에 거대한 산들이 우뚝 서 있어서 하나님의 긍휼하심에 대한 나의 소망을 가로막는 것만 같았다. 그리고 회심의 역사가 너무도 엄청난 일이어서 나는 절대로 그런 역사에 동참하지 못할 것이라는 생각이 들었다. 그러나 그런 중에도 나는 하나님께 기도하고 부르짖었고, 진지하게 다른 신앙의 임무들을 이행하였다. 어떻게 해서든 내 처지를 좀 더 낫게 만들어 보리라는 바람을 가졌던 것이다.

갖가지 임무들을 행하는 동안에 그런 행위 자체에 무슨 가치가 있는 것처럼 그것을 드러내 보이려는 생각들을 수백 번도 더 물리쳤다. 그리고 그 행위들이 아무리 선하다 해도 나는 그저 영원한 정죄(定罪) 이외에는 아무것도 받을 자격이 없다는 것을 하나님께 자주 고백하기도 했다. 하지만 혹 하나님께서 나의 그런 신앙적인 임무들을 보시고 나를 좋게 보시지 않을까 하는 은밀한 바람이 여전히 내 속에 있었다. 내가 안타까움으로 기도하고 내 마음이 어느 정도 뜨거워져 있는 것 같을 때에는, 하나님이 이런 내 모습에 감동받으시리라는 희망이 고개를 들었다. 그럴 때면 내 기도들에 무언가 선한 모습이 보였고 죄에 대해 슬퍼하는 것 같기도 했다. 내 생각대로 그리스도 안에서 하나님의 긍휼하심에 어느 정도 희망을 가져볼 수도 있었다. 그러나 나의 주도적인 생각은 거기에 있지 않았다. 내 마음이 녹아내리는 것이나 나의 뜨거운 감정이나 나의 열정적인 간절한 기도가 선한 것이라는 식의 상상이 내 소망의 근거였던 것이다.

때로는 천국 문이 너무 좁아서 들어가기가 거의 불가능한 것처럼 보이기도 했지만, 또 어떤 때에는 그 문 안으로 들어가는 것이 별로 어렵지 않다고 스스로 아첨하면서, 부지런히 노력하고 잘 살피면 금방 그 일을 이룰 것이라고 생각하기도 했다. 때로 간절한 마음으로 임무를 열심히 이행하고 나면, 천국에 한 걸음 성큼 다가섰으리라는 희망을 가졌고, 또한 하나님께서도 나만큼 감동을 받으셨을 것이고 내가 부르짖는 진지한 부르짖음을 들어주시리라는 식으로 상상했다. 그리하여 때로는 큰 괴로움 중에 은밀한 기도를 위해 홀로 물러가 있다가도 기도 후에는 편안해져서 돌아오기도 했고, 이런 식으로 내가 행한 임무들로 나 자신을 치료했던 것이다.

1739년 2월, 은밀한 금식과 기도를 위하여 하루를 정하였고, 하나님께서 긍휼을 베푸시기를 위하여 종일토록 거의 쉬지 않고 부르짖었다. 나의 눈을 열어주셔서 나의 죄의 악을 보게 해 주시고 예수 그리스도로 말미암는 생명의 길을 보게 해 달라고 말이다. 하나님께서는 그 날 나의 마음의 상태에 대해 상당한 발견을 허락해 주셨다. 그러나 나는 여전히 내가 행하는 그 모든 임무들을 신뢰하고 있었다. 그것들 속에 선한 것이 하나도 없고 하나님의 영광을 위하는 것도 없고, 내 마음속에도 그런 것이 하나도 없었는데도 말이다. 그런데 하나님께서는 나의 그런 노력들을 사용하셔서 나의 어쩔 수 없는 무기력한 처지를 어느 정도 보게 해 주셨다.

때로는 마음에 큰 용기가 생겨서 하나님께서 나를 사랑하시며 나를 기뻐하신다고 상상하였고, 머지않아 내가 하나님과 완전히 화목하게 될 것이라고 생각하기도 했다. 그러나 그 모든 것이 그저 임무들을 열심히 행하였다거나 마음에 간절함이 넘친다거나 혹은 몇 가지 선한 결심들을 했다거나 하는 등등의 주제넘는 추측에 근거한 것일 뿐이었다. 때때로 나의 악함과 벌거벗음과 주권자 하나님으로부터 나 자신을 구원할 수 없는 무능력함을 보게 되어 크나큰 괴로움이 생겨났다. 그러나 그럴 때마다 그렇게 깨달은 것을 도저히 감당할 수 없는 것으로 여겨 뒤로 제쳐두곤 했다. 언젠가 한 번 끔찍한 괴로움이 나를 사로잡았던 일이 기억난다. 나의 모든 선한 것들이 벗겨진 채 하나님 앞에 벌거벗은 상태로 서 있는 나의 모습이 생각나서 어찌나 두렵고 끔찍했던지, 그 옛날 벨릭스가 바울에게 했던 말처럼 "지금은 물러가라!"(참조. 사도행전 24:25 ─ 역주)고 하고 싶은 심정이었다. 치료받기 위해서는 나의 비참한 처지를 더욱더 직시해야 한다고 생각하여 죄를 더 깨닫게 되기를 날마다 사모했으나, 막상 나의 마음에서 추하고 악한 것들을 발견하자 그 모습이 너무도 끔찍하였고, 내가 정죄 아래 있다는 것이 너무도 분명하게 드러나서 도무지 견딜 수가 없었다. 나는 다른 사람들은 그리스도를 영접하기 전에 무언가 자격 조건들을 얻었다고 상상하여 그 조건이 무엇이든 간에 그것을 얻고자 끊임없이 힘썼다. 그 자격 조건이 하나님의 은혜를 받게 해 줄 것으로 여긴 것이다. 때로는 완악한 마음의 힘을 느끼고서, 그리스도께서 나를 받아주시려면 먼저 그 마음이 부드러워져야 한다고 생각했다. 그러다가 마음에 뜨거움을 느끼게 되면, 이제는 그 일이 거의 다 이루어졌으려니 하고 바랐다. 그리하여 괴로움이 여전히 남아 있을 때면 나를 대하시는 하나님의 역사에 대해 투덜거리곤 했다. 다른 사람들의 경우는 마음이 부드러워진 것을 느낄 때에 하나님께서 그들에게 자비를 보여주셨는데, 나에게는 여전히 괴로움이 남아 있다는 것이었다.

1739년

때로는 게으르고 나태해져서 한동안 죄에 대한 큰 깨달음 같은 것이 전혀 없을 때도 있었다. 그러나 그런 때가 지나면, 다시 자책감이 더욱 격렬하게 밀려왔다. 어느 날 밤의 일이 유독 기억난다. 혼자 바깥을 거니는데 문득 나의 죄가 내 앞에 어찌나 적나라하게 펼쳐지는지 집에 도착하기도 전에 발로 딛고 서 있는 땅이 꺼져서 내 무덤이 되어 버리고 내 영혼은 곧바로 지옥으로 떨어지지 않을까 하는 두려움이 생기기도 했다. 남이 나의 괴로워하는 모습을 볼까 두려워 어쩔 수 없이 잠자리에 들기는 했으나, 거의 잠을 이룰 수가 없었다. 지옥에서 벗어난 상태로 아침을 맞는다면 정말 기적 같은 일일 것이라는 생각이 들었다. 괴로움이 그만큼 클 때도 있었으나, 나는 죄에 대한 깨달음이 없이 다시금 육신적인 안일과 임박한 진노에 대해 무감각한 상태에 빠지는 것이 정말로 두려웠고, 그리하여 하나님의 성령의 역사하심을 거스르지 않기 위해 더욱더 정확하게 처신하였다. 언제든 나의 깨달음이 상당한 수준에 이르렀다는 생각이 들면, 그것들을 의지하곤 했다. 그러나 이런 자신감과 또한 금방 내가 구원을 향하여 상당히 진보하리라는 희망으로 인하여 마음이 편안해졌고, 그리하여 곧바로 더 무감각하고 게으른 상태가 되어 버렸다. 그러다가 나의 깨달음이 나태해지고 있고 곧 내게서 사라질 지경이라는 것을 알게 되면, 즉시 각성이 생기고 괴로움이 다시 찾아왔다. 때로는 내게 주어지는 어떤 기회나 수단들을 통해서 내가 회심을 향하여 아주 큰 걸음마를 했다는 기대감이 생기기도 했다.

여러 가지 실망거리들과 큰 괴로움과 혼란을 접하게 되자, 나는 감히 전능하신 하나님과 싸우려는 끔찍한 마음 상태에 빠졌고, 인류를 대하시는 하나님의 방식들에 대해 속으로 격렬한 반발심을 갖고 트집을 잡으려 한 것이었다. 나의 악한 마음이 예수 그리스도로 말미암는 것이 아닌 다른 구원의 방법을 바라는 경우도 많았다. 풍랑 이는 바닷물처럼 생각이 온통 혼란스러운 상태에서 하나님의 진노를 피하는 다른 방법들을 찾으려 애쓰기도 했다. 나를 향하신 하나님의 작정과 계획들을 망가뜨리려 하거나, 하나님의 시선을 피하여 그에게서 숨는 방법들을 찾으려는 엉뚱한 계획들을 갖고 있었다. 정말 온통 무신론(無神論)이 가득했다. 그러나 곰곰이 생각해 보면, 이런 계획들이 전혀 소용이 없고 아무런 도움이 되지 않으며, 스스로 위로를 얻으려고 아무리 일을 꾸며보아도 소용이 없다는 것이 백일하에 드러났다. 그러면 지극히 무시무시한 상태에까지 생각이 빠져 들어갔다. 하나님이 없었으면 좋겠고, 그 하나님을 통제할 수 있는 누군가 다른 하나님이 있으면 좋겠다는 생각이 드는 것이었다. 이런 생각이나 바람들은 내 마음에 숨어 있는 은밀한 성향들에서 비롯되는 것인데, 이것이 나도 모르는 사이에 불쑥불쑥 나오는 것이었다. 그런 성향들에 대해 생각하면 두려움이 밀려오지만, 그것들이 내 것이라니, 안타까웠다. 이를 생각하면 내 마음에 하나님을 향한 적개심이 그렇게 가득 차 있다는 것 때문에 큰 괴로움이 밀려왔다. 하나님의 보응(報應)이 갑자기 내게 떨어지지나 않을까 하는 두려움으로 마음이 떨려왔다. 전에는 내 마음의 상태가 성경과 다른 책들이 제시하는 것처럼 그렇게 악한 것은 아니라고 상상하곤 했다. 때로는 겸손히 굴복하는 성향을 내 속에 억지로 만들어 내느라 애를 쓰면서, 그러니 내 속에 무언가 선한 것이 있겠지 하는 바람을 가지곤 했다. 그러나 갑자기 율법의 지엄함이나 하나님의 주권(主權)에 대한 생각들이 들어오면, 나의 부패한 마음이 무척이나 성가셨다. 내가 내 마음을 잘 살펴왔고 그래서 이제 선한 상태가 되었다고 생각했는데, 마치 둑이 터져서 저수지 물이 홍수처럼 쏟아져 내려가듯 내 마음의 부패함이 터져 나와 사방에서 흘러넘치는 것이었다.

    그리스도와 가까이하여 구원을 얻기 위해서는 깊이 낮아지는 것이 필수적이라는 것을 지각하여, 나는 그렇게 낮아지는 데에 필수적인 깨달음들을 내 마음에 일으키려고 애를 쓰곤 했다. 그런 깨달음들이란 이런 것들이었다: "하나님께서 나를 영원히 버리실지라도 그는 여전히 의로우시다. 내가 아무리 여러 해 동안 고뇌 가운데 있었고 아무리 열심히 임무들을 다 했다 할지라도 하나님께서 내게 자비를 베푸신다면 그것은 순전히 하나님의 은혜일 것이다. 내가 아무리 임무들을 열심히 행하고 부르짖고 눈물을 흘렸다 해도 하나님은 나를 불쌍히 여겨야 할 임무가 조금도 없으시다." 이런 깨달음들을 나 스스로 확고히 믿고 마음을 다하여 그것들을 인정하기 위해 지극한 열심과 노력을 기울였다. 그리고 이 정도면 진실로 나 자신이 낮아졌고 하나님의 주권 앞에 고개를 숙인 것이겠지 하는 바람을 가졌다. 기도 중에 나는, 나에게도 하나님께서 사람들에게 자비를 베푸실 때에 요구하시는 그런 영혼의 상태가 있으니 이제는 내게도 자비를 베풀어 달라는 식으로 간구하곤 했다. 그러나 그렇게 기도하는데도 마음에 위로가 없고 여전히 죄책감과 진노에 대한 두려움이 사로잡고 있었다. 그러니 그런 상태에서 내 영혼에서 반발이 일어났고, 하나님이 나를 그렇게 가혹하게 대하시는 것에 대하여 역심(逆心)이 생겼다. 그러나 다시 양심에 가책이 일어나며, 나를 정죄하시는 것이 하나님의 공의라고 바로 전에 고백한 것이 생각났다. 그러자 내 마음의 악(惡)이 눈에 들어와 나를 다시 괴로움 속에 빠뜨렸다. 내 마음을 좀 더 면밀히 살펴서 하나님께서 나를 대하시는 것에 대해 역심을 품지 말았더라면 얼마나 좋았을까 라는 생각이 들었다. 심지어 나의 낮아진 상태에 의지하여 자비를 구하지도 말았어야 했는데, 그렇게 해버렸기 때문에 선한 모든 모습이 내게서 상실되어 버린 것이라고 생각했다. 이렇듯 내 자신이 낮아져서 구원을 주시는 자비를 받을 준비가 된 것이라는 식의 헛된 상상을 거듭 반복했다. 마음이 이처럼 혼란스럽고 괴롭고 혼란스럽게 요동치는 상태에 있는 동안, 특히 다음과 같은 문제들이 부패한 내 마음을 격동시켰다.

1. **하나님의 율법의 가혹함**. 내가 아무리 처절하게 노력해도 율법의 요구를 만족시킬 수 없다는 것을 알았기 때문이다. 자주 새로운 결심들을 했으나, 언제나 그것들이 여지없이 깨어져 버렸다. 나는 그 모든 것을 내가 부주의하고 좀 더 잘 살피지 못한 탓이라 여겼고, 그런 나의 무심함을 보며 나 자신을 바보라 부르곤 했다. 그러나 더 강력하게 결심하고 더 열심히 노력하고 금식과 기도를 면밀히 행하였음에도 불구하고 그런 모든 시도들이 다 허사가 되는 것을 보고서, 하나님의 율법이 터무니없이 엄하다고 여겨 불평하였다. 그것이 겉으로 드러나는 행동과 처신에만 해당된다면 그것을 무난히 견

딜 수 있겠다고 생각하였다. 그러나 그것이 나의 악한 생각과 내 마음의 죄악들을 쳐서 나를 정죄한다는 것을 알았다. 그런 것은 도저히 막을 길이 없는 것들이다. 그러나 나는 이 문제에서 내가 전혀 속수무책일 수밖에 없다는 것을 인정하기가 끔찍하게 싫었다. 계속 실망스런 결과들이 되풀이되었으나 나는 그래도 그냥 멸망하기보다는 무언가 좀 더 할 수 있는 것이 있다고 생각했다. 특히 내가 애쓰고 노력할 때에 이런저런 정황들이 함께 있어주면 그럴 수도 있을 것 같았다. 극한에 이르기까지 더욱 열심히 애써야 한다고 생각했다. 그러나 의도한 대로 최선을 다했다고 자신할 수 있는 때가 전혀 없었다. 이처럼 장차 상황이 더 좋아져서 나 스스로 무언가 더 큰 일을 행할 수 있으리라는 희망을 갖게 되자, 나 자신에 대하여 처절하게 절망을 하지도 않았고, 또한 나 자신이 주권자 하나님의 손에 잡혀 있고 오직 값없이 주시는 한량없는 은혜에 의존하고 있음을 바라볼 수도 없었던 것이다.

   2. 나를 격동시킨 또 한 가지 문제는 **오직 믿음만이 구원의 조건이라는 것**이었다. 하나님께서 조건을 더 낮추어주지 않으신다는 것과, 또한 그가 나의 순전하고도 마음을 다한 기도와 노력들에 근거하여 생명과 구원을 약속하지 않으신다는 것이 나를 격동시켰던 것이다. 마가복음 16:16의 "믿지 않는 사람은 정죄를 받으리라"라는 말씀이 이에 대한 모든 희망을 잘라 버렸다. 믿음은 나 스스로 얻을 수 있는 것이 아니라 하나님의 주권적인 선물이며, 따라서 그 어떠한 나의 행위로도 하나님께서 그것을 내게 베푸실 임무가 있도록 만들 수가 없다는 것을 나는 알았다(엡 2:1, 8). 나는 곧바로 "이는 납득하기 힘든 말씀이다 누가 이 말씀을 들을 수 있으랴?"라고 말하고 싶었다. 내가 행한 모든 일이 결국 아무것도 아닌 게 되어버린다는 것을 견딜 수가 없었다. 지극히 양심적으로 임무를 이행하였고 한동안 매우 신앙적인 자세를 견지하였고, 내 생각에는 자비를 얻은 다른 여러 사람들보다 훨씬 더 많은 일을 행하였다고 자부했다. 과연 내가 행한 임무들이 더럽다는 것은 고백했다. 하지만 그 행위들이 더러워진 것은 그것들을 행하면서 이리저리 생각이 방황하였기 때문이지 내가 마치 마귀처럼 완전히 더러웠기 때문이 아

니라고 생각했다. 원리 자체가 처음부터 부패해 있었으니 내가 선한 일을 하나도 행할 수가 없었던 것이었다. 그리하여 나는 내가 행한 일을 정직하고도 신실한 노력이라 불렀고, 그런 노력에 대해 하나님이 구원을 하나도 약속하지 않으셨다는 것을 견딜 수가 없었던 것이다.

3. **믿음**이 무엇인지를, **그리스도를 믿고 그에게 나아온다는 것**이 무엇인지를, 도무지 찾을 수가 없었다. 그리스도께서 수고하고 무거운 짐 진 자들을 부르신 일에 대한 말씀을 읽었으나, 그가 그들더러 오라고 지시하신 길은 찾을 수가 없었다. 어떻게 가는지를 알면 기꺼이 가겠노라고 생각했다. 그러나 임무의 길은 그렇게 어려울 수가 없었다. 나는 스토다드(Solomon Stoddard: 1643-1729. 아메리카의 회중교회 목사로 조나단 에드워즈의 장인 — 역주)의 「그리스도에의 안내」(*Guide to Christ*)를 읽었는데(이 책이 하나님의 손에 사용되어 나의 회심으로 이끈 복된 수단이 되었다고 믿는다), 저자를 향하여 역심이 일어났다. 나의 마음에 계속해서 깨달음을 주었고 또한 그의 지침들이 내게 매우 유익한 것처럼 여겨지기도 했으나 여기서 내게 실망을 주는 것 같았다. 나를 그리스도께로 이끌어가기 위해서 내가 할 수 있는 일을 하나도 말해주지 않고, 이를테면 나를 그리스도와의 사이에 커다란 간격이 있는 상태에 내버려 두고는 거기서 어떻게 헤어날지에 대해 아무런 지침도 주지 않았던 것이다. 그러나, 그것은 초자연적인 것이요 또한 가장 높은 천사라도 줄 수 없는 것이므로 자연인이 자기의 힘으로 그것을 얻을 길은 전혀 있을 수 없다는 것을 그 당시에는 효과적으로 또한 체험적으로 가르침 받지 못하고 있었던 것이다.

4. 또 다른 문제는 **하나님의 주권**(主權)이었다. 나를 구원하거나 정죄하거나 하는 것이 전적으로 하나님의 기쁘신 뜻에 달려 있다는 것을 나는 견딜 수가 없었다. 로마서 9:11-23이 항상 나를 성가시게 했고, 특히 21절은 더욱 그랬다. 이 본문을 읽거나 묵상하면, 좋아 보이는 나의 상태가 항상 여지 없이 무너져 내렸다. 내가 거의 다 낮아졌고 거의 나를 부인했다고 생각하고 있을 때에 이 본문이 하나님을 향한 나의 적대심을 겉으로 드러나게 했기 때

문이다. 이럴 때에 내 속에서 일어나는 적개심과 망령된 것을 생각하게 되면, 하나님이 더욱 무서웠고 그와 화목할 가망이 더 사라지는 것이었다. 나자신의 끔찍한 모습이 보였고, 하나님의 손에 사로잡힌 나 자신을 보자 어느 때보다 더 두려움이 엄습했고, 그러자 하나님의 주권에 굴복하는 것과 더욱 반대의 자세를 갖게 되었다. 하나님이 나를 정죄할 것을 계획해 놓으셨다는 생각이 들었던 것이다.

하나님의 성령께서는 이런 시절 내내 나와 함께 능력으로 역사하고 계셨다. 나는 모든 자신감을 버리고, 무슨 방법을 써서 나 자신을 도울 수 있을 희망을 완전히 포기하도록 속에서 나를 압박하는 것이 있었다. 나의 잃어버린 처지에 대한 깨달음이 때때로 내 눈 앞에 너무도 선명하게 드러나서 그것이 마치 여러 말로 "이제는 망했다. 다 망해 버렸다. 영원토록 네 자신을 구원할 수 없다"고 내게 선언하는 것 같았다. 사나흘 동안 내 영혼은 그렇게 크게 괴로움을 당하였다. 어느 순간에는 나 자신이 잃어버리고 망해 버린 상태에 있는 것 같았다. 그러나 그것이 곧바로 시야에서 움츠러들었다. 감히 나 자신을 완전히 속수무책인 상태로 하나님의 손에 내어드려서 그의 주권적인 뜻에 따라 마음대로 나를 요리하시도록 내어놓고 싶지를 않았던 것이다. 감히 나 자신에 관한 중요한 진리를, 곧 내가 "허물과 죄로 죽은" 상태라는 사실을 직시하지 못했던 것이다. 그러나 나 자신에 대한 이런 생각들을 던져버리고 나면, 곧바로 다시 나 자신의 똑같은 모습을 발견하게 되어 괴로움에 휩싸이는 것이었다. 하나님께서 결국 나를 어리석음의 상태에 내어버려 두시지나 않을까 하는 큰 두려움이 있었던 때문이다. 그런 생각 자체를 좀 더 "편안한 때"로 미루어둘까 하고도 생각했으나 그런 깨달음이 너무도 긴밀하고 강하여서 지금이 가장 적기요 어쩌면 지금이 아니면 다시는 기회가 없을 것 같은 생각이 들어서 감히 뒤로 미룰 수도 없었다.

나 자신의 진정한 모습이 보였고, 타락한 피조물과 하나님께로부터 버려져 있어서 감히 하나님께 자비를 요구할 수가 없고 그저 그의 절대적인 처분에 맡길 수밖에 없는 나의 처지에 대한 진실이 드러나서, 나의 영혼이 움츠러들었고, 이를 바라본다는 생각만 해도 두려워 떨었다. 그러니, 모든 중생하지 못한 모든 사람들이 늘 그렇듯이, 악을 행하는 자는 진리의 빛을 미워하며, 그리로 나아오려 하지도 않는 법이다. 진리의 빛이 자신의 행위를 책망하고 그의 마땅히 당할 형벌을 보여주기 때문이다. "악을 행하는 자마다 빛을 미워하여 빛으로 오지 아니하나니 이는 그 행위가 드러날까 함이요"(요 3:20). 그보다 얼마 전, 나는 하나님의 주권에 굴복하는 것을 생각하며 큰 고통을 받은 적이 있는데, 여전히 일을 오해하고 있었고, 지금 나의 영혼이 그렇게도 두려워하며 떨고 있으나 바로 이 진리를 직시하고 체험적으로 지각하게 되는 것이야말로 내가 그렇게도 진지하게 바라던 그런 영혼의 상태라는 것은 한 번도 상상하지 못했다. 나는 언제나 희망을 갖고 있었다. 곧, 내가 내 생각에 믿음을 얻기에 필수적인 그런 낮아짐의 상태에 이르게 되면, 그 때에는 하나님께서 나를 내어쫓으시는 것이 공평하지 못한 처사가 될 것이라고 말이다. 그런데 내 속에 선한 것이 있기는커녕 오히려 나 자신이 영적으로 죽어 있고 모든 선한 것이 완전히 결핍되어 있는 것이 보였고, 그리하여 오히려 정반대로 그것 때문에 영원히 아무 말도 할 수 없게 되리라는 것을 알았다. 나 자신을 보고, 또한 나와 하나님의 관계를 보니 너무도 무시무시했다. 나는 죄인이요 범죄자요, 그는 위대한 재판장이시요 주권자이시니, 마치 가련한 피조물이 벌벌 떨며 높은 벼랑 끝에 서 있는 것 같았다. 그리하여 잠시 그 일을 뒤로 미루어 두고, 좀 더 사정을 나아지게 만들어 놓으려 하였다. 먼저 성경 한두 구절을 읽거나 기도를 먼저 하거나, 아니면 그런 성격을 지닌 책을 읽고서 그 문제를 생각하거나, 아니면 "어떻게 굴복할지를 모르겠습니다"라고 반론을 제기하여 하나님께 굴복하기를 뒤로 미루든지 해야겠다고 생각한 것이다. 그러나 사실은, 주권자 하나님의 손에 나 자신을 맡기는 것이 전혀 안전하지 못하며, 정죄(定罪)보다 나은 그 어떠한 것도 그에게 주장할 수 없을 것이라고 여겨졌던 것이다.

이와 비슷한 일들과 괴로움을 겪으며 한동안을 지내던 중, 어느 날 아침

보통 때처럼 한적한 곳에서 거닐고 있었는데, 갑자기 나 자신의 구원을 이루기 위하여 생각해온 나의 모든 도모와 계획들이 완전히 허사라는 것을 깨닫게 되었다. 나 자신이 전적으로 버려진 상태에 있음을 알게 되자 나는 완전히 궁지에 몰렸다. 전에는 나의 가는 길에 정말 굉장한 어려움이 있다는 생각을 여러 번 했었다. 그런데 이제는 시각이 전혀 달라져서, 내가 나 자신을 돕거나 구원하기 위해 무슨 일을 한다는 것이 영원히 불가능하다는 것을 본 것이다. 그리고 나 자신을 탓하였다. 기회가 있을 때에 더 많이 행하고 더 열심히 임무를 다하지 못했다는 자책감이 들었다. 이제는 그럴 기회가 영원히 사라진 것 같았던 것이다. 그러나 곧바로 다시, 내가 하고자 한 일을 다 행하였어도 나 자신을 돕지 못했을 것이고, 영원토록 모든 간구를 드릴 수 있었다 해도 나의 모든 간구들이 허사가 되었을 것이라는 것이 보였다. 그러자 전에 내 마음을 어지럽혔던 그 혼란한 상태가 잠잠해졌고, 나 자신과 또한 하나님의 주권을 바라보며 씨름하는 중에 느꼈던 괴로움도 다소간 진정되었다. 그러는 가운데 내가 아무리 애를 써도 나의 처지가 영원토록 비참하다는 크나큰 확신이 생겼고, 전에 이것을 한 번도 감지한 일이 없었다는 것이 이상하게 여겨졌다.

　이런 상태에 있는 동안 나의 임무들에 관하여 과거와는 전혀 다른 생각을 갖게 되었다. 과거에는 임무를 열심히 행할수록 하나님께서 나를 내어쫓으시기가 더욱 힘들 것이라고 생각했다. 물론 동시에 나의 임무들 자체에는 선한 것도 공로도 없다는 것을 보았고 또 그렇게 고백했지만 말이다. 그러나 지금은 기도나 혹은 다른 임무를 열심히 행할수록, 하나님께서 나로 하여금 자비를 구할 수 있도록 허락하시니 모든 것이 하나님의 덕분이라는 것이 더욱 확실하게 보였다. 내가 기도하게 된 것도 나 자신의 유익을 위한 것이었고, 한 번도 하나님의 영광을 생각하여 기도한 적이 없다는 것을 깨달았기 때문이다. 이제는 나의 기도와 하나님께서 자비를 베푸시는 것은 서로 하등의 필연적인 관련이 없다는 것이 보였다. 내가 아무리 열심히 기도했다 해도, 하나님 편에서는 그 때문에 내게 그의 은혜를 베푸셔야 할 임무를 지시게 되는 것이 전혀 아니었다. 그리고 마치 그저 손을 물에 담가 철벅거리는 행위에 아무런 덕스러운 것이나 선한 것이 없듯이, 나의 기도들에도 전혀 덕이나 선이 없는 것이었다(그 당시에는 고작 이런 비유밖에는 생각나지 않았다). 왜냐하면 그 기도들이 하나님을 향한 사랑이나 그를 위하는 마음으로 행해진 것이 아니었기 때문이다. 내가 하나님 앞에 나의 헌신과 금식과 기도 같은 것을 쌓아놓고 있으면서 마치 하나님의 영광을 목표로 삼은 것처럼 가장했고, 사실 때로는 정말 그렇다고 생각하기도 했다. 하지만 참으로 그것을 의도한 일은 한 번도 없었고 오로지 나 자신의 행복을 위하여 그런 일들을 했던 것이다. 내가 한 번도 하나님을 위하여 무슨 일을 행한 적이 없으니 그에게 무슨 주장도 할 수가 없고 오로지 나의 외식과 조롱에 대하여 멸망만이 있을 뿐이라는 것이 보였다.

오오, 나의 온갖 임무들을 바라보는 시각이 과거와 얼마나 달라졌는지 모른다! 나는 그 임무들에 죄와 불완전한 요소들이 끼여 있다고 보았었다. 하지만 그 임무들을 행하면서 산만하고도 허망한 생각들이 함께 있었기 때문에 그랬던 것이지, 하나님을 생각하는 것이 거기에 없었기 때문이 아니었던 것이다. 나는 하나님을 생각하고 그런 일을 했다고 생각했던 것이다. 그러나 내가 오로지 나 자신의 유익만을 생각했었다는 것이 분명히 보이자, 그것들이 하나님을 향한 더러운 조롱이요, 나 자신을 예배하는 것이요, 계속해서 거짓된 과정을 걷는 것이었던 것이 드러났다. 그저 몇 차례 산만하게 방황하는 것보다 더 악한 무엇이 나의 임무들에 개입되었다는 것이 보이는 것이었다. 나의 임무들 전체가 결국 나 자신을 예배하는 것이요, 하나님을 능욕하는 무서운 짓 이외에 아무것도 아니었으니 말이다.

돌이켜보면, 금요일 오전부터 그 다음 안식일(1739년 7월 12일) 저녁, 앞에서 언급한 대로 나 자신의 잃어버린 속수무책의 상태를 깨닫게 된 그 동일한 한적한 곳을 거닐 때까지 그런 마음의 상태가 계속되었던 것 같다. 거기서 나는 슬프고 우울한 상태에서 기도를 시도했다. 그러나 기도나 기타 임무들을 할 마음이 전혀 생기질 않는 것이었다. 전에 가졌던 염려나 활동이나 신앙적인 감정들이 사라져 있었다. 하나님의 성령께서 나를 완전히 버리셨다는 생각이 들었다. 그러나 그래도 괴롭지는 않았다. 하지만 마치 하늘이나 땅에 나를 행복하게 해 줄 수 있는 것이 하나도 없기라도 한 것처럼 쓸쓸한 마음이었다. 그런 상태에서 거의 반시간 가량 기도하려고 애를 쓰다가 — 매우 어리석고 무분별한 행동이었다는 생각이 든다 — 일어나 어두컴컴한 깊은 숲속을 거니는데, 말할 수 없는 영광이 열리며 나의 영혼이 그것을 감지한 것 같았다. 물리적으로 무언가 밝은 빛이 나타난 것은 아니다. 그런 것은 전혀 보지 못했다. 그렇다고 삼층천의 어느 곳에서 빛을 내는 물체 같은 것을 상상하려 했던 것도 아니었다. 오히려 하나님을 마음속으로 새롭게 깨닫거나 바라보게 된 것이었다. 전에는 그런 것을 경험한 일이 없고, 그런 것과 비슷한 것조차도 본 일이 없었다. 나는 경이감과 앙모의 마음이 가득한 채로 조용히 서 있었다! 전에는 그것에 비교될 만큼 훌륭하고 아름다운 것은 한 번도 본 일이 없었다. 그것은 내가 하나님 혹은 신적인 일들에 대해 갖고 있던 모든 개념들과는 판이하게 다른 것이었다. 성부 하나님이나, 성자 하나님, 혹은 성령 하나님 등, 삼위일체의 각 위를 구체적으로 깨달은 적이 전혀 없었다. 그런데 그 때에 내가 바로 하나님의 영광을 바라본 것 같았던 것이다. 그런 하나님을 보다니, 그런 영광스런 신적인 존재를 보다니, 내 영혼이 말로 다할 수 없는 기쁨으로 즐거웠다. 그리고 그분이 영원토록 만유의 하나님이시라는 것에 대해서 마음속 깊이 기쁨과 만족을 얻었다. 하나님의 훌륭하심과 사랑스러움과 위대하심 등 온갖 그의 완전하신 모습들에 내 영혼이 사로잡혀 기뻐한 나머지, 그의 안에 내가 삼켜버린 것 같았고, 처음에는 나 자신의 구원에 대한 생각도 전혀 나지 않았고 나 자신 같은 피조물이 있다는 것도 거의 생각나지 않을 정도였던 것이다.

 하나님께서는 이렇게 해서 나로 하여금 그를 높이 우러르며 그를 보좌 위에 세우며 그를 우주의 왕으로 모시며 무엇보다 먼저, 또한 궁극적으로, 그의 존귀와 영광을 목적으로 삼고자 하는 깊은 마음의 성향을 갖게 하신 것 같다. 거의 캄캄해질 때까지 이러한 내적인 기쁨과 평안과 경이의 상태가 약화되지 않고 계속되었다. 그리고 그 다음 내가 본 것을 생각하고 따져보기 시작했고, 그 날 밤새도록 마음에 평안을 누렸다. 마치 내가 새 세상에 있는 것 같았고, 주위의 모든 것이 과거와는 전혀 다르게 보였다.

이 때에 구원의 길이 무한한 지혜와 타당함과 훌륭함으로 내게 열려와서, 내가 구원을 위해 지금껏 다른 길을 생각했다는 것이 의아스러울 정도였다. 전에도 이 사랑스럽고 복되고 훌륭한 길이 내게 주어졌었는데도, 내가 나 자신이 만들어낸 길들을 버리고 이 길에 순복하지 않았다는 것이 신기하게 여겨졌다. 만일 내가 나 자신의 임무들이나 전에 내가 생각해낸 온갖 다른 길을 통해서 구원받을 수 있었다 해도, 지금에 와서는 나의 영혼이 그것들을 거부했을 것이었다. 전적으로 그리스도의 의(義)로 말미암는 이 구원의 길을 온 세상이 보지 못하고 순복하지 않는다는 것이 정말 이상했다.

그 때에 느꼈던 그 감미로운 맛이 더해졌다 덜해졌다 하며 며칠 동안 거의 끊어지지 않고 계속되었다. 하나님 안에서 감미롭게 즐거워하며, 그의 안에서 눕고 일어서지 않을 수가 없었다. 전처럼 강렬하지는 않으나, 그 다음 주일도 같은 종류의 느낌을 받았다. 그러나 얼마 지나지 않아서 다시 어둠과 큰 괴로움이 찾아왔다. 하지만 전에 죄를 깨달을 때에 당했던 괴로움과는 종류가 다른 괴로움이었다. 죄책감이 들었고 하나님께 나아기가 두렵고 부끄러웠고, 죄책감이 정말 무겁게 나를 짓눌렀다. 그러나 얼마 후 참된 회개와 하나님 안에서 누리는 즐거움을 느끼게 되었다.

9월 초, 나는 예일 대학(Yale College)에 들어갔다. 하지만 온갖 시험거리들 가운데서 과연 내가 철저한 신앙의 삶을 영위하지 못하게 된다면 어찌할까 하는 망설임이 어느 정도 있기도 했다. 그 후 방학 때 대학에 머무르기 위해 떠나기 전에, 하나님께서는 내 영혼에 찾아오셔서 그 자신과 그의 은혜를 더욱 선명하게 보게 해 주셨다. 한동안 기도하며 나 자신을 점검하고 있었는데, 주께서 그의 은혜로 내 마음속을 환히 비추셨고 그 때에 그의 사랑에 대한 충만한 확신을 누리게 되었다. 그리하여 내 영혼이 하나님과 하늘에 속한 즐거운 것들로 말할 수 없이 새로운 힘을 얻었다. 다른 때도 그랬지만,

특히 이 때에 하나님의 말씀의 이런저런 구절들이 신적인 선명함과 능력과 감미로움으로, 또한 그것이 과연 하나님의 말씀이라는 선명하고도 확실한 증거들과 함께 내 영혼에 다가왔다. 그 이후 겨울 내내 신앙적인 감미로움을 상당히 누렸다.

1740년 1월, 대학에 홍역이 상당히 퍼졌는데, 나도 그 증상이 생겨서 헤덤의 집으로 돌아왔다. 그런데 병에 걸리기 며칠 전 내가 크게 버려졌다는 느낌이 들었고, 위로의 하나님이 함께 하시지 않는다는 것이 크게 느껴져서 내 영혼이 슬픔에 잠겼다. 마치 모든 위로가 영원히 사라진 느낌이었다. 기도하고 하나님께 도우심을 부르짖었으나, 당장 위로나 평안을 찾을 수가 없었다. 그러나 하나님의 선하심으로 말미암아, 병이 들기 하루 이틀 전 아주 한적한 곳을 홀로 거닐며 기도와 묵상을 하는 중에, 위로부터 임하는 감미롭고 신선한 역사를 체험하였고, 그리하여 죽음의 두려움을 능가할 만큼 내 영혼에 힘이 생겼다. 정말이지 나는 죽음을 두려워하기보다는 오히려 그것을 사모하였다. 오오, 이 한 번의 체험만으로도 얼마나 새로운지, 땅에서 얻을 수 있는 모든 쾌락과 기쁨들보다도 더 고귀했다. 그로부터 하루 이틀 지나서 홍역에 걸렸고, 그야말로 심각하게 아파서 삶에 대해 거의 절망할 정도였으나 죽음에 대한 두려움 때문에 괴로움을 당하지는 않았다. 하나님의 선하심으로 나는 곧 회복되었다. 그러나 고된 공부와 또한 내가 초보이기 때문에 갖가지 방해거리에 노출되어 있었던 탓에, 영적인 임무들을 행할 시간이 별로 없었고, 그리하여 홀로 하나님과 함께 있는 시간과 기회가 없는 것에 대해 내 영혼이 슬퍼하는 경우가 많았다. 이듬해 봄과 여름에는 홀로 있는 유익한 기회가 더 많았고, 그리하여 신앙 가운데서 더 많은 위로를 누렸다. 하지만 공부에 대한 야망으로 인하여 나의 영적인 삶의 활동과 활력을 크게 해치고 말았다. 그러나, 보통은 "내 속에 수없이 많은 생각들이 있사오나 하나님의 위로가 가장 나의 영혼을 기쁘게 하나이다"라는 것이 나의 처지였다. 하나님의 위로야말로 날마다 나의 가장 큰 위로거리들이었다.

어느 날 — 내 생각에는 1740년 6월이었던 것 같다 — 정오쯤 되어 대학에서 상당히 먼 들판을 홀로 걷고 있었는데, 기도 중에 하나님 안에서 누리는 말할 수 없는 감미로움과 즐거움이 다시 찾아왔고, 그리하여 만일 이 악한 세상에서 계속 살아야 한다면 항상 그 곳에 있으면서 하나님의 영광을 바라보고 싶은 심정이었다. 내 영혼이 온 인류를 극진히 사랑하였고, 내가 누린 것을 그들도 누리게 되기를 진심으로 바랐다. 그것은 하늘을 조금 닮은 것 같았다.

그 해 8월 어느 때에 나는 공부에 너무 열심을 내다가 건강이 나빠졌고, 나의 담당 교수로부터 집으로 가서 할 수 있는 만큼 공부로부터 벗어나는 것이 좋겠다고 권고를 받았다. 너무나 허약해져서 피가 나오기 시작했던 것이다. 나는 그의 권고를 받아들였고 공부를 제쳐두려고 애썼다. 그러나 몸 상태가 매우 나빠져 있던 터여서, 죽음이 더욱 확고하게 코앞에 다가와 있는 것 같았다. 그런데 주께서는 하나님의 일들에 대한 감미로운 지각과 맛을 새롭게 누리게 하셨고, 특히 10월 13일에는 은밀하게 기도하며 나 자신을 살피는 고귀한 임무를 하는 중에 하나님의 도우심과 위로를 발견하였고, 나의 영혼이 복되신 하나님 안에서 기쁨을 얻었다. 10월 17일에도 마찬가지였다.

10월 18일. 오전 경건의 시간에 내 영혼이 굉장히 뜨거워지면서 나의 큰 죄악됨과 더러움에 내해 쓰라린 슬픔이 찾아왔다. 전에는 한 번도 죄의 사악한 본질에 대해 지금처럼 예리하고도 깊은 지각을 느껴본 일이 없었다. 그 때에 내 영혼이 이상하게도 하나님을 향한 사랑 가운데 휘몰려갔고, 나를 향하신 하나님의 사랑을 생생하게 감지하였다. 그리고 이 사랑과 소망이 그 때에 두려움을 없애주었다.

10월 19일 주일. 오전에 내 영혼이 의에 주리고 목마름을 느꼈다. 성찬의 떡과 잔을 바라보는 동안, 예수 그리스도께서 이제 "내 앞에 십자가에 달려 계시다"는 것을 생각하자, 내 영혼이 빛과 사랑으로 충만해졌고, 그리하여 나는 거의 황홀경 속에 있었다. 내 몸이 너무 허약하여 일어설 수도 없을 지경이었는데도 말이다. 그리고 그와 동시에 온 인류를 향한 굉장한 따뜻함과 지극히 열정적인 사랑을 느꼈다. 그리하여 내 영혼과 그 모든 힘이 말하자면 부드러움과 감미로움 속으로 녹아들어가는 것 같았다. 그러나 성찬식 동안 이 활기와 열정이 다소 식어졌다. 이 사랑과 기쁨이 두려움을 내어 쫓았고, 또한 나의 영혼이 완전한 은혜와 영광을 사모하였다. 이런 기분이 저녁까지 지속되었고, 저녁이 되어 은밀한 임무들을 행하는 중에 내 영혼이 감미롭고도 신령한 것을 누렸다.

10월 20일. 아침과 저녁에 은밀한 임무 중에 성령의 도우심을 다시 누렸고, 하루 종일 신앙 안에서 얻는 활기와 위로를 누렸다.

10월 21일. 마찬가지로 "내 마음속에 그의 사랑을 부으시며" 신앙적인 임무들 중에 기쁨과 위로를 주시는 하나님의 선하심을 체험하였다. 그리고 그 주간의 나머지 기간들 내내 내 영혼이 하나님의 일들로 가득 채워져 있는 것 같았다. 이제는 하나님을 어찌나 사모하는지, 그리고 어찌나 죄로부터 자유로워지고 싶은지, 몸이 회복되어가면서 이제 대학으로 다시 돌아가야 한다는 느낌이 들자, 그렇게 되면 지난 해 동안의 나의 영적인 유익이 해를 받을 것이 분명하다는 생각이 들었고, 그리하여 탄식하지 않을 수가 없었고 차라리 죽는 것이 낫다고까지 생각하게 되었다. 하나님께로부터 멀어진다는 생각이 나를 괴롭혔던 것이다. 그러나 대학으로 돌아가기 전에 다시 몇 차례 하나님과 교제하는 그 감미롭고도 귀중한 기회들을 누렸고(특히 10월 30일과 11월 4일에) 내 영혼이 말할 수 없는 위로를 얻었다.

나는 11월 6일 경 대학으로 돌아왔고, 하나님의 선하심으로 말미암아 6주간 동안 거의 날마다 신앙의 능력을 체험하였다.

11월 28일. 저녁에 경건의 시간을 갖는 중에 하나님을 고귀하게 발견하는 기쁨을 누렸고, 히브리서 12:22-24에서 말할 수 없는 새로운 힘을 얻었다. 하나님의 낙원에로 날개를 타고 올라가기를 내 영혼이 사모하였다. 모든 일에서 하나님께 복종하기를 바랐다. 하루 이틀 후, 나는 그 날 대부분을 하나님을 대면하는 빛을 상당히 많이 누렸다. 내 영혼이 하나님 안에서 안식하였다.

1741년

12월 9일. 거의 종일 영혼의 편안한 기분을 누렸으나, 특히 저녁 경건의 시간에 하나님께서 나를 놀랍게 도우시고 강건하게 하셨고, 그리하여 그 어떠한 것도 나의 주 그리스도 예수 안에서 하나님을 사랑하는 데에서 나를 움직이게 해서는 안 된다고 생각했다. 오오, 하나님과 함께 하는 한 시간이야 말로 이 낮은 세상의 모든 쾌락과 기쁨 거리들을 무한히 뛰어넘는 것이다.

1741년 1월 하순에 접어들면서, 나는 신앙적인 면에서 더 냉랭해지고 무뎌져갔다. 나의 옛 유혹과 공부에 대한 야망 때문이었다. 그러나 하나님의 선하심으로 말미암아, 2월 말쯤 전면적인 큰 영적 각성이 대학 전체에 퍼져 갔고, 그 가운데서 나도 크게 각성하였고 신앙에 더욱 풍성하게 정진하게 되었다.

이 영적 각성은 그 당시 그 지역에 퍼진 놀라운 신앙적 소요로서 그 시작 단계에 있었고, 예일 대학도 거기에 상당한 몫을 하고 있었다. 이 시기부터 13개월 동안 브레이너드는 날마다 빠지지 않고 일기를 써서 일어난 일을 매우 구체적으로 기록해 두었는데 모두 두 권으로 묶어져 있었다. 그런데 그는 임종하면서 이 두 권을 없앨 것을 당부하였고(나는 그가 죽은 다음에야 비로소 이 사실을 알았다), 그 대신 그 다음에 이어지는 일기 맨 앞부문에 일송의 통지문을 삽입하여, 이 기간 동안의 그의 삶의 모습의 일면을 그 다음의 서른 페이지(1742년 6월 15일에서 끝나는)에서 볼 수 있을 것이며, 단, 자신이 예전에는 경솔히 처신하고 예의 없이 분을 낸 점이 있었으나 이제는 그보다는 더 다듬어졌다는 것을 알렸다.

여기서 브레이너드가 대학 당국자들을 크게 거슬리게 되고 결국 퇴교 처분을 받게 된 정황을 구체적으로 기술하는 것이 필요할 것이다. 대학에 영적 각성이 일어나던 때에, 신앙적인 학생들 가운데 영적인 일들에 관하여 서로 대화하고 돕기 위해 함께 모임을 갖는 자들이 몇 명 있었다. 이들은 서로 서로 자유로이 모든 것을 더 털어놓는, 특별하고도 친밀한 교우 관계를 갖고 있었는데, 브레이너드도 이들 중에 속해 있었다. 그런데 한번은 교수 중의 한 사람인 휘틀지 씨(Mr. Whittlesey)가 학생들과 함께 기도 시간을 가진 후에 브레이너드와 다른 두세 명의 친밀한 친구들이 홀에 있었다. 브레이너드와 그의 동료들 외에는 아무도 홀에 남아 있지 않았다. 그 날 따라 휘틀지 교수의 기도가 이상하게 우스꽝스러웠으므로, 브레이너드의 한 친구가 그에게 휘틀지 교수에 대해 어떻게 생각하는지를 물었다. 그는 이에, "그분은 이 의자만큼도 은혜가 없다"라고 대답했다. 그런데 바로 그 때에 1학년 학생 하나가 우연히 홀 근처에 있다가(방에는 없었으나) 이 말을 엿듣게 되었다. 이름을 언급하는 것도 듣지 못했고, 누구를 그렇게 흉보는지도 몰랐으나, 그 학생은 그 이야기를 마을의 한 여자에게 전하였고, 자기 생각에는 브레이너드가 대학의 교수들 가운데 어떤 이에 대해서 그렇게 말했으리라는 의심이 든다고 하였다. 그 여자는 대학의 교목(the Rector)에게 알렸고, 그는 이 학생을 불러 그를 조사하였다. 그는 교목에게 자기가 들은 브레이너드의 말을 이야기했고, 또한 그 때에 그와 함께 그 방에 있던 이들이 누구인지를 알려주었다. 교목은 그들을 다 불렀다. 그들은 지극히 사사로운 대화의 내용에 대해서 친구를 고자질하는 것을 매우 꺼렸다. 특히 자기들 외에는 그가 한 말을 들은 사람이 없고 누구에 대해서 말하는지를 아는 사람도 없었으니 더욱 그러했다. 그러나 교목은 그가 무슨 말을 했고 누구에 대해 그 말을 했는지를 그대로 고하라고 다그쳤다.

　브레이너드는 이 모든 사건의 처리 과정에서 자신이 매우 억울한 처분을 받고 있다고 보았다. 그의 친구들에게서 억지로 고자질하게 했고 그 다음에는 ― 마치 자신이 무언가 노골적으로 악명 높은 중죄를 짓기라도 한 것처럼 ― 그저 사사로운 대화 중에 말한 것뿐인데 그것을 대학 전체가 모여 있는 홀에서 공개적으로 고백하고 자신을 낮출 것을 요구하여 큰 상처를 주었다고 생각했다. 그는 이 요구에 응하지 않았고, 교목이 금지했음에도 불구하고 뉴헤이븐(New-Haven)의 9월 모임에도 한 번 더 참석하였다. 또한 한 사람에게서 그가 교목에 대해 "그가 아무런 증거가 없는데도 불구하고 밀포드(Milford)까지 테넌트 목사(Mr. Tennent)를 따라간 학생들에게 벌칙을 주었는데, 이로 인해 스스로 넘어져 죽을 것을 예상하지 못한다는 것이 이상하다"라고 말했다고 비난을 받은 다음(브레이너드는 시종일관 자기는 그런 뜻으로 말한 기억이 없다고 진술했다), 이런 일들로 하여 그는 결국 대학에서 퇴교당하였다.

    그 날의 갖가지 정황과 급박하게 돌아간 여러 사건들이 대학 당국자들이 그렇게 가혹하게 일을 처리한 사실을 어디까지 정당화시켜 주는가 하는 것에 대해서는 나로서 판단할 의사가 없다. 나의 목적은 대학 당국에 대해 비난하려는 것이 아니라, 다만 내가 보기에 과연 기억하는 것이 복이 되는 훌륭한 한 사람의 기억을 정당하게 제시하려는 것뿐이니 말이다. 독자는 나중에 이어지는 내용(특히 1743년 9월 14, 15일자 일기)에서 브레이너드가 이 문제에 대해 얼마나 스스로 그리스도인답게 처신했는가를 보게 될 것이다. 그러나 그렇더라도 그는 평생토록 항상 자신이 이 일의 진행 과정에서 억울하게 당하였다고 생각했다. 그는 1742년 겨울, 예일 대학 3학년 재학 중에 퇴교당하였다.

제 2 장

신학 공부 시작 시부터 설교 자격 취득까지

1742년 4월 1일 〉 1742년 7월 29일

1742년 봄, 브레이너드는 립튼(Ripton)의 밀스 목사(Rev. Mr. Mills)에게로 가서 그와 함께 지냈다. 그와 더불어 목회 사역을 위한 공부를 하기 위하여 그렇게 한 것이다. 그는 설교할 자격을 취득하기까지 대부분의 시간을 거기서 보냈다. 그러나 말을 달려서 인근 지역의 목사들을, 특히 스트라트포드(Stratford)의 쿠크 목사(Mr. Cooke), 사우스베리(Southbury)의 그레이엄 목사(Mr. Graham), 베들레헴(Bethlehem)의 벨라미 목사(Mr. Bellamy) 등을 자주 방문하곤 했다. 다음은 이 기간의 그의 일기에서 발췌한 내용이다.

1742년 4월 1일. 하늘의 일에 대한 활기와 뜨거움이 쇠퇴하는 것 같다. 최근 계속 그랬는데 오늘도 기도 중에 하나님께 자유로이 나아가지 못했다. 오오, 하나님께서 그의 앞에서 티끌 속에 깊이 나를 낮추게 해주시면 좋으련만! 주님은 "나를 사랑하사 나를 위해 자기 자신을 주셨"는데, 나는 나의 주님을 더욱 사랑하지 못하니, 날마다 지옥에 떨어져 마땅하다. 내가 새롭게 은혜를 발휘할 수 있다면, 언제나 그것은 모든 은혜의 하나님께서 새롭게 특별한 도우심을 주시는 덕분이다. 그러니 "자랑할 데가 어디 있느뇨?" 은혜가 존재한다는 사실과 또한 그 은혜의 활동에 대해 우리가 얼마나 하나님께 의존하고 있는가를 생각하면, 결코 자랑할 수 없는 것이다.

1742년

오오, 내가 과연 천국에 들어가게 된다면, 그것은 다른 이유 때문이 아니라 전적으로 하나님께서 기뻐하시기 때문일 것이다. 나 자신은 하나님께로부터 멀어지려는 것밖에는 아무 일도 한 적이 없으니 말이다! 복되신 구주께서 예비하러 가신 그 집에 도착할 때에, 나의 영혼은 하나님의 은혜의 그 측량할 수 없는 풍성함에 깜짝 놀랄 것이다.

4월 2일. 오후에 은밀한 기도 가운데서 나를 내어맡기는 것과, 또한 고요함과 평온함을 많이 느꼈다. 예수께서 그의 성령으로 바다 위를 걸으며 나아오시기만 해도 이 낮은 세상의 모든 풍파가 사라질 텐데! 과거에는 때때로 이교도들이 그리스도께 나아올 것을 바라보며 큰 기쁨을 가졌었고, 주께서 나를 그 일에 사용해 주시기를 바라기도 했었다. 그러나 이제 내 영혼은 죽어서 그리스도와 함께 있기를 바라는 일이 더 잦다. 오오, 내 영혼이 하나님의 사랑으로 휘감기고, 하나님을 사모하는 것이 더욱 간절해졌으면! 저녁에 기도 중에 그리스도의 나라가 이 세상에서 전진하리라는 소망으로 새로운 활기를 얻었다.

4월 4일 주일. 마음이 이리저리 방황하며 활기가 없었다. 저녁에 하나님은 기도에 대한 믿음을 내게 주셨고, 내 영혼이 어느 정도 뜨거워졌고, 그리하여 신적인 감미로움을 맛보았다. 오오 나의 복되신 하나님! 그에게 더 가까이 올라가고, 그를 사랑하고 사모하며 간구하고 씨름하고 그를 향하여 뻗어 나아가며, 죄와 사망의 몸에서 구원받기를 바란다. 아아, 사랑하는 그 분을 시야에서 잃어버리게 될 것을 생각하며 내 영혼이 애곡하였다. "아멘 주 예수여 오시옵소서."

4월 6일. 오늘 아침 밖을 걸었는데, 나 자신의 추악함이 지각하고, 감정에 북받쳐서 나를 씻어주시고 내게 회개와 죄 사함을 주시기를 하나님께 부르짖었다. 그러자 기도하는 일이 감미로워지기 시작했고, 그리스도의 대의를 위하여 아무리 큰 고난이라도 기쁨으로 감수할 것도 생각할 수 있었고, 하나님께서 명령하신다면 내 고국에서 쫓겨나는 일이라 할지라도 기꺼이 순종하며, 이교도들 가운데서 그들의 구원을 위해 기여하며, 그 어떤 괴로움과 죽음이라도 감수하리라는 마음이 생겼다. 그 때에 하나님께서는 다른 이들을 위해, 세상의 그리스도의 나라를 위해, 그리고 사랑하는 그리스도인 동료들을 위해 진심으로 씨름하게 하셨다.

4월 8일. 오늘은 이교도들에 대한 소망들이 일어났었다. 오오, 하나님께서 그들 중 수많은 이들이 예수 그리스도께로 나아오게 하시면 얼마나 좋을까! 그 영광스러운 날을 내가 보게 되리라는 소망을 갖지 않을 수가 없다. 이 세상에 있는 모든 것 하나하나가 다 추하고 하찮게 보인다. 나도 나 자신에게 그렇게 보인다. 오늘 기도 중에 위로가 약간 동터오는 것을 경험했다. 그러나 특히 오늘밤에는 어느 정도 믿음과 능력으로 하나님께 간구하였다 생각한다. 나 자신 속에 은혜가 자라기를 위해 하나님께 간구할 수 있게 되었고, 하나님의 사랑하시는 여러 자녀들을 향한 간절함이 내 영혼을 무겁게 짓눌렀다. 주님을 찬양하리로다! 하나님의 복을 위해 씨름한다는 것은 정말 좋은 일이다.

4월 9일. 오전 경건의 시간 대부분이 감미로움을 전혀 느끼지 못한 채 지나갔다. 하지만 한 가지 기쁜 기대가 생겼으니, 즉 하늘의 세계에 다다르리라는 것이었다. 그런 것들을 생각하자 어느 때보다 더 놀라운 감격이 일어났다. 나 자신이 무한히 추하고 무가치하게 보이니 말이다. 그 어떠한 가엾은 피조물이라도 나보다 더 하나님의 은혜가 필요하지는 않으리라. 나야말로 그 어느 누구보다도 더 그 은혜를 악하게 이용했고 또 지금도 그렇게 이용하고 있으니 말이다.

4월 11일 주일. 오전에는 활기를 거의 느끼지 못했다. 하지만 하나님의 놀라우신 은혜와 자신을 낮추사 내게 임하신 것에 대해, 과거에 주신 그의 성령의 감화와 도우심에 대해, 하나님께 감사하는 가운데 마음이 다소 일어났다. 나중에는 하늘의 세상에 다다를 생각을 하며 어느 정도 감미로움을 경험했다. 오오, 그 행복한 날이 속히 왔으면! 공예배 후에 하나님께서 기도 중에 특별한 도움을 주셨다. 사랑하는 주님과 함께 씨름하였고, 그에게 간구하는 일이 내게 큰 기쁨이 되었다. 저녁에는 북쪽에서 비치는 불빛을 바라보는 동안, 그 영광스러운 부활의 아침을 묵상하며 기쁨을 얻었다.

4월 12일. 오늘 아침에는 은밀한 기도 가운데서 주께서 그의 얼굴의 빛을 내게 비추셨고, 이 시간이 내 영혼에 매우 귀중한 시간이 되었다. 하나님의 대의를 위해 장차 섬기게 될 희망이 최근 들어 너무 침체되었으나, 하지만 이제 큰 격려를 얻었다. 불쌍한 영혼들을 위하여, 세상에서 그리스도의 나라가 확장되는 일을 위하여, 또한 나 자신에게 특별한 은혜를 베푸사 나를 특별한 섬김을 위하여 합당하게 하시기를 위하여 간절히 구할 때에 특별한 도우심이 있었다. 내 믿음이 나를 세상 위로 들어 올렸고, 그 모든 산들이 다 사라져서 최근까지 보지 못하던 그 너머의 것들을 보게 되었다. 사람의 호의에 기대기를 원치 않았다. 그리스도의 사랑이 무한히 낫다는 것을 알기 때문이요, 또한 내가 그의 일과 그의 뜻을 위해 준비를 갖추게 된다면, 그리스도께서 언제 어디로 어떻게 나를 보내시든, 어떤 시험들로 나를 연단시키시든, 그것은 아무 문제도 아니라는 것을 잘 알기 때문이다.

4월 14일. 내 영혼이 그리스도와의 하나 된 교제를 사모하였고, 내 속에 내재하는 부패를, 특히 영적인 교만을 죽이기를 사모하였다. 오오, 수고하고 무거운 짐 진 자들이 쉼을 얻을 그 감미로운 날이 오고 있도다. 그 날이 속히 이를 것을 바라는 중에 내 영혼이 이 날의 감미로움을 상당히 누렸다.

4월 15일. 나의 간절한 바람이 하나님께 집중되어 있는 것 같았고, 오늘 하루 동안 내 영혼이 그를 향하여 이끌리는 것을 여러 번 느꼈다. 내가 하나님을 사모하며, 내적인 순결과 거룩함으로 그의 뜻에 순종하기를 이 땅의 그 어떠한 것보다 만 배나 더 사모한다는 것을 나는 안다.

4월 18일 주일. 아침 일찍 기도하기 위해 숲속으로 들어갔다. 하나님의 성령의 도우심을 받았고, 믿음이 활동하였고, 그리스도의 나라가 이 세상에서 전진하기를 위하여, 또한 버려진 여러 형제들을 위하여, 열정적으로 간구할 수 있었다. 정오에는 하나님께서 그와 더불어 씨름할 수 있게 하셨고, 기도 중에 하나님의 사랑의 능력을 느꼈다. 밤에는 나 자신이 하나님께 무한한 빚을 진 것이 보였고, 임무를 제대로 행하지 못하는 나의 모습이 보였다. 나는 정말 하나님을 위해서 아무것도 한 적이 없는 것 같다. 내 평생에 하나님을 향하여 산 것은 단 몇 시간에 지나지 않는 것 같다.

4월 19일. 나는 이 날을 하나님의 은혜를 위한 금식과 기도의 날로 구별하였다. 특히 목회 사역을 위하여 나를 준비시켜 주시기를 위하여, 그 큰 일을 위하여 준비하는 동안 내게 신적인 도움과 지도를 주시기를 위하여, 그리고 그의 정하신 때에 나를 그의 추수의 자리로 보내주실 것을 위하여 금식하며 기도하였다. 그리하여, 아침에는 그 날에 하나님께서 임재해 주시기를 위하여 간구하려고 애썼는데, 다소간 활기가 있었다. 정오 전에는 불멸하는 고귀한 영혼들을 위하여, 내 사랑하는 구주의 나라가 이 세상에서 전진하기를 위하여, 간구하는 동안 능력을 느꼈다. 더욱이 그 나라를 위하여 고난과 괴로움과 심지어 죽음까지도 당하리라는 생각 속에서 지극히 감미로운 위로와 기쁨을 누렸고, 가련한 저 이교도들에게 빛을 비추사 회심하게 해 주시기를 특별히 간절하게 간구하였다. 오후에는 하나님께서 나와 함께 계셔 진리를 깨닫게 하셨다. 오오 하나님께서 함께 계시다니 과연 복된 동행이었다! 하나님께서는 나로 간절히 기도하게 하셨고, 그리하여 그늘에서 시원한 바람을 쐬며 있었는데도 땀으로 완전히 젖었다. 세상을 위하여 내 영혼을 쏟아 부었고, 무수한 무리들의 영혼이 마음에 와 닿았다. 물론, 하나님의 자녀들이나 죄인들이나 가릴 것 없이 모두를 위해 부르짖는 일을 위하여 남은 삶을 보낼 수 있을 것 같은 느낌이었으나, 하나님의 자녀들보다는 죄인들을 향하여 더 마음이 각별했던 것 같다. 내 사랑하는 구주님과의 하나 된 교제를 정말 크게 누렸다. 세상에서 그토록 완전히 떠나 있고 또한 모든 일에서 하나님께 그렇게 완전히 몰입한 적이 내 평생에 한 번도 없었다는 생각이 든다. 오오, 내가 언제나 나의 복되신 하나님을 향하여 살고 또한 그를 의지하여 살 수 있기를 바란다. 아멘, 아멘!

4월 20일. 오늘 나는 스물네 살이 되었다. 지난해에 내가 얼마나 많은 자비를 받았던가! 하나님께서 "그의 선하심을 내 앞에 지나가게 하신" 일이 얼마나 자주 있었던가! 그러나 온전히 주의 것이 되겠노라고, 그를 섬기는 일에 언제나 헌신하리라고 서원을 해 놓고도 한 해 동안 그것을 얼마나 형편없이 이행하였던가! 주여, 다가오는 시간에는 더욱 주의 영광을 위해 살도록 나를 도우소서! 오늘은 내게 감미롭고 행복한 날이었다. 하나님을 찬양하리로다! 오늘 밤만큼 다른 이들을 위한 중보기도에 내 영혼이 그렇게 깊이 몰입한 적이 없었던 것 같다. 이 밤에 내 원수들을 위하여 주님과 지극히 열정적으로 씨름하였고, 하나님을 향하여 살고 또한 전적으로 그에게 헌신되기를 이처럼 사모하고 바란 적이 거의 없었던 것 같다. 하나님을 섬기고 그의 영광을 위하는 일에 내 삶을 다 소진하고 싶었다.

4월 21일. 고요함과 체념의 자세를 상당히 느꼈다. 하나님께서 다시 여러 영혼들을 위하여 씨름하도록 하셨고, 그들을 위해 간구하는 감미로운 임무에 열정을 주셨다. 최근 들어서는 다른 기도보다도 다른 이들을 위한 중보기도에서 더 감미로움을 누리고 있다. 나의 복되신 주께서 나로 하여금 진정으로 그에게 가까이 나아가 간구하게 하시는 것이다.

4월 25일 주일. 오늘 아침에는 은밀한 임무들을 행하며 두 시간을 보냈는데, 불멸하는 영혼들을 위해 보통 때보다 간절히 기도하였다. 밤에는 하나님의 사랑에 마음이 완전히 녹아졌고, 위에 있는 세계의 복된 것을 조금이나마 지각하고 느꼈다. "그들은 힘을 얻고 더 얻어 나아가 시온에서 하나님 앞에 각기 나타나리이다"라는 시편 84:7의 말씀이 신적인 감미로움으로 나를 사로잡았다. 오오, 우리가 하나님께 아뢸 때에 하나님께서는 때때로 그에게 그렇게 가까이 나아가게 하시니 얼마나 귀한 일인가! 이것이야말로 "하나님 앞에 나타나는 것"이라 할 수 있으리라. 참된 신령한 의미에서도, 또한 지극히 감미로운 의미에서도 과연 그렇다 할 것이다. 최근 몇 개월 동안 오늘 저녁만큼 하나님의 자녀들을 위하고 죽어 있는 죄인들을 위한 간구에서 놀라운 능력을 체험한 적이 없는 것 같다. 내 사랑하는 주님이 오시기를 바라고 사모하였다. 모든 불완전한 것이 하나도 없는 상태에서 천군 천사들과 하나가 되어 그를 찬송하게 되기를 사모하였다. 오오, 그런 복된 순간이 속히 왔으면! 내가 원하는 것은 오직 더 거룩해지는 것이요, 내 사랑하는 주님을 더욱 닮는 것이다. 오오, 나를 거룩하게 하옵소서! 내 구주의 복되신 형상을 완전히 회복하기를, 그리하여 내가 천국의 세계의 그 복된 것들을 누리기에 합당하게 되기를, 내 영혼이 진정 간절히 바란다.

> 헛된 세상이여 안녕, 내 영혼이 작별을 고하리라.
> 내 구주께서 너를 버릴 것을 내게 가르치셨도다.
> 너의 매력들이 감각적인 마음을 채워줄 수도 있을 것이나,
> 하나님을 위하는 영혼은 기쁘게 할 수 없으리로다.
> 그 유혹을 견디라. 내 영혼아 그것을 부르지도 말라.
> 은혜로 정해졌으니 내 하나님이 나의 모든 것이로다.
> 이렇게 그가 나로 하늘의 영광을 보게 하시니,
> 네 아름다움은 사라져가는 것, 네게 마음을 줄 여유가 없도다.

1742년

주께서 그의 말씀의 여러 감미로운 구절들로 내 영혼을 새롭게 하셨다. 오오 새 예루살렘이여! 내 영혼이 그 곳을 사모하였다. 오오 모세와 어린양의 노래여! "땅에서 속량받은" 자들 외에는 아무도 배울 수 없는 저 복된 노래여!

> 주님, 나는 여기 외로이 있는 나그네이옵니다;
> 땅은 참된 위로를 줄 수 없나이다.
> 그러나 내 지극히 사랑하는 분에게서 떠나 있으니,
> 내 영혼이 "나의 주여!"를 외치기를 기뻐하나이다.
> 나의 주 예수여, 나의 유일한 사랑이시여,
> 내 영혼을 소유하시고 이후로 떠나지 마옵소서
> 긍휼로 나를 찾아오소서, 하늘의 비둘기시여;
> 그 때에 내 하나님이 내 온 마음에 가득하리이다.

4월 27일. 일찍 일어나 은밀한 경건의 시간을 가졌다. 기도 중에 하나님은 내 영혼에 말할 수 없는 위로를 부어주셔서, 한동안 그저 계속해서 "오 나의 귀한 구주여 하늘에 주밖에 내게 누가 있나이까? 땅 위에도 주밖에 사모할 자가 없나이다"라고 되뇌는 것밖에는 아무것도 할 수가 없었다. 내게 목숨이 천 개라도, 그리스도와 함께 있기 위해서라면 기꺼이 내 영혼이 그 모든 것을 다 내어놓았으리라. 이처럼 내 영혼이 천국의 기쁨을 누린 적이 없었다. 이것은 내가 지금까지 겪어본 중 가장 세련되고 가장 신령한 하나님과의 하나 된 교제의 시간이었다.

4월 28일. 홀로 있기 위해 늘 찾는 곳으로 물러갔다. 큰 평안과 고요함이 있었고, 거기서 두 시간 가량 은밀한 임무들을 행하였고, 어제 아침보다 좀 약했으나 흡사한 느낌을 얻었다. 내 사랑하는 주님께 전적으로 의지한 것 같았고, 달리 의지하던 모든 것들로부터 벗어난 느낌이었다. 내 하나님께

무어라 말해야 할지를 몰라서, 이를테면 그의 품에 기대어 모든 일에서 그에게 온전히 복종하고자 하는 나의 간절한 바람을 토로할 뿐이었다. 완전한 거룩함을 향한 목마름과 지칠 줄 모르는 사모함이 내 영혼을 사로잡았다. 하나님이 내게 어찌나 고귀한지, 세상과 그 모든 쾌락거리들이 무한히 추하게 여겨졌다. 사람들의 사랑과 호의가 조약돌만큼도 귀하게 보이지 않았다. 주님이 나의 전부이셨고, 그가 모든 일을 주관하신다는 것이 내게 큰 기쁨을 주었다. 하나님을 향한 나의 믿음과 그를 의지하는 것이 그렇게 높이 올라간 적이 별로 없었던 것 같다. 그가 과연 선(善)의 근원이신 것이 보였고, 그리하여 그를 다시 불신하거나 혹은 내게 일어나는 일에 대해서 걱정한다는 것이 불가능한 일처럼 여겨졌다. 버려진 형제들을 위해서, 또한 그리스도의 나라가 이 세상에서 확장되는 일을 위해서 기도하면서 큰 만족을 얻었다. 이러한 신성한 즐거움의 힘이 상당 부분 종일토록 내게 남아 있었다. 저녁이 되자 내 마음이 녹아내리는 것 같았고, 내 속에 내재하는 부패성으로 정말 낮아졌고, 그리하여 "비둘기처럼 애곡하였다." 나의 모든 불행이 내가 죄인이라는 사실에서 비롯된다는 것을 느꼈다. 모든 것을 버리는 마음으로, 다른 모든 시험거리들은 환영할 수 있었다. 그러나 죄가 무겁게 내게 매달려 있었다. 하나님께서 나로 하여금 내 마음의 부패함을 발견하게 하신 것이다. 내가 죄인이라는 생각으로 마음이 무거운 상태로 잠자리에 들었다. 하지만 하나님의 사랑에 대해서는 조금도 의심하지 않았다. 오오, 하나님이 나의 "찌꺼기를 청결하게 하며" 나의 "혼잡물을 다 제하여 버려" 주시고, 나를 열 배나 더 단련되게 해주시면 얼마나 좋을까!

5월 1일. 목사의 자격 요건들을 위하여, 그가 나타나사 그의 나라를 전진하게 하시며 또한 이교도들 가운데 그 나라를 이루시기를 위해 열정적으로 하나님께 부르짖을 수 있었다. 공부에 큰 도움이 있었다. 이번 주는 내게 아주 유익했다. 내 영혼 속에서 복되신 성령의 교류를 여러 번 누렸다.

5월 3일. 더러운 배은망덕이 느껴졌다. 아침에 늘 홀로 있던 곳으로 물러가서, 내 사랑하는 주님을 악하게 이용한 것에 대해 애곡하였다. 하루를 금식과 기도로 보냈다. 하나님께서 그의 대의(大義)와 나라를 위해 씨름할 힘을 많이 주셨다. 이 날은 내 영혼에게 복된 날이었다. 하나님이 하루 종일 나와 함께 계셨고, 그 어느 때보다 더 세상을 초월하여 있었다.

5월 13일. (웨더스필드[Wethersfield]에서) 내 마음의 사악함이 어찌나 많이 보이던지 나 자신에게서 벗어나고픈 마음이 간절했다. 내 영혼에 그렇게도 영적인 교만이 많다는 것을 전에는 한 번도 생각해 보지 못했었다. 나 자신의 추악함 때문에 짓눌려 거의 죽을 것 같았다. 오오, 내 속에 정말 추악한 "사망의 몸"이 있다니! 주여 내 영혼을 구원하소서! 혼자 있을 수 있는 편리한 장소를 찾을 수가 없어서, 크게 번민하였다. 오후에 말을 타고 하트포드(Hartford)로 갔는데, 그리스도인 동료들과 함께 신앙적인 활동 중에 다소 위로와 새로운 평안을 얻었다. 그러나 홀로 더 있기를 바랐다. 오오, 하나님과 가까이 행하는 것이야말로 이 땅에서 누릴 수 있는 가장 감미로운 천국이로다!

6월 14일. 하나님과 나누는 교제의 감미로움과 또한 그의 사랑의 강권적인 힘을 얼마간 느꼈다. 그것이 얼마나 귀하게 영혼을 사로잡으며, 모든 욕망과 애착을 하나님께 집중시키게 하는지! 나는 오늘 하루를 은밀한 금식과 기도의 날로 정하여, 복음을 전하는 그 위대한 일에 대해 나를 인도하시고 복 주시기를 위해, 또한 주께서 내게 임하사 "그 얼굴의 빛을 보이시기를" 위해 하나님께 간구하였다. 오전에는 활기도 힘도 거의 없었으나, 오후 중간쯤에 하나님께서 나에게 힘을 주사 버려진 형제들을 위하여 간절히 간구하며 씨름할 수 있게 하셨다. 그리고 밤중에 주께서 기도 중에 놀랍게 내게 임하셨다. 내 영혼이 그토록 고뇌에 있었던 적이 예전에 없었던 것 같다. 아무런 제재도 느끼지 못했으니, 하나님의 은혜의 보배들이 내게 활짝 열려 있음이었다. 버려진 형제들을 위하여, 영혼들을 모으시기를 위하여, 무수한 저 불쌍한 영혼들을 위하여, 또한 여러 먼 곳에 흩어져 있는 하나님의 자녀라 여겨지는 많은 이들을 위하여 씨름하였다. 해지기 반 시간 전쯤부터 어두워지기까지 어찌나 고뇌가 컸던지 땀으로 온 몸이 다 젖었다. 하지만 내게는 그 날 하루를 허비하고 아무것도 한 것이 없는 것 같았다. 오오, 내 사랑하는 구주께서 불쌍한 영혼들을 위하여 피를 땀으로 흘리셨으니! 그들을 향하여 더욱 애처로운 마음을 갖기를 사모하였다. 감미로운 기분에 젖어서 하나님의 사랑과 은혜를 느꼈다. 그런 기분으로, 내 마음을 하나님께로 향하여 두고 잠자리에 들었다.

6월 15일. 하나님을 사모하는 마음이 지극히 간절하게 일어났다. 정오쯤에는 은밀하게 홀로 있는 중에 고요한 중에 내 사랑하는 주께 아뢰었는데, 내가 오직 주님만을, 오직 거룩함만을 바란다는 것을 주께서 아시며, 내게 이런 소원들을 주신 것이 주님이시니 오직 주님이 내 소원을 내게 이루어주실 수 있다는 것 외에는 아무 말씀도 드리지 못했다. 나 자신에게서 그렇게 해방되어 전적으로 하나님께 몰두한 적이 없었던 것 같다. 거의 종일토록 내 마음이 하나님께 삼켜져 있었다. 저녁에는 내 영혼이 더욱더 커져서, 이를테면, 더 많은 거룩함을 담고 있는 것이 보여, 마치 그것이 내 몸에서 분리될 지경인 것처럼 보이기까지 했다. 그 다음 하나님께서 복 주시기를 위하여 고뇌 가운데 씨름하였고, 몇몇 그리스도인 형제들을 위하여 전에 늘 하던 것보다 더 간절히 마음을 쏟아 기도하였다. 지금은 전에 갖가지 복들을 누리던 느낌과는 느낌이 다르다. 영원토록 하나님을 향하여 살며 또한 나 자신의 기분을 덜 기쁘게 하는 일에 더 매진하고 있다. 그러나 그렇게 예전보다 더 고뇌하며 수고한 후에도 내 기분이 만족스럽다거나 더 편해지는 느낌은 없다. 내가 항상 그렇게 수고할 수 있다 해도, 너무나도 보잘것없는 일이기 때문이다. 아무리 감미로운 순간일지라도 나의 임무에 모자람이 얼마나 많은지 모른다!

6월 18일. 내가 사역의 일을 위하여 정말 합당치 못하다는 것과, 나의 현재의 죽어 있는 상태와 또한 하나님의 영광을 위하여 아무것도 할 수 없는 전적인 무능력함을 생각하자 나 스스로 망연자실한 느낌이 들었고, 이런 나에게 하나님께서 시키실 일을 생각하니 정말 당황스럽기 그지없었다. 이 날을 하나님께 기도하는 날로 정하고, 거의 종일을 기도에 임하였으나, 놀랍게도 대부분 무기력하였다. 그러나 하나님께서 은혜로이 가까이 오심을 발견했고, 특별히 한 번 그것을 느꼈다. 불멸하는 영혼들을 위한 애절한 마음을 더 주시기를 간구하는 동안 단번에 내 마음이 열리는 것 같았고, 그리하여 몇 분 동안 지극히 열정적으로 부르짖을 수 있었다. 오오, 살아계신 하나님께 그처럼 죽어 있는 냉랭한 것들을 드렸다는 것을 생각하니 정말 괴로웠다. 내 영혼이 거룩함을 향하여 숨쉬며, 하나님을 향한 끊임없는 헌신의 삶을 염원하는 것 같았다. 그러나 이러한 복된 것을 추구하는 중에 가끔씩 거의 버려져 가라앉기 직전의 상태가 되는 때가 있다. 내가 항상 모자라서 내가 바라는 것을 이루지 못하기 때문이다. 오오, 구원의 복된 때가 오기까지 잠시 동안 굳건히 나아가도록 주께서 나를 도우시기를 바라는 마음 가득하다!

6월 30일. 오늘 하루를 홀로 숲속에서 금식과 기도로 보냈는데, 정말 끔찍스러운 영혼의 갈등을 겪었다. 나 자신이 너무도 추하게 여겨져서 "내가 사울의 손에 멸망할 것이다"라는 말이 튀어나올 지경이었다. 하나님의 대의를 위해 의연히 설 힘이 내게 없다는 생각이 들었고, 나무 잎사귀가 흔들리는 것도 두려울 지경이었다. 거의 종일을 쉬지 않고 기도하며 보냈다. 그리스도인들이 내게 무슨 존경의 태도를 보이는 것을 생각하면 도저히 견딜 수가 없었다. 세상에서 무슨 봉사를 행한다는 것에 대해 거의 절망적인 생각이 들었다. 지금껏 아무리 캄캄한 시간에도 이교도들을 생각하며 어느 정도 새로운 마음을 얻곤 했는데, 오늘은 이교도들에 대하여 그 어떠한 희망이나 위로도 느낄 수가 없었다. 하루를 영혼의 쓰라림 속에 보냈다. 밤이 가까이 오자 약간 나아지는 것을 느꼈고, 그 후에는 은밀한 기도 중에 어느 정도 감미로움을 누렸다.

7월 1일. 오늘 아침 기도하는 중에 어느 정도 즐거움이 있었다. 그리고 밤의 은밀한 기도 중에는 보통 때보다 훨씬 더한 즐거움을 누렸다. 그 무엇보다도 하나님께서 그의 기뻐하시는 뜻대로 나를 대하시기를 정말 열정적으로 구하였다.

7월 2일. 아침 은밀한 기도 중에 평온함을 느꼈다. 여행하는 동안 나의 소원을 하나님께 올렸다. 저녁에는 편안했다. 내게 온갖 위로거리를 주신 하나님을 찬양하리로다.

7월 3일. 내 마음이 다시 가라앉는 것 같았다. 대학에서 내게 가해진 치욕스런 일로 인해서 나를 반대하는 자들의 입은 열렸으나, 내 심령은 축 처지는 것 같았다. 내게는 하나님 밖에는 피난처가 없었다. 어느 때나 그에게 나아갈 수 있고, 그에게서 즉각적인 도우심을 얻을 수 있으니, 그의 이름을 찬양하리로다.

7월 4일 주일. 상당한 도움을 얻었다. 저녁에는 물러가서 은밀하게 기도하는 중에 복된 시간을 누렸다. 하나님께서 내게 믿음의 활동을 주셨고, 그리하여 눈에 보이지 않는 저 영원한 세계가 내 영혼에 가까이 다가오게 하셨고, 이것이 그렇게 감미로울 수가 없었다. 나는 이 세상의 지친 나그네 길이 짧아서 얼마 지나지 않아 하늘에 있는 아버지의 집으로 가게 되기를 바랐다. 하나님께 모든 것을 맡겼다. 그의 때를 기다리고, 그의 일을 행하며, 그의 기뻐하시는 역사를 당하리라는 마음이었다. 최근 억지로 쫓겨난 모든 일에 대해 하나님께 감사함을 느꼈다. 그 일들로 하여 내가 더욱 낮아지고 더욱 나의 것을 버리게 되었다는 생각 때문이었다. 작아지고 작아져 아무것도

1742년

아닌 존재가 되고 티끌 속에 눕게 되는 것이 기뻤다. 하나님의 사랑하는 자녀들과 세상의 그리스도의 나라를 위하여 간구하는 가운데 생기와 위로를 누렸다. 그리고 내 영혼이 진정 거룩함을 갈망하였고 또한 하나님을 즐거워하기를 갈망하였다. "오 오시옵소서. 주 예수여, 속히 오시옵소서."

7월 29일. 댄베리(Danbury)에서 모인 회의에서 나의 학식과 또한 나의 신앙 체험에 대해 시취를 받았고, 그들에게서 그리스도의 복음을 전할 수 있는 강도사 자격을 인허 받았다. 이 일 후 더욱 하나님께 드려진 느낌이었다. 그 중의 한 목사인 나의 귀한 친구와 편한 장소로 가서 함께 기도하였고, 평생토록 하나님께 헌신된 삶을 살기로 결심하고 잠자리에 들었다.

제 3 장

강도사 인허부터 선교사 임직까지

1742년 7월 30일 〉 11월 25일

1742년 7월 30일. 덴베리에서 말을 달려 사우스베리(Southbury)로 향함. 거기서 베드로전서 4:8을 본문으로 설교하였음. 이 과정에서 위로를 주시는 하나님의 임재를 많이 체험하였음. 기도에서 하나님의 능력이 있었던 것 같고, 설교에서도 사람들의 마음을 사로잡는 능력이 있었던 것 같다.

8월 12일. (켄트[Kent] 근방에서) 오늘 아침과 어젯밤에는 쓰라린 내적인 시련과 씨름하였다. 기도할 힘이 없었고, 하나님께로부터 닫혀버린 느낌이었다. 하나님께서 나를 멀리 있는 이교도들 가운데로 보내셔서 그들이 그리스도께로 돌아오는 것을 볼 소망을 상당히 잃어버렸었다. 나의 추악함이 너무나도 많이 보여서 과연 하나님께서 나를 살려두시고, 또한 사람들이 나를 돌로 치지 않고 오히려 내가 전하는 말씀을 들으리라는 것이 의아스러웠다. 이제 다시는 말씀을 전할 수 없을 것 같았다. 그런데 아홉시나 열시 쯤 사람들이 모여들었고, 말씀을 전할 힘을 얻었다. 하나님을 찬송하리로다. 그가 기도와 설교에서 그의 임재와 성령의 역사를 내게 허락하셨고, 그리하여 큰 도움을 받아 욥기 14:14을 본문으로 능력 있게 말씀을 전하였다. 거기 거주하는 몇몇 인디언들이 큰 괴로움 중에 부르짖었고, 모든 이들이 그들의 영혼에 대해 크게 염려하는 모습이었다. 함께 기도하고, 또한 꾸준히 주를 찾으라고 권면하고, 한 백인 여자를 고용하여 그들 중에 일종의 학교 같은 것을 운영하도록 한 후, 우리는 그 곳을 떠나왔다.

8월 15일 주일. 이 날은 큰 위로와 하나님께 몰두하는 것을 느꼈다. 밤에 하나님과 홀로 있으면서 내 영혼을 토해내었고, 마음이 새로워짐을 얻었다. 오오, 복되신 하나님과의 그 감미로운 교제를 직접 체험한 사람이 아니면 과연 누가 그것을 생각이나 할 수 있으랴! 이 땅에서 천국을 맛보도록 영원토록 하나님께 영광을 돌리라.

8월 17일. 심령에 깊은 침체를 느꼈다. 하나님의 일을 위해 수고한다 하면서도 자기 칭찬과 영적 교만과 또한 혈기가 거기에 얼마나 많이 끼어들었는지를 생각하니 마음이 아려왔다. 때로는 나를 반대하는 자들의 발 앞에 엎드려 내가 얼마나 가련하고 불완전한 존재였으며 또한 지금도 여전히 그런지를 고백하고 싶은 마음이 든다. 주님, 나를 용서하시고, 미래를 위하여 나를 "뱀처럼 지혜롭고 비둘기처럼 순결하게" 만드시옵소서! 나중에는 상당한 영혼의 위로와 기쁨을 누렸다.

8월 19일. 이 날은 한동안 머물렀던 베들레헴의 벨라미 목사(Mr. Bellamy)에게서 떠나기에 앞서, 그를 비롯하여 두세 명의 다른 그리스도인 동료들과 함께 기도하였다. 우리의 온 마음을 다하여 하나님께 우리 자신을 영원토록 그의 소유로 드렸다. 기도하고 있는 동안 영원 세계가 내게 매우 가까워 보였다. 이 그리스도인들을 이 세상에서 다시 보지 못한다 할지라도, 몇 순간만 지나면 다른 세상에서 그들을 다시 만나게 될 것 같은 느낌이 들었다.

8월 23일. 은밀한 기도 중에 포근한 시간을 가졌다. 주께서 내 영혼에 가까이 오사 평안과 신적인 위로로 가득 채워 주셨다. 오오, 내 영혼이 천국의 달콤함을 맛보았다. 세상이 그리스도께로 돌아오도록 위하여 기도에 몰두하였다. 이교도들이 모여오는 것을 생각하고 바라는 것이 얼마나 위로를 주는지 몰랐다. 그리스도인 동료들을 위해 간구하는 중에 큰 도움을 받았다.

9월 1일. 주디아(Judea)로 가서 저드 목사(Mr. Judd)의 안수식에 참석하였다. 벨라미 목사가 마태복음 24:46("주인이 올 때에 그 종의 이렇게 하는 것을 보면 그 종이 복이 있으리로다")을 본문으로 말씀을 전하였다. 매우 엄숙해지는 것을 느꼈다. 우리 주께서 다시 오실 그 때에 대해 많이 생각하였고, 그리하여 내 영혼이 새로운 힘을 얻었다. 다만, 내 마음이 그렇게 추하니, 과연 내가 신실한 자로 나타나지 않으면 어떻게 할까 하는 두려움이 있었다. 내가 거하기를 진정 사모하는 그 영원 세계에 대해 주로 생각이 가 있었다. 밤에 벨라미 목사와 함께 말을 타고 집으로 돌아와서 밤늦도록 몇몇 친구들과 대화를 나누었고, 편안한 마음으로 잠자리에 들었다.

9월 4일. 건강이 매우 좋지 않았고, 영적으로도 굉장히 침체된 상태였고, 하나님과 끔찍하게 멀어진 느낌이었다. 저녁 때에 한동안 로마서 8:2을 묵상하며 유익을 얻었다. 밤이 가까워 올 때에 기도 중에 매우 달콤한 시간을 가졌다. 하나님은 구속자 그리스도의 나라의 전진을 위하여 열정적으로 씨름할 수 있게 하셨다. 나의 사랑하는 동생 존(후에 데이비드 브레이너드를 이어 인디언 선교사가 된다 — 편집자주)을 위하여, 하나님께서 그를 이 땅에서 더욱 순례자와 나그네답게 만들어 주시고 이 세상에서 순전하게 섬기기에 합당하게 만들어 주시기를 간절히 간구하였다. 그리스도의 나라가 전진하는 중에 존이나 내게 일어날 수 있는 괴로움들을 생각하는 가운데 내 마음이 주 안에서 기뻐 뛰었다. 나 자신뿐 아니라 여러 다른 영혼들을 위해 자유롭게 간구에 몰두하는 동안은 내 영혼에게 그야말로 감미롭고 편안한 시간이었다.

9월 16일. 밤에 은밀한 기도 중에 하나님을 많이 누렸다. 하나님이 기뻐하시는 자가 되고 또한 그가 기뻐하시는 일을 행하리라는 이례적인 결심을 느꼈다. 며칠 전만 해도 과거의 나의 행실 때문에 큰 괴로움을 느꼈다. 분을 내고, 그리스도인의 친절과 사랑을 보이지 못했다는 것이 내 영혼에게 큰 괴로움이 되었다. 주님, 나의 그리스도인답지 못한 혈기와 온유한 심령이 없는 것을 용서해 주옵소서!

10월 21일. 거의 하루 종일 세상이 헛되다는 것을 매우 깊이 느꼈다. 바로 다음 시간 영원 세계로 들어가게 되었을 경우에 세상에 대해 생각하는 것만큼 더는 세상에 대해 미련을 두지 않을 작정이었다. 하나님의 선하심을 통하여, 매우 진지하고도 엄숙해지는 것을 느꼈다. 오오, 나의 생각과 묵상 가운데서 내가 영원 세계의 문턱에서 살기를 얼마나 사모하는지 모른다! 나 자신이 이를테면 그리스도의 심판대 앞에 서 있는 것을 보면서, 하나님과 또한 신적인 일들에 대하여 감미로우면서도 처절하고 두려운 경외의 느낌을 갖는다.

10월 22일. 오늘은 이례적으로 세상에서 완전히 물러선 느낌이었다. 내 영혼이 이 땅의 "외국인과 나그네"로 있기를 기뻐하였다. 이 세상과 절대로 관계를 갖지 않을 그런 정서가 내 속에 있음을 느꼈다. 히브리서 11:13에 옛날의 하나님의 사람들에 대해 묘사되어 있는 성격이 나를 무척 기쁘게 했다. 그들은 일상생활의 실천을 통해서 "땅에서는 외국인과 나그네임을 증언하였"다. 오오 나도 항상 그렇게 할 수 있으면 좋으련만! 작은 숲에서 기도와 묵상으로 한동안 보냈다. 이처럼 친구들에게서와 나 자신에게서 물러나 있고, 또한 이 세상에 대해 죽어 있어서 오직 복되신 하나님을 위하고 그를 향해서만 살 수 있다는 것이 얼마나 감미로운 일인지 모른다! 나 자신이 작고, 낮고, 추한 것을 보았다. 나 자신이 그런 모습이다. 오후에 베들레헴에서 신명기 8:2을 본문으로 말씀을 전하였다. 하나님께서 나를 도우사 사랑하는 그리스도인들의 마음에 닿도록 말씀하게 하셨다. 이런 때를 주신 주님을 찬송하리로다. 그들과 내가 이 일로 하여 영원토록 즐거워하게 될 것이라 믿는다. 내가 첫 번째 기도를 하는 중에 벨라미 목사께서 들어오셨고(여행에서 돌아오는 길이었다) 집회 후에 함께 걸어왔고, 저녁 때에 하나님의 일들에 대하여 감미로운 대화를 나누었고, 서로에 대한 부드러운 사랑으로 함께 기도하였고, 진지한 영적인 자세를 마음에 머금고 물러가 쉬었다.

10월 26일. (웨스트 써필드[West Suffield]에서) 나 자신의 무가치함을 지각하고 큰 괴로움에 젖었다. 사람이 나를 친절하게 대하거나 혹은 와서 내가 전하는 말씀을 듣는 것보다, 오히려 내가 이 곳에서 쫓겨나야 마땅할 것 같았다. 이 때에(다른 때에도 많이 그랬지만) 내 심령이 정말 괴로웠다. 불멸할 영혼들을 신실하게 대하기가 불가능하다는 것 때문이었다. 그들을 친근하게, 그리고 신실하게 대할 수 없었다. 나 자신이 정말 무한히 추함을 느꼈다. 오오, 감히 복음을 다른 이들에게 전할 생각을 하다니, 내가 어찌 이리도 티끌과 먼지와 같단 말인가! 하나님께서 내게 특별한 도움을 베풀지 않으시면, 정말이지 단 한 순간도 신실할 수가 없고 분명 "회칠을 할" 수밖에 없을 것이다. 저녁에 예배당으로 갔는데, 무덤에서 나온 사람과 비슷한 모습으로 내게 하듯 설교하였다. 그러나 기도와 설교에서 하나님께서 내게 얼마간 생기와 능력을 주시고, 또한 나를 일으켜 세우시고 그가 나로 하여금 말씀을 전할 수 있게 하실 수 있다는 것을 내게 보여주셨다. 오오 이처럼 추한 죄인에게 하나님의 선하심이라니, 얼마나 놀라운지 모르겠다. 거처로 돌아와 홀로 기도하는 중에 다소간 감미로움을 누렸고, 내가 더욱 하나님을 향하여 살지 못한다는 것에 대해 애통하였다.

11월 4일. (레바논[Lebanon]에서) 이 날 거의 종일 내가 아무것도 아니라는 것을 많이 보았다. 그러나 나의 불충분함과 무가치함을 더 많이 지각하지 못하는 것이 걱정스러웠다. 오오, **티끌 속에 누워 있는 것**이야말로 정말

1742년

감미로운 일이다! 그러나 여전히 내 속에 썩은 지옥이 남아 있다는 것을 영혼으로 느끼자 괴로움이 밀려왔다. 오후에는 하나님께 드리는 철저하고도 친밀하고 일상적인 헌신의 감미로움을 느꼈고, 내 영혼이 그의 위로로 위로를 얻었다. 내 영혼이 기쁨을 느끼면서도, **하나님이 없이** 보내는 때가 있으면 어떻게 하나 하는 괴로운 근심이 있었다. 오오, 언제나 **하나님께 드리는 삶**을 살기를 바란다! 저녁에는 몇몇 친구들의 방문을 받아 함께 기도하였고, 또한 서로를 강건하게 세워주는 대화를 나누었다. 내 영혼에게는 편안한 시간이었다. 매 순간을 하나님을 위해 보내고자 하는 강렬한 바람을 느꼈다. 하나님께서는 계속해서 내게 말할 수 없이 은혜를 베푸신다. 과거에는 임무를 행하는 중에 그가 내게 말로 표현할 수 없는 감미로움을 주셨었다. 내 영혼이 자주 하나님에 대해 많은 것을 누렸으나, "주여 여기 있는 것이 좋사오니"라고 말하고 싶었고, 그리하여 즐거움을 누리며 사는 동안 게으름에 빠지고픈 상태였다.

그러나 최근 들어서는 하나님께서 내 영혼에 끊임없이 굶주림을 주셔서 일종의 유쾌한 고통으로 가득 차게 되었다. 정말 하나님을 누릴 때면, 그에 대한 나의 바람이 더욱더 강렬하게 일어나고, 거룩을 향한 나의 갈증이 꺼질 줄 모르고 더욱 거세게 일어나는 것을 느끼는 것이다. 주께서는 내가 충족히 공급받아 만족을 느끼도록 버려두지 않으시고 계속해서 더 전진하도록 나를 이끄시는 것이다. 마치 하나님을 더 많이 누리지 않고서는 도저히 살 수 없을 것처럼 메마르고 공허함을 느낀다. **그의 앞에서** 부끄러움과 죄악됨을 느낀다. 율법은 신령하나 나는 속되다는 것이 보인다.

하나님께 드리는 삶을 살지도 않을 뿐더러 그렇게 살 수도 없다. 오오 거룩을 주옵소서! 내 영혼 속에서 하나님을 더욱더 누리게 하옵소서! 오오 이 즐거운 고통이여! 이 고통 덕분에 내 영혼이 더욱 하나님을 사모하게 된다. "깰 때에 주의 형상으로 만족하리이다"라는 것이 그 언어다. 그러나 깨기 전에는 절대로 만족하지 못할 것이다. 결국, 나는 날마다 "푯대를 향하여" 달려가는 것이다. 오오, 이런 계속적인 굶주림을 느끼고, 이로써 지치지 않고 오히려 가나안에서 나는 열매 하나하나를 통해 활기를 얻어서 하늘의 기업을 완전히 누리고 소유하기까지 좁은 길로 달려가게 되기를! 오오, 하늘을 향하여 나아가는 여정에서 절대로 빈둥거리지 말기를!

11월 7일 주일. (밀링턴[Millington]에서) 나처럼 거룩하지 못한 몹쓸 사람은, 절대로 하나님이 거룩하신 것처럼 거룩해지는 그 복된 상태에 이를 수 없을 것처럼 보인다. 정오에는 성화와 하나님께 복종하기를 사모하였다. 오오, 그것이 전부인 것을. 주께서 영원토록 하나님을 향하여 달려가도록 나를 도우신다.

11월 8일. 밤이 될 무렵, 은밀한 기도 중에 감미로움을 많이 누렸고, 그리하여 내 영혼이 하늘의 본향, 곧 저 복된 하나님의 낙원에 이르기를 사모하였다. 하나님의 선하심으로 말미암아, 두 달 동안 죽음이 내게 그렇게 유쾌하게 보이지 않은 날이 거의 없었다. 거의 매일 내적인 시련과 갈등이 있었음에도 불구하고 그 날이 나의 최후의 날이라 여기고서 기뻐할 수 있었다. 주께서 결국 나를 승리자로, 아니 승리자 이상으로 만드실 것이요, 그리하여 "사망아 네 쏘는 것이 어디 있느냐? 무덤아 네 이기는 것이 어디 있느냐!"라는 승리의 언어를 나도 사용할 수 있게 될 것을 확신한다.

11월 19일. (뉴헤이븐[New Haven]에서) 뉴욕의 펨버튼 목사(Rev. Mr. Pemberton)로부터 편지를 받았는데, 그는 내가 그 곳으로 속히 내려와서 그 지역의 인디언들을 복음화 하는 일에 대해 함께 상의하고 또한 그 일들을 담당한 몇몇 인사들을 만나주기를 바랐다. 즉시 내 마음이 걱정에 사로잡혔다. 그리하여 두세 그리스도인 동료들과 함께 물러가 기도하였는데, 정말 내게는 감미로운 시간이었다. 나 자신을 벗어나고 내 모든 걱정거리를 하나님께 맡길 수 있게 되었다. 동료들과 작별하고 립튼(Ripton)으로 말을 달렸고, 사랑하는 밀스 목사(Mr. Mills)를 뵙고 대화를 나누며 위로를 얻

1742년

었다.

11월 24일. 뉴욕에 도착하였다. 여전히 내 일의 중요성에 대해 많은 근심이 있었다. 하나님께서 도우시고 인도해 주시기를 여러 차례 간절하게 하나님께 아뢰었다. 도시의 시끄러운 소음과 북적대는 것이 혼란스러웠다. 하나님과 홀로 있는 시간을 거의 갖지 못했으나, 내 영혼이 그를 사모하였다.

11월 25일. 기도와 간구로 많은 시간을 보냈고, 나의 그리스도인의 체험과 신학과 기타 학문에 대한 나의 지식 등, 이교도들을 복음화 하는 중요한 일[1]을 위한 나의 자격 조건들에 대해 시취를 받았는데, 내가 크게 무지하다는 것과 공적인 사역을 위해 부적격하다는 것을 지각하게 되었다. 나 자신이 그렇게 부끄러울 수가 없었다. 세상에서 가장 악한 몹쓸 인간이 바로 나라는 느낌이었다.

누군가가 내게 존경의 자세를 보인다는 것이 내 마음에 큰 고통을 주었다. 아아 애처롭다! 그들이 내게 속고 있으니 이 얼마나 안타까운 일인가! 나의 속을 알게 되면 그들이 얼마나 실망하고 비참해하겠는가! 오오 내 마음이여! 이런 침체된 상태에서 나는 억지로 일어나 무리가 꽤 모인 집회에서 몇몇 근엄하고 학식 있는 목사들 앞에서 설교를 할 수밖에 없었다.

그러나 나의 추함과 무지와 또한 대중 앞에 나서기에 너무나도 합당치 않은 나의 모습을 지각하고서 압박을 느낀 나머지 거기에 거의 압도되었다. 모인 회중이 정말 애처로워 보였다.

죽은 개 같은 나의 설교를 들으려고 앉아 있다니 말이다. 모인 사람들에게 나 자신이 무한히 빚을 지고 있다고 여겼고, 그리하여 하나님께서 그의 은혜

---

1) 브레이너드는, 기독교 지식 전파를 위한 스코틀랜드 선교회(the Society in Scotland for propagating Christian knowledge)에서 파송 받아 뉴욕과 뉴저지, 펜실베이니아 등지에서 활동하며 또한 그 지역에서의 사역의 운영권을 위임받은 인사들에게서 시취를 받았다. 그들이 뉴욕에 모여 있었던 것이다.

를 베푸사 그들에게 상을 주시기를 바랐다. 저녁 시간의 상당 부분을 홀로 보냈다.

제 4 장

선교사 임직 시부터 뉴욕의 카우나우믹에서의 인디언 선교 사역 개시까지

1742년 11월 26일 — 1743년 3월 26일

1742년 11월 26일. 나의 지극한 추함을 여전히 지각하였고, 할 수 있는 만큼 홀로 있으려고 애썼다. 오오, 내가 얼마나 아무것도 아닌 존재인지, 티끌과 먼지와 같은 존재인지! 모든 은혜의 하나님 앞에 나의 탄식 거리들을 토로하면서 어느 정도 평안과 위로를 누렸다.

11월 27일. 하나님께 내 영혼을 의탁하며 어느 정도 위로를 얻었다. 오전 9시 경 뉴욕을 출발하였는데, 여전히 말할 수 없는 나의 무가치함을 느끼며 괴로움에 싸여 있었다. 정말이지 나의 모든 형제들을 잘 사랑할 수 있을 것이다. 그들 중 나만큼 추한 이들이 하나도 없으니 말이다. 겉으로 그들이 어떻게 처신하든, 하나님 앞에서 나만큼 죄악을 심각하게 의식하는 사람이 없는 것 같다. 오오, 나의 허약함, 나의 메마름, 나의 속됨, 과거의 울분, 그리고 복음에 합당한 기질이 없는 모습이라니! 이것들이 나의 영혼을 짓누른다. 뉴욕에서 삼십 마일을 말을 달려 화이트 플레인즈(White Plains)에 도착하였는데, 도중에 계속해서 내 마음을 하나님께로 올려 긍휼하심과 순결하게 하시는 은혜를 구하였다. 그리고 심령이 상당히 낙담한 채로 저녁 시간을 보냈다.

12월 1일. 하나님께 복종하고자 하는 감미롭고도 신령한 바람 가운데 내 영혼이 하나님을 갈망하였고, 그의 풍성한 은혜 위에서 안식을 얻었고, 하나님의 섭리로 말미암아 내게 일어나는 그 어떠한 일도 행하고 당할 힘과 용기를 느꼈다. 스트라트필드(Stratfield)에서 이십 마일을 말을 달려 뉴타운(Newtown)으로 갔다.

브레이너드는 이후 아흐레 안에 뉴타운을 떠나 그의 고향 헤덤으로 향하였고, 거기서 며칠을 머문 뒤 다시 코네티컷의 서부로 돌아와 사우스베리에 도착하였다.

12월 11일. 사랑하는 한 친구와 대화를 나누었는데, 나는 그에게 교양 교육을 시켜줄 생각을 갖고 있었다. 그 일을 위해 모든 비용을 담당해 주면 그가 복음 사역을 행하기에 합당하게 될 것이라 여겼던 것이다.[1] 그런 문제를 염두에 두고 그를 만났고, 다시 만날 때까지 그 문제에 대해 생각해 보라고 하였다. 그리고 베들레헴으로 말을 달려 벨라미 목사의 처소에 가서 감미로운 대화와 기도로 그와 함께 저녁 시간을 보냈다. 우리는 나의 친구를 대학에 보내는 문제를 모든 은혜의 하나님께 맡겼다. 이 저녁 함께 할 기회를 주신 주님을 찬송하리로다.

12월 12일 주일. 아침에, 마치 기도나 설교를 할 힘이 거의 혹은 전혀 없는 것 같은 느낌이어서, 하나님의 도우심이 절박하게 필요한 것을 느꼈다.

---

1) 브레이너드는 인디언 선교사의 일을 수행하고 있었고 또한 아버지로부터 얼마간의 유산을 받은 터여서, 그 사역을 위하여 몇몇 재능과 경건을 겸비한 젊은이를 교육시키는 비용을 제공하는 것이야말로 하나님의 영광을 위하여 그것을 요긴하게 사용하는 것이라 판단하였다. 그런 젊은이가 그 목적을 위하여 뽑혀서 브레이너드는 살아 있을 동안 그의 교육을 위한 비용을 부담하였고, 그리하여 그는 대학 3학년이 되기까지 브레이너드의 도움으로 공부를 계속하였다.

떨리는 마음으로 예배당으로 향하였다. 그러나 하나님께서 기도와 설교에서 나를 도우셨다. 기도 중에 내 영혼이 신령한 세계에 그렇게 몰입했던 경우가 거의 없었고, 물질적인 것들을 바라보는 데에서 생기는 추한 생각과 상상에서 그렇게 벗어난 경우도 거의 없었던 것 같다. 마태복음 6:33("너희는 먼저 그의 나라와 그의 의를 구하라 그리하면 이 모든 것을 너희에게 더하시리라")을 본문으로 설교하며 다소 만족을 얻었고, 오후에는 로마서 15:30("형제들아 내가 우리 주 예수 그리스도와 성령의 사랑으로 말미암아 너희를 권하노니 … ")을 본문으로 설교하였다. 회중 가운데 상당한 감동이 있었다. 오늘은 내게 감미로운 안식일이었다. 최근의 내적인 갈등들로 인하여 오히려 내 신앙이 더욱 영적으로 바뀌었으니 감사할 따름이다. 하나님을 찬송하리로다. 아멘. 하나님께서 그 자신의 방법들로 나를 사용하시기를 항상 바라는 마음이다.

12월 14일. 마음에 다소 번민이 있었다. 어젯밤과 오늘 아침에는 시온의 처지가 걱정스러웠다. 특히 거짓 신앙의 모습 때문인데, 이것이 특히 몇몇 곳에서 혼란을 조장하고 있으니 말이다. 나를 도우사 그런 일들을 상대하여 증언할 수 있게 해 주시기를 하나님께 부르짖었다. 그런 일은 생명력 있는 경건을 증진하기는커녕 오히려 그 전진을 방해할 뿐이다. 오후에는 말을 달려 사우스베리로 가서 친구와 함께 목회 사역의 일을 추진하는 중요한 문제에 대해 다시 대화를 나누었다. 그 중대한 일을 위하여 그 스스로 자격을 갖추기 위해 노력하고 있는데, 만일 하나님이 거기에 성공을 주시면 그 자신이 그 일에 헌신하리라는 열의가 있는 듯 보였다. 저녁에는 데살로니가전서 4:8을 본문으로 설교하는 중에, 부드럽게나마 거짓 신앙을 파헤치고자 힘썼다. 주께서 내게 상당한 도움을 주셨다.

12월 15일. 오늘 은밀한 기도와 공 기도에서 모종의 하나님의 역사하심을 누렸다. 그러나 임무를 행함에 무미건조함과 많은 결점이 느껴졌고, 또한 장차 올 때에 대비하여 나 자신을 도울 능력도, 혹은 내가 감당해야 할 일을 행할 능력도 전혀 없는 것을 느꼈다. 나중에는 신앙의 포근함과 또한 복음에 기초한 기질의 온유함을 상당히 느꼈다. 온 인류를 향한 각별한 사랑을 깨달았고, 화나 분노의 기미가 이따금씩 내 마음에 끼어들지 않을까 하여 크게 두려웠다. 서로 헤어지면서 사랑하는 벗들과 대화를 나누었는데, 위로도 얻고, 심령이 새로워짐을 느꼈다. 그리고 영원 세계에 이르기까지 다시는 서로를 만나지 못할 수도 있다는 생각이 들었다.[2] 그러나 은혜로 말미암아 우리 중에 몇 명이 거기서 서로 반갑게 만나게 될 것이요 또한 그 때에 하나님을 찬송하게 될 것임을 의심치 않는다.

12월 18일. 숲속에서 기도하며 많은 시간을 보냈는데, 세상의 일들에서 벗어난 것 같았다. 만군의 여호와 안에서 내 영혼이 강하였다. 그러나 동시에 큰 메마름을 느꼈다.

12월 23일. 오늘 아침 은밀한 가운데 하나님의 임재를 누렸다 싶다. 오오, 그의 은밀한 임재 속으로 들어가 그의 처소에 거하다니, 이 얼마나 거룩하며 감미로운 일인가!

12월 27일. 정말 귀한 시간을 가졌다. 하나님의 일들에 대해 애틋한 느낌이 들었고, 그리스도 예수를 믿는 신앙의 순전한 신령함을 체험했다. 저녁에는 마태복음 6:33을 본문으로 상당한 자유로움과 능력과 날카로움으로 설교하였다. 하나님의 임재가 우리의 집회에 임하였다. 오오, 감미로움과

---

2) 브레이너드를 선교사로 취임시킨 위원들은 여건이 마련되는 대로 속히 그를 델라웨어 강(Delaware river)의 폭스 근방에 사는 인디언들과 서스퀘하나 강(Susquehanna river)의 인디언들에게로 보내기로 결의한 바 있었다. 그 지역까지의 거리가 멀고, 게다가 여러 가지 어려움과 위험거리들에 노출될 것이므로 이 때에 그의 친구들과 이런 심정으로 헤어졌을 것이다.

부드러움을 내 영혼 속에서 느꼈다. 그리스도의 심정을 내가 느꼈다면, 바로 지금 그것을 조금 지각했다 할 것이다. 내 하나님을 찬송하리로다. 오늘보다 더 편안하고 유익한 날을 누린 적이 거의 없었으니. 오오, 나의 모든 시간을 하나님을 위해 드릴 수 있다면 얼마나 좋을까!

1743년 1월 14일. 오늘 나의 영적 갈등은 말할 수 없이 끔찍했다. 산들과 넘쳐나는 홍수보다 더 심했다. 하나님에 대한 모든 지각이, 심지어 하나님께 속하여 있다는 의식까지도 다 사라져버렸다. 정말로 비참했다. 정죄받은 자들의 괴로운 고통은 상당 부분 하나님을 빼앗긴 사실과 또한 그 결과로 모든 선한 것을 빼앗긴 사실에 있을 것이라 믿는다. 이로써 피조물이 창조주 하나님께 절대적으로 의존한다는 것을 배웠다. 그가 누리는 행복의 조각조각마다 모두 하나님께 의존하는 것이다. 오오, 하나님이 계시지 않는다면, 여기서 영원토록 살고 이 세계는 물론 모든 다른 세계를 다 누린다 할지라도, 나는 기어다니는 동물보다 만 배나 더 비참하리라는 느낌이 든다.

1월 23일 주일. 지금처럼 내가 존재 자체도 감당치 못할 것 같은 느낌은 가져본 적이 없다. 하나님이 허락하셔서 내가 인디언들 중에 가더라도 내가 그들 중에 자리를 잡고 있을 만한 가치가 없다는 것이 보였다. 그들의 얼굴을 쳐다보기조차 부끄러운 생각이 들었고, 더욱이 거기서 그들이 내게 존경을 표시한다는 것은 더더욱 견디기 어려울 것 같았다. 사실 나 자신이 땅에서 버림받은 것 같은 느낌이었다. 마치 나 같이 추한 자에게는 그 어떠한 곳이라 해도 과분할 것 같았다. 아프리카의 토인들에게 가서 그들 가운데 있는 것조차 부끄러운 일이라 생각했다. 나 자신이 아무 짝에도 쓸모없고, 하늘에도 땅에도 무용지물인 존재로 보였다. 하나님의 임재로부터 단절된 것을 지각하는 영혼이 감내하는 것이 무엇인지는 그것을 느끼는 사람 외에는 아무도 모른다. 아아! 그것은 죽음보다 더 쓰라리다.

2월 2일. 지난 밤에 한 나이 든 사람의 집에서 고별 설교를 했는데, 그는 한동안 공 예배에 참석하지 못했었다. 오늘 아침에는 어디를 가든 거의 기도로 시간을 보냈다. 친구들과 작별한 후 인디언들을 향한 여정을 시작하였다. 그러나 처음 몇 주간 동안은 위원들의 조치에 따라 롱 아일랜드의 이스트 햄프턴(East Hampton)에서 보낼 예정이었다. 겨울철이 선교 사역을 시작하기에 적당치 않다고 판단되었던 것이다.

2월 12일. (이스트 햄프턴에서) 약간 더 위로를 누렸다. 마음의 평안을 유지하고 묵상할 수 있었다. 그리고 특히 저녁에는 최근 어느 때보다 기도에서 내 영혼이 새로운 힘을 얻었다. 내 영혼이 "하나님의 힘을 붙잡는" 것 같았고, 그가 주시는 위로들로 위로를 받았다. 오오, 하나님의 영광을 흘낏 보기만 해도 얼마나 감미로운지! 얼마나 힘을 얻고 새로움을 얻는지!

2월 15일. 이른 아침 다소간 위로를 느꼈고, 후에 인근의 숲을 거닐었는데, 이 땅의 외인이 된 느낌이, 세상의 오락거리들에 대해 죽은 느낌이, 전보다 더 강하게 들었다. 저녁에는 은밀하게 임무를 행하는 중에 하나님께서 주신 감미로움을 누렸다. 하나님이 나의 분깃이심을 느꼈고, 내 영혼이 최근 깊이 가라앉았던 그 깊은 물 위로 날아오르는 느낌이었다. 내 영혼이 시온을 위하여 부르짖었고, 그러는 동안 감미로움이 있었다.

2월 17일. 이스트 햄프턴의 한 작은 마을에서 설교하였는데, 하나님께서 은혜로우신 임재와 도우심을 내게 베푸셔서 자유로움과 담대함과 다소간의 능력으로 말씀을 전하였다. 저녁에는 한 사랑하는 그리스도인 동료와 약간 시간을 나누었는데, 마치 영원의 문턱에 있는 듯 자못 진지함을 느꼈다. 우리의 대화는 정말이지 천국의 작은 표상 그 자체였다. 내 영혼이 좀 더 세련되어졌고 나 자신의 상태와 영적인 느낌들에 의지하는 데에서 더 벗어난 것을 알았다.

2월 18일. 거의 종일토록 어느 정도 즐거움이 있었고, 은혜의 보좌 앞에 나아가는 것 같았다. 싸움터에서 싸움을 하는 동안 이따금씩 하늘의 즐거움과 평온함을 누리게 되니, 주께 찬송하리로다. 오오, 이 악한 세상에 있는 동안 진지하고 엄숙하며 항상 깨어 있기를 바란다! 오늘 홀로 있는 기회를 가졌고, 다소 자유롭게 공부할 수 있었다. 오오, 하나님을 향하여 살기를 진정 바란다!

 이어지는 두 주간 동안 브레이너드는 대부분 신령한 평안과 위로를 많이 누린 것으로 나타난다. 이 기간 동안의 그의 일기에는, 내재하는 죄와 무익함에 대한 탄식, 세상에 대하여 죽음, 하나님을 향한 사모함, 그의 영광을 위하여 사는 것, 영원한 본향을 사모하는 마음의 뜨거운 열망, 하나님의 도우심에 전적으로 의지함, 사사로운 신앙 활동과 공적인 활동에서 상당한 하나님의 도우심을 체험함, 하나님을 섬기는 가운데 경험하는 내적인 힘과 용기, 묵상과 기도와 설교와 그리스도인의 대화에서 흔히 새로운 힘과 위로와 신적인 감미로움을 경험함 등의 주제들이 표현되어 있다. 그리고 그 자신의 기록에서 나타나듯이, 이 기간은 지극한 근면과 성실함으로 하나님을 섬김, 공부와 기도와 묵상과 설교, 그리고 사사로운 교훈과 상담 등으로 가득 차 있었다.

3월 7일. 오늘 아침 잠에서 깨어 일어날 때 마음이 하나님을 향하여 나아가며 그에게 순복하고픈 간절한 갈망이 있었고, 또한 은밀한 기도 중에, 마음이 감미롭게 일깨움을 받아 하나님께서 나에게 또한 나를 위해서 행하신 모든 일에 대해, 또한 최근의 나의 내적인 모든 시련과 괴로움에 대해 하나님께 찬송을 드리고자 하는 소원이 일어났다. 내 마음이 복되신 하나님께 영광, 영광, 영광을 돌렸다! 그리고 하나님께서 나를 훈련시키시기 위해 주시는 것이라면 내적인 모든 괴로움을 다시 환영하리라 마음먹었다. 이제 남은 시간이 불과 얼마 되지 않고 영원이 코앞에 다가온 느낌이다. 그러므로 하나님의 대의를 위하여 무슨 일이든 인내로 기꺼이 다 견딜 수 있으리라 생각했다. 한 순간이면 평화와 복락의 세계에 들어가게 될 것을 보았으니 말이다. 주의 주시는 힘으로 말미암아, 내 영혼이 이 낮은 세상과 그 모든 헛된 오락거리들과 끔찍스런 실망거리들에서 완전히 벗어나 높이 올라갔다.

3월 13일 주일. 정오에는 도저히 설교하기가 불가능할 듯했다. 육체적인 연약함과 속마음이 완전히 가라앉아 있었던 탓이었다. 첫 기도 때에는 너무나 약하여 거의 일어설 수조차 없었다. 그러나 설교 시간이 되자 하나님이 내게 힘을 주셨고, 그리하여 창세기 5:24("에녹이 하나님과 동행하더니")을 본문으로 거의 한 시간 반 가량을 감미로운 자유로움과 명쾌함과 어느 정도 부드러운 능력으로 설교하였다. 하나님의 도우심으로 하나님과 가까이 동행하는 것을 강조하였고, 하나님과 동행하여야 한다는 것을 여기 하나님의 사람들에게 고별 권면으로 남겨주었다. 모든 은혜의 하나님이 이 곳에서의 나의 보잘것없는 수고를 들어 사용하시기를 바라는 마음 간절하다!

3월 14일. 오전에는 여행 준비로 매우 분주했고, 그동안 거의 쉬지 않고 즉흥적인 기도에 전심하였다. 열 시쯤 이스트 햄프턴의 사랑하는 사람들과 작별하였다. 마음에 탄식과 슬픔과 기쁨이 동시에 교차하였다. 거의 오십 마일을 말을 달려 브루크 헤이븐(Brook-Haven)으로 가 거기서 머물며 그리스도인 동료들과 대화를 나누며 마음이 새로워짐을 누렸다.

브레이너드는 이틀을 더 말을 달려간 끝에 뉴욕에 도착하였다. 그러나 노상에서 버려지고 죽어 있는 심령의 상태를 많이 겪은 것에 대해 탄식하였다. 뉴욕에서 하루를 머물고, 금요일에 엘리자베스타운(Elizabeth-Town)의 디킨슨 목사(Jonathan Dickinson: 1688-1747 — 역주)에게로 갔다.

3월 19일. 나의 무지와 어둠과 무가치함을 지각하고서 쓰라린 괴로움을 겪었다. 영혼의 쓰라림 속에서 홀로 오직 하나님께 아픔을 토로하였다. 오후에는 말을 달려 뉴아크(Newark)로 가서 버어 목사(Aaron Burr: 1716-1757. 조나단 에드워즈의 사위 — 역주)와 대화와 기도를 함께 하며 어느 정도 감미로움을 경험하였다. 이처럼 활기와 각성의 때를 주시니, 오오 영원히 하나님을 찬송하리로다!

3월 20일 주일. 오전에 설교했는데, 하나님께서 어느 정도 도우셔서 진정 온유함과 사랑과 공평함으로 말씀을 전할 수 있었다. 저녁에 다시 설교했는데, 하나님께서 보잘것없는 벌레인 나를 도우사 진리를 전하게 하셨다. 하나님을 찬송하리로다. 활기와 능력과 하나님의 백성들에게 유익을 주고자 하는 열정으로 말씀을 전할 수 있었고, 또한 죄인들에게도 어느 정도 능력으로 전할 수 있었다. 저녁에, 어떤 식으로든 내 마음이 하나님께로부터 멀어질까 두려워 경계하고 살폈다. 오오, 내 영혼의 모든 능력이 끊임없이 영원토록 하늘의 일들과 복락들에 최고로 완전히 몰입하게 되는 그 복된 세상이 과연 언제나 내게 올 것인가!

월요일 브레이너드는 뉴저지의 우드브리지(Woodbridge)로 가서 위원들을 만났는데, 그들은 그를 본래 예정된 대로 델라웨어(Delaware)의 폭스(Forks)의 인디언들에게로 보내지 않고, 카우나우믹(Kaunaumeek)의 여러 인디언들에게로 가게 하였다. 이렇게 계획이 변경된 것은 두 가지 일 때문이었다.

1. 토지 문제로 백인들과 델라웨어의 인디언들과의 사이에 갈등이 있다는 소식을 접했기 때문이었다. 이런 정황으로 인하여 그 때에 그들 중에서 선교사역을 성공적으로 수행하는 일이 방해를 받을 것이라 생각한 것이다.

2. 스톡브리지(Stockbridge)의 인디언 중에서 선교사로 사역하고 있는 써전트 목사(Mr. Sergeant)로부터 카우나우믹의 인디언들에 대하여 몇 가지 정보를 얻고서, 그들 중에서 선교사가 사역한다면 성공할 가망이 클 것

이라고 판단한 때문이었다.

　이튿날 브레이너드는 카우나우믹을 향하여 여정을 시작하였고, 3월 31일 스톡브리지의 써전트 선교사의 집에 도착하였다.

제 5 장

거의 1년 동안의 카우나우믹의 인디언 사역 — 일시적인 퇴거와 고난들 — 학교를 세움 — 예일 대학 교수회에 제출한 고백 — 금식 기간 — 인디언들의 교육 방법들 — 뉴저지와 코네티컷 방문 — 델라웨어의 폭스에서의 인디안 사역의 개시 — 목사 안수

1743년 4월 1일 〉 1744년 6월 12일

1743년 4월 1일. 카우나우믹으로 말을 달려갔는데, 그 곳은 황야 가운데 있는 곳으로 스톡브리지에서 거의 20마일 가량 떨어져 있고, 내가 관심을 갖는 인디언들이 사는 알바니(Albany)로부터도 비슷한 거리였다. 거기서 인디언들로부터 약 1.5마일 정도 떨어진 곳에서 한 추라한 스코틀랜드인과 함께 거처했는데, 통나무로 지은 방에 마루도 없이 작은 지푸라기 더미 위에서 지냈다. 내적인 시험을 크게 겪었고, 마치 의지할 하나님이 계시지 않는 것 같았다. 오오, 하나님이 나를 도우셔야 할 텐데!

4월 7일. 나 자신이 너무나 무지하고 연약하고 무기력하고 무가치하여 나의 임무를 도저히 감당치 못할 것 같았다. 인디언들 가운데서 그 어떠한 유익도 줄 수 없고 사역에 성공할 수도 없을 것 같았다. 나의 인생에 대해 완전히 지친 느낌이었다. 죽음이 말할 수 없이 그리웠다. 경건한 심령이 세상을 떠나는 것을 생각하면, 내 영혼이 그분의 그런 특권을 부러워하며, '오오, 언제나 내 차례가 올까! 몇 년이 지나가야 하지 않을까!' 라는 생각이 들었다. 그러나 이런저런 때에 일어나는 이런 열렬한 바람들은 모든 비참한 일

을 당하는 중에 뭘러가 하나님께 온전히 나를 맡기지 않기 때문이기도 하며 따라서 이런 것은 조급함 이외에 아무것도 아니라는 것을 잘 알고 있다. 밤이 올 무렵 기도 가운데서 믿음을 시행하였고, 글을 쓰며 약간의 도움을 받았다. 오오 하나님이 그의 가까이에 있도록 나를 지키시기를 바란다!

4월 10일 주일. 이른 아침 밖으로 나가서 숲 속에서 기도와 묵상으로 한동안 시간을 보냈다. 오전과 오후에 인디언들에게 말씀을 전했다. 그들은 대체로 진중하게 처신하였다. 특히 두세 사람 정도가 다소간 신앙적인 관심을 갖는 것이 보였고, 그들을 사적으로 만나 권면하였다. 한 사람은 내게 나의 설교를 처음 들은 이후 자기 마음이 울부짖었다고 했다.

4월 16일. 오후에 내 사람들에게 말씀을 전했는데, 전보다 그들에 대해 더 많은 실망감이 생겼다. 아무리 그들을 위해 일해도 유익한 결과가 전혀 없지 않을까 하는 두려움이 생겼다. 뭘러가 내 영혼을 하나님께 쏟아 긍휼하심을 구하였다. 하지만 전혀 안도감이 느껴지지 않았다. 잠시 후 불신자 두 사람이 나를 찾아왔는데, 이튿날 내 설교를 듣고자 한다고 했다. 하지만 자기들끼리 주고받는 그 속된 대화를 듣는 내 심정을 누가 알겠는가? 오오, 사랑하는 그리스도인이 나의 괴로운 심정을 알아주었으면 얼마나 좋을까 하는 생각이 들었다. 헛간 비슷한 곳으로 들어가 거기서 나의 안타까운 심정을 탄식으로 하나님께 아뢰었다. 그러다가 하나님께서 내게 은혜를 베푸사 나를 이 사람들과 다르게 만드신 것에 대해 감사와 찬송의 마음이 더 깊이 느껴졌다.

4월 17일 주일. 아침에 자리에서 일어나자마자 세상과 거기 속한 일들에 대한 이야기들을 많이 들으면서 다시 괴로움이 찾아왔다. 그 사람들이 나에 대해 어느 정도 두려움이 있다는 것을 직감했다. 나는 안식일을 거룩히 지키는 일에 대해 강론했고 할 수만 있다면 그들의 생각들을 진지하게 만들고자 했다. 그러나 내게서 약간 멀리 떨어지자 그들은 다시 자기들의 세속의 일들에 대해 자유로이 이야기했다. 오오 그런 사람들이 영원토록 산다면 그것이야말로 지옥이리라는 생각이 들었다. 주께서 설교에 다소간 도움을 주셨고, 하루 종일 어느 정도 주께 맡기는 자세가 있었고 밤에 기도에서 다소 위로를 얻었다.

4월 19일. 오전에는 하나님 안에서 다소 안정과 안식을 누렸다. 하나님 안에서 다소간 힘과 확신을 느꼈고, 내 영혼이 어느 정도 마음의 새로움과 위로를 얻었다. 거의 종일을 글을 쓰느라 보냈고, 은혜의 시간을 가지면서 위로를 얻었다. 그동안 내 영혼이 깊은 물 속에 잠겨 거의 익사 상태에 있었는데, 이제 내 영혼이 그 위로 솟아오르는 것 같았다. 하나님을 향한 영적인 갈망과 소망을 어느 정도 느꼈고, 나 자신의 영혼 속에서 그리스도의 나라가 전진하도록 하는 일에 열심을 냈다.

4월 20일. 이 날을 금식과 기도의 날로 정하고, 내 영혼을 하나님 앞에 숙여 하나님의 은혜 베푸심을 구하였다. 특히 나의 모두 영적인 괴로움과 내적인 고통들로 인하여 내 영혼이 거룩하게 되기를 간구하였다. 또한 오늘이 나의 생일인 만큼 지금까지 하나님께서 내게 베푸신 선하심을 기억하기를 힘썼다. 지금까지 하나님의 도우심을 힘입어 살아왔는데 이제 내가 스물다섯 살이 되었다. 나의 메마름과 죽어 있음을 생각하자 내 영혼에 아픔이 밀려왔다. 영원하신 하나님의 영광을 위해 산 것이 그렇게 적으니 말이다. 숲 속에서 홀로 하루를 지내면서 하나님께 나의 안타까움을 토로하였다. 오오 하나님께서 나로 하여금 앞으로는 그의 영광을 위해 살 수 있도록 해주시면 좋으련만!

5월 10일. 한동안 그랬던 것처럼 오늘도 같은 상태였다. 죄책감과 오염과 몽매함에 극히 짓눌려 있었다. "죄악이 나를 따라다니며 나를 에워싸며,

내 젊은 시절의 죄악이 내 머리에 넘쳐서 무거운 짐 같으니 내가 감당할 수 없나이다." 지금까지의 내 인생의 거의 모든 행동들이 죄로 뒤덮여 있는 것 같고, 지극히 양심적인 자세로 행한 행동들조차도 부끄러움과 혼란으로 나를 가득 채워서 도저히 고개를 들 수가 없다. 오오, 교만과 이기심과 외식과 무지와 격렬한 감정과 파당심이 가득했고, 또한 사랑과 정직과 온유함과 부드러움이 결핍된 상태로 신앙의 증진을 위하여 힘써왔으니, 더욱이 하늘로부터 진정한 도움을 얻고 또한 감미로운 하늘과의 교제를 누릴 소망이 있는데도 그렇게 해왔으니 말이다! 하지만, 안타깝도다. 내가 행한 최선의 행위들에 이처럼 굉장한 부패가 뒤섞여 있다니!

5월 18일. 내가 처한 형편들을 보면 오로지 하나님 안에서 얻는 위로 외에는 그 어떠한 위로도 없는 실정이다. 지극히 적막한 황야에서 지내고 있고, 게다가 영어를 할 줄 아는 사람이 하나밖에 없어 그 사람밖에는 대화할 상대가 없다.[1] 내가 듣는 말은 하일랜드 출신 스코틀랜드인 아니면 그 인디언의 말이 대부분이다. 내 가슴을 열어 나의 영적인 고민거리들을 나누고 대화로 하늘의 일들에 대해 따뜻한 권고를 받고 함께 기도할 만한 동료 그리스도인이 한 사람도 없다. 인생의 위로거리들로 따지면 나는 정말 가련하게 살고 있다. 먹는 음식도 삶은 콩과 옥수수 죽 등이 전부다. 짚 더미 위에서 기거하고, 나의 일도 힘겹고 지극히 힘들고, 나의 수고가 성공을 거두어 위로를 받게 될 기미도 거의 보이지 않는다. 인디언들에게는 땅이 없고, 그들이 살아가는 땅도 네덜란드인들이 소유권을 주장하면서 그들을 내쫓겠다고 위

---

1) 이 사람은 브레이너드의 통역자로 스톡브리지 출신의 젊은 인디언 원주민인데, 그의 이름은 존 와우와움페쿠나운트(John Wauwaumpequunnaunt)였다. 그는 써전트 선교사에게서 기독교 신앙을 가르침 받은 바 있고, 롱메도우(Long-meadow)의 윌리엄스 목사(Rev. Mr. Williams)와 함께 살았었고, 런던의 홀리스(Mr. Hollis)의 책임 아래 윌리엄스 목사에게서 신앙 교육을 받은 자로서 영어와 인디언어를 매우 잘 이해하였고, 또한 글쓰기도 잘 하는 사람이었다.

협하고 있다. 그들은 가련한 인디언들의 영혼에 대해서는 전혀 아랑곳하지 않는다. 이들은 나를 미워한다. 내가 인디언들의 언어를 배워서 그들에게 말씀을 전하려 하기 때문이다. 하지만 내게 가장 극심한 어려움은 하나님이 그의 얼굴을 내게서 숨기신다는 것이다.

5월 20일. 한동안 혼란한 상태에 있었으나 밤이 이를 무렵 이사야 40:1("너희 하나님이 이르시되 너희는 위로하라 내 사람들을 위로하라")을 묵상하며 위로를 얻었고 기도 중에 감미로움을 누렸다. 그러자 내 영혼이 깊은 물 위로 높이 솟아올라 감히 하나님 안에서 즐거워할 수 있었다. 복되신 하나님 안에 충족한 위로가 있음을 보았다.

    5월 30일 월요일, 브레이너드는 뉴저지로 출발하였다. 선교부 위원들과 상의하여, 카우나우믹의 인디언들 중에 학교를 세우고 그의 통역자를 그 학교 선생으로 임명하는 건에 대해 허락을 받고자 함이었다. 그 일은 예정대로 진행되었다. 그는 뉴저지를 출발하여 6월 6일 월요일에 뉴헤이븐(New-Haven)에 도착하여 대학의 교수회와 화해를 시도하였고, 그 지역의 동료들을 방문하며 한 주간을 보냈다. 그리고 귀로에서 토요일까지는 상당히 편안한 마음 상태를 유지하였다. 토요일 스톡브리지로부터 카우나우믹으로 가는 도중 숲속에서 길을 잃었고 밤새도록 노천에서 지냈다. 그러나 다행히 이튿날 아침에 길을 찾았고 6월 12일 주일에 그의 인디언들에게로 갔고, 그가 그 곳에 온 이후 그 어느 때보다 설교에 큰 도움을 받았다.

    이 때 이후도 그의 갖가지 내면적인 상태는, 전에 카우나우믹에 처음 도착한 때로부터 그 자신의 집(조그만 움막으로 그가 오랜 동안 힘겨운 수고로 손수 지었다)에서 거주를 시작하기까지와 전반적으로 비슷하였다. 처음 그가 거처했던 가족과 거리가 떨어져 있어서, 특히 오전과 저녁에 인디언들에게 손쉽게 다가가는 일이 방해를 받는다는 것을 알고, 약 삼 개월 후 거처를 옮겨 인디언들과 함께 그들의 움막에서 살았다. 여기서 약 한 달을 계속 지내다가, 지금 그가 언급하는 그 작은 집을 완성한 것이다.

  이 기간 동안 거의 내내 그는 상당히 낙담해 있는 상태였다. 우울한 상태가 간헐적으로 나타났으나, 그의 일기에서 나타나듯이 위로와 감미로운 고요함과 마음의 평정을 맛보는 때도 있었고, 공적인 예배에서 특별한 도우심을 얻은 경우도 자주 있었다. 그는 괴로움에서 벗어나는 일을 여러 차례 경험했는데, 그 중 한 가지 경우는 그 되어진 일을 그 자신의 말로 직접 들어볼 만한 가치가 있다.

7월 25일. 거룩한 삶을 위한 결심이 거의 혹은 전혀 없었고, 하나님을 향하여 살 소망을 거의 포기할 마음이었다. 그런데 오오 영원토록 거룩하지 못한 상태로 있는 것을 생각하면 어찌나 모든 것이 캄캄하게 보이는지! 이것은 도저히 견딜 수가 없다. 시편 65:3("죄악이 나를 이겼사오니")이 바로 내 영혼의 울부짖음이었다. 그러나 하나님이 영원하시며 시작이 없으시다는 것을 묵상하며 어느 정도 위로와 안심을 얻었다. 그리고 그의 위대하심과 능력을 사모하고, 그런 상태 속에 잠잠히 있으면서 주의 영광과 완전하심을 찬송하였다. 비록 내가 거룩하지 못한 존재일지라도(또한 영원토록 그럴지라도) 영원하시고 무한하시며 전능하시며 거룩하신 하나님을 바라보며 내 영혼이 위로를 얻었다.

7월 30일. 밤이 되어 나의 집으로 옮겨와 거기서 밤을 지냈다. 전처럼 인디언들의 오두막에 있는 것보다 이처럼 홀로 시간을 보내니 훨씬 더 좋다.

7월 31일 주일. 며칠 전보다 더 편안함을 느꼈다. 주께서 내게 물러가 쉴 곳을 주셨으니 그를 찬양할지로다. 오오 내가 그 곳에서 하나님을 찾게 되고, 그가 나와 영원토록 거하시기를 바라마지 않는다!

8월 1일. 내 집에서 계속해서 수고하느라 여전히 바빴다. 신앙의 감미로

1743년

움을 약간 느꼈고, 온갖 올무와 메마름과 죽음 자체를 통해서라도 하나님을 따르는 것이 진정 가치 있는 일이라고 생각되었다. 오오 항상 거룩을 따라가게 된다면, 하나님께 온전히 복종하게 된다면 얼마나 좋을까! 물론 상당한 고뇌가 있었지만 그대로 은밀한 기도 중에 어느 정도 감미로움을 누렸다.

8월 3일. 거의 하루 종일 글을 쓰며 보냈다. 신앙적인 정서를 다소간 누렸다. 하나님의 선하심으로 말미암아 이제 방해받지 않고 홀로 있게 되었고, 그렇게 홀로 있는 것이 편안하였다. 전에 한동안 그랬던 것보다는 지난 며칠 동안 하나님의 일들을 더 많이 지각하고 누렸다. 거룩과 겸손과 온유함을 사모하였다. 오오 하나님이 나로 하여금 "나그네로 있을 때를 두려움으로 지내"도록 하시고 항상 그를 향하여 살도록 하시면 좋으련만!

8월 4일. 하루 종일 많이 기도할 수 있었고, 하나님의 선하심으로 말미암아 늘 하던 대로 간절한 심령으로 임무에 임하였고, 또한 인내로 간구할 힘을 어느 정도 얻었다. 하나님의 일들에 대한 깨달음이 있어서 용기와 결단을 갖게 되었다. 인내로 기도하지 못한다 해도, 즉 하나님께 계속해서 오래 말씀을 아뢰지 못한다 할지라도, 기도하고자 힘쓰는 일에 인내하는 것은 좋은 일이라 여겨진다. 내가 대체로 발견한 것은 은밀하게 기도할수록 더욱더 그 일을 즐거워하게 되고 또한 기도의 영을 더 많이 누리게 되었다는 사실이다. 그리고 여행이나 기타 이유로 홀로 물러나 있는 시간을 많이 빼앗기는 때에는 그 반대의 일이 발생하는 것도 자주 체험하였다. 적절한 시간에 은밀한 의무들을 적당하고도 꾸준하게 행하는 것과, 또한 매 시간마다 마음이나 머리나 손으로 유익한 일을 행하며 모든 시간을 조심스럽게 운용하는 것이야말로 하나님 앞에서 신령한 평안과 담대함을 얻는 탁월한 방도가 된다. 우리의 시간을 하나님으로, 또한 하나님을 위하여 채우는 것이야말로 화평 중에 일어서고 눕는 길인 것이다.

8월 13일. 은밀한 기도 중에 간절한 열망과 기쁨을 갖고 내 영혼을 하나님께로 올려드릴 수 있었다. 그야말로 복된 시간이었다. 그리스도인이라는 사실이 주는 위로를 발견했고, 현재 당하는 고난은 이 세상에서 누리는 신적인 영광과 도무지 비교할 수 없다고 생각했다. 친절하게도 과거의 모든 고통들이 사라지는 것 같았고, "기쁨으로 말미암아 그 고통을 다시 기억하지 아니하"였다. 오오, 이런 때에는 내 영혼이 어찌나 친절하게 또한 아들의 부드러움으로 "만세반석"을 의지하며, 그가 나를 버리지도 아니하시고 떠나지도 아니하시며, "모든 일이 합력하여 선을 이루도록" 하시리라는 것을 확신하게 되는지 모른다. 주 하나님이 얼마나 좋으신 분이신가를 다른 이들도 알게 되기를 바랐다. 내 영혼이 부드러움과 사랑으로 가득 찼고, 심지어 나의 철천지원수들에게까지도 그런 심정이었다. 그들이 동일한 자비를 함께 나누게 되기를 바랐고, 또한 하나님이 나와 다른 모든 것에 대해 그가 기뻐하시는 대로 행하시기를 사모하였다. 진지하고 고요하며 평화로운 심정을 느꼈고, 또한 그 어떠한 어려움과 시련이 도중에 있더라도 내가 살아 있는 한 거룩을 향하여 전진하리라는 용기를 느꼈다. 주여, 그렇게 할 수 있도록 언제나 나를 도우소서. 아멘 아멘.

8월 15일. 하루 중 대부분을 겨울에 말에게 먹일 것을 조달하기 위한 일을 하며 보냈다. 오전에는 영적인 즐거움은 별로 누리지 못했다. 하루 종일 몸이 매우 허약한 상태여서, '이 약한 몸이 금방 티끌로 돌아가겠구나'라고 생각했고, 저 세상으로 속히 들어가는 일에 대해 지극히 실질적인 깨달음들이 생겼다. 이런 허약한 몸 상태로 적절한 음식의 결핍으로 인해서 적지 않은 괴로움을 받았다. 빵도 없었고, 그것을 구할 곳도 없었다. 10 내지 15마일 가량을 내가 직접 가거나 사람을 보내지 않으면 빵을 구할 수도 없는 실정이다. 그리고 많은 양을 갖다 놓으면 곰팡이가 끼거나 상하여 먹지 못하게 되는 때도 있다. 그리고 빵을 위하여 사람을 보낼 수가 없거나 숲속에서 말을 찾지 못해서 나도 직접 갈 수 없거나 하면 다시 며칠을 먹을 것이 없이 지

내게 되는데, 지금 현재 그런 처지다. 하지만 하나님의 선하심으로 인디언들의 양식이 있어서 그것으로 케이크도 만들고 볶아 먹기도 했다. 하지만 나의 이런 처지에 만족을 느끼며, 기꺼이 하나님께 모든 것을 맡기고 있다. 기도에서 큰 자유를 누렸고, 마치 내가 왕이라도 된 것처럼 나의 현재의 처지에 대해 하나님께 크게 찬양을 드렸다. 이제는 그 어떠한 처지에서도 만족을 누릴 만한 기질이 내게 있다고 생각했다. 하나님을 찬송할지로다.

브레이너드는 토요일의 일기에서, 다소 침울해졌고 고뇌가 생겼다고 말한다. 그리고 이렇게 덧붙인다: "내 영혼이 하나님을 향하여 나아가는 때 이외에는 도무지 편안함을 느끼지 못한다. 거룩해질 수 없다면 나는 영원토록 비참할 수밖에 없다."

8월 21일 주일. 오전의 임무에서 많이 고생했다. 생각들이 사방으로 땅 끝까지 흩어지는 것 같았다. 정오에 주님 앞에 엎드려 나의 추악함과 메마름과 죽어 있음을 탄식하였다. 불멸하는 영혼들에게 그런 식으로 말씀을 전하다니, 내가 영혼을 죽이는 살인의 죄를 범한 것 같은 느낌이었다. 오후에 하나님께서 내게 다소간 도움을 주셨고, 그리하여 청중들에게 참된 회개의 본질과 필수성을 담대하게 제시할 수 있었다. 후에는 감사한 마음을 조금 가졌다. 저녁이 되자 몸이 매우 아프고 고통이 가득했고, 그렇게 많은 시간을 소비했는데도 그렇게 유익이 적은 것에 대해 내 영혼이 탄식하였다.

8월 23일. 오전에 공부하면서 다소간 자유를 누렸다. 오후에는 밖으로 나가 기도하려고 애썼으나 마음의 열정도 즐거움도 별로 없었다. 밤이 되자 매우 지쳤고, 이 고통의 세상이 지겨웠다. 죽음과 불멸에 대해 생각하는 것들이 매우 바람직스러운 것 같았고, 심지어 그것으로 내 영혼이 새로움을 얻기까지 했다. 다음의 시구(詩句)들이 마음에 떠올라 기쁨이 되었다:

"죽음이여 오라. 악수를 하자꾸나. 네 손에 입을 맞추리라."
"죽는 것이 내게는 행복이로다."
"무엇이라고! 그대는 내가 움츠러들 것이라 생각한단 말인가?"
"나는 불멸로 나아가리라."

저녁 기도에서 하나님께서 내 영혼에게로 가까이 나아오셨다. 매우 죄악되고 무가치한 나에게 말이다. 그리하여 하나님과 씨름하며 끈질기게 은혜를 간구할 수 있었다. 온 세상과 동료들과 적들을 위해 내 영혼을 쏟아 부었다. 내 영혼이 근심하였다. 영혼들 자체를 위해서가 아니라 그리스도의 나라를 위한 근심이었다. 그 나라가 세상에 나타나기를, 하나님이 하나님이심을 온 땅이 알게 되기를 간절히 바랐다. 오오, 신앙에서 당파를 생각한다는 것 그 자체가 내 영혼에게는 혐오스러운 것이었! 하나님의 진리가 그 가는 곳마다 나타나며, 하나님께서 영원토록 영광 받으시기를 바라나이다. 아멘. 이번은 정말이지 편안한 시간이었다. 위의 세상의 즐거움들을 얼마간 미리 맛보았다는 생각이 들었다. 오오 내 영혼이 그것을 더 누리게 되기를!

8월 31일. (뉴욕으로 향하는 여정 중에) 감미롭고 진지하며 그리스도인다운 상태에 있었다. 아니, 그랬기를 바란다. 영원한 것들이 내 생각을 온통 사로잡았다. 영들의 세계에 있기를 사모하였다. 오오 우리의 모든 생각들이 그 세계에 삼켜져서, 자기 자신이 이 세상에서 외인(外人)임을 느끼며, 이 세상을 통과할 길을, 하늘의 예루살렘에 이르는 가장 좋고 확실한 길을, 부지런히 구하며 나아간다면 그 얼마나 복된 일이랴!

그는 여행을 계속하여 뉴욕에서 이틀이나 사흘 정도 지체한 후 뉴헤이븐으로 향하였다. 거기서 졸업식에 참석할 예정이었던 것이다.

9월 11일 주일. (호스넥[Horse-Neck]에서). 오후에 디도서 3:8을 본문으로 설교하였다. 참된 신앙을 설명하고, 불같은 열정, 당파 중심적인 열심, 영적인 교만, 그리고 자신에 찬 독선적인 자세 등, 신앙인 것처럼 보이나 아닌 것과 그 근원, 즉 마음에 대한 무지를 선명하고도 부드럽게 드러내는 일에 하나님께서 지금처럼 도움을 주신 적이 없는 것 같다. 저녁에는 그 곳 사람들 가운데 있는 몇 가지 혼동거리들을 제거하고자 사적인 대화를 나누는 일에 많이 수고하였다.

9월 13일. 뉴헤이븐으로 말을 달렸다. 때때로 버려진 기분이 들었고 마음이 그리 밝지 못했다. ＿＿에서 묵었다. 유익한 그리스도인의 대화를 얼마간 나누었다. 내적인 시련들이 컸고, 홀로 있는 생활 때문에 그것들이 내 속에 배고, 영혼의 가장 깊은 곳에까지 침투하게 될 소지가 더 컸지만, 그럼에도 불구하고 세상의 소음과 소란에 휩싸이는 것보다 홀로 있는 편이 더 낫다. 이 곳저곳 장소를 옮겨 다니며 새로운 대상들을 대하며 염려와 갖가지 일들로 가득 차 있는 동안에는 하나님의 일들을 생각하고 누리기를 유지한다는 것이 매우 힘들다. 철저한 신앙의 삶을 위해서는 안정된 상태에서 꾸준히 일을 감당하는 것이 최선이라 여겨신나.

9월 14일. 오늘은 내가 학위를 수여받았어야 마땅했다. 그러나 하나님께서는 내가 학위를 받지 못하는 것을 합당하게 여기셨다. 동료 학우들이 학위를 받는 모습을 지켜보면서, 당혹감과 혼란에 압도당하지나 않을까 크게 염려했으나, 바로 그 때에 하나님께서 내게 마음의 고요함과 초연함을 갖게 하셔서, "주의 뜻대로 이루어지이다"라고 말할 수 있게 되었다. 정말이지 하나님의 선하심으로 말미암아, 최근 들어서 내 마음이 그렇게 고요하고 안정되고 편안한 것을 느껴본 일이 없었다. 오랫동안 나는 이 때를 두려워했고, 나의 겸손과 온유함과 인내와 초연함이 상당히 시험받을 것을 예상해왔다. 하지만 예상보다는 훨씬 더 즐거움과 하나님께서 주시는 위로가 더 많았다. 오늘 사랑하는 한 그리스도인 형제와 사적으로 기도하는 중에 영적인 진지함과 부드러움과 사랑스러움을 느꼈다.

9월 15일. 목사님들의 강론을 들으며 다소간 만족을 얻었다. 신앙적이며 영적인 말씀을 듣는다는 것이 내게는 언제나 위로가 된다. 오오 목사님들과 교인들이 좀 더 신령하며 하나님께 헌신되기를 바라마지 않는다. 밤이 이를 무렵, 그리스도인 동료들의 권고에 따라, 대학의 교목과 이사회에 제출하기 위하여 내가 반성한 것들을 — 이 생각들은 전에 교목님께 자유로이 진술하고 받아달라고 간청했었던 것과 본질상 같은 내용이었다 — 글로 썼다. 가능하다면 트집을 잡고자 하는 자들에게 빌미를 줄 기회를 말끔히 제거하고자 했던 것이다. 내가 제출한 내용은 다음과 같다:

"예일 대학 교수 중의 한 분인 휘틀지 교수에 대해 제가 몇몇 사람들 앞에서, 그분은 그 때에 제가 기대고 있던 의자만큼도 은혜가 없다고 믿는다고 말한 적이 있습니다만, 이 일로 제가 하나님께 죄를 지었고 또한 그의 말씀의 규범을 거슬러 행동하였고 휘틀지 교수님을 욕되게 했다는 것을 머리 숙여 고백합니다. 그분의 성품에 대해 그런 식으로 말할 하등의 권리가 제게 없었고, 또한 그분에 대해 그렇게 말할 정당한 이유도 전혀 없었습니다. 더욱이 그분이 저의 윗사람이요 대학에서의 관계로 보아 특별한 존경과 존귀로 대하여야 마땅한 분이셨기에 저의 과실은 더욱 위중한 것이었습니다. 제가 했던 처신은 그리스도인에게 전혀 합당치 않은 것이었습니다. 제 자신을 지나치게 높였고, 또한 휘틀지 교수님에 대해 겸손한 존경의 자세를 보였어야 옳았음에도 그렇게 하지 않았습니다. 그 당시의 제 처신을 정당하게 여겼던 제 판단들이 그릇되다는 것을 그 이후 오랜 동안 깨달아왔습니다. 이 일을 생각하면서 괴로움에 휩싸인 적도 많습니다. 이러한 죄악으로 인하여 저는 하나님과 사람 앞에서 낮아지고 또 낮아지기를 진심으로 소원합니다. 대학의 책임자들과 또한 거기에 관련된 모든 분들에게, 특히 휘틀지 교수님에게, 용서해 주시기를 머리 숙여 구합니다. 그리고 어느 분이 제가 예일 대학

1743년

의 교목님에 대해서, 그가 밀포드까지 테넌트 목사를 따라간 학생들을 처벌하였는데 그 일로 스스로 넘어져 죽을 것을 예상하지 못했다는 것이 이상스럽다고 말한 것으로 혐의를 씌운 일에 대해서는, 저는 결코 그런 뜻으로 무슨 말을 한 기억이 전혀 없다는 것을 진심으로 말씀드립니다. 제가 그런 말을 하지 않은 것이 확실치 않습니다만, 만일 제가 그런 말을 했다면 저는 정말 그런 식의 모든 처신을 정죄하며 혐오하며, 또한 학부생이 교목님에게 그렇게 말하는 것에 대해서는 특히 더 그렇습니다. 또한 퇴교를 당하기 얼마 전에 교목님께서 떠나기를 허락하시지 않았음에도 불구하고 제가 뉴헤이븐의 별도의 모임에 다시 참석한 것에 대해서도 제 자신을 정죄합니다. 이 일에 대해 용서해 주시기를 교목님께 머리 숙여 구합니다. 그리고 대학의 당국자들이 현재 제게 드리워진 학사적인 책벌을 제거할 연유를 찾으시든 그렇지 않든, 혹은 제가 바라는 특권들을 다시 제게 허락하시든, 그분들이 합당하게 여기신다면, 기꺼이 그것을 공개적으로 받아들이고, 여기서 제가 고백한 저의 과오들로 인해 제 자신을 낮추고자 합니다."

하나님께서는 평화를 위하여, 또한 다른 이들에게 내가 거치는 돌이 되지 않도록, 진리에 합당하게 내가 할 수 있는 모든 일을 기꺼이 행할 마음을 주셨다. 그렇기 때문에 몇 가지 경우들에서 지극히 성숙하고 공평하게 살핀 후 나의 권리라고 분명히 확신하게 된 것들을 기꺼이 삼가고 포기할 수 있게 되었다. 하나님께서 내게 은혜를 베푸사, 만일 어떤 사람이 수백 차례나 내게 해를 가했고 내가 그 사람에게 단 한 차례만 해를 가했다면(비록 그 사람의 행동에 격분하여 그런 일을 행하였지만), 나는 기꺼이 그 사람에게 나의 과오를 겸손하게 고백하고 무릎을 꿇고 진심으로 용서를 구할 마음이 생겼다. 그 사람이 내게 해를 끼친 일들을 스스로 정당화하고 나의 겸손한 고백을 빌미로 삼아 나를 악인과 죄인으로 만들어버리는 일이 있다 할지라도 말이다. 그렇다. 이를테면 그 사람이 나를 모욕하면서, 그가 나의 잘못을 전부터 다 알고 있었고 자기는 나로 하여금 회개하도록 처신하고 있는 것뿐이라는 식으로 말을 할지라도 말이다. 휘틀지 교수님에 대해서 한 말은 그저 사석에서 한두 친구들에게 한 말이었고, 또한 그 중 누군가가 일부분만을 엿듣고서 교목님에게 전하였고, 교목님이 내 친구들에게서 진술 받은 것이었다. 하지만 그 말이 누설되고 공적으로 알려지게 되었으니, 나는 기꺼이 나의 과오를 공적으로 고백하고 인정할 마음이었다. 그러나 하나님께서 나의 진심을 알게 해 주시리라 믿는다.

나(본서의 편집자인 조나단 에드워즈를 지칭함 — 역주)는 이 때에 브레이너드가 보인 진정한 그리스도인다운 자세를 직접 목도한 증인이다. 그 당시 내가 뉴헤이븐(New-Haven)에 있었고, 그가 합당히 여겨 그 일에 대해 나와 상의한 바 있으니 말이다. 그 때에 처음으로 내가 브레이너드와 개인적으로 대면할 기회를 가졌었다. 그에게서는 고요함과 겸손이 진정으로 배어 나왔고, 자신이 당했다고 여기는 모든 억울한 일에 대해 추호도 반항적인 자세가 없었고, 그에게 해를 끼친 자들 앞에서 뒤로 물러서서 비굴해지지도 않았다. 그는 그 어떠한 거부감이나 꺼리는 자세가 없이 처신하였다. 심지어 자유로이 자신의 생각을 나누는 친구들과 함께 사석에 있을 때에도 그랬다. 대학 당국에 그를 대신하여 진지한 청원 — 곧, 그에게 학위를 수여해 주십사 하는 것 — 이 제출되었는데, 특히 스코틀랜드 선교회의 위원 중의 한 분인 뉴아크(Newark)의 버어 목사(Rev. Mr. Burr)가 그 청원을 제출하였다. 다른 위원들이 그를 뉴저지로부터 뉴헤이븐까지 보내어 그 일을 하게 하였던 것이다. 그는 여러 가지 논지들을 제시하였으나, 결국 뜻을 이루지 못하고 말았다. 사실 대학 당국자들은 브레이너드가 제출한 반성문에 만족하였고, 그를 다시 대학에 받아들이는 문제는 기꺼이 용인하였으나, 그에게 학위를 수여하는 문제는 그가 최소한 대학에 12개월 이상 남아 공부한 후에나 가능하다는 입장이었다. 그러나 이는 그가 현재 관계를 맺고 사역하고 있는 선교회 위원들의 공적인 의도와는 어긋나는 것이었고, 그는 결국 거기에 동의하지 않았다. 그는 학위를 받는 것이 더욱 크게 유용하게 쓰이리라고 생각하여 그것을 원했다. 그러나 결국 학위 수여가 거부되었을 때에도 그는 여전히 실망이나 분노의 기미를 전혀 드러내 보이지 않았다.

9월 20일. (베들레헴에서) 나의 인디언들에게로 돌아가는 여정을 계속할 생각이었으나, 밤 무렵 심한 치통과 함께 몸이 떨리는 한기(寒氣)를 느꼈고, 편안하고 안락한 온기가 회복되지를 않아 온 밤을 고통 중에 보냈다. 그리고 오전에는 아주 심한 고열로 온 몸에 고통이 계속되었다. 이렇게 매우 친절히 대해주는 동료들 가운데서 이렇게 병에 걸리게 되었으니 하나님의 선하심이 느껴졌다. 만일 광야에 있는 나의 집으로 먼저 갔더라면 아마도 죽고 말았을 것이다. 거기는 대화를 나눌 상대가 아무도 없고 오로지 불쌍하고 거칠고 무지한 인디언들밖에는 없으니 말이다. 여기서 환난 중에도 긍휼하심이 있음을 보았다. 이런 상태로 금요일 밤까지 거의 침상에 누워 있을 수밖에 없었다. 거의 대부분 고통이 극심하였으나, 하나님의 선하심으로 죽음에 대한 두려움은 없었다. 이 때에 병상에 누울 때까지 하나님께로 돌아서기를 미루는 자들의 극심한 어리석음을 보았다. 이런 때는 분명 영원을 예비하기에 적절한 때는 아니다. 금요일 저녁이 되자 갑자기 다소 고통이 가시는 듯했다. 몸이 굉장히 허약했고, 거의 기진한 상태였으나, 그 날 밤은 매우 편안했다. 목숨이 연장되는 것을 귀하게 여길 이유는 한 가지, 곧 "하나님의 선하심과 은혜의 역사하심을 드러내기" 위함이라는 것뿐이라는 생각이 들었다.

10월 4일. 말을 달려 오늘 내 집과 내 사람들에게로 돌아왔다. 가련한 인디언들은 내가 돌아온 것을 매우 반기는 듯했다. 내 집과 모든 물건들이 안전하게 있었다. 무릎을 꿇고, 무사히 귀환하게 해주신 하나님께 찬송을 드렸다. 지난 해 이맘때쯤부터 여러 차례 긴 여행을 했으나, 하나님께서 돌보사, 뼈가 부러져 고생한 일이 한 번도 없었고, 이번 여행에서 몸져누웠던 것을 빼고는 여행 중에 곤란한 재난을 만난 일도 없었다. 황야에서 추위와 굶주림에 노출된 적이 자주 있었다. 황야는 인생의 위로거리들을 얻을 수가 없는 곳이니 말이다. 그리고 숲속에서 길을 잃은 적도 여러 번 있었고, 때로는 밤중에 말을 달려가야 할 때도 많았고, 한 번은 밤새도록 숲속에서 그냥 누워 있은 적도 있었다. 그러나 이렇듯 나를 보존시키셨으니, 하나님을 찬양할지로다!

11월 3일. 아침부터 밤까지 하루를 은밀한 금식과 기도 중에 보내었다. 이른 아침에는 기도 중에 다소간 도움을 얻었다. 후에 열왕기상 17, 18, 19장의 엘리야 선지자의 이야기와 열왕기하 2장과 4장을 읽었다. 그 거룩한 사람의 믿음과 열정과 능력을 보며, 그가 기도로 하나님과 씨름하는 것을 보며, 큰 감동을 받았다. 그리고 내 영혼이 엘리사와 더불어 "엘리야의 하나님 여호와는 어디 계시니이까!"라고 외쳤다. 오오, 믿음을 더하시기를 사모하였다! 내 영혼이 하나님을 사모하며, 그에게 간구하였다. 엘리야에게 주셨던 영의 갑절이 내게 임하게 해 달라고 말이다. 그리고 엘리야 시대에 계셨던 하나님이 지금도 동일하게 계시다는 것이 내 영혼에게 놀라운 새로움과 힘이 되었다. 지나간 몇 달 동안 해온 것보다 더욱 간절히, 열정적으로, 겸손하고도 강렬하게, 그리고 끈질기게 기도하며 하나님과 씨름할 수 있었다. 하나님께는 능치 못하심이 없고, 내게는 그에게서 소망을 갖지 못할 것이 하나도 없는 것 같았다. 벌써 여러 달 동안 나는 세상에서 하나님을 위해 특별히 섬기는 일에 도구가 될 소망을 완전히 상실했었다. 나처럼 추악한 사람이 하나님을 위해서 그렇게 쓰임받는다는 것이 완전히 불가능한 것처럼 보였던 것이다. 그런데 이제 하나님께서 그러한 소망이 다시 살아나게 하셨다. 나중에는 출애굽기 3장부터 20장까지 읽었는데, 이 부분에서 전에 보던 것보다 훨씬 더한 하나님의 영광과 위엄을 발견하였다. 성경을 읽어가는 동안, 모세의 믿음을 주시기를 위해서, 하나님의 영광을 나타내시기를 위해서, 자주 무릎을 꿇고 하나님께 부르짖었다. 특히 3장과 4장, 그리고 14장과 15장의 일부분은 내 영혼에게 말할 수 없이 감미로웠다. 옛적의 종들에게 그렇

1743년

게 은혜로이 자신을 보이신 하나님을 내 영혼이 찬송하였다. 15장은 내가 처음 영적인 위로를 접했을 때에, 내가 전혀 예상하지 못했던 그런 길로 홍해를 막 통과했을 때에, 내 영혼이 하나님께 외쳤던 바로 그 언어와 동일한 것 같았다. 오오, 그 때에 내 영혼이 얼마나 하나님 안에서 즐거워했던가! 지금 그 일들이 새롭고도 생생하게 뇌리에 떠올랐다. 전혀 생각하지 못한 길을 여시사 내가 목숨에 대해 거의 절망해 있을 때에 애굽사람들에 대한 두려움에서 나를 구원하셨던 그 하나님을 내 영혼이 새롭게 찬양하였다. 그 다음에는 아브라함이 가나안 땅에서 나그네로 있던 이야기를 읽었다. 그의 믿음을 보며, 그가 어떻게 하나님께 의지했으며 어떻게 하나님과 교제했으며 그가 이 세상에서 어떻게 나그네로 살았는가를 보면서, 내 영혼이 뜨거워짐을 느꼈다. 그 후에는 요셉의 고난과 하나님이 그를 선히 대하신 이야기를 읽었다. 그런 믿음과 인내의 모범들을 주신 하나님께 찬송하였다. 나 자신을 위하여, 그리스도인 동료들을 위하여, 그리고 하나님의 교회를 위하여 내 영혼이 열정적으로 기도하며 열정적으로 씨름할 수 있었다. 그리고 영혼들의 회심에서 하나님의 능력을 보게 되기를 오랜 만에 정말 열정적으로 사모하였다. 이 금식과 기도의 시간을 주신 하나님께 찬송을 드릴지로다! 그의 선하심이 항상 나와 함께 하시며, 내 영혼을 그에게로 이끄시기를 바란다!

11월 10일. 홀로 금식과 기도로 하루를 보냈다. 오전에는 매우 덤덤하고 활기가 없고 침울하고 맥 빠진 상태였다. 그러나 한참 후에 열왕기하 19장을 읽는 동안, 특히 14절 이하를 읽고서 내 영혼에 큰 감동이 임하였다. 환난 중에 있는 하나님의 자녀들에게는 모든 괴로움을 갖고서 하나님께 나아가는 것 외에 다른 길이 없다는 것을 깨달았다. 히스기야는 큰 괴로움 중에 나아가 여호와 앞에 그의 탄식거리를 펼쳐 놓았다. 하나님의 전능하신 능력을 볼 수 있었고, 내게 그 능력이 절실히 필요하다는 것을 깨달았다. 그리고 내게 그의 능력과 은혜를 베풀어 주시기를 위해 하나님께 간절하고도 열정적으로 부르짖었다. 그 다음에는 다윗이 시련을 당하는 이야기를 읽으며,

그가 시련 중에 어떻게 행하며, 하나님 안에서 그의 손을 강건하게 했는지를 관찰하였다. 이로써 내 영혼이 하나님께로 나아갔고 그에게 부르짖고 그를 의지할 수 있었고, 또한 여호와 안에서 강함을 느꼈다. 후에는 마음이 새로 워졌다. 다윗이 그의 시련들로 인하여 복된 기질을 발휘하게 된 사실을 보았다. 그에게서 모든 쓰라린 분노와 복수하고자 하는 마음이 완전히 사라진 것 같았고, 그리하여 원수들의 죽음을 대하면서 슬퍼한 것이다(삼하 1:17; 4:9-12). 하나님께서 이런 고귀한 성정을 다소나마 주셔서 내 영혼으로 하여금 기꺼이 용서하고 마음을 다해 내 원수들을 사랑하게 하신 것에 대해 하나님을 찬양할 수 있었다.

11월 29일. 스톡브리지(Stockbridge)에서 써전트 선교사(Mr. Sergeant)와 인디언어 공부를 시작하였다.[2] 홀로 있는 시간을 더 갖지 못하여 곤란을 당하였다. 나의 작은 오두막집에서 홀로 사는 것이 좋다. 거기서는 기도 등으로 많은 시간을 보낼 수 있으니 말이다.

12월 22일. 오늘은 금식과 기도로 홀로 보냈고, 하나님의 말씀에서 그의 자녀들을 훈련시키시고 구원하시는 역사를 읽었다. 다소나마 믿음의 활동을 한 것 같다. 하나님의 능력과 은혜와 거룩하심, 그리고 하나님의 불변하심도 깨달았다. 그는 옛날의 그의 성도들을 큰 환난에서 구원해 내실 때와 동일하시다. 내 영혼이 여러 차례 하나님의 교회와 그의 백성들을 위하여 간절히 기도하였다. 오오, 시온이 "온 땅의 기쁨"이 되었으면! 이 낮은 세상에 속한 것을 믿고 의지하는 것보다 인내로 견디며 하나님을 바라는 것이 더 낫

---

2) 브레이너드를 고용한 선교회 위원들은 그에게 이 해 겨울 동안 써전트 선교사와 함께 많은 시간을 보내면서 인디언어를 습득할 것을 지시한 바 있었다. 그리하여 그는 스톡브리지와 카우나우믹 사이의 20마일이나 되는 인적 없는 숲속을 매우 빈번하게 말(馬)로 왕래할 수밖에 없었다. 이 때문에 그는 혹독한 겨울 날씨 속에서 여러 차례 극심한 어려움을 당하였다.

1744년

다. "내 영혼아 여호와를 바라라 너의 구원이 그에게서 옴이로다."

1744년 1월 1일 주일. 오전에 다소나마 기도에 도움이 있었다. 나 자신이 너무도 추하고 무가치하게 보여, 설교하러 갈 때에 내 사람들들의 얼굴을 제대로 볼 수가 없었다. 오오 나의 추함, 어리석음, 무지, 그리고 내적인 부패여! 저녁 시간에 기도에 약간 도움이 있었고, 그리하여 그 임무가 부담스럽기보다는 즐거움이 되었다. 하나님께서 지나간 해에 내게 베푸신 선하심 등을 묵상하였다. 비록 나로 하여금 갖가지 괴로움을 통과하게 하시긴 했으나 사실 하나님께서는 내게 친절하셨고 은혜로우셨다. 나의 쓸 것을 풍성하게 공급하셔서, 지난 15개월 동안 내 기억으로 뉴잉글랜드 화폐로 100파운드 가량을 구제를 위해 드릴 수 있었다. 나를 그의 청지기로 사용하셔서 그의 물건들을 나누어 주게 하셨으니, 주를 찬양할지로다. 내게 있는 모든 것이 하나님께로부터 온 것임을 항상 기억하여야겠다. 지난 해 동안 모든 수고와 힘들고 기진맥진한 일들이 있었고, 게다가 영적인 고뇌와 갈등들이 함께 있었으나 이 모든 것들을 통과하여 나를 인도하셨으니, 주를 찬양할지로다. 오오, 올 한 해도 하나님과 함께 시작하고, 살든지 죽든지 한 해 동안 내내 그의 영광을 위하여 보내기를 바라마지 않는다!

1월 3일. 하루 중 많은 시간을 글을 쓰는 일과 기타 필수적인 일에 소비했다. 그런데 시간이 어찌나 빨리 지나가는지, 그렇게 많은 시간이 지나갔는데도 내가 한 일이 그렇게 적은 것을 생각하고 깜짝 놀랐다. 혼자 지내고 있으니 손을 바삐 움직이며 시간을 소비하여야 할 일이 별로 없다. 이처럼 홀로 있는 것이 얼마나 감사한지 모른다! 외지에 나가 있을 때에도 마땅히 그리스도인의 생활을 해야 하고, 그리스도인의 대화와 진지한 묵상 등을 통하여 경건의 시간을 가져야 마땅한데, 왠지 그렇게 하지도 않고 또 할 수도 없는 것 같다. 지금처럼 인디언어를 배우기 위해 집에서 떠나 있을 수밖에 없는 주간에는 하나님의 일들을 맛보는 감미로움을 경험하지 못한 채 대부분 혼란스러움과 무미건조함 속에 시간을 보내고 있다. 더 자주 지속적으로 홀로 있지를 못하여 내가 은혜의 보좌에 대해 전혀 낯선 사람이 되어 버린 느낌이다. 집으로 돌아와 묵상과 기도와 금식에 힘쓰게 되면 새로운 광경이 내 마음에 펼쳐지고, 육신을 죽이는 것, 나를 부인하는 것, 낮아짐, 또한 세상의 모든 일에서 벗어나기를 내 영혼이 진정 사모하게 된다. 오늘 저녁에는 기도와 묵상에서 마음이 다소나마 뜨거워지고 열정이 생겨 잠자리에 들기 싫을 정도였다. 자정 무렵까지 그런 임무들을 계속했다.

1월 6일. 나의 지극한 연약함과 은혜가 없음과 내 영혼의 오염과 사방에서 밀려오는 시험의 위험을 느끼고서, 이 날을 금식과 기도의 날로 정하고, 저녁부터 이튿날 저녁까지 음식이나 음료를 입에 대지 않고 내게 긍휼을 베푸시기를 하나님께 간구하였다. 더러운 죄의 오점들과 얼룩들이 씻겨지기를 내 영혼이 강렬히 사모하였다. 하나님의 능력과 완전한 충족하심을 다소나마 체험하였다. 내 영혼이 그의 능력과 은혜에 의지하는 것 같았다. 하나님의 뜻에 완전히 굴복하고 이 땅의 모든 것들에 대해 죽기를 사모하였다. 내 마음이 하나님의 일들에 크게 고정되어 있었고, 나를 죽이는 삶과 계속적으로 나를 살피며 나를 부인하는 것, 진지함과 헌신을 향한 결단들이 강력하고도 확고하였고, 열망이 열정적이고 강력하였고, 양심이 민감하여 악의 모든 모양이라도 두려워하였다. 과거의 경솔함과 하나님을 향한 결단이 없었던 것을 생각하며 내 영혼이 탄식하였다. 나 자신을 하나님께 드리는 헌신을 엄숙히 새롭게 하였으며, 언제나 하나님과의 언약을 지킬 수 있도록 은혜를 간절히 바랐다. 시간이 매우 짧고 영원이 가까이 왔다는 느낌이었다. 이 세상에서나 내세에서나 큰 이름을 얻는 것은 이 땅의 모든 쾌락거리들과 이익들과 더불어 헛된 거품이요 거짓된 꿈에 지나지 않아 보였다.

1월 7일. 오늘은 하나님을 위한 결연한 결심과 함께 나를 죽이는 삶을 살고자 진지한 중에 보냈다. 몸의 기력으로 감당할 수 없다고 느낄 때까지 공

1744년

부에 열중했다. 어느 정도 하나님의 처분대로 모든 것을 그에게 맡기는 것을 느꼈다. 육체의 힘이 진하게 되기까지도 하나님을 위해 할 수 있는 일이 그렇게 적었다는 것이 안타까웠다. 저녁에는 피곤했으나 한동안 기도를 계속할 수 있었다. 저녁 늦게까지 독서와 묵상과 기도로 시간을 보냈다. 밤새도록 기도로 깨어 있지 못한다는 것을 생각하니 안타까웠다. 이 땅은 덤덤할지라도 천국은 계속적이며 끊임없는 헌신의 장소라는 사실이 얼마나 감사한지 모른다.

1월 14일. 오늘 아침에는 지극히 엄숙한 기도의 시간을 가졌다. 하나님의 도우심을 받아, 은혜를 위하여, 나 자신을 위하여 필요한 모든 복을 위하여, 사랑하는 그리스도인 동료들을 위하여, 또한 하나님의 교회를 위하여, 내 영혼이 하나님께 토로하였고, 보이지 않는 하나님을 볼 수 있었고, 그리하여 내가 간구한 모든 것들이 그의 뜻에 합당하게 이루시기를 그에게 의지하였다. 그 때에 계속 기도 가운데 있는 것이 나의 행복이었고, 그렇게 거의 한 시간 가량을 지속할 수 있었다. 그 때에는 내 영혼이 "주 안에서와 그 힘의 능력 가운데서 강하였다." 천사들의 거룩함과 순결을 굉장히 사모하였고, 언제나 나의 모든 생각들이 하나님과 하늘에 속한 일들에게 가 있기를 바랐다. 이 날 여러 차례 기도 중에 동일한 하나님의 도우심을 체험하였다. 나 자신과 그의 시온을 위하여 내 영혼이 하나님을 신뢰하였고, 하나님의 능력과 은혜로, 그가 그의 영광을 위하여 이 땅의 그의 교회 안에서 영광스러운 일들을 행하실 것을 믿었다.

2월 3일. 최근보다 더 자유와 위로를 누렸고, 여러 가지로 다양하게 발휘되는 바 경건한 마음의 갖가지 능력들과 감정들의 상이한 속삭임들에 대해 묵상하였고, 이처럼 흥미 있는 주제에 대해 묵상과 더불어 글로 적어 놓지 않을 수가 없었다. 주께서 오늘 내게 하나님의 일들에 대한 진정한 지각을 좀 주시기를 바란다. 하지만 안타깝게도 내 속에 있는 부패의 잔재들이 얼마나 크고 또 나를 짓누르는지 모른다! 그 어느 때보다도 지금, 오직 하나님만이 "믿음의 주요 또 온전케 하시는 이"이심을 더욱 실감하고 있다. 즉, 성화(聖化) 전체와 각 부분 부분이, 또한 내 속에서 발견되는 선한 말이나 행위나 생각 하나하나가 다 그의 능력과 은혜의 결과이며, 지극히 엄밀한 의미에서 그가 없이는 내가 아무것도 할 수 없으며, 또한 다른 동기에서가 아니라 오직 그가 그의 기쁘신 뜻을 위하여 우리에게 소원을 두고 행하게 하신다는 것을 깨달은 것이다. 오오, 하나님이 매 순간마다 우리를 붙잡지 않으시면 우리가 육신을 입은 마귀들이 되어 버리는데도 사람들은 사람의 능력과 선함에 대해 그렇게 많이 떠벌릴 수 있다니, 정말 얼마나 어처구니없는 일인지 모른다! 지난 며칠 동안의 이런 나의 쓰라린 경험을 통해 나 자신에 대해 풍성하게 가르침 받았다.

2월 7일. 주께서 은혜로우시다는 것을, 그가 최고의 선이시요 영혼을 만족시키시는 유일한 행복이시라는 것을, 그가 완전하고 충족하며 전능한 분깃이시라는 것을 내 영혼이 느끼고 맛보았다. "하늘에서는 주 외에 누가 내게 있으리요 땅에서는 주밖에 내가 사모할 이 없나이다"가 내 마음의 언어였다. 오오, 하나님을 기쁘시게 하고 내게 원하시는 대로 되는 것이 바로 천국이라는 느낌이 든다! 오오, 그가 거룩하신 것처럼 내 영혼이 거룩하였으면 얼마나 좋으랴! 오오, 그리스도께서 순결하신 것처럼 그렇게 순결하면 얼마나 좋으랴! 이것들이야말로 하나님의 책 중의 모든 내용 가운데 가장 감미로운 명령들이라 느껴진다. 그러니 내가 그것들을 어기겠는가! 그것들을 어겨야겠는가! 이 세상에 사는 한 그 명령들이 필수적이지 않은가! 오오, 내 영혼아, 나야말로 이 복되신 하나님, 선하심과 은혜가 무한하신 그분을 계속해서 근심하시게 하고 거리끼게 하는 죄인이니, 내 영혼아 내게 화로다! 오오, 하나님이 내 죄에 대해 벌하신다 해도, 마음에 깊은 상처를 받아 하나님을 탓하는 일은 없으리라. 내가 이렇게 계속해서 죄를 범하는데도 그는 계속해서 내게 친절을 반복하시니! 오오, 그 어떠한 고난도 감당할 수 없을 것 같은

1744년

생각이 든다. 하지만 이 복되신 하나님을 근심하시게 하고 욕되게 하는 것을 내가 어떻게 견딜 수 있으랴! 하나님을 만 배나 더 존귀하게 하는 일을 어떻게 마다할 수 있겠는가? 이 최고의 존재이신 하나님을 영화롭게 하고 그를 예배하기 위해서는 과연 어떻게 할 것인가? 오오, 그를 섬기는 일을 위해 나 자신을, 영혼과 육체를 영원토록 거룩하게 할 수 있다면 얼마나 좋으랴! 오오, 나 자신을 그에게 완전히 내어드려서 나 자신의 뜻을 시도하지도 않고 혹은 그의 뜻에 완전히 합하지 않는 뜻이나 감정을 절대로 갖지 않게 된다면 얼마나 좋으랴! 그러나 안타깝도다! 내가 그렇게 전적으로 하나님께 나 자신을 드릴 수 없다는 것을 알고 있으니 말이다. 죄를 짓지 않고는 도저히 살 수가 없으니 말이다. 오오, 천사들이여 너희는 끊임없이 하나님께 영광을 돌리는구나. 그리고 할 수 있는 대로 하늘의 복되신 왕 앞에서 네 자신을 낮추어 엎드리는구나! 나도 너희와 함께 한 부분을 담당하기를 사모하며, 할 수만 있다면 너희를 돕고 싶구나. 오오, 우리가 할 수 있는 일을 영원토록 모두 다 했다 할지라도, 저 영광스러운 하나님께서 받으셔야 마땅할 경배와 충성의 만분의 일만큼도 드릴 수가 없으리로다.

3월 3일. 오전에는 한 시간을 기도로 보냈는데(그랬다고 믿는다) 큰 열정과 자유로움과 또한 온 인류를 향한 지극히 부드럽고도 따뜻한 애정이 솟아났다. 내게 악감(惡感)을 빚졌다고 생각할 만한 자들이 영원토록 행복하기를 바랐다. 그들이 아무리 이 땅에서 내게 해를 끼쳤더라도 그들을 하늘에서 만나게 될 것을 생각하니 마음이 새로워지는 느낌이었다. 그들과 화해하고 그들에게 사랑과 친절을 베풀고자 그들에게 잘못을 고백하라고 강요하고픈 마음이 하나도 없었다. 오오,, 친절과 용서와 자비의 사랑으로 온 세상을 사랑한다는 것이야말로, 우리 영혼이 고요하며 부드러우며 온유함을 느끼는 것이야말로, 악한 추측과 의심이 하나도 없고 그 어떤 연유로든 누구에게 악한 생각을 할 수 없다는 것이야말로, 다른 눈으로 우리를 바라보는 자들을 향하여 마음이 단순하고 열려 있으며 자유로움을 발견하는 것이야말로, 과연 천국의 표상이리라! 기도는 정말이지 내게 감미로움을 주는 활동이었다. 어떻게 기도를 중지해야 할지를 모르겠다. 기도의 영을 상실하게 될까 싶어서 말이다. 먹고 마시는 즐거움을 위해서라면 먹거나 마시고 싶지 않았고, 오로지 하나님을 섬기기에 합당하도록 나의 본성을 유지하기 위해서만 먹고 마실 마음이었다. 은혜의 보좌 앞에서 수많은 사랑하는 동료들의 이름들을 일일이 언급하고, 또한 여러 사람들의 구체적인 정황을 내가 아는 만큼 아뢰지 않고서는 도저히 마음이 편치 않았다.

3월 10일. 오전에는 세상과 그 모든 쾌락 거리들에 대해 완전히 죽어진 느낌이었다. 부르심을 받는 즉시 목숨과 그 모든 위로거리들을 기꺼이 포기하리라고 생각했다. 그러자 언제나 누려온 것만큼 큰 삶의 위로를 얻었다. 그리스도의 십자가로 말미암아 여기 이 낮은 땅에 속한 모든 것들에 대해 영구히 전적으로 십자가에 못 박히기를 사모하였다. 내 영혼이 모든 일에서 하나님께서 처리하시는 대로 즐겁게 나를 맡겨드렸다. 그런데 내게 가장 좋은 일 외에는 아무 일도 일어난 적이 없다는 것을 알았다. 내가 비록 "사망의 음침한 골짜기를 다닐지라도" 하나님이 절대로 나를 떠나지 않으실 것을 믿어 의심치 않았다. 거룩해지는 것이, 주님께 대하여 살고 주님께 대하여 죽는 것이 나의 양식이요 음료였다. 그리고 중생하지 못한 영혼이 아무리 숭고한 생각을 한다 할지라도 그보다 무한히 탁월하며, 또한 다른 때에 나 자신이 생각하는 수준을 말할 수 없이 뛰어넘는 그런 천국을 내가 누리고 있다고 생각하였다. 하나님의 영광으로 마음에 새로움을 얻었을 때에 베드로가 "주여 여기 있는 것이 좋사오니"라고 말한 것도 무리가 아니다 싶었다. 간구의 임무를 행하는 중에 사랑과 애절함으로 내 영혼이 가득 찼다. 특히 내가 잘 아는 몇몇 고귀한 경건한 목사들에 대하여 지극히 감미로운 애정을 느꼈다. 사랑하는 그리스도인들을 위하여, 또한 나의 대적들로 여길 만한 이유가 있는 자들을 위해 간절히 기도했는데, 쓰라린 비난의 말을 쏟아놓을 수도 없었고, 아무리 악한 사람에 대해서라도 격렬한 분노의 생각을 가질 수가 없었다. 나 자신이 정말 무가치한 것을 느꼈다. 하나님께서 그의 자녀들로 하여금 나를 사랑하게 하시고 나를 형제요 동료 시민으로 받아들이게 하시는 것을 생각하자, 내 영혼이 새삼 하나님을 향하여 사랑과 찬양을 숨으로 내쉬는 것 같았다. 그들이 나를 그렇게 대하는 것을 생각하자, 그들의 발아래 엎드리고픈 마음이었고, 그들을 나보다 훨씬 나은 분들로 바라보는 나의 일편단심의 사랑과 존경을 달리 표현할 길이 생각나지 않았다.

3월 11일 주일. 오전 경건의 시간에 내 영혼이 하나님 안에서 어느 정도 강건해졌고, 그리하여 떨리는 두려움과 고뇌에서 해방되었다. 사람들에게 마태복음 13장의 씨 뿌리는 자의 비유를 본문으로 설교했고, 오전과 오후에 다소 도우심을 받았고, 나의 가련한 사람들에게 말씀하는 가운데 다소 자유로움과 애정과 열정을 경험하였다. 하나님께서 그들의 마음을 붙드사 그들을 영적으로 살아 있게 만들어 주시기를 사모하였다. 정말이지 그들에게 어찌나 할 말이 많은지, 말을 어떻게 멈추어야 할지를 몰랐다.

이 날이 그가 카우나우믹에서 마지막으로 주일 공 예배를 인도한 마지막 주일이었고, 이 설교가 그가 그 곳의 인디언들에게 행한 마지막 설교였다. 그는 그들의 구원을 위하여 자신이 취한 방법들에 대해 뉴욕의 펨버튼 목사 (Rev. Mr. Pemberton)에게 보내는 편지에서 다음과 같이 묘사하고 있다:

"그들과 더불어 사역하는 중에, 그들을 어둠에서 빛으로 돌아서게 하기 위하여 나는 지극히 평이하며 손쉬우며 그들의 역량에 가장 알맞은 것이 무엇인지를 연구하였고, 그들이 받아들일 수 있는 만큼 기독교의 가장 중요하고도 필수적인 진리들을 시간마다 제시하려고 힘썼다. 곧, 그들이 속히 하나님께로 회심하는 데에 가장 직접적으로 결부되는 진리들과, 내가 판단하기에 그들 중에 그 영광스러운 변화를 이끌어내는 데에 가장 효과적인 수단이라 판단되는 진리들을 제시한 것이다. 그러나 특히 그들로 하여금 다음 두 가지를 철저하게 대면하도록 인도하는 것을 내 모든 수고의 범위와 방향으로 삼았다: (1) 그들이 본성적으로 죄악되며 비참한 상태에 처하여 있다는 것, 그들의 마음이 악하고 그들의 본성이 오염되어 있으며 그들에게 무거운 죄책이 드리워져 있고 영구한 형벌에 노출되어 있으며, 뿐만 아니라 그들의 죄로부터나 그 죄들에 대한 정의로운 형벌로 인한 비참한 것들로부터 자기 자신들을 구원할 능력이 전혀 없으며, 그들이 하나님의 손에서 긍휼을 바랄 수 없을 만큼 전혀 무가치하며, 따라서 그들 스스로 무슨 일을 행하든지 그것으로 그의 호의를 얻어낼 수가 없고, 결국 그리스도께서 그들을 구원하셔야만 하는 절박한 필요성이 그들에게 있다는 것 등이다. (2) 멸망해 가는 죄인들을 위하여 하나님의 아드님께서 자신의 순종과 고난을 통하여 이루어놓으신 그 구속(救贖)의 충만함과 충족함과 값없음, 그가 이루어놓으신 이 모든 역사가 그들의 모든 필요를 채워 준다는 사실, 그리고 그들의 모든 죄악성에도 불구하고 그가 그들을 부르시고 초청하사 값없는 그 영원한 생명을 받아들이게 하신다는 것 등을 그들에게 밝히 드러내고자 애썼다."

"인디언들과 수개월을 함께 지낸 후, 나는 그들의 사정과 역량에 맞추어 다양한 기도문들을 작성하였고, 통역자의 도움을 받아 그것을 인디언어로 번역하였다. 그리고 그들의 단어들의 발음법을 배우자마자 그들의 언어로 그들과 함께 기도하기 시작하였다. 또한 각종 시편들을 그들의 언어로 번역하였고, 얼마 후 우리는 하나님께 예배 드리는 중에 함께 노래할 수 있게 되었다."

"이들이 기독교의 가장 단순한 여러 진리들을 어느 정도 접하게 되어 다른 진리들도 받아들이고 이해할 수 있게 되자, 나는 그들에게 하나님께서 옛적에 신앙을 고백한 그의 백성들, 곧 유대인들을 대하신 역사적인 기사들과, 그들이 준수하여야 했던 희생을 위한 몇몇 의례들과 의식들을 가르쳤고, 또한 그들이 하나님을 믿을 때에 하나님께서 그들을 구원하시기 위하여 행하신 몇 가지 놀라운 이적들을 가르쳤고, 또한 그들이 하나님을 저버리고 그를 향하여 죄를 지을 때에 그들에게 내리신 쓰라린 형벌들을 가르쳤다. 그 후에 계속해서 그리스도의 탄생, 생애, 이적들, 고난, 죽으심 및 부활과 관계되는 내용들을 제시하였고, 또한 그의 승천과 성령의 놀라운 강림하심도 제시하였다."

"이처럼 전반적으로 진리들을 다룸으로써 길을 예비하는 데에 힘쓴 다음, 나는 그들에게 마태복음을(최소한 그 골자를) 차례로 읽히고 강해(講解)하는 데에로 나아갔고, 이로써 전에 그저 대강의 개념만을 갖고 있던 내용을 더 확실하고도 구체적으로 볼 수 있게 하였다. 써전트 목사와 인디언어를 공부하기 위해 떠나 있을 수밖에 없는 때를 제외하고는, 그들 중에 몇 명이 집에 있든지 간에, 나는 거의 매일 저녁마다 강해를 계속하였다. 이런 교육 수단 외에도, 비슷하게 나의 통역자를 통해서 인디언들 가운데서 영어 학교를 지속적으로 운영하였다. 나도 그 학교를 자주 방문하여 어린이들과 청년들에게 적절한 교육을 행하고 그들의 연령에 맞게 진지한 교훈들을 제시하였다."

"이들 중에 몇몇은 아주 상당한 정도의 지식수준에 이르렀다. 기독교의 여러 진리들이 그들의 뇌리에 박혀진 듯 보였고, 특히 몇몇 사람들의 경우는 내게 그 진리들에 대해 이야기하였고, 또한 그 진리들에 대해 좀 더 명확한 이해를 갖기 위해 필요한 중요한 질문들을 하기도 했다. 학교에 출석하는 어린이들과 청년들도(최소한 몇 명은) 배움에서 상당한 수준에 도달하여, 영어를 잘 이해하게 되어 시편을 다소 능숙하게 읽을 수 있을 정도가 되었다."

"그러나 무엇보다도 바람직하며 또한 갖가지 어려움과 쓸쓸한 시간 속에서도 내게 가장 큰 격려가 된 것은, 때때로 하나님의 진리들과 더불어 인디언들의 마음과 양심에 능력이 함께 임했다는 것이었다. 특히 몇몇 사람들의 경우에는 이것이 뚜렷하게 나타났다. 이들은 일깨움을 받아 본성적인 자신들의 비참한 처지를 자각하였고 그런 상태에서 구원받기를 위해 고심하는 것이 보였다. 몇몇은 자발적으로 내게 나아와 자신들의 영적인 문제들에 대해 나와 대화를 나누었고, 그 중에는 눈물을 흘리며 어찌하여야 구원을 얻을 수 있냐고 내게 묻기도 했다."

카우나우믹의 인디언들은 숫자가 몇 명 되지 않았고, 브레이너드가 일 년 가량 그들 중에서 사역했고, 이제 설득을 받아 기꺼이 카우나우믹을 떠나 스톡브리지로 가서 계속해서 써전트 선교사의 사역 아래 살기로 하였다. 그러므로 브레이너드는 이제 다른 곳의 인디언들 중에서 더욱 그리스도를 섬기는 것이 좋겠다고 생각하였고, 그리하여 뉴저지로 가서 선교회 위원들 앞에 그 문제를 제시하였고, 위원들은 엘리자베스타운(Elizabethtown)에 모여서 상의한 후 그를 당장 카우나우믹에서 떠나게 하여 델라웨어의 인디언들에게로 가게 하기로 결의하였다.

브레이너드가 그 어간에 청빙을 받은 바 있었다는 사실에서, 그가 얼마든지 누릴 수 있었던 모든 외형적인 위로거리들을 다 버리고 평생을 야만인들 가운데서 보내며 인디언 선교의 어려움과 자기 부인을 견디기로 결심한 것이 결코 어쩔 수 없어서 그렇게 한 것이 아니라는 것이 드러난다. 카우나우믹을 떠날 무렵, 그에게 롱아일랜드(Long-Island)의 지극히 안락한 곳 중 하나인 이스트햄프턴(East-Hampton)에 정착해 달라는 진지한 청빙을 받았었다. 그 곳 사람들이 그를 담임 목회자로 세우기를 만장일치로 바라고 있었고, 오랜 기간 동안 그에게 간절하게 그 일을 청하였고, 그런 노력을 거의 철회하지 않고 그를 담임 목회자로 얻고자 하는 소망을 계속해서 포기하지 않았던 것이다. 게다가, 그는 그의 고향에서 가까운 밀링턴(Millington)에서도 설교해 달라는 초청을 받았는데, 원하면 그 곳에 정착하여 동료들과 함께 지낼 수도 있었다. 그렇다고 브레이너드가 이런 청빙들을 물리치고 인디언들을 위한 선교사의 길을 택한 것이 그 일에 수반되는 어려움과 고난들을 잘 몰랐기 때문도 아니다. 그는 여름과 겨울에 그런 어려움들을 이미 경험한 바 있었다. 그는 외로운 사막에서 이 야만족들과 일 년 가까이 지낸 적이 있는데, 그 때에 그는 극한 어려움을 경험했고, 외적으로 내적으로 온갖 괴로움을 당했고, 그것이 그의 뇌리에 여전히 생생하게 남아 있었던 것이다.

그 후 그는 매우 아픈 상태에서 뉴저지에 이틀이나 사흘 가량 머물렀고, 그

1744년

후 뉴욕으로 돌아갔고, 거기서 다시 뉴잉글랜드로 향하여 4월 14일 토요일 그의 고향인 헤덤에 도착하였다. 뉴욕에 있을 때에, 그는 다음과 같이 말하고 있다: "오오, 나를 위로할 수 있는 것은 이 세상의 쾌락이 아니로다! 하나님이 그의 임재를 거부하시면, 이 도시의 쾌락 따위가 내게 무엇이란 말인가? 하나님이 계신 곳으로 물러나서 한 시간 감미로움을 누리는 것이 온 세상 전체보다 더 낫다."

4월 17일. 저녁에 동생의 집에서 친구들과 찬송을 불렀는데, 내 영혼이 녹아지는 것 같았고, 후에 기도 시간에는 믿음이 발휘되었고 열정적인 심령이 되었다. 최근의 힘겨운 여정 중 어느 때보다도 하나님의 임재하심을 더 많이 체험하였다. 영원 세계가 매우 가까이 와 있는 것 같아 보였다. 내 몸이 매우 허약해져 있었고, 금방이라도 무너져 내릴 것만 같았다. 해가 지고 있고 저녁의 어둔 그림자가 드리우고 있다. 오오, 나의 남은 순간들을 모두 하나님을 위해 채워 드리기를 바랐다! 내 몸이 그렇게도 약하여 설교와 긴 사적인 대화로 인해서 지쳤으나, 나는 밤새도록 앉아서 하나님을 위해 무언가를 하고 싶었다. 이런 새로워짐을 주신 하나님께 영원토록 영광이 있기를 바라나이다. 아멘.

4월 18일. 매우 허약했고, 영적인 위로도 거의 얻지 못했다. 원죄(原罪)에 대해 트집을 잡는 한 사람과 씨름하였다. 주께서 그의 눈을 여사 자기 속에 있는 죄의 근원을 보게 해 주시기를 바란다!

이후 그는 코네티컷 주의 여러 목사들을 방문하였고, 카우나우믹을 향하여 여행하였고, 매우 몸이 허약한 상태로 말을 달린 끝에 4월 26일 목요일 스톡브리지의 써전트 목사의 집에 도착하였다.

4월 27, 28일. 동료들을 방문하고 내 사람들(이들은 고향을 떠나 써전트 목사에게로 이주하였다)과 대화하느라 한동안 시간을 보냈다. 이들은 내가 돌아온 것을 매우 기뻐하였다. 나 자신의 무가치함을 깨닫고 마음이 괴로웠다.

4월 29일 주일. 오전과 오후에 써전트 목사를 대신하여 요한계시록 14:4을 본문으로 설교하였다. 영적인 능력은 많이 없었으나 설교에 다소간 자유로움을 누렸다. 저녁에는 마음이 어느 정도 일어나 나를 도우신 하나님께 감사하였다.

4월 30일. 말을 타고 카우나우믹으로 갔는데, 몸이 극심히 아픈 상태였다. 나의 집에 있는데도 내가 바라던 위로를 얻지 못했다.

5월 1일. 새로운 지시를 받았다. 이 곳의 내 사람들은 대부분 써전트 목사에게로 이주해 갔으니, 델라웨어 강 인근의 인디언 부족들에게로 가라는 것이었다. 오늘 나의 의복과 책 등 모든 물건들을 취하여 나누어주고, 델라웨어 강을 향하여 출발하였다. 그러나 써전트 목사에게로 돌아가려고 길을 잡았는데, 한밤중이나 되어 그 곳에 도착하였다. 빗속에서 바람이 윙윙거리는 황야를 지나 몇 시간을 말을 달렸던 것이다. 몸 상태가 어찌나 형편없었든지 내게서 피밖에는 나올 것이 없을 것 같았다.

5월 8일. 45마일 가량을 달려서 피쉬킬(Fishkill)이라는 곳에 도착하여 거기에 여장을 풀었다. 말을 달리는 동안 하나님께서 델라웨어로 나와 함께 가주시기를 기도하며 많은 시간을 보냈다. 때로 나의 행할 일과 또한 어디인지도 모르는 황야에서 홀로 길을 가고 있는 것을 생각하면 이내 마음이 가라앉았다. 하지만 하나님의 다른 자녀들이 "동굴과 토굴에 유리하였"으며, 또한 아브라함도 부르심을 받을 때에 "갈 바를 알지 못하고" 길을 떠났다는 것을 생각하면 여전히 위로가 생겼다. 오오, 내가 하나님의 뒤를 따라가야 할

1744년

텐데!

    이튿날 그는 여행을 계속하여, 허드슨 강(the Hudson)을 통과하였고 하일랜즈(Highlands)의 고센(Goshen)으로 갔다. 그리고 숲들을 통과하고, 정착민이 거의 없는 뉴저지를 지나 황량하고 소름끼치는 지역을 지나, 허드슨 강으로부터 델라웨어까지 약 100마일 정도를 말을 달렸다. 이 여정에서 그는 피로와 괴로움으로 많은 고생을 했다. 중도에 그는 미우니씽크스(Miunissinks)라는 곳에서 몇몇 인디언 부족들을 방문하여 기독교에 대해 그들에게 강론하기도 했다. 전혀 낯선 황야에 홀로 있는 것으로 인하여 상당히 우울하고 불안한 상태였다. 5월 12일 토요일 그는 아일랜드 인들과 네델란드 인들의 정착지에 이르렀고 거기서 약 12마일을 더 나아가 델라웨어의 폭스 지역의 인디언 정착촌인 사크하우워퉁(Sakhauwotung)에 도착하였다.

5월 13일 주일. 일찍 자리에서 일어났다. 오랜 여정 후에, 특히 온몸이 젖어 있었고 맞고 기진맥진한 상태에 있었으니, 몸 상태가 매우 나빴다. 매우 우울하였다. 내 평생 그렇게 침울한 아침을 맞은 적이 거의 없을 정도였다. 그 곳에는 안식일이 전혀 없는 것 같았다. 어린아이들이 모두 놀고 있었다. 거기 황야에 전혀 낯선 사람이니 나는 도저히 어디로 가야 할지를 몰랐다. 모든 정황들이 나의 일을 어둡고 침울하게 만들려고 공모하는 것 같았다. 통역자에 대해 실망하였다. 인디언들이 많이 흩어져 버렸다는 이야기를 들었다. 오오, 하나님의 임재하심을 안타까이 구하였고, 내가 마치 그의 시야에서 사라져버린 존재처럼 여겨졌다. 하지만 하나님께서는 나의 모든 걱정 가운데서도 나의 가라앉는 영혼을 붙잡아 주셨고, 그리하여 가련한 인디언들을 향한 나의 사역을 그만둘 생각은 전혀 하지 않았다. 오히려 머지않아 죽음이 찾아오면 이 모든 괴로움에서 해방될 것이라는 생각에서 위로를 얻었다. 삼사 마일을 말을 달려 아일랜드 인들에게로 갔는데, 거기에 몇 명이 신앙에 대해 진지한 관심을 갖고 있는 것을 보았다. 그러자 내 마음에 다소 용기가 생기기 시작하였다. 나아가 아일랜드 사람들에게 설교하였고, 이어서 인디언들에게 설교하였다. 그리고 저녁에는 다소 위로를 얻었다. 내 영혼이 하나님을 의지하여 용기를 얻는 것 같았다.

5월 20일 주일. 가련한 인디언들에게 두 차례 설교하였는데, 기독교에 대한 그들의 편견을 제거하려고 애쓰는 동안 다소 자유롭게 말할 수 있었다. 내 영혼이 위로부터 내리는 도우심을 계속해서 사모하였다. 그 일을 감당하기에 족한 힘이 내게 없음을 알기 때문이었다. 후에는 아일랜드 사람들에게 설교했는데 첫 기도에서 큰 도움이 있었고, 설교에서도 다소 도움이 있었다. 몇몇 사람들이 그들의 영혼에 대해 많은 걱정이 있는 듯 보였고, 후에 그들에게 상당히 자유롭게 그리고 어느 정도 능력으로 권면하였다. 무가치한 벌레 같은 나에게 베푸시는 모든 도움에 대해 하나님을 찬양하리로다. 오오, 정말 그를 향하여 살 수 있기를!

5월 27일 주일. 오전에 나의 인디언들을 방문하고 장례식에 참석하였는데, 그들의 이교도적인 행위들을 보고 안타까운 마음이 들었다. 오오, 저들이 어둠에서 빛으로 돌아왔으면 얼마나 좋으랴! 후에 그들 중 상당수가 함께 모여서 그들에게 말씀을 전하였는데 그들이 말씀을 매우 주의 깊게 듣는 것이 보였다. 후에는 백인들에게 히브리서 2:3의 "이같이 큰 구원을 등한히 여기면 어찌 그 보응을 피하리요"라는 말씀을 본문으로 설교하였다. 어느 정도 자유로움과 능력으로 말씀을 전할 수 있었다. 몇 사람이 영혼에 대해 상당히 걱정하는 듯했다. 로마 가톨릭의 교육을 받은 한 사람이 특히 그래 보였다. 도움을 주신 주를 찬양하리로다.

5월 28일. 명령을 받고 델라웨어의 폭스의 인디언들에게서 길을 떠나 뉴저지의 뉴아크로 향하였다. 황야를 통과하여 말을 달렸다. 열기에 몸이 많이 지쳤다. 블랙리버(Black River)라는 곳에 여장을 풀었다. 극심하게 피곤하고 지쳐 있었다.

6월 10일 주일. (뉴아크에서) 아침에는 이 날의 일을 어떻게 감당할까 하는 것으로 많은 근심이 있었다. 그 일이 나 혼자에게 맡겨져 있다는 생각이 나서 떨었다. 공 예배의 모든 부분에서 매우 상당한 도움이 임했다. 성찬 예식에 다시 참여할 기회를 가졌고, 하나님의 선하심으로 새로운 힘을 얻었다. 내 영혼이 하나님의 자녀들과 모든 사람들을 향한 사랑과 애틋함으로 가득 찼다. 밤에는 한동안 느껴온 것보다 신령한 것과 또한 거룩을 향한 감미로운 열망을 훨씬 더 많이 누렸다. 내 마음이 하나님께로부터 벗어날까봐 생각과 행동 하나하나에 조심하였다. 오오, 복되신 하나님을 절대로 떠나지 말았으면! "여호와여 주의 앞에 충만한 기쁨이 있나이다." 오오, 하나님을 향하여 사는 것이 얼마나 복된 일인가!

6월 11일. 오늘은 나의 목사 안수를 위하여 뉴아크에서 노회가 열렸다. 몸이 매우 허약하고 병들어 있었다. 그러니 나의 신뢰를 하나님께 두고 안식하려고 애썼다. 하루 종일을, 특히 오전에는 거의 홀로 보냈다. 오후 3시경 시험을 위하여 내게 주어진 본문인 사도행전 26:17, 18을 본문으로 설교하였다. 육체나 정신이나 간에 좋지를 않았다. 그러나 하나님께서 시종일관 편안하게 나를 이끄셨다. 후에는 노회 앞에서 시험을 통과했다. 매우 피곤했고, 또한 지극히 엄숙하게 나에게 드리워질 그 책무의 위중함이 내 마음에 무거운 짐이 되었다. 내게 맡겨지는 그 일의 무게가 내 마음을 짓누르고 있어서, 매우 지쳐 있어서 쉼이 절실히 필요한 상태였는데도 밤새 잠을 이룰 수가 없었다.

6월 12일. 오늘 아침에는 나의 체험적 기독교 신앙에 대해 한 차례 더 시험이 있었다. 10시에 나의 안수식이 거행되었다. 펨버튼 목사(Rev. Mr.

Pemberton)께서 설교를 해 주셨다. 이 때에 중요한 신뢰가 내게 주어져 있다는 것을 깨닫고 감동을 받았으나, 흐트러지지 않고 침착하고도 엄숙하게 있었다. 전에도 여러 번 그랬었지만, 나 자신을 하나님께 드리고, 다른 이들을 위한 것이 아니라 오직 그를 위하여 존재하기를 소망하였다. 오오, 내가 언제나 하나님을 섬기는 일에 관여하며, 또한 하나님과 천사들과 사람들 앞에서 내가 받은 그 엄숙한 권면을 정당하게 기억하게 되기를 바라나이다. 아멘.

제 6 장

델라웨어의 폭스 인근에서 인디언들을 위한 사역 — 우상 숭배의 축제와 춤 — 오페홀하우풍 혹은 서스퀴한나까지의 황야를 통과하는 여정 — 델라웨어의 폭스에 학교를 세움 — 인디언들에게 성령께서 역사하신 몇 가지 증거들 — 한 동료를 후원할 자금 마련을 위한 뉴잉글랜드에로의 여정 — 서스퀴한나의 인디언들을 방문함 — 뉴저지의 크로스윅성에로의 여정

1744년 6월 13일 〉 1745년 6월 18일

1744년 6월 13일. (엘리자베스타운에서) 스코틀랜드에 보낼, 인디언들의 사정에 대한 보고서를 쓰느라 상당 시간을 보냈다. 동료들과 대화를 나누었으나 영적인 즐거움은 그다지 없었다.

6월 19일 화요일, 브레이너드는 다시 여정을 시작하여 사흘 만에 델라웨어의 폭스 근방의 그의 거처에 도착하였다. 몸이 굉장히 허약한 상태에서 강행한 여행길이었으나 하루하루 그의 영혼에 위로가 있었다.

6월 24일 주일. 극심하게 허약하였고, 거의 걷지도 못할 지경이었으나 나의 인디언들을 방문하였고, 심한 고통 중에 그들을 가르쳤다. 기독교에 대하여 많은 불만을 가진 몇 명과 함께 수고하였다. 나의 일의 막중함과 어려움으로 내 마음에 큰 부담이 있었다. 내가 전적으로 의지할 분은 오직 하나님이시요 또한 성공에 대한 소망도 오직 그에게 있는 것 같았다. 오직 그

분만이 그들로 하여금 기꺼이 교훈을 받고자 하는 마음을 갖게 만드실 수 있다. 기도 중에 내 마음에 진지함이 있었고, 심지어 그들에게 말씀을 하는 중에도 침묵 속에서 하나님께 간구 거리들을 올려 드렸다. 오오, 언제나 내가 주께서 주시는 힘으로 나아갈 수 있기를!

6월 25일. 최근보다 다소 건강이 나아져서 하루의 상당 부분을 기도와 면밀한 공부에 전념할 수 있었다. 평상시보다는 기도에 자유와 열정이 더 많았다. 특히 나의 일에 하나님께서 임재하여 주셔서 가련한 이교도들이 회심하게 해 주시기를 전심으로 바랐다. 그리고 저녁 기도에서는 하나님을 믿는 나의 믿음과 그를 향한 소망이 크게 고조되었다. 이성의 눈에는 이교도의 회심에 관한 모든 일이 마치 한밤중처럼 캄캄하기만 하다. 그러나 나는 그들 가운데서 무언가 영광스러운 일이 이루어지는 것에 대해 하나님께 소망을 두지 않을 수가 없다. 구속주의 나라가 이 땅에서 전진하기를 나의 영혼이 전심으로 바랐다. 무언가 헛된 생각이 끼어들어 그 때에 누린 하나님의 일들에 대한 깨달음이 상실되지 않을까 하여 매우 두려웠다. 오오, 하늘의 정서가 계속해서 내게 함께 하기를!

6월 26일. 아침에는 내게서 열정이 일어나 자유롭게 하나님께로 올라가는 것 같았다. 하루 종일 기도문을 델라웨어 인디언들의 언어로 번역하는 일로 바빴다. 나의 통역자가 이런 일을 접해본 일이 전혀 없어서 굉장히 힘이 들었다. 그 일이 극히 어려워 많이 실망되기도 했으나, 하나님께서 나를 뒷받침해주셨고, 특히 저녁에는 내게 감미로운 마음의 새로워짐을 허락하셨다. 기도 중에 내 영혼에 열의가 일어났고, 나의 믿음이 지각할 수 있도록 발휘되어, 나의 가련한 인디언들을 위하여 하나님께 부르짖을 수 있었다. 그리하여 그들을 회심시키는 일이 사람에게는 불가능해 보여도, 하나님께는 모든 일이 가능하다는 것이 보였다. 하나님께서 그의 종 느헤미야와 에스라를 도우사 그의 백성을 개혁하시고 그의 옛 교회를 재건하신 놀라운 역사를 바라보며 나의 믿음이 크게 강해졌다. 기도하는 동안 많은 도움이 임했다. 사랑하는 그리스도인 동료들과, 그리스도가 없이 살아가는 다른 이들을 위하여 기도하는 동안 많은 도움이 임했다. 그러나 동시에 가련한 이교도들과 나에게 맡겨진 자들을 위해서 특별히 염려하며 그들을 위하여 전심으로 기도할 수 있었다. 하나님께서 하늘로부터 그들의 구원을 위하여 강림하시기를 소망하였다. 내가 보기에는 그 영광스러운 일을 방해하여 좌절시킬 수 있는 것이 하나도 없는 것 같았다. 내가 강력히 소망하던 대로 살아계신 하나님께서 그 일에 관여하시니 말이다. 엄숙한 분위기 속에서 계속해서 내 마음을 하나님께로 올려 드렸고, 그가 도우심과 은혜를 베푸사 내가 이 세상에서 더욱 나를 죽이고 그리스도의 나라의 전진을 위하여 계속해서 내 영혼이 전심을 쏟게 되기를 구하였다. 하나님께서 나를 더욱 깨끗하게 하사 이교도들에게 그의 이름을 들고 나아가는 택한 그릇이 되기를 간절히 바랐다.

6월 28일. 오전에는 성경의 여러 부분들을 읽고 또한 나의 인디언들을 위해 간절히 기도하며 보냈다. 하나님께서 그들 중에 그의 나라를 세우시고 그들을 그의 교회 안에 모아들이시기를 간절히 구하였다. 아홉시 경에는 보통 홀로 물러가 시간을 보내곤 하는 숲속의 장소로 가서 거기서 다시 기도하며 도우심을 체험하였다. 나의 큰 염려는 바로 이교도들이 하나님께로 회심하는 일이었다. 주께서 나를 도우사 그 일을 위해 그에게 간구하도록 하셨다. 정오 쯤 되어 인디언들에게 설교하기 위하여 말을 달려 그들에게로 갔는데, 가는 동안 마음으로 그들을 위하여 하나님께 기도하였다. 내가 관여하는 그 일이 내 개인의 일이 아니요 하나님의 일이며 따라서 가련한 인디언들을 회심시키는 일이 그의 영광을 위한 일이라는 것을 알고 계시지 않느냐고 자유로이 말씀드릴 수 있었다. 감사하게도, 그들의 회심을 위하여 내가 도구로 쓰임으로써 세상으로부터 내가 존귀와 영광을 받고자 하는 것이라면 차라리 그들의 회심을 바랄 마음이 전혀 없다는 것을 느꼈다. 인디언들에게 말씀을 전하며 다소나마 자유로움이 있었다.

6월 30일. 하나님의 말씀을 읽으며, 특히 다니엘서 9장을 읽으며 내 영혼이 매우 엄숙해졌다. 그의 교회에게 큰 긍휼을 베풀고자 하실 때에 하나님께서는 그의 종들을 부르사 기도하게 하시고 그들로 그와 씨름하게 하셨다는 것을 보았다. 그런데 안타깝도다! 시온을 세우기 위하여 할 일이 그렇게도 많은 때에 내가 무덤덤하고 활동이 없이 지내고 있다는 것을 생각하니 나 자신이 정말 부끄러웠다. 오오, 하나님이 어떻게 시온을 버려두시겠는가! 나는 하나님의 교회가 확장되기를 사모하였다. 그리고 믿음으로 기도할 수 있었다. 내 영혼이 눈에 띄게 하나님을 신뢰하는 것 같았고 또한 그와 더불어 씨름할 수 있게 되었다. 후에는 바깥으로 나가 홀로 있는 그 감미로운 장소로 가서 기도하였는데 어느 정도 도우심이 있었고, 하나님의 도우심이 절실히 필요하다는 것을 느꼈고, 내 영혼이 정말 하나님을 의지한다는 느낌을 얻었다. 하나님을 찬양하리로다. 이번 주는 내게 편안한 주간이었다.

7월 1일 주일. 인디언들에게로 갔는데 내 마음이 혼란스러웠고 지난 며칠 동안 내 영혼이 누리며 위로를 얻었던 하나님을 의지하는 감미로움을 하나도 느끼지 못했다. 오전 내내 이런 상태로 보냈고, 인디언들에게 마음을 쏟지 못한 채 설교하였다. 오후에 설교를 시작할 때도 여전히 메마른 느낌이었고, 한 시간 반 정도를 그런 상태에 있었다. 내가 아무것도 모르고 또한 인디언들에게도 아무 할 말이 없는 것 같았다. 그러나 금방 내 속에서 가련한 인디언들에게 말씀을 전할 사랑의 심령과 뜨거움과 능력을 느꼈고, 하나님의 도우심으로 그들에게 "이교도의 모든 헛된 것들을 버리고 살아 계신 하나님께로 돌이킬 것"을 간청하였다. 주께서 그들의 양심을 만지셨다고 믿는다. 그들 중에서 그렇게 집중을 하는 것을 본 일이 없으니 말이다. 그들에게서 돌아오는 길에 나의 거처까지 3마일을 말을 달려오는 시간 내내 하나님께 기도와 찬송을 드리며 보냈다. 2마일 정도를 달려온 후 나 자신을 하나님께 다시 헌신하여야겠다는 생각이 들어서 지극히 엄숙하게 그 일을 행하였는데 말할 수 없는 만족을 누렸다. 특히 전도 사역의 일에서 나 자신을 그에게 새롭게 포기하였다. 내가 이렇게 하게 된 것은 한 치의 예외도 없이 전적으로 하나님의 은혜로 말미암은 것이다. 이 위대하고도 복된 일에 그 어떠한 어려움이 끼어든다 해도 조금도 움츠러들지 않으리라 소망해 본다. 이렇게 나 자신을 드리면서 지극히 자유롭고 즐겁고 충만한 느낌이 들었다. 나의 영혼 전체가 외쳤다. "주여, 주께 나 자신을 드리나이다. 오오, 나를 받아주시고 나로 영원토록 주의 것이 되게 하옵소서. 주여, 아무것도 달리 바라지 않습니다. 더 이상 바랄 것이 없습니다. 오오, 주여 오소서, 불쌍한 벌레를 받아 주옵소서." 선교사인 나의 구체적인 사역을 마음으로 즐거워했다. 여러 면에서 자신을 부인해야 할 필연성이 내게 있다는 것에 대해서도 즐거워했고, 또한 여전히 계속해서 나 자신을 하나님께 포기하여 드리며, 그에게 긍휼을 간구하고, 순간마다 감미로운 열정으로 끊임없이 기도하였다. 최근 들어 몸 상태가 매우 허약하고 소진한 상태였으나, 이제는 상당히 극복되었다. 손가락들이 매우 약해지고 감각이 둔해져서 똑바로 펼 수가 없을 정도였고, 말에서 내린 다음에는 거의 걷지도 못하는 상태였고, 관절들이 다 풀어진 느낌이었다. 그러니 내 속사람으로는 풍성한 힘을 느꼈다. 백인들에게 설교하였는데, 하나님께서 많이 도우셨고, 특히 기도에서는 더욱 도움을 주셨다. 몇몇 가련한 인디언들이 감동을 받아 그 모임에 함께 참석하였는데, 그 중 한 사람은 매우 깊은 관심을 보였다.

7월 3일. 여전히 매우 허약했다. 오늘 아침에는 하나님의 도우심이 필요하다는 절실한 느낌을 갖고서 기도할 수 있었다. 믿음이 다소 발휘되었다고 믿는다. 그리고 감사하게도 상당한 시간 동안 하나님께 간구할 수 있었다. 하나님은 진정 내게 좋으신 분이시다. 그러나 나의 죄악됨과 무미건조함에 내 영혼이 안타까이 탄식하였고, 더욱 하나님을 위해 헌신하게 되기를 간절히 바랐다. 아홉시 경 다시 물러가 기도하였는데, 하나님의 선하심으로 복된 기도의 심령이 되었다. 내 영혼이 그 임무를 사랑하였고, 그 임무를 하는 중에 하나님을 사모하였다. 오오, 주의 것이 되고, 감각으로 느끼도록 그에게 헌신하는 것이야말로 감미로운 일이다! 하나님이 얼마나 복되신 기업인 지! 그 자신이 얼마나 영광스러우며 얼마나 사랑스러우신지! 오오, 내 영혼 이 전적으로 하나님을 위하여 시간을 쓰기를 간절히 바랐다! 거의 하루 종일 을 기도문을 인디언어로 번역하며 보냈다. 저녁에 다시 열정적으로 기도하 며 하나님과 씨름할 수 있었다. 나를 낮추며 살피는 심령의 상태를 유지할 수 있었고, 부주의함과 자만을 허용하지 않을까 하는 염려가 있었다.

7월 6일. 아침에 하나님을 두려워하는 마음으로 일어났고, 처음 맞는 순 간을 성화를 위한 기도로 보냈다. 내 영혼이 극심한 오염과 더러움에서 씻김 을 받기를 위해 간구하였다. 자리에서 일어난 후 한동안 하나님의 말씀을 읽 고 기도하였다. 나의 극한 빈곤을 느끼며 하나님께 부르짖었다. 최근 들어 나는 목사로서 자격을 갖추는 일과 이교도들의 회심에 대해 온통 관심이 가 있다. 지난해에는 영광의 세계를 위하여 준비를 갖추고 속히 이 세상을 떠나 게 해 주시기를 간절히 바랐으나, 최근 들어서는 나의 관심사가 거의 이교도 들의 회심에 가 있었고, 그 목적을 위하여 살고자 하는 바람이 생겼다. 그러 나 예전 어느 때보다도 세상의 쾌락거리들을 위해 살고자 하는 바람이 적으 니, 하나님께 찬송을 드려 마땅한 일이다. 나는 나그네로 있기를 바라고 또 그것을 사랑한다. 그리고 이교도들 가운데서 사도 바울의 삶과 수고와 고난 을 닮는 은혜를 주시기를 원한다. 지금도 거룩을 간절히 사모하고 있지만, 예전처럼 나 자신을 위해서가 아니라, 내가 거룩해져서 특히 이교도들에게 "신약 성경의 유능한 사역자"가 되기 위함이다.

7월 7일. 오늘 아침은 병이 심하였고, 나의 기력이 다 소진된 상태였다. 그러나 엘리야가 승천한 그 감미로운 이야기를 읽으며 감동을 받고 새로운 기운을 얻었고, 기도 중에 어느 정도 감동과 열정을 누렸다. 사역자로서의 은사와 은혜들을 많이 사모하였고, 하나님의 뜻 가운데서 무언가를 행하게 되기를 간절히 바랐다. 그 후에 얼레인(Joseph Alleine: 1634-1668.

잉글랜드의 청교도 — 역주)의 「양심론」(Case of Conscience) 등을 읽는 동안 새로운 힘과 용기를 얻어서 심령의 열정을 갖고 기도할 수 있었다. 부주의와 자만을 두려워했고 거룩을 사모하였다.

7월 8일 주일. 지난밤에는 병이 심하여 고요히 쉴 수가 없었다. 인디언들에게 설교하는 동안 적은 도움을 얻었고, 후에 백인들에게 예레미야 3:23의 "작은 산들과 큰 산 위에서 떠드는 것은 참으로 헛된 일이라 이스라엘의 구원은 진실로 우리 하나님 여호와께 있나이다"라는 말씀을 주제로 설교하였는데, 특히 설교 말미에 가서는 어느 정도 능력 있게 말씀을 전할 수 있었다. 첫 기도에서 주께서 어느 정도 도우셨다. 그의 이름을 찬송하리로다. 밤이 가까워 올 즈음 매우 기력이 쇠하였으나 하나님의 말씀을 읽으며 감미로운 맛을 다소 누렸고, 애정과 열정과 믿음으로 기도할 수 있었다. 내 영혼이 하나님을 의지하는 것이 보통 때보다 더 생생하게 느껴졌다. 혹시 부주의함과 헛된 생각이 끼어들어 복되신 성령을 근심하시게 하여 성령께서 그의 감미롭고도 자비롭고 부드러운 영향력을 물리실까 하여, 민감하게 내 마음을 살폈다. 최근 들어 그 어느 때보다도 이 세상을 떠나 그리스도와 함께 있기를 사모했다. 지금 살고 있는 성도들은 물론 옛날의 성도들과도 내 영혼이 크게 하나가 되었고, 특히 엘리야와 엘리사의 선지 학교에 대해 심령이 녹아졌다. 어린아이 같은 심정으로 하나님께 부르짖고, 한동안 계속해서 열정적으로 기도할 수 있었다. 이처럼 간구하는 감미로운 임무를 감당하면서 마음이 벅차올랐다. 수많은 사랑하는 동료들과 고귀한 영혼들과 또한 그리스도의 목사들을 기억하였다. 잠자리에 들기까지 이런 상태가 계속되었고, 안이한 생각이 들까 경계했다.

7월 21일. 오늘 아침에는 나의 내적인 추함과 오염을 깨닫고서 죄책감과 부끄러움으로 크게 짓눌렸다. 아홉시 경 홀로 숲속으로 들어가 기도하였으나 별로 위로를 얻지 못했다. 나 자신이 땅에서 가장 추하고 비열한 존재인 것처럼 보였고, 나 자신과 함께 살 수 없을 것 같았다. 내가 너무도 비열하고 추해 보여서, 하나님이 그의 무한하신 은혜로 나를 천국으로 데려가시지 않으면 내가 절대로 천국에 머리를 내밀 수 없으리라는 생각이 들었다. 밤이 가까이 오면서, 매우 실망스러워 보이는 갖가지 일들로 인해서, 특별히 인디언들이 이튿날 우상 숭배의 축제와 춤을 위해 함께 모일 예정이라는 소식을 듣고서, 인디언 전도 사역에 대한 부담감이 크게 가중되기 시작하였다. 그러자 마음속에 고민이 시작되었다. 내 양심으로는 가서 힘을 써서 그 일을 막아야 한다는 생각이었으나, 어떻게 그런 일을 행하여야 할지를 알 수 없었다. 그러나 홀로 기도하며 위로부터 힘을 내려 주시기를 소원하였다. 기도할 때에 마음이 뜨거워졌고, 내 평생 기억에 그런 적이 없다 싶을 정도로 내 영혼이 전심을 기울여 간구하였다. 고뇌가 얼마나 컸고 또한 그런 중에 어찌나 간절하고도 끈질기게 간구했던지, 무릎을 펴고 일어서자 완전히 기진맥진한 느낌이 들었다. 거의 똑바로 걸을 수도 없었고, 관절들이 다 풀려나간 느낌이었고, 얼굴과 몸에서 땀이 흘러내렸고, 육체가 완전히 해체되어 버릴 것만 같았다. 내가 판단할 수 있는 한, 불쌍한 인디언들을 위하여 그렇게 열정적으로 간구하는 동안 내게는 이기적인 의도나 목적이 전혀 없었다. 그들이 함께 모여 하나님이 아니라 마귀를 섬기려 한다는 것을 알고 있었고, 그리하여 하나님께서 이제 나타나사 이런 우상 숭배 모임을 무산시키려는 나의 시도들에 도움을 주시기를 간절하게 부르짖게 된 것이다. 내 영혼이 오랫동안 간구하였고, 그리하여 나는 하나님이 나의 간구를 들으시고 나와 함께 가셔서 그의 대의를 드러내실 것이라고 생각하였다. 하나님의 임재하심과 도우심을 신뢰하는 것 같았다. 이렇게 저녁 시간 내내 하나님의 도우심을 위하여 쉬지 않고 기도하였다. 내가 나 자신을 의지하지 않고 온전히 하나님께만 의지하게 해 주시기를 구하였다. 내가 지나온 과정은 놀라웠고 정말이지 말로 표현할 수가 없었다. 여기 이 땅의 모든 것들이 사라지고, 내가 중요하게 여기던 것들이 하나도 보이지 않고, 오로지 거룩한 마음과 삶과 또한 이 교도들이 하나님께로 돌아오는 것만 보였다. 세상적이라고 해야 할 나의 모

1744년

든 근심과 두려움과 소원들이 사라졌고, 그것들이 그저 한 번 휙 부는 바람만큼밖에는 중요하게 여겨지지 않았다. 하나님께서 이교도들 가운데서 사람들을 그에게로 돌아오게 하시기를 간절하게 바랐다. 내가 나의 가장 큰 즐거움보다 하나님을 더 사랑한다는 것을 그가 아신다는 사실을 지극히 자유롭게 호소하였다. 정말이지 나는 이 세상에서는 그 어떠한 즐거움도 없다. 어디서 살든 어떻게 살든, 혹은 어떤 어려움을 겪든, 영혼들을 그리스도께로 인도할 수만 있다면 그런 것들은 내게 아무런 문젯거리도 아니었다. 저녁시간부터 밤중까지 이런 상태가 계속되었다. 잠을 자면서도 이 일들에 대해 꿈을 꾸었고, 잠을 깨어 일어나면서도 (흔히 그랬지만) 사탄을 대적하여 하나님께 간구하는 이 위대한 일이 가장 먼저 생각에 떠올랐다.

7월 22일 주일. 아침에 자리에서 일어나자 내 앞에 벌어질 일에 대한 부담이 내 영혼을 짓눌렀다. 하나님께 부르짖은 후 침상에서 일어나 의복을 입고는 곧바로 숲속으로 들어가 나의 짓눌린 영혼을 하나님께 토해냈고, 특히 오늘 당하게 될 큰 일에서 도움을 주시기를 간구하였다. 다른 일은 거의 생각할 수조차 없었다. 지난밤과 똑같은 자유로움과 열정이 있었다. 말할 수 없는 자유로움으로 다시 새롭게 나 자신을 포기하여 하나님께 드렸다. 살든지 죽든지 이교도들 중에서 하나님께서 내게 어떠한 어려움을 당하게 하시든지, 그 어떠한 일도 나를 실망시켜 이 복된 일에서 떠나게 할 수 없을 것 같은 느낌이 들었다. 하나님이 '하늘을 드리우시고 강림하사' 이 이교도들 중에서 놀라운 일을 행하시리라는 강한 소망이 내게 있었다. 3마일 정도 떨어진 그 인디언들에게로 말을 달리는 동안에도, 하나님께서 임재하사 도우시기를 간절한 마음으로 계속해서 구하였고, 하나님께서 이 날을 불쌍한 인디언들 가운데 그의 능력과 은혜를 나타내시는 날로 만들어 주시기를 바랐다. 그들에게 이르러 보니, 모두 모여 야단법석이었다. 그러나 하나님의 선하심으로 말미암아, 그들에게 그 일들을 그만두고 나의 설교를 들으라고 설득하였다. 하지만 하나님의 특별한 능력은 그들에게 하나도 나타나지 않는 것 같았다. 오후에 그들에게 다시 설교하였는데, 인디언들이 전보다 더 진지해져 있는 것을 볼 수 있었다. 그러나 여전히 그들 가운데 특별한 역사는 보이지 않았다. 그리하여 사탄은 이 기회를 이용하여 나를 시험하고 조롱하였다. 하나님이 존재하지 않으며, 존재한다 해도 무식한 이 인디언들을 회심시키지 못한다는 식의 망령된 생각들이 공격해 온 것이다. 나는 매우 연약하고 지쳐 있었고, 내 영혼은 혼란에 휩싸였다. 그러나 온 세상에 대해 나는 죽었고, 아무리 마귀가 시험한다 해도 여전히 하나님께서 이교도들을 회심하게 하시기를 기다리리라고 작정하고 있었다.

7월 24일. 거친 산을 넘어 서쪽으로 17마일 가량을 달려 인디언들에게로 나아갔다. 거의 30명이 모였다. 저녁에 그들에게 설교하고 그들과 함께 지냈다. 몸이 허약했고, 기분도 상당히 침울해 있었다. 그러나 나의 인생에서 이것과 다른 처지나 다른 일들에 대해 생각할 자유가 없었다. 나의 소원은 오로지 이교도들의 회심이었고, 나의 소망은 오로지 하나님께 있었다. 하나님은 내가 친구들을 만난다거나 사랑하는 친지들에게로 돌아간다거나 세상적인 위로거리들을 누리는 것에다 소망을 두는 것으로 나 자신을 기쁘게 하고 스스로 위로를 얻도록 그냥 버려 두시지 않는다.

8월 5일 주일. 몸이 매우 허약했지만, 불쌍한 인디언들을 두 차례 방문하여 설교하였고, 나의 기대와는 전혀 달리 굉장히 힘을 얻었다. 그들에게 말씀을 전하는 가운데 주께서는 어느 정도 자유로움과 열정을 주셨다. 힘이 없어 서 있을 수가 없어 설교하는 내내 자리에 앉아 있을 수밖에 없었지만 말이다. 밤이 되자 몸이 극심히 허약해졌고, 현기증과 온갖 고통이 찾아왔다. 나 자신이 마치 자신의 모든 소유를 작은 보트에 실어놓은 사람처럼 여겨졌다. 그 보트가 급류에 휩쓸려 떠내려가고 있다. 가련한 보트 주인은 물가에 서서 그것을 바라보며 자기의 모든 소유를 잃어버린 것에 대해 슬피 우는 것이다. 하지만 나의 모든 소유가 떠내려가는 것처럼 보이고, 또 내가 서

1744년

서 그 광경을 바라보고 있지만, 나는 감히 슬피 울 수가 없다. 슬피 울면 울수록 그 만큼 더 나의 기분을 가라앉게 만들고, 그리하여 나의 육체의 상태가 더욱 악화될 것이니 말이다! 그리하여 나는 억지로 사소한 것들에서 나 자신의 주의를 돌려야 한다. 내게 두려움이 있고, 또한 시간을 잘못 사용하는 죄를 범하는 것 같은 느낌도 자주 있지만 말이다. 그리고 이처럼 비참한 방식으로 시간을 보내는 일로 내 양심에 번민이 생겨 평안이 없을 때가 많다. 하지만 더 나은 목적을 위하여 시간을 선용할 만한 정신이나 육체의 힘이 없으니 어떻게 하겠는가! 오오, 하나님이 나의 이 곤란한 처지를 불쌍히 여겨 주시기를 바란다!

그 이후 3주간 동안은 그의 병세에 좀 차도가 있었다. 물론 몸 상태가 상당히 좋지 않은 경우가 여러 번 있기는 했으나, 그래도 공적으로나 사적으로나 어느 정도 사역을 감당할 수 있게 되었다. 또한 내적인 도움과 정신의 강건함 면에서도 전반적으로 많이 나아져 있었다. 특히 이교도들이 하나님께 회심함으로써 그리스도의 나라가 확장되기를 위한 큰 소망을 자주 표현하고 있고, 또한 이런 소망에 대해 기쁨과 즐거움이 가득하여 이야기하고 있다. 또한 여전히 거룩함과 하나님을 향한 삶을 위한 그의 일상적인 바람과 또한 그 자신의 무가치함에 대한 인식을 계속 표현하고 있다. 그는 그 자신이 땅에서 가장 추한 존재로 보인다는 말을 여러 번 하고 있고, 또한 한번은 하나님의 자녀들 중에 자기만큼 하나님이 요구하시는 거룩함과 온전한 순종에 모자라는 사람은 정말로 없다고 말하기도 한다. 이 세상의 즐거운 것들에 대해 그 어느 때보다 더 죽어 있다는 느낌이 든다는 말도 여러 번 하고 있다. 그는 이 시기에 인디언들에게 설교할 때에 특별한 도우심을 얻었다는 것과 또한 그들 가운데 신앙적인 관심이 나타나고 있다는 것을 가끔씩 언급하기도 한다. 또한 그 자리에 없는 형제들과 특히 목사들과 목사 후보생들을 위한 기도에서 도움을 받은 일들에 대해서도 언급하며, 뿐만 아니라 그를 방문한 몇몇 목사들과 함께 지내며 큰 위로를 얻은 일에 대해서도 언급하고 있다.

9월 1일. 한동안 매우 허약한 상태에 있었는데 이제는 매우 강건해져서, 두세 시간을 거룩한 주제에 대해 글을 쓰며 보낼 수 있을 정도가 되었다. 신적이며 거룩한 일들에서 다소 위로와 감미로움을 누렸다. 이제 육체의 건강이 어느 정도 회복되니, 내 영혼도 다소 활기를 찾아 하나님의 일들에 매진하게 되는 것 같다.

9월 2일 주일. 불쌍한 나의 인디언들에게 많은 관심과 열정을 갖고서 이야기할 수 있었다. 그들에게 말씀을 전하는 동안 하나님께서 그를 믿는 믿음을 발휘하도록 역사하셨다는 생각이 든다. 그들 중에는 몇몇 주술사들(powaws)에게 주술에 걸리고 독을 맞을까 두려워 기독교를 받아들이기를 겁내는 자들이 있다는 것을 직감하였다. 그러나 나는 그들을 두려워하지 말 것을 간곡히 권고할 수 있었다. 그리고 하나님께서 그들의 안전을 지키시고 구원하실 것을 믿고서, 이 모든 어둠의 권세자들을 향하여 내게 먼저 악을 행하여 보라고 도전을 제기하였다. 내 사람들에게는, 내가 그리스도인인데 어째서 내게는 주술사들이 주술을 걸거나 독을 주지 않느냐고 물었다. 이 때만큼 나의 무가치함을 절실하게 느껴본 일이 거의 없었다. 하지만 하나님의 존귀하심이 걸려 있는 것을 보았고, 그의 존귀가 보존되기를 바랐다. 이기적인 동기에서가 아니라 하나님의 권능과 선하심이 드러나고, 기독교의 진리가 드러나 하나님이 영광을 받으시기를 위해서 그렇게 바란 것이다. 그 후에는 하나님의 도우시는 은혜로 인하여 내 영혼이 하나님 안에서 즐거워하였다.

이 후 그는 뉴잉글랜드로 여행을 떠나 델라웨어의 폭스의 자신의 일상적인 거처에서 3주간 가량 떠나 있었다. 이 기간 중 대부분 그는 매우 허약한 상태에 있었다. 그러나 여행 후반부에는 건강과 원기를 상당히 회복하였다.

9월 26일. 델라웨어의 폭스의 집으로 왔다. 420마일 이상을 말을 달리는 동안 나를 보존하시고 "모든 뼈를 보호하사 그 중에서 하나도 꺾이지 아니하게" 하셨으니, 이 얼마나 하나님을 찬송할 일이겠는가! 나의 건강도 마찬가지로 크게 회복되었다. 오오, 나의 전부를 하나님께 드리기를 소원한다! 내가 그분께 돌려드릴 전부가 바로 이것이다.

그가 처음 여기서 설교를 시작했을 때에는 청중이 스무 명에서 스물다섯 명에 불과했었다. 그런데 그 숫자가 늘어나 사십 명 혹은 그 이상이 되었다. 그리고 그 지역에 있는 거의 대부분의 사람들이 나아와 그의 설교를 들은 적도 많았다. 펨버튼 목사에게 보낸 한 편지에서 그는 이렇게 말하고 있다:

"하나님의 말씀 진리들로 인하여 이 곳의 몇몇 인디언들에게 나타난 결과들을 보면 다소 고무적입니다. 많은 사람들이 우상 숭배를 버리고 있고, 무언가 미지의 권세들에게 제사를 드리러 온 그들의 축제들에 참여하기를 거부하고 있습니다. 그리고 그들 중에 상당한 기간 동안 자기들의 영혼의 영원한 복지에 대하여 진지한 근심을 표명하고, 애착을 갖고 부지런히 계속해서 시온으로 향하는 길을 묻고 걱정하는 자들이 여럿이 있어서, 이들 중에 선한 일을 시작하신 하나님이 그 일을 이루어가시고 결국 그들을 그에게로 돌이키사 구원을 얻게 하시리라는 소망을 갖게 하고 있습니다. 이들은 자기들 스스로도 과거의 우상 숭배에 물든 사고를 혐오할 뿐 아니라 그 동료들까지도 우상 숭배에서 벗어나도록 힘써 독려하고 있습니다. 그리고 자기 자신의 영혼의 구원을 구하는 만큼 다른 이들도 자기들과 똑같이 그렇게 되기를 바라고 있고, 또 몇몇 사람들은 그 일을 위해 고통을 감수하고 있기도 합니다.
또한 이 불쌍한 이교도들을 복음화하는 데에 여러 가지 난제들이 수반되기도 합니다.
우선, 그들의 생각이 기독교를 대적하는 갖가지 편견들로 가득 차 있습니다. (백인으로) 그리스도인이라 불리면서도 그리스도인답지 못한 사악한 처신과 삶을 보이는 자들 때문이지요. 이 자들은 최악의 모범들을 보일뿐 아니라 몇몇은 이들이 그리스도인이 되지 못하도록 노골적으로 말로 이들을 회유하느라 안간 힘을 다 쓰기도 합니다. 이들이 하나님께로 회심하게 되면 지금까지 이들에게서 얻어온 부당한 이익들이 사라질 것임을 알고서 그렇게 하는 것입니다.

또한 이 가련한 이교도들은 조상들로부터 물려받은 관습과 전통과 갖가지 사고들에 극심하게 밀착되어 있습니다. 그리고 이런 것들이 그들의 다른 모든 사고들의 기초가 되고 있는 것 같습니다. 곧, 백인을 지은 하나님은 자기들을 지은 하나님과는 다르며, 자기들의 하나님은 사냥 같은 것을 하여 살고 백인의 관습들을 따르지 말 것을 명령하셨다는 식입니다. 그러므로 그리스도인이 될 것을 권면하면 이들은 흔히, 자기들은 자기 조상들이 살던 대로 살고 죽어서도 자기 조상들에게로 갈 것이라는 식으로 대답합니다. 그리고 기독교가 진리임을 입증하기 위해 그리스도와 사도들의 이적들을 언급하면, 이들 역시 조상들이 옛날에 인디언들 가운데서 행해졌다고 전해준 갖가지 이적들을 언급합니다. 사탄이 그것들을 사실로 믿게 만드는 것이지요. 이들은 우상 숭배에 심히 젖어 있고, 무언가 자기들도 모르는 미지의 존재들을 높이고자 축제들을 자주 벌입니다. 그들에게 제사를 드리면 그 존재들이 꿈속에 나타나 사냥 등 갖가지 일들의 성공을 약속해 준다는 식으로 생각하는 것입니다. 뿐만 아니라 죽은 자들의 영에게 제사를 드리는 경우도 자주 있습니다. 이 영들에게는 살아 있는 자들의 호의가 필요하고, 동시에 그 영들에게 호의를 베푼 모든 것에 대해 상을 받게 된다고 믿고, 그러므로 이들은 자기들에게 일어나는 모든 재난들이 이런 제사를 소홀히 한 탓이라고 여기는 것입니다.

더 나아가서, 그들 중에 주술사(powaw)라 불리는 자들이 있는데 이들을 매우 무서워합니다. 이들이 주술을 걸거나 독을 맞아 죽게 하거나 매우 힘들게 할 수 있는 능력을 지니고 있다고 믿습니다. 그리하여 자기들이 그리스도인이 되면 그들의 주술에 걸리는 어려운 처지가 되지 않을까 하여 염려하는 것입니다.

1744년

　그들의 생활양식도 마찬가지로 그들을 복음화하는 데에 크게 불리합니다. 거의 항상 이 곳저곳을 떠돌아다니므로, 그들 중 일부를 가르치려 해도 제대로 기회를 만들기가 매우 어렵습니다."

10월 1일. 예정된 서스퀴한나로 가는 여정을 위해 준비하였다. 여러 차례 숲속으로 들어가 은밀한 임무를 행하였고, 이제 저 불쌍한 이교도들을 찾아가 복음을 전하게 될 것인데 하나님께서 함께 해 주시기를 간절히 구하였다. 밤이 다 되어 4마일 가량을 말을 달려 바이람(Byram) 형제를 만났다. 내가 인디언들에게로 가는 여정에 동행해 주기를 요청하여 그가 온 것이다. 그를 보는 것이 즐거웠고, 그와의 대화를 통해 유익을 얻었는데, 이것이 하나님이 하신 일이라 믿는다. 나보다 그가 세상에 대해, 세상의 걱정거리들과 유혹거리들에 대해, 더 죽어 있다고 생각했다. 그리하여 다시금 나 자신을 바라보게 되었고, 나의 죄와 배은망덕과 비참함을 더 크게 느끼게 되었다.

10월 2일. 사랑하는 바이림 형제와 나의 통역자, 그리고 델라웨어의 폭스의 인디언 추장 두 사람과 함께 여행길에 올랐다. 25마일 가량을 가서 도로에 있는 마지막 집에 묵었다. 거기서부터는 스산하고 황량한 황야밖에는 없다.

10월 3일. 황야 속으로 길을 갔는데, 우리 중 어느 누구도 지금까지 경험해 본 일이 없는 가장 힘들고 위험한 여정이 우리 앞에 기다리고 있었다. 오로지 높은 산들과 깊은 계곡, 그리고 아찔한 바위들을 통과하여 지나는 것 외에는 거의 아무것도 없었다. 그러나 하루 중 일부를 영적인 즐거움을 얻으며 보냈고, 거룩한 주제에 대해 묵상하는 일에 정신을 집중시켰다. 밤이 다 되어 나의 말(馬)이 바위틈에 발이 걸려 넘어졌으나 하나님의 선하심으로 나는 다치지 않았다. 그러나 그 말의 발이 부러졌고, 더욱이 인적도 없고 삼십 마일이나 가야 가장 가까운 집이 있는 그런 황량한 곳에서 그런 일을 당했으니, 그 말의 목숨을 보존할 방법이 달리 없어서 하는 수 없이 말을 죽이고, 걸어서 여행을 계속하기로 하였다. 이 사건을 당하면서 나는 하나님의 선하심을 더욱 흠모하게 되었다. 나의 무수한 뼈들이 강한 고통에 시달리고 있었으나 그 중 하나도 부러지지 않았으니 말이다. 어두울 무렵에야 비로소 불을 지폈고, 나뭇가지들을 몇 개 잘라서 움막을 만들어 추위를 피할 수 있게 하였다. 그 날 밤은 유독 추위가 심했고, 우리는 기도로 우리 자신을 하나님께 맡기고 누워서 조용히 잠이 들었다.

이튿날도 그들은 여정을 계속하였고, 비슷한 방식으로 숲속에서 밤을 지냈다.

10월 5일. 서스퀴한나 강변 오페홀하우풍(Opeholhaupung)이라는 곳에 도착하였는데, 거기서 인디언의 집 열두 채를 발견했다. 추장에게 공손히 예의를 갖추어 인사한 다음 나의 용무를 이야기했다. 나의 바람은 그들에게 기독교를 가르치고자 하는 것이라고 했다. 거기 모여 있는 인디언들과 잠시 의논한 후에 그들에게 말씀을 전했다. 그리고 말씀을 마친 후에 나의 말씀을 다시 들을 의향이 있는지를 물었다. 그들은 생각해 보겠다고 대답하고는 곧바로 내가 설교하겠다면 자기들도 즉각 참석하겠다고 전달해 왔고, 나는 두 번 그들에게 자유롭게 말씀을 전했다. 나의 말씀을 더 듣고자 하느냐고 그들에게 다시 묻자, 그들은 이튿날 다시 듣고 싶다고 답하였다. 나는 위로부터 내리는 특별한 도우심이 없이는 이 가련한 이교도들을 위하여 아무 일도 할 수 없다는 것을 아주 깊이 느꼈고, 그리하여 내 영혼이 하나님을 의지하였고, 하나님이 그의 대의를 위한 나의 모든 일에서 그의 기뻐하시는 대로 처리하시기를 구하였다. 정말이지, 하나님의 선하심을 통하여, 나는 그곳으로 여행하는 기간 동안, 아니 여행을 떠나기 전부터 어느 정도 이러한 심정을 느꼈었다.

10월 6일. 아침 일찍 일어나 나의 이 큰 일에 도와 주실 것을 주께 간구하였다. 정오가 다 되어 다시 인디언들에게 말씀을 전하였고, 오후에는 집집마다 방문하여 이튿날도 내게로 와서 나의 말씀을 들을 것을 권고하였고, 지금 막 시작하여 월요일까지 하기로 되어 있던 사냥을 뒤로 연기할 것을 권고하였다. 오늘 밤은 주께서 내 옆에 계시사 내게 용기를 주시고 강건하게 하셨음을 확신한다. 홀로 물러가 은밀한 중에 한 시간 이상을 보내었는데, 내 영혼에 은혜를 더하시기를 위하여, 불쌍한 인디언들을 위한 사역의 성공을 위하여, 하나님의 목사들과 백성들을 위하여, 멀리 있는 사랑하는 동료들을 위하여 하나님 앞에 나의 마음을 쏟을 수 있었다. 하나님을 찬송할지로다!

10월 8일. 인디언들이 오늘 아침 일찍 사냥을 떠날 것이라고 생각하여 그들을 떠날 계획을 갖고 인디언들을 방문했는데, 나의 기대 이상으로 그들은 나의 설교를 다시 듣기를 사모하고 있었다. 그들의 청을 기꺼이 받아들였고, 나중에는 기독교에 대한 그들의 반론들에 대해 열심을 다해 답변해 주었다.

10월 9일. 새벽 4시 경에 일어나 기도로 우리 자신을 하나님께 드리고, 그의 특별한 보호하심을 구하고, 5시 경 귀환 여정을 시작하여, 꾸준히 여행을 계속하였고, 저녁 6시 경에 불을 피우고 움막을 만들고 잠자리에 들었다. 밤이 깊어오면서 거룩한 주제에 대한 선명하고도 편안한 생각들이 들었다. 밤중에 늑대들이 주위에서 울어댔으나, 하나님께서 우리를 보호하셨다.

이튿날 그들은 일찍 일어나 여행을 계속하여 밤중에 브레이너드와 안면이 있는 한 아일랜드인 정착촌에 도착하여 거기서 묵었다. 이튿날 그와 바이람이 사람들에게 말씀을 전했다.

10월 12일. 나의 거처로 말을 달렸다. 거기서 은밀한 기도 중에 하나님께 나의 영혼을 쏟아드렸고, 최근의 여행에서 내게 풍성한 유익을 베푸신 하나님께 찬송을 돌렸다. 최소한 근자에 들어서는 그렇게 건강하게 지내본 적이 거의 없다. 여행의 기진맥진함과 특히 도보로 걸어야 하는 상황에서 하나님께서 놀랍게 거의 이적적으로 나를 지탱시켜 주신 것이다. 계속해서 나를 보호하시는 주께 찬송을 돌리리로다.

10월 14일 주일. 예배처소로 가서, 나의 큰 일에 도우심과 은혜를 주시기를 위하여 마음을 하나님께 높이 올려드렸다. 하나님께서 내게 은혜를 베푸사 거룩을 위하여 그에게 간구하도록 나를 도우셨다. 나는 그리스도의 성육신과 고난이 바로 사람들을 거룩하게 하기 위함이었다는 지극히 강력한 논지들을 사용하여 그의 도우심을 구하였다. 나중에 설교에서 많은 도우심이 있었다. 사람의 영적 상태를 시험하는 일에 대해 이처럼 면밀하고도 분명한 방식으로 설교하도록 하나님의 도우심을 받은 적이 없었다. 하나님의 무한한 선하심으로 나는 내가 전하는 내용을 그대로 느꼈다. 하나님께서 나를 도우사 하나님의 진리를 이례적으로 선명하게 다룰 수 있게 하셨다.

10월 24일. 정오가 다 되어 내 사람들에게로 말을 달렸다. 그들과 함께 보내며 함께 기도하였다. 이 땅의 나그네의 심정을 느꼈다. 이 음산한 세상을 떠나고 싶은 마음이 많았다. 그러나 인내와 초연함을 발휘해야 한다는 것을 알았다. 인디언들에게서 집으로 돌아오는 시간 내내 하나님께 마음을 올려드렸다. 저녁에는 홀로 기도하는 중에 복된 시간을 가졌다. 어린아이 같은 심정으로 거의 한 시간 가량을 하나님께 부르짖을 수 있었다. 나 자신을 위해, 사랑하는 친지들과 목사들을 위해, 또한 목회 사역을 위해 준비 중에 있는 이들을 위해, 그리고 하나님의 교회를 위해 간구하는 중에 감미로운 자유로움을 누렸다. 나 자신도 하나님을 섬기는 일에 천사들처럼 활기 있게 되기를 사모하였다.

1744년

10월 26일. 오전에 나처럼 추하고 무가치한 벌레에게 베푸신 하나님의 선하심과 자비를 느끼고 내 영혼이 녹아졌다. 하나님께 기대고 그를 전적으로 신뢰하는 것이 내게 기쁨이었다. 내 영혼이 죄에 대해 극히 근심하였고, 거룩을 귀하게 여기고 사모하였다. 그렇게 자비하신 하나님을 내가 마구 대한 것을 생각하고 내 마음에 깊은 아픔이 있었으나 감미로움이 있었다. 은혜로우신 하나님이 근심하시는 일이 없도록 완전히 거룩하게 되기를 사모하였다. 그의 사랑을 배은망덕으로 갚더라도 그는 계속해서 사랑하시리라! 나 자신의 행복을 위해서보다 이 목적을 위하여 더욱 거룩해지기를 사모하였다. 그러나 절대로 더 이상 복되신 하나님을 욕되게 하지 않고 언제나 그를 영화롭게 하는 것이야말로 나의 가장 큰 행복이었다.

10월 31일. 하나님의 일들에서 나의 메마름과 부패의 상태를 지각하였다. 은혜의 보좌 앞에서 내가 누렸던 그 열정을 기억하고 내 영혼이 무너져 내렸다. 나는 생각했다. 오오,, 내가 신령하고 뜨겁고 생각이 하늘을 향하고 있고 또한 하나님을 간절히 바라기만 할 수 있어도, 내게는 생명보다 더 나을 것인데! 내 영혼이 죽음을 극히 사모하였다. 이런 메마름과 무덤에서 놓임 받아 영원토록 하나님을 적극적으로 섬기게 되기를 바랐다. 나는 목적이 없이 사는 것 같았고, 아무런 선도 행하지 못하는 것 같았다. 오오, 이런 삶이 얼마나 짐이 되는지! 오오, 죽음이여, 죽음이여, 나의 친절한 친구여, 속히 와서 이 무딘 도덕성에서 나를 구하고, 나를 영원토록 신령하며 왕성하게 만들어 주거라!

11월 5일, 그는 뉴욕으로 향하는 여행길에 올랐다. 이번에는 2주 이상 집을 비울 것이었다. 그는 이 여행에서 추위와 폭풍우에 노출되었고 극히 기진맥진하였고, 뉴욕에서 뉴저지로 돌아왔을 때에는 몸져 자리에 누워 한동안을 지내야 했다.

11월 21일. 추위 속에 뉴아크로부터 록키티커스(Rockciticus)까지 말을 달렸다. 추위에 거의 쓰러질 뻔했다. 사랑하는 존스 씨(Mr. Jones)와 저녁 식사를 나누며 대화하면서 어느 정도 감미로움을 누렸다. 내 영혼이 하나님의 사람들을 사랑하며, 특히 나와 동일한 시련을 느끼는 예수 그리스도의 사역자들을 사랑한다.

11월 22일. 록키티커스로부터 델라웨어까지 길을 재촉하였다. 추위와 머리의 통증 때문에 아주 어지러웠다. 저녁 6시 경 황야에서 길을 잃고서 바위들과 산야와 아찔한 절벽, 수렁과 몸서리쳐지는 위험한 곳들을 헤매고 다녔다. 밤이 되어 어찌나 캄캄한지 별들도 보이지 않을 정도였다. 추위에 매우 움츠러들었고 머리의 통증으로 괴로웠고, 게다가 위(胃)까지 아파서 걸음을 디딜 때마다 정말로 힘이 들었다. 몇 시간 동안 헤맸으나 희망이 거의 없었고, 꼼짝 없이 이런 괴로운 상태대로 밤새도록 숲에서 있어야 했다. 그런데 아홉시 경에 한 집을 발견했고, 하나님의 풍성한 선하심으로 그 집의 사람들이 나를 따뜻하게 맞아 주었다. 자주 이런 위험에 노출되었고, 때로는 밤새도록 노천에서 누워 있기도 했다. 하지만 지금껏 하나님이 나를 보존시키셨으니 그의 이름을 찬송하리로다. 이처럼 기진맥진함과 어려운 일들로 인하여 내가 이 땅에서 멀어지게 되었고, 이로 인하여 천국을 더욱 귀하게 누리게 될 것이라 확신한다. 예전에는 이처럼 추위와 비에 노출될 때에 안락한 집과 더운 화로와 기타 외형적인 위로거리들을 누릴 것을 생각하고 나 스스로 기뻐하였으나, 이제는 이런 것들이 내 마음을 덜 차지하며, (하나님의 은혜이지만) 내 눈이 더욱더 하나님을 향하고 있고 그에게서 위로를 얻으려 한다. 이 세상에서는 환난밖에 기대할 것이 없다. 그리고 환난을 당해도 지금은 예전처럼 그것이 내게 낯설게 여겨지지 않는다. 그런 힘든 시기에 차후에는 사정이 나아질 것이라는 식으로 나 자신에게 아첨하지 않는다. 오히려 그보다 훨씬 더 사정이 나빠질 수도 있고, 하나님의 다른 자녀들이 당한 시련이 이보다 훨씬 더 컸으며, 나를 위해서 아직 훨씬 더 큰 시련이 남아 있을

1744년

지도 모른다는 식의 생각을 갖는다. 하나님께서 나의 여정의 마지막 종착점을 생각하게 하시고, 지극히 아픈 시련들을 만나면서 죽음이 내게 큰 위로가 되게 하시며, 또한 이런 생각들을 해도 공포나 우울한 마음이 들지 않고 흔히 큰 기쁨이 뒤따라 있게 하시니, 그를 찬송하리로다.

11월 23일. 한 병자를 방문하여 그와 대화를 나누고 함께 기도하였다. 그리고 다른 집을 방문하였는데, 한 사람이 죽어 바깥에 누워 있었다. 시체를 바라보면서 내가 이 땅을 떠나 그리스도와 함께 있게 될 나의 때가 속히 오기를 바랐다. 그리고 한 시 쯤 나의 거처로 돌아왔다. 느낌이 좋지 않았다. 그러나 오후 시간 대부분을 독서로 보낼 수 있었다.

이 날 이후 열이틀 동안 그는 다른 사람들과 함께 작은 움막을 짓는 일에 많은 시간과 노력을 소비하였다. 겨울 동안 스스로 잘 지내기 위함이었다. 그러나 그는 인디언들에게 자주 설교하였으며, 그들에게 말씀을 전할 때에 이따금씩 특별한 도우심이 있었고 또한 때로는 그들이 정말 주의 깊게 말씀을 들어 상당한 용기를 얻었음을 언급하고 있다. 그러나 12월 4일 화요일, 그는 큰 실망에 빠졌다. 인디언들 대부분이 우상 숭배의 축제와 춤에 무리를 지어 참가하였기 때문이다. 이후 그는 이런 일들을 삼갈 것을 그들에게 권고하는 일에 온 힘을 기울였다.

12월 6일. 최근 집을 완성하여 그리로 옮겨왔으니, 이제 나 홀로 집에 물러나 있을 복된 기회가 드디어 내게 주어졌다. 육신이 허약하여서, 혹은 홀로 있을 기회가 없어서, 혹은 기타 어려움 때문에 은밀하게 홀로 지내며 금식과 기도로 시간을 보내지 못한 것이 얼마나 오래인지를 생각하고, 또한 나의 사역의 중요성과 또한 거기에 수반되는 극한 어려움들을 생각하고, 더욱이 내가 그렇게 모든 수고를 아끼지 않았건만 나의 불쌍한 인디언들이 다시 마귀들을 섬기고 있어서 내 심령이 거의 무너질 지경이라는 것을 생각하고,

더 나아가 최근의 나의 극한 메마름과 영적으로 죽어 있는 상태와 또한 몇 가지 구체적인 부패의 힘을 생각하고서, 이 날을 은밀한 기도와 금식의 날로 구별하고, 나 자신에게와 나의 불쌍한 백성들에게와 나의 동료들에게와 하나님의 교회에게 하나님의 축복을 간구하기로 하였다. 처음에는 그러한 임무를 행하는 것이 불가능해 보여서 마음이 크게 움츠러드는 것을 느꼈다. 그러나 주께서 나를 도우사 이러한 어려움을 깨뜨려 버렸다. 하나님께서는 여러 수단들을 사용하사 내게 나의 죄악성을 다소 선명하게 깨닫게 해 주셨고, 나의 마음의 처절한 질병의 상태를 발견하게 하셨다. 최근 그 어느 때보다 더 감동을 받았다. 그리고 특별히 다음과 같은 점에서 나의 죄악성을 보았다. 곧, 하나님께서 물러가실 때에 내가 그를 구하기 위하여 삶과 죽음을 마다하기는커녕, 어울리지도 않게 이 땅의 것들이 마치 행복을 가져다주기라도 하는 것처럼 그것들을 귀하게 여기게 되거나, 혹은 속으로 안달하며 조급해하면서 부적절하게 죽음을 사모하는 나머지 내 생애가 길어지는 것을 도무지 견딜 수 없어 하는 경향이 있었던 것이다. 나로 하여금 이처럼 조급하게 죽음을 바라게 만드는 것은 바로 내가 이 세상에서 아무런 선도 행할 수 없다는 절망감이었다. 그래서 무익하게 삶을 보내기보다는 차라리 죽음을 택한 것이다. 그러나 이제 하나님께서는 이런 일들에서 나의 죄를 지각하게 해 주셨고, 그에게 용서해 주시기를 부르짖을 수 있게 해 주셨다. 그러나 이것이 전부가 아니었다. 내 영혼이 극심하게 오염되어 보였고, 내 마음이 마치 독사의 소굴이나 부정하고 가증한 새들의 둥지처럼 여겨졌으므로, 나는 "모든 죄에서 깨끗하게 하는 뿌린 피"를 통하여 정결하게 되기를 원하였다. 믿음으로 이를 위하여 기도할 수 있었다(아니, 그렇게 기도했기를 바란다). 기대한 것보다 강렬함과 열정과 신령함을 훨씬 더 누렸다. 내가 두려워하던 것보다 하나님은 내게 더 잘 대해 주셨다. 밤이 가까이 오면서, 하나님은 변함이 없이 복되시고 영광스러우시며, 또한 그의 피조물들이 어찌 되든지 간에 그가 영광을 받으시리라는 생각이 들어, 내 영혼에 즐거움이 느껴졌다. 저녁이 오기까지 기도로 인내할 수 있었다. 저녁이 되었는데도, 모든 면에

1744년

서 하나님의 도우심이 절실히 필요하다는 생각이 들어 어떻게 기도를 마무리해야 할지를 몰랐고, 음식을 먹을 생각도 다 잊어버렸다. 이 날에 도움을 주신 하나님께 찬송을 돌리리로다.

12월 7일. 오전에 기도로 한동안 보냈다. 자유로움과 감동을 누렸고, 죽기까지 충성하게 되기를 바라는 마음이 간절했다. 신학의 주제에 대해 잠시 글을 쓰고 난 후 인디언들을 찾아가 그들에게 말씀을 전하였다. 그들에게 말할 마음이 없어서 말씀을 전할 수가 없었지만 억지로 그렇게 했다. 방금 우상 숭배의 축제와 마귀에게 드리는 예배를 마치고 돌아왔으니, 분명 내 말을 듣기가 싫었을 것이다. 저녁에는 기도와 묵상에서 어느 정도 자유로움이 있었다.

12월 12일. 매우 허약했다. 그러나 은밀한 기도 중에 다소간 도움이 있었고, "주 예수여 오시옵소서! 주 예수여 오시옵소서! 속히 오시옵소서!"라고 기쁨과 감미로움으로 부르짖을 수 있었다. 그처럼 감미로운 역사하심을 받아 기도한다는 것이 얼마나 기쁜 일인지! 사람에게 음식이 없어서는 안 되지만, 이보다 그런 기도가 얼마나 더 좋은지 모른다! 늦은 오전 시간이었지만 음식을 먹을 마음이 나질 않았다. 이 땅의 음식이 전혀 맛이 없게 여겨졌기 때문이다. 주의 사랑이 포도주보다 얼마나 더 나은지 모른다! 그렇다. 포도주가 아무리 달콤하다 해도 말이다! 오후에는 인디언들을 찾아가 말씀을 전하였으나, 상당히 무기력했다. 나의 통역자가 자기의 영혼에 대해 다소 염려하고 있는 것을 알았다. 이것이 얼마간 내게 위로가 되었으나, 내게 새로운 걱정이 가득해졌다. 그의 회심을 정말로 열렬히 사모했었다. 그와 대화를 나누면서도 그 일을 위해 하나님께 마음을 올려드렸다. 집에 돌아와서 그를 위해 내 영혼을 하나님께 쏟아드렸다. 기도에서 다소 자유로움이 있었고, 모든 일을 하나님께 다 맡길 수 있게 된 것 같다.

12월 18일. 인디언들에게 가서 거의 한 시간 가까이 그들에게 말씀을 전했는데 그들의 마음에 와 닿는 능력이 하나도 없었다. 그러나 마침내 어느 정도 열정을 느꼈다. 하나님께서 뜨거움으로 말씀을 전하도록 나를 도우신 것이다. 나의 통역자 역시 굉장히 도움을 받았다. 그리고 성인들 대부분이 매우 감동을 받아 눈물들을 흘렸다. 백세 가량 되어 보이는 한 노인은 감동을 받은 나머지 흐느껴 울었는데, 내가 가르친 내용이 얼마나 중요한 것인가를 납득한 것 같았다. 그들과 한참 동안 말씀을 나누면서 그들을 권면하고 지도하였다. 그리고 돌아오면서 기도와 찬양으로 내 마음을 하나님께 올려 드렸고, 나의 통역자에게 좁은 문으로 들어가기를 힘쓰라고 격려하고 권면하였다. 집으로 돌아와 저녁 시간 대부분을 기도와 감사로 보냈다. 나 자신이 매우 새로워진 느낌이었다. 주님의 일이 이제 막 시작된 것 같은데, 그 일이 능력으로 지속되어 불쌍한 영혼들을 회심하게 하고 하나님의 은혜의 영광이 되기를 진정 바랐다.

12월 19일. 불쌍한 나의 백성들에게 그의 성령을 부어 주시기를 위해 하나님께 기도하고, 또한 어제 나의 통역자와 몇몇 다른 이들을 각성하게 하사 그의 임재하심의 증거를 우리에게 주신 것에 대해 그의 이름을 찬송하며 하루의 상당 부분을 보냈다. 하나님을 찬송할지니, 하루 동안 대여섯 차례 기도와 찬송에서 많은 자유로움을 누렸고, 저 고귀한 영혼들을 구원하는 일과 구속주의 나라가 그들 중에 확장되는 일에 대하여 내 영혼에 무거운 염려를 느꼈다. 내 영혼에 하나님께서 나의 사역에 어느 정도 성공을 주시리라는 소망이 생겼다. 그런 소망을 갖게 하셨으니 그의 이름을 찬송하리로다.

12월 21일. 다시 자유로움과 상쾌함과 소망으로 기도할 수 있었다. 하나님께서 그 임무를 편안하고 유쾌하게 만들어 주셨고, 그리하여 나는 즐거이 인내하며 거듭거듭 기도에 전념하였다. 정오쯤에 내 사람들을 방문했는데 그들에게로 향하는 길에서 내내 기도하였다. 지난 목요일에 나타난 것과 같은 하나님의 능력이 그들에게 임하는 것을 보게 해 달라고 간구하였다. 그렇게 하나님을 의지하고 그에게 소망을 두는 것이 감미로웠다. 서로 다른 장소에서 두 차례 그들에게 설교하였다. 설교하는 동안 상당한 자유로움이 있었고 나의 통역자 역시 그랬다. 그들 중 몇 사람이 한 곳에서 다른 곳까지 나를 따라왔고, 그들 가운데 하나님의 역사하심을 어느 정도 볼 수 있었다고 생각한다. 저녁에 기도할 때에 다시 도우심이 있었다. 주를 찬송하리로다.

12월 25일. 육체가 허약한 데다 어제 공부에 몰두한 일로 인하여 어젯밤에는 거의 잠을 자지 못했다. 하지만 내 마음은 기도와 찬송으로 다소 활기가 있었다. 하나님의 영광과 복락으로 즐거웠고, 하나님이 하나님이시며 그가 불변하도록 영광과 복되심을 소유하고 계시다는 것이 기뻤다. 하나님이 내 눈을 떠 있게 하셨으나, 고통과 허약함 중에서도 누가복음 13:7의 "내가 삼 년을 와서 이 무화과나무에서 열매를 구하되 얻지 못하니 찍어버리라 어찌 땅만 버리게 하겠느냐"라는 말씀을 계속하여 묵상하며 나의 시간을 유익하게 쓰도록 나를 도우셨다. 묵상이 감미로웠다. 죄인들의 죄와 위험을 그들 앞에 똑바로 제시하기를 원했다.

브레이너드는 한동안 육체적인 건강 상태가 매우 나빠져 있었고, 그것이 그의 신앙적인 갖가지 활동과 실천에 큰 방해거리가 되었던 것 같다. 그러나 그런 중에도 그는 이 주가 끝나기까지 날마다 어느 정도 하나님의 도우심이 있었음을 표현하고 있다. 이 주에 그는 그의 인디언들에게 몇 차례 말씀을 전했는데, 그들 가운데 자신의 영혼에 대해 염려하게 되는 역사가 나타나기도 했다.

1745년 1월 9일. 최근 들어 내 마음에 우울한 그림자가 짓누르고 있었는데 오전에 하나님께서 그것을 제거해 주셨고, 기도 중에 내게 자유로움과 감미로움을 주셨다. 나는 용기를 얻었고, 힘을 얻어서 나 자신에게 은혜를 주시고 나의 불쌍한 인디언들에게 자비를 주시기를 간구할 수 있었다. 다른 이들을 위해 하나님께 간구할 때에 감미로운 도우심이 임하였다. 그의 이름을 영원토록 찬송하리로다. 아멘 또 아멘. 최근 들어 지극히 어렵고 거의 불가능하게 보였던 일들이 이제는 가능할 뿐 아니라 쉬운 일로 보였다. 이 복된 시간에 끊임없이 기도 가운데 있는 것이 내 영혼에게 어찌나 기쁜 일이든지, 내게 필요한 음식을 먹고 싶은 마음이 나지 않을 정도였다. 기도를 끝내고 이런 영적인 상태에서, 이처럼 하나님께 감사하는 마음이 가득한 복된 상태에서, 벗어난다는 것이 끔찍하게 여겨지기까지 했다. 이 괴로운 세상에서 살면서 내게 남아 있을 모든 시련들을 기꺼이 당하리라는 느낌이었다. 그러나 여전히 천국을 사모하였다. 거기서 온전한 자세로 하나님께 영광을 돌리고 싶었다. 오소서 주 예수여, 속히 오시옵소서.

2월 3일 주일. 최근 들어 내 마음이 우울함과 혼란으로 크게 시련을 당해 왔는데, 오늘 아침 다소 그것이 가벼워졌고, 그리하여 어느 정도 평안과 위로 가운데 기도할 수 있었다. 그러나 여전히 떨리는 마음으로 나의 인디언들에게로 갔다. 그런데 하나님께서 나의 부르짖음을 들으사 내게 큰 도우심을 베푸셨고, 그리하여 내 영혼에 평안을 느꼈고, 혹시 인디언들 중에 한 사람도 나의 설교에서 유익을 얻지 못하고 모두가 멸망에 빠진다 해도 나 자신이 신실한 자로 인정을 받고 상급을 받으리라는 것을 깨닫고 만족하였다. 하나님이 내가 그렇게 되도록 하셨으니 말이다. 다른 곳에서 설교했는데 상당히 많은 도움이 있었다. 불쌍한 인디언들의 회심을 정말 간절히 바랐다.

그 다음 주일 그는 뉴저지의 그린위치(Greenwich)에서 설교하였다. 저녁에 그는 8마일을 달려 임종 직전에 있는 한 병자를 방문하였는데, 그는 말도 하지 못하고 지각도 없었다.

2월 11일. 새벽녘에 그 병자가 세상을 떠났다. 그 광경을 보면서 애처로웠다. 오전 내내 조문객들과 함께 지냈다. 기도 후에 그들과 잠시 대화를 나눈 후 그린위치로 돌아가 시편 89:15을 본문으로 다시 설교하였다. 주께서 내게 다소 도우심을 주셨다. 영혼들과 그리스도의 나라를 향한 감미로운 사랑을 느꼈다. 그리고 저 불쌍한 죄인들이 '저 즐거운 소리를 알게' 되기를 간절히 바랐다. 몇 사람이 많은 감동을 받았다. 집회 후 몇 사람이 영적인 고민 중에 나와 면담을 요청했는데, 자유로움과 진지한 관심으로 이들과 대화할 수 있었다. 편안한 마음으로 그 곳을 떠나 8마일 정도 떨어진 나의 집으로 돌아왔다. 친구들에게 말씀을 전하고, 몇몇 사람들에게 하나님의 진리들을 설명해 주었다. 저녁에는 지금까지의 기억으로 거의 가장 엄숙한 분위기 가운데 있었다. 이 때 만큼 죽음이 내게 현실처럼 나타나고 나 자신이 시체가 되어 고요한 무덤 속에 안장하기 위해 수의를 입은 채 누워 있는 것이 분명하게 보인 적이 없었던 것 같다. 하지만 나는 지극한 평온함을 느꼈다. 마음이 고요하고 평안하였고, 죽음의 쏘는 것이 전혀 없는 것처럼 보였다. 지금처럼 모든 창조된 사물들에 대해 완전히 죽어 있다는 느낌을 가져본 적이 없는 것 같다. 오오, 죽는다는 것이 얼마나 위대하고 엄숙한 일로 보이던지! 오오, 죽음이 티끌 속에 얼마나 큰 존귀를 드리우는지! 오오, 세상의 부귀와 명예와 쾌락이 얼마나 헛되고 하찮은 것으로 보이던지! 그런 것들은 하나도 생각할 수가 없었고 감히 생각하지도 못했다. 죽음이, 죽음이 문 앞에 다가와 있었으니 말이다. 오오, 나 자신이 죽어서 나의 관 속에 들어가 차가운 무덤 속에 던져지는 것을 보면서 지극히 엄숙한 마음이었으나 두려움이 하나도 없었다! 저녁 시간 내내 사랑하는 그리스도인 친구와 대화를 나누며 보냈다. 하루 동안 위로를 주셨으니 하나님을 찬송할지로다.

2월 15일. 거의 하루 종일을 글을 쓰며 보냈다. 저녁에는 요한복음 7:37의 "예수께서 서서 외쳐 이르시되 누구든지 목마르거든 내게로 와서 마시라"라는 고귀한 본문을 묵상했는데 많은 도우심이 있었다. 그리고 복음의 값없는 은혜가 감미롭게 느껴졌다. 내 영혼이 용기를 얻었고, 뜨거움과 새로움을 얻었다. 기도로 하나님께 나의 소원들을 토로하였고, 이 때에 영접한 이 놀라운 손님을 잃어버리지나 않을까 하여 내 영혼이 살폈다. 기도와 묵상을 번갈아 하며 오랜 시간을 보냈다. 그 어떠한 일 때문에라도 이처럼 감미로운 일에서 벗어나고 싶지 않았다. 이 때에 묵상한 그 은혜를 죄인들의 세상에 선포하고 싶었다. 오오, 복되신 하나님의 말씀이 얼마나 활력이 넘치고 능력이 있는지 모른다.

2월 17일 주일. 햇빛이 내려쬐는 황야의 언덕에서 백인들에게 설교하였다(나의 통역자가 자리에 없었다). 상당히 많은 숫자가 모였는데, 그들 중 거기서 30마일 이상 떨어진 곳에서 온 사람들도 많았고, 일부는 20마일 거리에서 오기도 했다. 나는 하루 종일 그들에게 요한복음 7:37의 "예수께서 서서 외쳐 이르시되 누구든지 목마르거든 내게로 와서 마시라"라는 말씀을 근거로 말씀을 전했다. 오후에는 말씀 중에 하나님께서 내게 큰 자유로움과 열정을 허락하셨고, 그리하여 본문에서 "서서 외치신" 그리스도의 모범을 그대로 따라할 수 있었다. 나의 평생에 멸망을 향하여 나아가는 죄인들에게 하나님의 값없는 은혜를 그렇게 자유롭고도 선명하게 제시할 수 있었던 적이 거의 없었던 것 같다. 후에는 하나님의 자녀들에게, 지금까지 생명수 샘물을 마시고 말할 수 없는 만족을 얻었으나 이제 다시 새롭게 나아와 그 샘물을 마시라고 진지하게 권면할 수 있었다. 내게는 매우 편안한 시간이었다. 거기에 모인 많은 사람들이 눈물을 흘렸다. 하나님의 성령이 거기 계셔서 불쌍한 죄인들에게 과연 그리스도가 필요하다는 것을 깨우쳐 주신 때문이라는 것을 의심치 않는다. 저녁에는 매우 피곤했으나 편안하고 안정된 느낌이었다. 하나님의 위대하심과 그의 영광에 대한 감미로운 지각이 있었다. 그가 영원히 찬송 받으실 만유의 하나님이시라는 사실이 내 영혼에 즐거움이 되었다. 그러나 너무 많은 무리들과 함께 있으며 그들과 대화하는 중이었으므로 홀로 하나님과 함께 더 오래 있고 싶었다. 오오, 이 날 "마음에 기뻐하는 것으로 응답하사" 자비하심을 베푸신 하나님을 영원토록 찬송할 수 있기를.

1745년

2월 24일 주일. 오전에는 매우 혼란스러웠다. 나의 통역자가 자리에 없어 인디언들에게 어떻게 일을 해야 할지를 몰랐다. 그러나 비록 별로 자격이 되지는 않지만 한 네덜란드인을 통역자로 세우고, 말을 달려 그들에게로 갔다. 그리고 돌아와 몇몇 백인들에게 요한복음 6:67을 본문으로 설교하였다. 여기서 특히 설교 말미에 가서 주께서 다소 마음을 가볍게 해 주시는 것 같았다. 사랑하는 제자들을 향하신 그리스도의 사랑에 대해 해명하면서 자유로움을 느꼈다. 나머지 온 세상이 그를 버릴 때에, 그리고 그가 또 그 세상을 버리실 때에, 그는 자기 제자들을 향하여 돌이키시고, "너희도 가려느냐?"라고 말씀하신다. 이와 같은 전면적인 배도(背道)의 시기에, 또한 그리스도의 백성들조차도 어느 정도 세상과 함께 타락하는 때에 그리스도께서 그의 백성에게 값없는 은혜를 베푸심을 느꼈다. 오오, 그리스도의 값없는 은혜여. 그 백성들에게 타락할 위험을 때맞추어 상기시키시고 인내로 그를 붙들 것을 명하시니 말이다! 타락에 빠지는 영혼들이 세상과 함께 떠나버리려는 것 같다가 다시 돌아와도 환영을 받는 것이 보였다. 그들에게 칭찬할 만한 것이 전혀 없고 더욱이 전에 저지른 모든 타락의 과오가 있는데도 말이다. 이처럼 나의 설교는 나 자신의 경우에도 꼭 맞는 것이었다. 최근 들어서 하나님의 은혜를 이처럼 지각하고 깨닫는 것이 정말 결핍되어 있었고, 죄를 씻기 위해 열린 이 샘을 온전히 깨닫지 못해서 자주 내 영혼 속에 큰 번민이 있었고, 또한 영적인 생명과 양심의 평화와 거룩의 진보를 위하여 나 자신의 힘에 의지하여 지나치게 애써왔다는 것을 알았으니 말이다. 이제 하나님께서는 모든 힘의 근원과 모든 은혜의 샘이 어디에 있는지를 내게 어느 정도 보여주셨다. 저녁에는 하나님의 도우심과 영접해 주심과 양심의 평화를 위하여 값없는 은혜에 의지하며 엄숙해짐을 느꼈다.

3월 6일. 뉴잉글랜드로 향하는 여행 준비를 위해 거의 온종일을 소비했고, 가끔씩 그 일을 위하여 특별히 기도하였다. '생수의 근원'을 버리고 '터진 웅덩이,' 곧 여행에서 만나게 될 나의 사랑하는 친지들에게서 만족을 얻으려 하지 않을까 두려웠다. 하나님을 바라보며 이런 허영에서 나를 지켜주시기를 간구하였다. 밤이 되어 몇몇 친구들이 찾아왔다. 그들 중에는 참된 그리스도인이라 확신하는 이들도 있었다. 이들은 나에 대해 애정 어린 마음이었고 내가 그들을 떠나려 한다는 것에 특히 다시 살아 돌아와도 내가 그들과 함께 오래 머물기를 기대하지 않는다는 것에 염려하는 눈치였다.[1] 오오, 하나님께서는 내게 얼마나 친절을 베푸셨는지 모른다! 그 섭리로 나를 부르사 인도하신 곳마다 이렇게 친구들을 일으켜 주셨으니 말이다! 친구들은 큰 위로다. 그리고 그들을 주시는 분이 하나님이시다. 그들로 하여금 내게 친근하게 다가오게 만드시는 분도 바로 하나님이시다. "내 영혼아 여호와를 찬송할지어다. 그의 모든 은택을 잊지 말지어다."

이튿날 브레이너드는 여행길에 올랐다. 그리고 5주 후에나 다시 돌아올 것이었다. 3월 21일자 일기에서 이번 여행의 특별한 목적을 밝히고 있는데, 거기서 그는 뉴잉글랜드에서 한 목사와 나눈 대화에 대해 언급하면서 이렇게 말하고 있다: "나와 함께 황야에서 일할 한 동료를 지원하여 (나는 이미 2년 동안 매우 외로운 처지에서 사역을 해오고 있는데) 우리가 함께 지낼 수 있도록 하기 위하여 그리스도인 동료들 중에서 후원금을 모으는 일에 대해 그와 함께 상의하였다. 그리스도께서도 그의 제자들을 둘씩 짝을 지어 보내셨으며 또한 이것이 이 여행에서 내가 염두에 두었던 주된 문제였으므로, 나는 이를 위해 애썼고, 하나님께서 그의 영광을 위하여 이 일을 이루게 하시기를 소망했다." 그는 먼저 뉴저지의 여러 지역들로 향하여 거기서 여러 목사들을 방문하였고, 다시 뉴욕으로 갔고, 거기서 다시 뉴잉글랜드로 가서 코네티컷의 여러 지역들을 방문하였다. 그리고 다시 뉴저지로 돌아와 우드브리지(Woodbridge)에서 여러 목사들을 만났는데, 그들은 "그리스도의

---

[1] 후에 이어지는 내용으로 보아 그는 이 곳을 떠나 서스퀴하나 강의 인디언들에게로 가서 그들과 함께 있을 계획이었던 것 같다.

나라의 일들에 대해 상의하기 위해 거기에 모여 있었다." 이 여행에서는 그가 우울한 증상에서 대부분 자유로웠던 것 같다. 그리고 공적인 사역을 행하는 중에 여러 차례 놀라운 도우심이 있었고, 때때로 그의 설교가 듣는 사람들에게 선한 영향을 미치는 희망적인 결과를 가져오기도 했다. 그는 또한 목사들을 비롯하여 여러 그리스도인 동료들과의 대화를 통해서, 또한 홀로 있을 때의 묵상과 기도를 통해서 특별한 위로와 영적인 새로움을 얻는 기회들을 많이 가졌다.

4월 13일. 델라웨어의 폭스의 나의 집으로 돌아왔다. 주님의 선하심을 기억할 수 있었다. 그는 이 여행에서 600마일을 말로 달리는 동안 나를 보존시키셨고, 나의 뼈가 하나도 상하지 않도록 지키셨다. 이 힘겨운 여정에서 나를 보존하시고 나의 집에 이렇게 안전하게 돌아오게 하신 주님을 찬송할지로다. 과연 하나님께서 나를 붙드시고 나의 길을 보호하셨다.

4월 14일 주일. 여행에서 기진하여 몸이 아팠다. 그러나 인근 지역에서 모여든 백인들 상당수가 모인 집회에서 에스겔 33:11의 "주 여호와의 말씀이니라 나의 삶을 두고 맹세하노니 나는 악인이 죽는 것을 기뻐하지 아니하고 악인이 그의 길에서 돌이켜 떠나 사는 것을 기뻐하노라 이스라엘 족속아 돌이키고 돌이키라 너희 악한 길에서 떠나라 어찌 죽고자 하느냐"라는 말씀을 본문으로 하여 어느 정도 자유롭게 설교할 수 있었다. 기대한 것보다 더 많은 도우심이 있었다.

이 주간 브레이너드는 필라델피아로 갔다. 그 곳의 주지사(the Governor)가 브레이너드가 절친한 우애 관계를 유지하고 있는 식스 네이션족(Six Nations)의 추장과 용무가 있었는데, 그는 이런 사정을 이용하여 자신이 현재의 지역을 떠나 서스퀘한나에 살며 인근 지역의 인디언들을 가르칠 수 있도록 주지사를 만나 허락을 받고자 하였던 것이다.

4월 26일. 그리스도인 동료들과 다소 뜨겁게 대화를 나누었고, 세상에 대해 죽어 있는 심정을 대단히 깊이 느꼈다. 후에는 열정적으로 기도하며 삶과 경건에 관계된 모든 일들을 위하여 하나님께 감미롭게 의지할 수 있었다. 저녁때에 사랑하는 그리스도인 친구 한 사람이 찾아와 그와 한두 시간 신앙의 핵심에 대해 대화를 나누었다. '신앙에 대해' 함께 대화를 나눌 수 있는 사람들이 많다. 하지만 안타깝게도 '신앙 그 자체'를 함께 논할 수 있는 사람은 별로 없다. 하지만 껍데기보다는 알맹이를 먹기를 사모하는 이들이 몇몇이라도 있으니 주님을 찬송하리로다.

4월 30일. 걸어다닐 수조차 없어서 하루의 대부분을 홀로 침상에 누워 있을 수밖에 없었다. 책을 읽을 수도, 묵상할 수도, 기도할 수도 없고, 더욱이 이런 황야에서 대화를 나눌 상대도 하나도 없어 매우 외로운 상태로 시간을 그냥 보냈다. 선한 목적을 위하여 아무 일도 하지 못하고 고귀한 시간을 그냥 한가하게 보내야 할 때에는 시간이 가는 것이 얼마나 무겁게 느껴지는지 모르겠다! 그러나 최근에 와서는 모든 적절한 수단을 사용하여 스스로 관심사를 바꾸어 최소한 나에게 주어진 시간의 작은 일부라도 하나님을 위해 수고할 수 있을 만큼 건강하게 되는 것이 나의 임무라는 것을 깨달았다. 과거 자연인의 상태에 있을 때 내가 추구했던 것과 지금 현재의 나의 관심사와의 차이가 바로 이것이다. 그 때에는 하나님을 그저 주위가 산만할 때 생각하는 대상 정도로 삼았고 그를 소홀히 하면서 그 정도 하나님을 생각하는 것에 기쁨을 느꼈고 거기서 최고의 만족을 얻었다. 하지만 지금은 그런 하나님에 대한 생각을 하나님을 향하여 살도록 돕는 수단으로 사용하고 있고, 하나님에 대한 산만한 생각들을 즐거워하는 것이 아니라 하나님 자신을 확고히 즐거워하며, 그에게서 최고의 만족을 얻는 것이다. 과거에는 그런 생각들이 나의 전부였다. 그러나 지금 그것들은 그저 나의 전부이신 하나님께로 인도하는 수단에 불과한 것이다. 그리고 이런 사고를 갖고서 그런 생각들을 추구하면, 그것들이 나의 영적인 삶을 방해하는 것이 아니라 오히려 증진시켜 주며, 따라서 지금은 그 어느 때보다 확실하게 그것들이 절대적으로 필요하다는 것을 보고 있다.

5월 2일. 건강이 조금 나아져서 저녁에 숲속을 거닐며 묵상과 기도로 감미로운 시간을 즐겼다. 시편 17:15의 "깰 때에 주의 형상으로 만족하리이다"라는 말씀에로 생각이 달려갔다. 그것은 정말이지 내게 귀중한 본문이었다. 온 세상을 향하여 선포하고 싶었다. 내가 그 때에 바라본 그 고귀한 신적인 진리들을 들으면서 그들 모두가 마음이 녹아져야 할 것 같았다. 나의 생각들이 굉장히 선명했고, 내 영혼이 새로움을 얻었다. 최근의 질병 상태에서도 여러 날들을 통틀어 보면 과거 어느 때만큼 나의 마음이 우울하지 않으니, 주님을 찬송하리로다.

5월 7일. 황야로 여행을 떠날 준비를 하느라 하루 대부분을 보냈다. 여전히 몸이 허약하여 이런 힘든 여행을 과연 어떻게 감당할지 걱정되기도 했다. 그러나 금식과 기도로 그 날을 보낼 육체적인 힘을 원하였다.

이튿날 브레이너드는 그의 통역자와 함께 서스퀴한나로 향하는 여행을 출발했다. 황야를 통과하여 그 곳으로 향하는 중에 그는 큰 어려움과 기진맥진한 상태를 견뎠다. 거기서 하룻밤을 숲속에서 야영한 후에 큰 북동풍과 함께 쏟아지는 폭우에 휩쓸려 거의 죽을 뻔하였다. 움막도 없고 불을 지필 수도 없어서 그냥 있었다면 아무런 위로도 얻을 수 없는 상황이었다. 그리하여 그는 무언가 움막 같은 것을 만나리라는 희망으로 계속 전진하기로 결심하였다. 그런데 전날 밤 그들이 야영한 곳에서 그들의 말들이 다른 양식이 없어서 독초를 먹어 병이 들어서 타고 갈 수도, 끌고 갈 수도 없게 되었고, 하는 수 없이 그들을 버려 두고 도보로 여행을 계속했다. 그런데 하나님의 자비하심으로 어두컴컴해지기 직전에 나무껍질로 엮은 헛간을 발견하여 거기서 그 밤을 지낼 수 있었다. 서스퀴한나에 도착한 후 그는 강을 따라 100여 마일을 다니며 인디언들이 사는 여러 마을과 정착촌들을 방문하여 7, 8개 부족들을 만났고, 여러 다른 통역자들을 통해서 서로 다른 여러 부족들에게 설교하였다. 인디언들이 기독교에 대해 반감을 보이는 것 때문에 그는 때때로 상당히 실망하기도 했고, 마음이 가라앉기도 했다. 또 어떤 때는 이 사람들 가운데서 말씀을 듣고 교훈을 얻고자 하는 적극적인 자세를 보이는 이들로 인하여 용기를 얻기도 했다. 여기서 그는 과거 카우나우믹에서 그의 말씀을 듣던 이들을 만났다. 그 후 그들이 이 곳으로 옮겨온 것이었다. 그들은 그를 다시 만나 말씀을 듣고 크게 기뻐하였다. 그는 이 강의 인디언들과 함께 보름을 지냈고, 온갖 수고와 힘든 일들을 겪었고, 여러 주 동안 맨 땅에서, 때로는 노천에서, 기거하였다. 결국 그는 극심하게 병이 들었다. 황야를 말로 달리던 중 학질 증상이 일어났다. 끓는 고열과 극심한 두통과 위통에다가, 대변에 심하게 피가 섞여 나왔다. 그는 자신이 그 황야에서 죽을 것으로 생각하였다. 그러나 마침내 한 인디언 상인의 움막에 이르러 거기서 머물게 되었다. 그에게 합당한 약이나 음식이 없었지만, 한 주간 가량 괴로움을 겪은 후 하나님의 도우심으로 다시 회복되어 말을 탈 수 있게 되었다. 서스퀴한나 강 하류의 섬 준카우타(Juncauta)에서부터 귀환 여행을 시작하였는데, 그 섬에는 상당수의 인디언들이 있었는데 이들은 대다수의 다른 인디언들보다는 기독교에 대한 편견에서 훨씬 자유로운 것 같았다. 그리고 5월 30일 델라웨어의 폭스에 도착하였다. 이번 여행에서 그는 약 340마일을 말을 달린 셈이다. 그는 매우 허약한 상태로 또한 정신적으로도 피곤에 지친 상태로 집에 돌아왔고, 이로 인하여 신앙적인 활동에 큰 방해를 받았다. 그러나 주일에 그는 인디언들에게 설교한 후에 백인들에게 이사야 53:10의 "여호와께서 그에게 상함을 받게 하시기를 원하사 질고를 당하게 하셨은즉"이라는 말씀을 본문으로 설교하였고, 몇몇 사람들이 그의 설교를 듣고 영적인 각성을 얻었다. 이튿날 그는 영적인 활력과 열정이 없는 것에 대해 심히 염려하였다.

6월 5일. 오전에 하나님을 향한 갈급함을 느꼈다. 저녁에는 홀로 귀한 시간을 가졌다. 성경 말씀을 묵상하며 선명함과 감미로움을 맛보았다. 거룩한 일들이 선명하고도 확실하게 펼쳐졌고, 하나님의 인치심이 있었다. 또한 기도 중에 내 영혼이 새로운 힘을 얻었다. 그런 임무를 계속하는 것이 즐거웠다. 그리고 동료 그리스도인들과 사랑하는 사역자들을 위해 기도하는 가운데 감미로운 도우심이 있었다. 그런 즐거움을 주신 사랑하는 주님을 찬송하리로다. 오오, 경건의 비밀을, 참된 거룩함을, 혹은 그 비슷한 최고의 것들을 선명하게 깨닫고 뜨겁게 느끼는 것이 얼마나 감미롭고도 고귀한 일인지! 오오, 피조물이 그의 위대하신 창조주를 닮을 수 있을 만큼 최대한도로 닮는다는 것이 얼마나 복된 일인가! 주여, 주의 모습을 다 많이 닮게 하옵소서. "깰 때에 주의 형상으로 만족하리이다."

6월 7일 금요일, 브레이너드는 거의 50마일을 달려 네샤미니(Neshaminy)로 향하였다. 비티 목사(Mr. Beatty)와 그의 교우들로부터, 성례식 집례를 도와 달라는 요청을 받았기 때문이었다.

6월 8일. 어제 뜨거운 열기 속에서 말을 달려오느라 극히 허약해지고 지쳤다. 그러나 요청을 받았으므로 오후에 모인 무리들에게 이사야 40:1("너희 하나님이 이르시되 너희는 위로하라 내 사람들을 위로하라")을 본문으로 설교하였다. 하나님께서 내게 큰 자유로움을 주셔서, 그의 백성들의 괴로움을 드러내고 그들에게 위로의 내용들을 제시하였다. 주님을 찬양하거니와, 집회에 마음이 녹아지는 감미로움이 있었다.

6월 9일 주일. 이 날의 엄숙한 예식에서 하나님의 백성들에게 하나님께서 임재하시기를 바라는 간절한 소원을 느꼈다. 오전에는 비티 목사가 설교하였는데, 회중 가운데 어느 정도 뜨거움이 보였다. 이어서 내가 성찬식 집례를 도왔고, 성찬식이 끝나갈 무렵 나는 이사야 53:10("여호와께서 그에게 상함을 받게 하시기를 원하사 질고를 당하게 하셨은즉")에 근거하여 즉흥적으로 무리들에게 말씀을 강론하였다. 하나님께서는 죄인들에게 말씀하는 중에 큰 도우심을 베푸셨고, 말씀에 놀라운 능력이 임하였다. 3, 4천 명 가량 되는 큰 회중 가운데서 수백 명은 아니더라도 수십 명은 크게 감동을 받은 것 같았고, 그리하여 "하다드림몬에 있던 애통"과 같은 큰 애통이 있었다.

6월 10일. 시편 17:15(" 깰 때에 주의 형상으로 만족하리이다")을 본문으로 상당히 선명하고도 뜨겁게 설교하였다. 하나님을 찬양하거니와, 회중이 지극히 엄숙하게 집중하였고, 그 당시나 그 이후에 나타난 대로 하나님의 백성 가운데 감미롭고도 새로운 역사가 있었다.

6월 11일. 사랑하는 그리스도인 동료들과 주로 대화를 나누며 하루를 보냈는데, 하나님의 일들에 대한 감미로운 느낌들이 있었다. 오오, 하나님의 사랑하는 자녀들과 함께 지내는 것이 얼마나 바람직한 일인지 모르겠다! 이들이야말로 땅에 있는 존귀한 자들이요, 나의 모든 즐거움이 이들에게 있다고 진정으로 말할 수 있다. 오오, 완전의 세계에서 그들 모두와 만나면 얼마나 기쁨이 클까! 주여, 그 세계를 위하여 나를 준비시켜 주옵소서.

6월 18일. 바다 쪽의 뉴저지의 크로스웍성(Crossweeksung)이라는 곳의 인디언들을 방문하기 위하여 뉴브런즈윅(New-Brunswick)을 출발하였다. 오후에는 크랜베리(Cranberry)라는 곳에 도착하여, 맥나이트(Mr. Macknight)라는 진지한 목사와 만남을 가졌고 그와 함께 유숙하였다. 여러 사람들과 함께 기도하는 중에 마음의 뜨거움과 자유로움을 누렸다.

제 7 장

브레이너드의 일지(日誌): "뉴저지와 펜실베이니아의 인디언들에게 일어난 놀라운 은혜의 역사: 기독교 지식 전파를 위한 스코틀랜드 선교회의 명에 따라 작성함" 제1부 — 크로스윅성 사역을 시작함 — 델라웨어의 폭스에서 사역을 재개함 — 그의 통역자의 회심 — 크로스윅성으로 귀환 — 성령의 부으심 — 델라웨어의 폭스와 서스퀴한나 방문 — 한 주술사 — 크로스윅성 사역의 재개 — 하나님의 은혜의 역사에 대한 몇 가지 소견.

1745년 6월 19일 〉 1745년 11월 5일

[이제 우리는 브레이너드의 생애 중, 영혼의 유익을 위한 수고와 또한 인디언 선교사로서 행한 사역에서 가장 큰 성공을 거둔 시기에 이르렀다. 그들의 회심을 위하여 기도로 고뇌하며 온갖 산고의 수고를 기울인 끝에, 온갖 희망과 기대, 실망과 격려를 겪으며, 이를테면 끈질긴 기도와 수고와 고난으로 긴긴 밤을 지샌 후에 드디어 그 날이 밝아온 것이다. "저녁에는 울음이 깃들일지라도 아침에는 기쁨이 오리로다." 그는 "울며 씨를 뿌리러 나"갔으나 이제는 "기쁨으로 그 곡식 단을 가지고 돌아오"게 된 것이다. 바라고 바라던 일이 드디어 일어나게 되었다. 그러나 어느 때나 어느 곳에서나 그는 그런 일을 마음에 품은 적이 거의 없었다.]

1745년 6월 19일, 뉴저지의 크로스윅성에서

6월 19일. 나는 지난 1년 이상의 대부분을 펜실베이니아 주 델라웨어의 폭스의 인디언들을 위하여 소비했었다. 그 기간 동안 나는 서스퀴한나 강 유역의 인디언들에게 기독교를 전하고자 그 곳을 두 차례 다녀왔는데, 어느 곳에서도 괄목할 만한 특별한 성공의 기미가 없어 내 심령이 침울에 빠졌고, 적지 않게 실망하였다. 그런데 델라웨어의 폭스로부터 남동쪽으로 약 80마일 정도 떨어진 뉴저지 주의 크로스윅성이라는 곳에 많은 인디언들이 있다는 소식을 듣고 그들을 방문하고 그들을 그리스도인으로 만들기 위해 어떤 일을 할 수 있을지를 보기로 결정하였고, 오늘 현지에 도착하였다.

내가 방문한 곳에 사람이 매우 적은 것을 보고, 이 지역의 인디언들이 매우 드문드문 흩어져 있는 것으로 생각했다. 한 곳에 두세 가족 정도밖에는 없었고, 그 곳으로부터 6, 10, 15, 20마일, 혹은 30마일 이상 떨어진 곳에 이 작은 촌락들이 있었다. 그러나 만나는 대로 몇 명 되지 않는 이들에게 말씀을 전했는데, 다른 곳의 인디언들과는 달리 말씀을 진지하게 잘 들었고, 트집을 잡거나 반대를 하지 않았다. 말씀을 마치고 난 후 그들에게(여자와 어린아이들 몇 명밖에 없었지만) 이튿날 그들을 다시 기꺼이 방문하고자 한다는 것을 알려주었다. 그러자 그들은 먼 거리에 있는 친지들 몇몇에게 그 사실을 통지해 주려고 기꺼이 10마일 내지 15마일을 갔다. 이 여자들은 마치 사마리아 여인처럼, 그들의 과거의 삶에서 행한 일들을 이야기해 주고 그들의 우상 숭배의 삶의 비참한 처지를 말씀해 준 사람을 다른 이들도 만나보게 되기를 바라는 것 같았다.

6월 20일. 미리 예고한 대로 인디언들을 방문하여 설교하였다. 전 날 나의 말씀을 들은 자들의 통지를 받고 여러 명이 모였다. 이들 역시 주의를 집중하고 질서 있게 말씀을 잘 들었고, 다른 지역의 인디언들이 흔히 했던 것처럼 반론을 제기하거나 하는 자가 하나도 없었다.

6월 22일. 다시 인디언들에게 설교하였다. 처음에는 이들의 숫자가 일곱 명이나 여덟 명 정도였는데, 이제는 거의 삼십 명 가량 되었다. 하나님의 진리를 엄숙하고도 진지하게 들을 뿐 아니라 그들의 마음에 상당한 감동을 받은 것이 감지되었다. 어떤 이들은 자기들의 비참한 처지와 멸망을 향하여 가는 상태를 느끼기 시작하였고, 거기서 구원받는 일에 대해 염려하는 모습이 보였다.

6월 23일 주일. 인디언들에게 설교했고, 하루를 그들과 함께 보냈다. 그들의 숫자가 계속 늘어났고, 모두가 한마음으로 내가 오는 것을 기뻐하는 것 같았다. 그들 중 어느 한 사람도 기독교에 대해 반대하는 목소리를 내지 않았다. 과거에는 그들이 다른 인디언들과 마찬가지로 그런 성격의 말씀에 대해 심하게 반대했었는데도 말이다. 그들 중 어떤 이들은 불과 몇 개월 전만 해도 나의 통역자가 자기들에게 기독교를 가르치려 한다고 하여 그에게 불같이 화를 냈던 적도 있었다.

6월 24일. 인디언들이 설교해 주기를 바라고 그렇게 요청하여 그들에게 설교하였다. 내 육체가 매우 허약했고, 내 심령도 완전히 지쳐 있었으나, 불쌍한 이교도들이 그리스도의 복음 듣기를 간절히 바라는 것을 보고, 그들에게 말씀을 전할 열정이 생겼다. 그들은 지극히 진지하고도 힘써 말씀을 들었고, 영혼의 구원에 대해 무언가 염려하는 기색이 그들 중에 분명히 보였다.

6월 27일. 다시 인디언들을 방문하여 설교하였다. 그들의 숫자가 거의 40명에 이르렀다. 그들의 엄숙함과 주의 깊은 자세가 여전히 계속되었고, 영혼에 대한 상당한 염려와 관심이 그들 중 많은 이들에게서 매우 분명하게 드러났다.

6월 28일. 지금 모여든 인디언들 중에서 상당수가 멀리 자기들의 촌락에서 온 사람들인데, 이들이 내게 하루에 두 차례씩 설교해 달라고 내게 요청하였다. 내가 그들과 함께 있는 동안 할 수 있는 만큼 나의 말씀을 많이 듣기를 바라서 그렇게 한 것이었다. 나는 그들의 요청을 흔쾌히 수락하였다. 하나님께서 구원의 길에 대해 궁구하는 마음을 그들에게 주셨으니, 그의 선하심을 높이 기리지 않을 수 없었다.

6월 29일. 인디언들에게 두 차례 설교하였다. 내 생각에 하나님의 손길이 매우 확실하게 보였고, 다소 의아스러운 일이었으나, 이들은 하나님의 일들을 교훈받기 위하여 함께 생활을 유지하도록 조치를 강구하였다. 오늘과 어제 이들은 우리가 날마다 모이는 장소에서 조금 걸어가서 사슴 세 마리를 죽여서 필요한 식량을 충당하였다. 그것이 없었다면, 은혜의 수단에 참여하기 위하여 이렇게 함께 모여 있을 수가 없었던 것이다.

6월 30일 주일. 이 날도 두 차례 설교하였다. 어느 때보다 이 불쌍한 이교도들 가운데 더 깊은 염려와 관심이 보였다. 최근 건강이 많이 나빠졌고, 특히 지난 5월 서스퀴한나로 여행하여 거기서 몇 주간을 맨 땅에서 숙식한 일로 인하여 피로가 쌓인 관계로 몸이 극히 탈진한 상태였는데도, 이들은 자기들과 함께 더 오래 머물러 달라고 강권하기까지 하였다.

7월 1일. 인디언들에게 다시 두 차례 설교했는데, 매우 진지하고 열심히 경청하였다. 그들은 이제 모든 면에서 그리스도인다운 정숙함으로 하나님께 드리는 예배에 참여하기를 배웠다. 지금은 어른이나 아이를 모두 합쳐서 모인 사람들이 40명 내지 50명이 되었다. 그들에게 좀 더 사적인 자리에서 상당한 시간을 보내며 그들에게 강론하였고, 또한 날마다 배운 그 위대한 진리들 중에 얼마나 기억하고 있는지를 물었다. 그들에게 가르친 교훈들을 그들이 어떻게 받아들이고 계속 기억하고 있으며, 또한 그 며칠 동안에 그들 중의 몇몇 이들이 얻은 지식의 수준이 어느 정도인가를 생각하면 정말 놀라울 따름이라고 정당하게 말할 수 있을 것이다.

1745년

7월 2일. 건강이 허락하는 대로 델라웨어의 폭스의 인디언들을 다시 방문하는 것이 내 임무라 생각하여, 크로스윅성의 이 인디언들을 떠날 수밖에 없었다. 그들을 떠날 때가 되어 그들 각 사람에게 일일이 말을 건네자, 그들은 모두 내가 언제 다시 오게 될지를 진지하게 물었고, 계속해서 더 가르침을 받고 싶은 간절한 마음을 표현하였다. 그들은 스스로 자원하여, 내가 다시 오면 내가 그들과 함께 있는 동안 모두가 모여 함께 지낼 것이라고 하였고, 또한 좀 더 먼 지역에 사는 다른 인디언들도 다 함께 모이도록 최선의 노력을 다할 것이라고 하였다. 그들과 작별할 때에, 한 여자는 눈물을 흘리며 "하나님이 자기의 마음을 변화시켜 주시기를 바란다"고 말하였고, 또 다른 여자는 "그리스도를 찾기를 원한다"고 하였다. 추장들의 일원이었던 한 노인은 자기 영혼에 대한 걱정으로 통렬하게 울었다. 나는 그들에게 나의 건강과 다른 곳에서의 일이 허락하는 대로 속히 그들에게 돌아올 것이라고 약속하였다. 그들을 떠나면서, 은혜의 수단이 사라지게 되면 혹시 그 당시 많은 사람들에게서 보인 선한 감동들이 쇠퇴하고 낡아지지 않을까 하는 염려를 적지 않게 느꼈다. 그러나 나는 하나님께서 그들 중에서 선한 일을 시작하신 것이 분명하고, 또한 그가 그 일을 계속 이어갈 수단이 없이 계시지 않고 그 일을 계속 유지하시고 이루어 가시리라는 것을 소망할 것밖에 달리 길이 없었다. 동시에 고백해야 할 것은, 다른 곳의 인디언들 가운데서도 고무적인 모습들을 보았었으나 완전히 결실이 없이 끝나 버린 예가 허다했으므로, 온갖 수고와 땀이 거의 열매 없이 끝나버리는 일이 반복되고 또한 불쌍한 이교도들 사이에 있으면서 희망을 갖다가도 이내 좌절에 빠지는 일을 그렇게 자주 겪어왔는데, 하나님께서 만일 지금 그들에게 사랑을 베푸신다면 그것은 너무도 큰 은혜요, 도저히 믿을 수도 없고, 감히 희망을 가질 수도 없이 정말로 복된 일일 것이라 여겼다는 것이다. 그리고 이 때만큼 나 자신이 어떤 일에서 희망과 두려움 사이의 중간에 떠 있은 적이 거의 없다.

이처럼 고무적인 모습과 또한 기꺼이 교훈을 받고자 하는 자세가 인디언들 가운데서 보이는데, 이는 이들 가운데 한두 명이 전에 델라웨어의 폭스에서 깨달음을 얻은 적이 있었던 데에서 비롯된 복된 결과였던 것 같다. 그들은 그 때 이후 우상 숭배가 악이라는 것을 동료들에게 보여주고자 열심히 힘썼던 것이다. 그 때에 다른 인디언들은 별로 개의치 않고 오히려 그들을 조롱하는 것 같았으나, 어쩌면 이 일로 하여 그들이 기독교에 대해 남달리 생각을 하게 되었고, 혹은 최소한 조금이라도 기독교에 대해 생각하게 되었을 것이고, 그리하여 그들 중 몇몇에게 기독교에 대해 듣기를 바라는 마음이 생겨서 그렇게 주목하여 듣는 고무적인 현상이 일어나게 되었을 것이다. 과연 그럴지도 모르겠다는 생각이 들자, 아직 고무적인 반응이 없는 다른 곳에서도 내가 인디언들에게 사용했던 수단을 하나님께서 그런 식으로 축복하실지도 모르겠다는 용기가 생겼다. 만일 그렇다면, 하나님의 이름에 영광을 돌릴지어다. 오직 하나님만이 캄캄한 어둠 속에서 편견을 갖고 있는 불쌍한 이교도들의 귀를 열게 하고, 주의를 기울이게 하고, 마음을 움직여 교훈을 받게 하실 수 있다는 것을 내가 경험을 통해서 배웠으니 말이다.

펜실베이니아 주 델라웨어의 폭스, 1745년 7월

7월 14일 주일. 인디언들에게 두 차례 말씀을 전했다. 몇 명이 걱정이 생긴 듯이 보였는데, 하나님의 성령께서 그들의 죄와 비참한 상태에 대해 어느 정도 납득하게 하신 결과라 생각된다. 그리하여 이들이 예배 시간 내내 많이 울었다. 후에 거기 있던 여러 백인들에게 말씀을 전했다.

7월 18일. 내 사람들에게 설교하였다. 이들은 인디언들이 보통 그랬던 것보다 훨씬 더 부지런히 참석하였고, 그들 중 몇 사람은 영혼에 대해 걱정이 생긴 듯이 보였다.

7월 21일 주일. 먼저 인디언들에게 설교했고, 이어서 거기 있던 여러 백인들에게 설교했다. 그리고 오후에 다시 인디언들에게 설교했다. 하나님의 진리가 그들 중 몇 명에게 매우 상당한 감동을 주어 흠뻑 눈물을 흘리게 만든 것 같았다.

이 날 나의 통역자와 그의 아내가 그리스도를 믿는 신앙을 공적으로 고백했다. 이들이야말로 인디언들 가운데 첫 번째 회심자가 될 가망이 많았다. 이들 부부는 둘 다 각성하여 그들의 영혼에 대한 엄숙한 염려를 가져 왔고, 겉으로 보기에는, 그들의 비참한 상태와 어찌할 수 없는 처지를 지각하게 되었고, 하나님께서 베푸시는 위로거리들로 만족을 얻은 것으로 보였고, 두 사람 모두 큰 변화를 겪은 것으로 보이는데, 나로서는 이것이 구원을 얻는 변화이기를 바라마지 않는다.

어쩌면 여기서 이 사람이 나의 통역자로 일하고 있으니 나와 함께 있은 때부터의 그의 활동과 경험에 대해 간략하게나마 기술하는 것이 합당할 것이다. 내가 처음 그를 통역자로 고용한 것은 1744년 초여름이었다. 그는 인디언어와 영어를 잘 구사했고 또한 양쪽의 문화에 익숙하였고, 뿐만 아니라 인디언들이 영국인들의 문화와 풍습을, 특히 생활 방식을 따라야 한다는 바람이 있는 등, 이 일에 아주 적합한 인물이었다. 그러나 그는 신앙의 문제에 있어서는 생각이 거의 또는 전혀 없는 듯 보였고, 그런 점에서는 이 일을 위해 매우 부적절하였다. 나는 중요한 갖가지 일들을 이해하고 다른 이들에게 전달할 만한 능력이 없었으므로 매우 불리한 처지에서 인디언들에게 말씀을 전하는 사역을 감당하였다. 그가 체험적인 신앙도 없고 하나님의 진리들에 대한 교리적인 지식도 없는 사람이었기 때문이다. 그리하여 때때로 이런 어려움 아래에서 실망하고 나의 사기가 가라앉을 때가 종종 있었다. 특히 여러 주간 함께 있으면서도 하나님의 진리가 그의 마음에 거의 또는 전혀 감동을 주지 못하는 것을 목도할 때에는 더욱 그랬다. 그는 전에는 심하게 술을 마셔댔으나, 내가 고용한 이후부터는 아주 조신하게 처신하였고, 자기의 능력으로 할 수 있는 한 임무를 수행하는 데에 정직하게 임한 것 같았다. 특히 그가 인디언들이 이교도적인 사고와 행동들을 버리고 기독교 세계의 관습을 따르기를 간절히 바라는 것이 보였다. 그러나 나와 함께 상당한 시간을 지낸 후까지도 여전히 자기 자신의 영혼에 대해서는 별 관심이 없는 것 같았다.

　1744년 7월 말 가까이, 나는 백인들의 집회에서 큰 자유로움과 열정으로 설교하였다. 그러나 인디언들에게는 도저히 그렇게 할 수가 없었다. 그들이 교리적인 지식이 전혀 없기 때문이었다. 이 당시 그가 함께 있었는데 다소간 각성하여 그의 영혼에 대해 관심을 갖게 되었고, 그리하여 이튿날 자신의 영적인 걱정거리에 대해 나와 함께 자유로이 대화를 나누었고, 나는 이를 활용하여 멸망을 향하여 나아가는 그의 처지를 그의 마음에 확실히 각인시키고자 노력하였다. 이 날 이후 한동안 그가 과거보다도 더 관심과 열정을 갖고 인디언들에게 말씀을 전하는 것을 분명히 느낄 수 있었다.

　그러나 이런 감동들이 속히 쇠퇴해갔고, 그 이듬해 늦가을 육체적으로 건강을 잃어 몇 주간 동안 계속해서 병든 상태에 있게 되기까지 그는 대부분 부주의하고 안일한 상태에 있었던 것 같다. 이 때에 하나님의 진리가 그를 사로잡았고 그의 마음에 깊은 감동을 주었다. 그는 자신의 영혼에 대해 크게 염려하게 되었고, 이번에는 그의 이런 상태가 불안정하거나 금방 사라지지 않았고, 꾸준하고도 계속 지속되었고, 그리하여 그의 마음이 날마다 계속 부담을 갖게 되었고, "구원을 받으려면 어떻게 해야 할까?"라는 것이 큰 의문거리가 되었다. 이러한 영적인 고민이 그를 사로잡아서 잠도 잘 수 없고 밤이나 낮이나 도무지 쉴 수가 없었다. 그러나 걸을 수는 있었으므로 마음의 큰 짐을 지고서도 걸어다녔다. 그러나 이웃 사람들이 보기에 그는 전혀 다른 사람이었다. 그들은 그의 행동을 보며 그저 의아해 할 뿐이었다. 그는 이런 상태에서 한동안 지내면서 그는 자비를 얻고자 무진 애를 쓰고 있었다. 그는 말하기를, 그 때에는 그의 앞에 도저히 넘지 못할 산이 있는 것 같았다고 한다. 자신은 천국을 향해 전진하고 있다고 생각했지만, 그의 길에 가시 울타리가 쳐져 있어서 한 치도 더 앞으로 나아갈 수가 없었다. 이 길 저 길을 바라보았으나 도무지 길을 찾을 수가 없었다. 이 가시와 엉겅퀴들을 헤치고 길을 만들어 가파른 산 정상을 올라갈 수만 있으면 자기에게 소망이 있으리라고 생각했다. 그러나 어떤 수단으로도 이를 이룰 방법을 찾을 수가 없었다.

한동안 그렇게 애썼으나 모두가 허사였다. 그는 이처럼 속수무책인 어려움을 자기 스스로 통과한다는 것이 불가능하다는 것을 깨달았다고 한다. 더 이상 애쓰고 발버둥친다는 것 자체가 그에게는 전연 허사일 뿐임을 깨달은 것이다. 여기서 그는 스스로 애쓰기를 포기하였고, 자기 자신의 힘으로는 이제 더 이상 불가능한 일이요, 자신의 모든 시도들이 허사요 무용지물이었고 영원토록 그럴 것으로 느꼈다고 한다. 그러나 그는 이런 것을 바라보면서, 오히려 자기 스스로 애쓰고 노력하던 때보다 더 고요하고 침착하였다.

자신의 사정을 이렇게 내게 이야기하는 동안, 그가 말하는 내용이 하나님께서 마음을 비추신 결과로 나온 것이 아니라 그 자신의 상상에서 나온 것일지도 모른다는 우려가 내게 없었던 것이 아니었다. 그러나 내가 우려하던 문제들을 확인할 시간을 갖기 전에, 그는 이 때에 자신이 멸망해가는 비참한 처지에 있음을 느꼈다고 덧붙였다. 그 자신이 평생토록 해온 일이 무엇인가를 똑똑히 보았으며, 자신이 "한 번도 선한 일을 행한 적이 없다"고 말하였다. 그는 자신이 다른 사람들이 저지른 그런 악한 행동들을 행하여 죄를 지은 적은 없다는 것은 알고 있었다. 그는 도둑질하거나 싸우거나 살인을 습관적으로 행한 일은 없었다. 살인은 인디언들 사이에서는 보통으로 있는 악행이다. 또한 그는 자신이 이웃에게 친절을 베푸는 등의 올바른 일을 많이 행했던 것도 알고 있었다. 그러나 그럼에도 불구하고 그는 여전히 자기는 한 번도 선한 일을 행한 적이 없다고 부르짖었다. 곧, 올바른 원리에 근거하여, 올바른 시각을 갖고서, 어떤 일을 행한 적이 전혀 없었다는 뜻이다. 그는 이렇게 말했다: "지금 내 생각에는 나는 반드시 지옥에 떨어져야 하고, 내가 그 어떠한 선한 일도 행할 수 없으니 내게는 소망이 전혀 없습니다. 그러므로 하나님이 나를 오랜 동안 홀로 내버려 두셔서 할 수 있는 만큼 나 스스로 노력하게 하신다 할지라도 여전히 나는 악한 일 외에는 아무것도 하지 못할 것입니다."

이런 이야기를 들으면서, 나는 그가 겪은 이런 일이 그저 상상에서 나온 것이 아니라는 생각을 갖고 만족하게 되었다. 그는 자기 자신에 대해 그렇게 분명하게 죽어 있었고 자신의 의와 선한 행실을 의지하는 자세와 분명히 결별하여 있는 듯 보였기 때문이다. 타락한 상태의 사람이라면 그런 것에 많은 애착을 갖고 있고, 또한 그것에 근거하여 너무도 쉽게 구원의 소망을 갖는 것이다.

이 당시 사물을 바라보는 그의 시각을 보여주는 사례가 한 가지 더 있는데, 매우 놀라운 것이었다. 그는 자신이 얼마나 비참한 처지에 있는가를 보았음은 물론, 그 주위의 세상 전체가 똑같이 멸망을 향해 가는 처지에 있는 것을 보았다. 주변의 많은 사람들이 기독교 신앙을 고백하고 영원한 복락을 얻게 될 것에 대해 소망을 갖고 있었는데도 그들을 그렇게 본 것이다. 그는 마치 잠에서 깨어난 것처럼, 혹은 눈에서 비늘을 떼어낸 것처럼, 이것을 똑똑히 보았다. 그는 자신이 지금껏 살아온 삶은 영원한 죽음을 향해 가는 길이었고, 이제 그는 끝없는 비참의 문턱에 서 있는 것을 보았다. 그리고 주위를 둘러보자 자기와 똑같은 삶을 살아온 무수한 다른 사람들이 보였다. 그들은 자기와 마찬가지로 선한 것이 전혀 없는데도, 마치 자기가 과거에 그랬던 것처럼 자기들이 안전하다고 꿈꾸고 있었다. 그는 그들의 대화와 행실을 볼 때에 그들이 한 번도 자기들의 죄와 비참한 처지를 느껴본 적이 없다는 것을 확신하고 있었던 것이다.

그는 한동안 이런 상태에 있으면서, 자신이 할 수 있는 일로는 절대로 자기 자신을 도울 수가 없고, 혹은 피조물의 힘으로는 구원받을 수가 없다는 것을 지각하였고, 그리하여 그런 시도들을 완전히 다 포기하여 더 고요하고 침착하게 되었다. 그러고 난 후에 "희망이 있다. 희망이 있다"는 생각이 마치 귀에 똑똑히 들리기라도 한 것처럼 그의 마음에 떠올랐다고 한다. 이로써 그의 영혼이, 물론 굉장한 기쁨은 없었지만, 어느 정도 만족을 얻고 안식하게 되었던 것 같다.

여기서 그는 자신이 그리스도에 대해 갖고 있는 견해를 명확히 기억하지도 못하고, 그의 영혼이 그를 영접한 일에 대해 분명하게 제시하지도 못하므로, 그의 체험이 더욱 의심스러워 보이고 또한 그 자신에게나 다른 이들에게도 덜 만족스러운 것이 사실이다. 이 때의 그 자신의 마음의 깨달음과 움직임들을 명확하게 기억하였더라면 그렇지 않았을 것인데 말이다. 그러나 이런 영혼의 활동과 더불어 그 사람에게서 매우 커다란 변화가 생겼고, 따라서 그가 혹 **새 사람**은 아니라 할지라도 **다른 사람**이 되었다고는 정당하게 말할 수 있을 것이다. 그의 행실과 처신이 굉장히 달라졌다. 그에 대해 별 관심이 없는 세상마저도 대체 그에게 무슨 일이 있었기에 그의 기질과 말과 행실이 그렇게 크게 달라진 것인지를 의아하게 여기지 않을 수가 없었다. 특히 공적인 임무를 수행하는 데에서는 깜짝 놀랄 만한 변화가 있었다. 이제 그는 인디언들에게 언제 중단해야 할지를 알지 못한 채 정말 칭찬할 만한 열정으로 말씀을 전하였다. 어떤 때는, 내가 말씀을 이미 마치고 집으로 돌아오는 중인데도, 그는 뒤에 남아서 내가 전한 말씀들을 되풀이하여 전하고 설명해 주기도 했다.

그가 이런 변화를 체험한 지 이제 6개월이 넘었는데도 그의 변화의 상태는 그대로 지속되고 있고, 내가 아는 한 이 날까지 그의 삶도 흠이 없다. 이 기간 동안 그에게는 할 수 있는 만큼 독주를 마실 기회도 많았다. 곳곳마다 술이 마치 물처럼 흔했으니 말이다. 그런데도 그는 내가 아는 한 그것을 탐하는 일이 한 번도 없었다. 그는 참된 그리스도인들이 당하는 갈등과 위로들에 대하여 영적인 활동과 강론들을 상당히 많이 체험한 것 같다. 그의 마음이 영혼을 낮추는 은혜의 교리들을 되뇌이며, 또한 하나님의 절대적인 주권, 그리고 죄인들이 순전히 값없는 은혜로 말미암아 구원 얻는다는 가르침을 들을 때만큼 기뻐하는 때가 없어 보인다. 또한 그는 최근 자기 자신의 상태에 대해 더 만족을 얻었고, 많은 빛을 받았고 또한 그의 임무에서 많은 도우심이 있었다. 그리하여 그는 내게 큰 위로가 되었다.

그의 진지하고도 향기 있는 행실, 그의 그리스도인다운 정서, 그리고 그렇게 오랜 시간 동안 보여준 흠 없는 처신, 그리고 앞에서 기술한 그의 체험 등을 철저히 관찰한 결과, 나는 그가 그리스도 예수 안에서 선한 일을 위하여 새로 창조함 받은 것으로 희망할 이유가 있다고 생각한다. 그의 이름은 모세스 핀다 파우타우리(Moses Finda Fautaury)이다. 그의 나이는 대략 오십 세요, 그의 동족들의 이교도적인 사고와 관습들을 매우 잘 알고 있으며, 따라서 그것들을 이제 더 잘 드러낼 수 있는 사람이다. 그는 이미 다른 인디언들에게 복이 되었다고 믿으며, 또한 계속해서 복이 될 것을 믿는다.

7월 23일. 인디언들에게 설교했으나 듣는 자들이 별로 없었다. 최근 계속 집에 남아 있는 자들은 신앙의 본질에 대해 다소나마 감동을 받는 것 같다.

7월 30일. 여러 명의 내 사람들에게 말씀을 전하고, 그들에게 구체적인 권고와 지침을 주었다. 이제 뉴저지의 인디언들을 다시 방문하기 위하여, 이들을 한동안 떠나 있을 때가 되었다. 이들은 나의 말씀을 매우 주의 깊게 경청했고, 내가 언제 다시 돌아오려 하는지를 진심으로 알기 원하였다.

뉴저지 주 크로스윅성, 1745년 8월

8월 3일. 지난 6월에 이 지역의 인디언들을 방문하여 그들과 상당 기간 함께 머물며 거의 매일 설교했었는데, 그 때에 하나님께서 그들에게 영적인 각성과 영혼에 대한 염려의 자세를 부어주셨고, 정말 놀랍도록 하나님의 진리들에 대해 주의를 기울이게 하셨었다. 그런데 그들을 다시 보니 매우 진지하였고, 그들 중에 그리스도에 대해 깊은 관심을 갖는 이들이 많은 것을 보았다. 내가 없는 동안 윌리엄 테넌트 목사(Rev. William Tennent: 1673-1746)의 수고와 노력을 통하여, 그들이 죄악되고 멸망해 가는 자기들의 상태에 대한 깨달음에서 많이 진보해 있었다. 그들에게 테넌트 목사께 지도를 받을 것을 권고했었는데, 내가 떠나 있는 동안 그들이 그의 집을 수시로 드나들며 지도를 받았던 것이다. 오늘 그들에게 요한계시록 22:17의 "원하는 자는 값없이 생명수를 받으라"라는 말씀을 염두에 두고 설교하였는데, 그 문제를 실질적으로 다루지는 못했다. 주께서 다소 의외의 방식으로 내게 힘을 주셔서 주 예수 그리스도를 친절하시고 자비하신 구주로 그들에게 제시하면서 괴로움에 빠져 있고 또한 멸망해 가는 죄인들에게 영원한 자비를 받아들일 것을 권고하였다. 그러자 놀랍게도 곧 그들 중에서 관심이 눈에 띄게 일어났다. 모두 성인이 스무 명 가량 모였고, 먼 곳에 있는 여러 인디언들은 내가 돌아온 이후 아직 미처 오지 못하고 있었다. 그런데 눈물을 흘리지 않은 사람이 두 사람을 넘지 않았다.

몇몇이 매우 근심하였고, 자신들이 느끼고 두려워하는 그 비참한 처지에서 구원받기 위하여 그리스도를 찾고자 하는 열렬한 영혼의 바람이 그들에게서 보였다.

8월 4일 주일. 인근의 한 목사로부터 성찬 예식을 도와 달라는 청을 받고 수락했는데, 이 날 나는 인디언들을 데리고 갔다. 그 전날 함께 있었던 이들은 물론 나의 말씀을 듣기 위해 온 여러 사람들도 함께 갔다. 노인들과 청년들을 다 포함하여 모두 거의 오십 명 가량 되었다. 이들은 그 날 여러 차례 말씀을 들었는데, 그 중 영어를 할 줄 아는 몇몇은 매우 감동을 받았고, 모두들 영적인 근심이 어느 정도 상승된 것 같았다.

그런데 그들에게서 자세의 변화가 눈에 띄게 나타나기 시작했다. 저녁 때 식사를 위해서 그들이 함께 모였는데, 그들은 나를 불러서 그들의 음식에 축복하게 하기 전에는 양식을 입에 대려 하지 않았다. 그 때에 가서, 특히 전에 그들이 마귀들을 높여 축제를 벌이면서도 하나님께는 감사하기를 소홀히 하였던 사실을 상기시켜 주자, 여러 사람들이 눈물을 흘렸다.

8월 5일. 다른 목사가 설교한 후에 내가 다시 요한복음 7:37을 본문으로 설교하고 공적인 엄숙한 임무를 마쳤다. 나의 설교는 주로 인디언들을 위한 것이었는데 그들은 내 집의 한쪽에 자기들끼리 모여 앉아 있었다. 그 때에 나중에 들은 이야기지만 그들 가운데 전에는 거의 감동을 받은 적이 없었던 한두 명이 영혼에 대한 깊은 근심에 사로잡혔고, 또 다른 이들도 근심이 상당히 커졌다고 한다. 저녁에는 더 많은 사람들이 내가 거처하던 집에 모여들었고, 나는 그들에게 말씀을 전했는데, 그들 모두가 한결같이 영적인 근심에 사로잡혀서 "어떻게 하여야 구원을 받을까"를 문의하는 것을 보았다. 자기들끼리 하는 대화도 온통 신앙적인 문제로 집중되었고, 나의 통역자가 그들과 밤낮으로 함께 있으면서 이에 대해 그들에게 도움을 주었다.

한 여자가 지난 6월 나의 설교를 처음 들은 때부터 자신의 영혼에 대해 많은 근심이 있었는데, 이 날 그녀가 견고한 위로를 얻은 것으로 보인다. 그녀는 그리스도를 향한 사랑으로 가득 차 있는 것 같았다. 동시에 그녀는 겸손하고도 따뜻하게 처신하였고 그녀의 영혼이 사랑하는 그분을 거스르고 근심하게 하는 것만큼 두려운 일이 없는 것 같아 보였다.

8월 6일. 오전에는 우리가 거처하는 집에서 인디언들에게 말씀을 전했다. 참석한 이들 중 많은 이들이 감동을 받았고, 놀랍게도 마음이 뜨거워진 듯 보였다. 그리하여 그들의 영혼에 관해서 몇 마디만 했는데도 금방 눈물들을 주르륵 흘렸고, 한숨과 탄식이 나왔다. 오후에는 내가 그들에게 늘 설교하던 곳으로 돌아가서 거기서 다시 그들에게 말씀을 전했다. 모두 55명 정도가 모였는데, 그 중 40명 가량이 이해력을 갖고서 예배에 참석할 수 있는 자들이었다. 나는 요한일서 4:10의 "사랑은 여기 있으니 우리가 하나님을 사랑한 것이 아니요 하나님이 우리를 사랑하사 우리 죄를 속하기 위하여 화목 제물로 그 아들을 보내셨음이라"라는 말씀을 힘있게 증거하였다. 그들은 열심히 듣는 것 같았다. 그러나 말씀을 거의 마칠 때까지도 그들이 주의를 집중한다는 것 외에는 별다른 특이점이 없었다. 그런데 갑자기 하나님의 진리가 놀라운 힘으로 역사하여 그들 중에 크나큰 근심이 일어났다. 40명 중에 눈물을 흘리거나 안타까이 부르짖지 않은 자가 세 명도 되지 않았다. 모두가 한결같이 그리스도 안에서 은혜를 얻고자 하는 영혼의 고뇌 속에 있는 것 같았다. 그의 아들을 보내사 사람들의 죄를 위하여 고난당하게 하시는 하나님의 사랑과 애정에 대해 말씀을 계속할수록, 또한 그들더러 와서 그의 사랑에 참여하라고 권고할수록, 그들의 고뇌가 더욱 가중되었다. 자기들 자신으로는 도무지 올 수가 없다는 것을 느끼기 때문이었다. 두려운 공포의 말은 한 마디도 전하지 않았는데도 오직 복음의 부드럽고 뜨거운 초청에 그들의 마음이 그렇게 찔림을 받았다는 것은 정말 깜짝 놀랄 만한 일이었다.

이 날 두 사람이 위로와 평안을 얻었다. 그들에게 말씀을 전하러 가서 보니 이것이 견고하고 합리적이며 성경적인 것으로 보였다. 나는 그들에게 그런 위로의 근거가 무엇인지를 물었고 그들에게 합당하다고 생각되는 여러 가지를 이야기했다. 나는 그들에게 하나님께서 그들을 위해서 더 해주시기를 원하는 것이 무엇이냐고 물었다. 그러자 그들은 그리스도께서 그들의 마음을 깨끗이 씻어주시기를 원한다고 대답했다. 주께서 행하시는 역사가 너무도 놀라워서, 나로서는 더도 덜도 아니고 이 날 주의 팔이 능력적으로 역사하였고 놀랍게 나타났다고 말할 수 있다.

8월 7일. 인디언들에게 이사야 53:3-10을 근거로 설교하였다. 말씀에 놀라운 영향력이 임하였고 모인 사람들 가운데 큰 영적 근심이 있었다. 그러니 그 전날에 나타났던 것에는 미치지 못하였다. 즉, 그 날처럼 전폭적인 역사는 아니었다. 그러나 대다수의 사람들이 많은 감동을 받았고 영혼에 대하여 큰 고뇌가 생긴 이들도 많았다. 그리고 어떤 이들은 가지도 서지도 못하고 마치 넋을 잃어버린 것처럼 그저 땅 위에 그냥 누워서 자비를 주시기를 하염없이 부르짖고 있었다. 몇 명이 새로 각성하였다. 놀라운 일은 그들이 주변의 먼 곳에서 오자마자 하나님의 성령께서 그들을 사로잡아 영혼에 대한 근심에 싸이게 하시는 것 같았다는 것이다. 공적인 예배가 끝난 후 새로이 위로를 얻은 사람이 두 명 더 있는 것을 알았는데, 이들에 대해 나는 선한 소망을 가지게 되었다. 그리고 세 번째, 다른 사람들처럼 선명하지 않아 보이는 사람이 있었는데 이 사람에 대해서도 소망을 갖지 않을 수가 없었다. 결국 영적인 고뇌에서 어느 정도 놓임을 얻은 사람이 모두 여섯 명이 되었고, 그 중 다섯 명의 경우는 그들의 체험이 매우 선명하고도 만족스럽게 보였다. 먼저 위로를 얻은 사람들은 대개 지난 6월 나의 설교를 듣고 영혼에 대한 근심으로 깊이 감화를 받은 자들이었다는 점이 여기서 주목할 만한 사실이다.

8월 8일. 오후에 인디언들에게 설교했는데, 이제 그들의 숫자가 남자와 여자와 아이들을 합쳐서 65명 가량 되었다. 나는 누가복음 14:16-23을 근거로 말씀을 전했고 흔치 않은 자유로움을 누렸다. 내가 공적으로 말씀을 강론하는 동안 그들의 근심이 눈에 띄게 현저하게 나타났다. 그러나 나중에 한 사람과 이야기하고 또 다른 한 사람과 이야기했는데, 이들이 깊은 근심 중에 있었고, 하나님의 능력이 모인 회중에 "급하고 강한 바람처럼" 임한 것 같았고, 그보다 앞서 깜짝 놀랄 만한 에너지가 모든 이들에게 임한 것 같았다. 나는 청중을 거의 전면적으로 사로잡은 그 놀라운 역사에 깜짝 놀란 채 서 있었다. 이런 상황은 도저히 막을 수 없는 힘과 무게와 압력으로 밀려와 앞에 있는 모든 것을 다 무너뜨리고 쓸어버리는 그 엄청난 격류나 넘쳐흐르는 홍수 이외에는 도무지 비교할 수 있는 것이 없었다. 어린아이나 성인이나 할 것 없이 거의 모든 사람들이 큰 근심으로 함께 엎드러졌고, 아무도 그 깜짝 놀랄 만한 역사의 충격을 감히 견뎌낼 수가 없었다. 오랜 세월 동안 술에 찌든 몹쓸 인간으로 살아온 남녀 노인들과, 예닐곱 살을 넘지 않은 어린아이들과, 중년층 등 모두가 영혼에 대한 고뇌에 휩싸이는 듯했다. 이 어린아이들의 말에 따르면, 최소한 그 중 몇 명은, 그저 전체적인 분위기에 압도되어 두려움에 싸이기만 한 것이 아니라 자기들의 위험한 처지와 자기들의 마음의 악한 상태와 그리스도가 없는 그들의 비참한 처지를 지각하고 있었다. 가장 완고한 마음들이 이제 고개를 숙이지 않을 수 없게 된 것이다. 인디언들 중 지도적인 위치에 있는 한 사람은 전에 가장 변화가 없었고 자기의 의를 철저히 의지하며 자기는 선한 상태에 있다고 생각했고 — 과거에 인디언들이 전반적으로 알던 것보다 더 많이 알고 있다고 여겨서 — 또한 그 전날 자신에 가득 차서 내게 자기는 그리스도인이 된지 10년도 넘었다고 했었는데, 이 사람도 자기 영혼에 대한 엄숙한 근심에 휩싸여 통렬하게 울부짖었다. 또한 사람 나이가 지긋한 사람은 살인자요 포와우(powaw), 즉 주술사요 악명 높은 술주정뱅이였는데, 이 사람도 마찬가지로 한없이 눈물을 흘리며 자비를 구하게 되었고, 자신이 그렇게 위험천만한 상태에 있는 것을 보았는데도 전혀 걱정하지를 못했다며 굉장히 안타까워했다.

이들은 거의 모두가 집안 곳곳에서 기도하면서 자비를 달라고 부르짖었고, 집 바깥에도 많은 사람들이 똑같이 하고 있었다. 수많은 이들이 가지도 못하고 서 있지도 못하였다. 각자 자기에 대한 근심이 너무도 커서 자기 주변의 사람에 대해서는 전혀 아랑곳하지 않고 각기 자기 자신을 위해서 자유로이 기도하였다. 그들은 마치 제각기 가장 깊은 사막 한가운데 홀로 있기라도 한 것처럼 자기들 자신만을 의식하고 있었다고 생각된다. 아니, 오히려 그들은 오로지 자기들과 자기들의 상태에 대해서만 생각하고 있었고 그리하여 모두 함께 있었지만 각기 개별적으로 기도하고 있었던 것이라 믿는다. 내가 보기에는 스가랴 12:10-12의 예언이 정확하게 성취되고 있는 것 같았다. 지금 이들 가운데 "하다드림몬에 있던 애통과 같은" 애통이 있었고, 또한 이들이 각기 "따로 애통하는" 것 같았으니 말이다. 내 생각에 이는 여호수아 10:14에 언급된 하나님의 능력의 날과도 흡사한 것 같았다. 모든 면에서 이와 같은 날을 본 일이 한 번도 없었기 때문이다. 이 날은 과연 주께서 이 백성 중에서 어둠의 나라를 부수는 놀라운 역사를 행하신 날이라 믿어 의심치 않는다.

이러한 근심은 전반적으로 지극히 합리적이고 정당한 것이었다. 상당한 기간 동안 각성했던 이들은 특히 자신들의 마음이 악하다는 것에 더 탄식하였고, 새로이 각성한 자들은 자신들의 생활과 처신이 악하다는 것에 탄식하였다. 그리고 모두가 하나님의 진노를 두려워하고, 또한 자기들의 죄의 결과로 오는 영원한 비참의 상태를 두려워하고 있었다. 백인들 몇 명도 이 말쟁이가 가련하고 무식한 인디언들에게 대체 무슨 말을 하는지 들어보려고 호기심에서 와 있었는데, 이들 역시 상당히 각성하였고, 어떤 이들은 자기들이 멸망해 가는 상태인 것을 보고 크게 상심하는 것 같았다. 최근에 평안을 얻은 이들은 이 때에 가득한 위로를 받았다. 이들은 고요하고 평안해 보였고, 그리스도 예수 안에서 즐거워하는 것 같았다. 이들 중 몇 명은 괴로움 중에 있는 동료들의 손을 붙잡고 그리스도의 선하심과 또한 그의 안에서 누리는 위로에 대해 이야기해 주고, 그리스도께 나아와 그에게 마음을 내어드릴 것을 권고하기도 했다. 그들 중의 몇 명은 주변의 가련한 영혼들이 고뇌하는 것을 보면서 지극히 정직하고도 순전한 자세로, 다른 이들에게 보이고자 하는 의도가 전혀 없이, 마치 자비를 달라고 부르짖듯이 눈을 들어 물끄러미 하늘을 바라보고 있기도 했다. 이 날 특히 한 사람이 놀라운 각성을 얻은 사실을 여기서 언급하지 않을 수가 없다. 한 젊은 인디언 여자가 있었는데, 내가 보기에 이 사람은 자기에게 영혼이 있다는 것도 전혀 알지 못했고 그런 것에 대해 생각조차 하지 못했었는데, 인디언들에게 무언가 이상한 일이 일어났다는 이야기를 듣고 무슨 일인지를 알아보려고 모임에 나온 것 같았다. 인디언들에게로 가던 중에 나의 거처로 왔는데, 내가 인디언들에게 설교할 예정이라고 말하자, 웃으며 마치 조롱하는 것 같았다. 그러나 그녀는 인디언들과 함께 자리를 잡았다. 공적인 설교를 시작한지 불과 얼마 되지 않았을 즈음에 그녀는 자기에게 영혼이 있다는 것을 절실하게 느꼈고, 나의 설교가 끝날 무렵에 가서는 자기의 죄와 비참한 처지를 얼마나 절실하게 깨닫고 또한 영혼의 구원에 대한 근심으로 고뇌가 얼마나 컸던지 마치 화살을 맞은 사람처럼 되어 하염없이 울부짖었다. 가지도 못하고 서 있지도 못했고, 붙잡아 주지 않으면 자리에 앉아 있지도 못했다. 공예배가 끝난 뒤에도 그녀는 여전히 땅 바닥에 누워서 간절하게 기도하고 있었고, 사람들이 말을 걸어도 전혀 눈치도 못 채고 대꾸도 하지 않았다. 그녀가 무슨 말을 하는지를 귀담아 들었는데, 그녀의 간절한 기도의 내용을 알 수 있었다. 그녀는 말하기를, "구툼마우할룸메 웨카우메 크멜레 놀라," 즉 "나를 긍휼히 여기시고 나를 도우사 내 마음을 당신께 드리게 하소서"라고 하였다. 그녀는 몇 시간 동안 그렇게 끊임없이 기도를 계속했다. 이 날은 정말 하나님의 능력이 나타난 놀라운 날이었다. 무신론자로 하여금 하나님의 말씀의 참됨과 중요함과 능력을 납득시키기에 족한 것 같았다.

8월 9일. 거의 하루 종일을 인디언들과 함께 보냈다. 오전에는 여러 사람들에게, 특히 최근 위로를 얻은 몇몇에게, 사적으로 말씀을 가르치고 또한 그 위로의 근거가 무엇인지를 묻기도 하고 그들에게 적절한 교훈과 경고와 지침을 주는데 힘썼다.

오후에는 그들에게 공적으로 말씀을 가르쳤다. 노인들과 젊은이들까지 모두 대략 칠십 명 정도가 참석하였다. 나는 마태복음 13장의 씨 뿌리는 자의 비유를 강론하였다. 매우 쉽고도 분명하게 말씀을 전할 수 있었는데, 이것이 그들에게 큰 교훈이 되었다는 것을 나중에 알았다. 공적으로 가르치는 동안 많은 이들이 눈물을 흘렸으나, 소리 내어 울부짖는 이는 없었다. 그런데 몇 사람은 설교 마지막 부분에서 마태복음 11:28의 "수고하고 무거운 짐 진 자들아 다 내게로 오라 내가 너희를 쉬게 하리라"라는 말씀에 근거하여 한 몇 마디 말에 굉장히 감동을 받았다. 그러나 각성을 얻은 두세 명에게 밤이 올 무렵까지 말씀을 가르치는 동안 하나님의 역사가 능력적으로 임하였고, 이로 인하여 사람들이 영혼의 고뇌로 울부짖었다. 나는 두려움을 주는 말은 한 마디도 하지 않았었다. 오히려 그들에게 그리스도의 공로의 충만함과 완전한 충족함, 그리고 그가 그에게로 나아오는 모든 자들을 기꺼이 구원하시리라는 것을 말하고 지체 없이 나아오라고 촉구한 것이 전부였던 것이다. 먼저 흩어졌던 사람들이 이들의 울부짖는 소리를 듣고는 곧바로 모여들었다. 나는 그들에게 똑같은 기조의 복음적인 초청을 계속했고, 이들은 두세 명을 제외하고는 모두 눈물을 쏟으며 울부짖었다. 위대하신 구속주의 은혜를 찾고 확실히 얻고자 하는 지극히 큰 고뇌가 그들에게 가득한 것 같았다. 몇몇은 전날 격정 가운데서 다소 동요를 보인 정도였는데, 이제 마음에 깊은 감동과 찔림을 받은 것 같았다. 전반적으로 전날만큼이나 영적인 근심이 가득한 것으로 보였다. 과연 매우 큰 애통이 그들 중에 있었다. 그러나 각 사람이 다른 사람과는 상관없이 홀로 애통하는 것 같았다. 그들의 근심이 너무나도 커서 각 사람이 마치 아무도 듣는 사람이 없는 것처럼 자기를 위해서 기도하며 울부짖고 있었던 것이다. "구툼마우할룸메 구툼마우할룸메", 즉 "나를 긍휼히 여기소서, 나를 긍휼히 여기소서"가 공통적으로 나오는 울부짖음이었다. 전에 우상 숭배의 축제에서 외치고 고함치던 이 불쌍한 인디언들이 이제 하나님의 사랑하시는 아들에게 은혜를 얻기 위해 그렇게 끈질기게 하나님께 부르짖는 것을 보니 정말 감동적이었다. 전날 저녁 이후 건전한 근거 위에서 위로를 얻은 것으로 보이는 자들이 두세 명 있었다. 이들이 이미 위로를 얻은 다른 이들과 함께 있었는데, 하나님께서 다른 이들에게도 이렇게 능력적으로 역사하고 계시다는 것에 매우 기뻐하는 것 같았다.

8월 10일. 인디언들에게로 가서, 이미 위로와 만족을 얻은 이들에게 좀 더 사적으로 말씀을 가르치면서 그들을 교훈하고 지도하고 경계하고 위로하였다. 그런데 다른 사람들이 영적인 일에 관계된 모든 말씀을 듣고 싶은 마음에서 금방 하나 둘 함께 모여들었다. 그런데 반 시간쯤 젊은 회심자들에게 말씀을 가르쳤는데, 그들이 하나님의 일들로 마음이 몹시 뜨거워지면서 그리스도와 함께 있기를 진심을 바라는 것 같았다. 나는 그들에게 경건한 자의 영혼은 그 육체와 분리되자마자 곧바로 완전한 순결을 얻고 그리스도를 충만히 누리게 되며, 또한 그렇게 영원히 있는 것이 이 짧은 시간에 기도나 기타 임무 중에서 그리스도께서 가까이 계시는 것 같은 것을 누리는 것보다 생각조차 할 수 없을 만큼 더 복된 일이라는 것을 이야기해 주었다. 육체의 부활과 또한 사람의 완전한 복락에 대해 말씀하기 위한 하나의 준비 과정으로 그렇게 한 것이었다. 나는 말하기를, "어쩌면 여러분 중에, '나는 내 영혼만큼 내 육체도 사랑하니, 내 영혼이 행복하다 해도 내 육체가 죽어 누워 있다는 것은 도무지 견딜 수가 없다'고 말할 분도 계실지 모르겠습니다"라고 하였다. 그러자 그들은 이구동성으로 "무토오, 무토오", 곧, "아니오, 아니오"

라고 대답했다. 부활에 대해 말씀하고자 했는데 그 말씀을 하기도 전에 이런 반응이 온 것이다. 그들은 영혼이 그리스도와 함께 있을 수 있다면 육체는 전혀 중요하게 여기지 않았다. 그들은 주와 함께 있을 수 있다면 기꺼이 육체로부터 벗어나고픈 마음인 것 같았다.

그들과 한동안 시간을 보낸 다음 다른 인디언들에게로 주의를 돌려서 누가복음 19:10의 "인자가 온 것은 잃어버린 자를 찾아 구원하려 함이니라"라는 말씀에 근거하여 말씀을 전했다. 말씀을 전한지 얼마 되지 않아서 그들의 근심이 크게 고조되어 온통 울부짖음과 탄식으로 집안이 가득 찼다. 스스로 망했다고 생각하며 피할 길을 찾지 못하는 잃어버린 자들에 대해서 주 예수 그리스도께서 연민을 갖고 보살피신다는 것을 전하자, 이들은 그토록 자비하신 구주를 찾지 못하고 그에게 나오지 못했다는 것에 더욱 마음이 녹아졌고, 그들의 고뇌가 더욱 커졌다.

전에 약간 각성의 기미가 있었던 몇 명이 이제 자기들의 죄와 비참을 지각하고 깊은 찔림을 받았다. 어떤 사람은 전에 한 번도 일깨움을 받은 적이 없다가 이제 "하나님의 말씀은 살아 있고 활력이 있어 좌우에 날선 어떤 검보다도 예리하"다는 것을 실제로 느끼게 되었다. 그는 고뇌로 마음에 깊은 찔림을 받은 것 같았다. 그의 근심은 합리적이요 성경적인 것으로 보였다. 그는 "과거의 모든 사악함이 생생하게 기억났고 전에 행했던 온갖 추악한 행동들이 마치 어제 저지른 것처럼 또렷이 보였다"고 말하였던 것이다.

날마다 고뇌에 짓눌려 있던 사람이 새로이 위로를 얻기도 했다. 이 날 일어난 일을 바라보며 하나님의 선하심을 기뻐하고 높이 찬송하지 않을 수 없었다. 말씀을 전할 때마다 무언가 선한 역사가 임하는 것 같다. 날마다 새롭게 각성하는 이들이 생겼고, 위로를 얻는 이들이 생겼으니 말이다. 위로를 얻은 자들의 처신을 보면 새로운 힘이 솟았다. 다른 이들이 두려움과 근심으로 고뇌하고 있을 때, 이들은 그들을 위하여 하나님께로 온 마음을 올려드리는 것이었다.

8월 11일 주일. 오전에는 누가복음 15장의 탕자의 비유를 근거로 말씀을 전했다. 말씀을 통해 회중에게 미치는 효과는 지난 며칠만큼 되지 않았다. 백인들 가운데 다양한 성격을 지닌 여러 명이 무관심한 채 듣고 있었다. 오후에는 사도행전 2장의 베드로의 설교의 일부를 근거로 말씀을 전했다. 인디언들을 향한 설교가 끝나갈 무렵 나는 백인들을 향하여 말씀했는데, 그 때에 하나님의 진리가 영국인들에게와 인디언들에게 모두 능력으로 와 닿은 것 같았다. 백인 이교도 몇 명이 각성하였고, 더 이상 한가한 구경꾼으로 있을 수가 없었다. 인디언들과 마찬가지로 자기들에게도 구원받든지 잃어버린 바 되든지 둘 중의 하나인 영혼이 있다는 것을 깨닫게 되었고, 온 회중 전체에 큰 근심이 퍼졌다. 그리하여 이 날 역시, 특히 설교 말미에 가서는, 하나님의 능력이 역사한 날이 되었다. 물론 말씀에 임한 영향력이 지난 며칠만큼 강력하지는 못한 것 같았지만 말이다.

노인과 젊은이를 다 합쳐 인디언들의 숫자가 이제 70명을 넘었다. 전에는 영혼에 대한 근심으로 마음이 움직여본 일이 없던 한두 명이 이 날 새로이 각성하였다. 평안과 위로를 얻었고 구원 얻는 변화를 거쳤다는 희망적인 증거들을 보인 이들은 겸손함과 경건함을 보였고, 그리스도인다운 합당한 자세로 처신하였다. 이들 가운데 양심의 순전함을 보고서 새로운 힘을 얻었는데, 그 한 가지 사례를 지적하지 않을 수 없다. 오전에 한 여자가 슬픔이 가득한 것을 보고서 그 이유가 무엇인지를 물었더니, 그 전날 저녁 자기 아이에게 화가 나 있었는데 그것이 무절제하고 죄악된 것이 아니었을까 하는 두려움이 생겨 지금 큰 걱정이 있었다는 것이었다. 그것이 너무도 안타까워서 동이 트기 전 새벽에 일어나 흐느껴 울기 시작했고 몇 시간을 계속해서 슬피 울었다는 것이었다.

8월 14일. 하루 종일 인디언들과 함께 보냈다. 그들 중에 얼마 전에 자기 아내를 버리고 다른 여자를 취한 한 사람이 있었는데 — 그들에게는 이런 일이 흔했다 — 이제 무언가 진지한 감동을 받아 그런 행위가 악하다는 것을 충족히 깨닫게 되어 그 일에 대해 근심이 가득하였고, 그리하여 지금 현 상황에서 어떻게 하는 것을 하나님이 원하시는지를 진지하게 알고자 하였다. 결혼에 관한 하나님의 법을 그들에게 가르쳐주고 아내를 버린 이유를 물었고, 또한 아내가 불륜을 저지르든가 하여 그렇게 버림받을 만한 정당한 사유를 제공한 적이 없었던 것이 드러났고, 그 아내가 그의 과거의 잘못을 기꺼이 용서하고 다시 그와 더불어 평화롭게 살기를 바라고 있다는 것이 드러났다. 그리하여 나는 지금 현재 취한 여자를 버리고 정당한 아내였던 여자를 다시 받아들여 평생 평화롭게 사는 것이 그의 불가피한 임무라는 것을 강조하였다. 그는 이러한 권고에 곧바로 기꺼이 순종하였고, 즉시 마지막에 취했던 그 여자를 공식적으로 버렸고, 본래의 아내를 다시 맞아 평생 그녀에게 친절히 대하겠다고 약속하였고, 그녀 역시 그에게 똑같은 내용을 약속하였다. 하나님의 말씀의 능력이 그들의 마음에 역사했다는 분명한 증거가 나타난 것이다. 불과 몇 주 전만 해도 온 세상이 다 나섰다 해도 이 문제에 대해 그리스도의 규범에 순종하도록 이 남자를 설득하지 못했을 것이라고 생각된다.

   이 일이 마치 "새 술"을 "낡은 부대"에 담는 것처럼 되어버리고, 또한 사람들이 기독교의 요구들을 보고서 혹시 기독교에 대해 편견을 갖지는 않을까 하는 우려가 내게 없지 않았다. 그러나 그 사람이 그 문제에 대해 굉장히 근심하고 있었으므로, 더 이상 결단을 지체할 수가 없었다. 그리고 그렇게 하는 것이 인디언들에게도 해로운 결과보다는 선한 결과를 가져올 것 같기도 했다. 그리스도의 법이 선하며 또한 결혼 문제에 대해서는 옳다는 것을 인디언들이 전반적으로 인정하고 있었기 때문이었다. 오후에는 사도행전 10:34에 나타나는 고넬료에게 행한 사도의 설교 말씀을 근거로 그들에게 설교하였다. 그전 며칠 동안 나타난 것과는 비교할 수가 없었지만, 그들 중에 다소 진지한 근심이 있는 것이 보였다. 여전히 그들이 참석하여 듣고 그들의 삶에 적용하고 있었으니, 주의 역사가 여전히 그들 가운데서 전해지고 전진하고 있는 것 같았다.

8월 15일. 누가복음 4:16-21에 근거하여 설교하였다. 듣는 사람들의 마음에 말씀이 능력으로 역사하였다. 그들 중에 많은 근심과 많은 눈물과 간절한 부르짖음이 있었고, 몇몇은 깊이 찔림을 받아 자기들의 영혼에 대해 고뇌하였다. 이 주간에 처음 나온 몇몇이 새로이 각성하였고, 다른 이들에게서도 근심이 고조되는 것 같았다. 또한 위로를 이미 얻은 이들도 새로운 힘과 용기를 얻었다. 이처럼 은혜의 역사가 모든 면에서 전진하는 것으로 보였다. 전반적으로 볼 때에 회중의 열정은 과거 며칠보다 못했지만, 최소한 여러 사람들의 경우에는 마음이 여느 때처럼 하나님의 진리로 엄숙하고도 깊은 감동을 받는 것 같았다. 물론 모든 사람에게 전면적으로 퍼지는 것 같지는 않았으나, 과거 며칠과 비슷한 방식으로 개개인들이 진지한 근심에 젖어드는 것 같았다.

8월 16일. 인디언들과 대화를 나누며 상당 시간을 보냈다. 한 여자가 짓누르는 근심에 싸여 있다가 위로와 평안을 얻었는데, 그녀에게 권면을 하면서, 그녀의 위로가 올바른 위로이기를 소망하지 않을 수 없었다. 오후에는 요한복음 6:26-34을 근거로 그들에게 설교하였다. 설교가 끝나갈 무렵 하나님의 진리가 청중에게 상당한 능력으로 역사하였고, 특히 공예배가 끝난 후 몇몇 고뇌하는 사람들에게 말씀을 전할 때에는 오히려 더 특별한 역사가 임하였다.

영혼에 대한 큰 근심이 그들 중에 전반적으로 확산되었다. 특히 그 중 새롭게 각성하여 자기들의 죄와 비참을 느낀 두 사람이 있었다. 그 중 한 사람은 나중에 나왔고, 다른 한 사람은 내내 집회에 참석하여 주의 깊게 말씀을 들으며 각성을 얻기를 사모하여 왔으나 한 번도 자기의 멸망해 가는 상태를 생생하게 바라보지를 못했었다. 이제 그녀의 근심과 영적 고뇌가 어찌나 컸던지 이보다 더 절박한 경우를 본 일이 없는 것 같다고 생각했다. 여러 노인들 또한 자기들의 영혼에 대해 고뇌하였고, 눈물을 흘리며 큰 소리로 울기를 그칠 줄을 몰랐다. 그들의 안타까운 탄식이야말로 그들의 내적인 고뇌가 얼마나 깊은가를 보여주는 가장 설득력 있고 또한 감동적인 증거가 아닐 수 없었다. 하나님이 그들 중에 능력적으로 역사하고 계신 것이다. 여러 사람들의 경우에서 죄에 대한 참되고 순전한 깨달음이 날마다 증가되고 있고, 이따금씩 새로이 각성을 얻는 이들이 생겨나며, 그런가 하면 과거 여러 날 동안 열정적인 감동을 느껴오다가 이제 그들의 마음이 정당하게 감동을 받은 적이 없었다는 것을 새로이 발견하는 경우도 있다. 이번처럼 사용되는 수단과는 완전히 별개로 하나님의 역사가 나타나는 것을 한 번도 본 일이 없다. 나는 사람들을 가르쳤고, 깨달음을 촉진시키기에 합당하다고 여겨지는 말을 했으나, 그들에게 나타나는 하나님의 역사하심이 전적으로 초자연적이며 수단을 완전히 초월하는 것으로 보여서, 나는 그가 나를 도구로 사용하셨다는 것이나 혹은 내가 말한 내용을 그의 일을 행하시는 수단으로 사용하셨다는 것을 도무지 믿을 수가 없을 정도였다. 왜냐하면 어떤 점에서도 수단과 연관되어 있거나 수단에 의존했다고 생각할 만한 것이 전혀 없어 보였기 때문이다. 나로서는 수단을 계속 사용할 수밖에 없었고, 또한 그렇게 하는 것이 일을 촉진시키는데 합당하다고 생각하였다. 그러나 하나님께서는 전적으로 그런 수단이 없이 일을 행하시는 것 같았다. 나는 아무 일도 하지 않고, 사실 아무것도 할 것이 없고, 그저 "가만히 서서 하나님의 구원을 보"기만 하는 것 같았다. 오직 기쁨으로 "영광을 우리에게," 도구와 수단들에게 "돌리지 마옵소서," "오직 주의 이름에만 영광을 돌리소서"라고 말할 수밖에 없었다. 하나님께서 전적으로 홀로 일하신 것이요, 창조함 받은 도구에게는 조금도 이 일에 공헌할 여지가 없다는 것을 깨달았다.

8월 17일. 인디언들과 사적으로 대화를 나누느라 많은 시간을 보냈다. 오랜 동안 영적인 괴로움과 고뇌를 겪은 후 새로이 위로와 평안을 얻은 한 사람을 만났는데, 그는 일년여 전 델라웨어의 폭스에서 나의 말씀을 들은 자들의 일원으로서 영혼에 대한 깊은 근심으로 이 곳으로 나를 따라온 자였으니, 이 사람의 위로가 근거가 분명하며 진정 하나님께서 주신 것이라는 소망을 가질 만한 이유가 충분했다.

8월 18일 주일. 오전에는 여러 교단 출신의 백인들이 모인 곳에서 설교하였다. 그리고 후에는 요한복음 6:35-40을 본문으로 인디언들에게 설교하였다. 최근 흔히 경험한 것에는 미치지 못하나 상당한 근심이 그들 가운데서 눈에 띄었다.

8월 19일. 이사야 55:1의 "오호라 너희 모든 목마른 자들아"라는 말씀에 근거하여 설교하였다. 위로를 이미 얻은 자들에게 하나님의 진리가 능력으로 임하여 이들의 마음이 감미롭게 녹아져서 하나님의 초청들로 새로운 힘을 얻었고, 또한 다른 이들 역시 영혼에 대한 근심이 컸고, 그들 앞에 제시되는 이 영광스러운 복음의 약속들을 얻어 누리기를 사모하였다. 우물가에서 병 고침 받기를 기다리고 있는 불쌍한 무기력한 영혼들도 여럿 있었다. 최근의 다른 때와 같이 천사가 물을 움직이는 것 같았고, 그리하여 병들어 멸망해 가는 죄인들이 영적인 회복을 얻게 될 것을 지극히 간절하고도 편안하게 전망할 수 있었다.

8월 23일. 인디언들과 사적으로 말씀을 나누며 한동안을 보냈고, 후에는 그들에게 요한복음 6:44-50을 근거로 설교하였다. 평상시처럼 이들이 큰 주의를 기울였고, 그들 중에 어느 정도 감동이 있었다. 몇 사람이 영혼에 대해 깊은 근심이 있는 것이 보였는데, 이들은 어쩔 수 없이 눈물과 울부짖음으로 그들의 내적인 고뇌를 표현하였다. 그들 중에 전면적으로 능력 있게 임했던 놀라운 하나님의 역사가 지금에 와서는 다소 누그러진 것 같다. 최소한 전폭적으로 임했던 것은 많이 사라졌다. 그러나 특별한 위로를 얻지 못한 여러 사람들이 하나님의 일들에 대해 받은 깊은 감동을 그대로 간직하고 있기는 하다.

8월 24일. 오전에는 그리스도를 공적으로 고백하는 문제에 대해 인디언 몇 사람에게 권고하며 보냈다. 여러 사람들이 하나님을 향한 사랑으로 가득 차 있고, 자기들 자신을 하나님께 드린다는 생각에 기뻐하였고, 복된 구속자를 즐거워할 소망으로 마음이 뜨거워지고 새로워진 것 같았다. 그 후에는 데살로니가전서 4:13-17을 본문으로 공적으로 말씀을 가르쳤다. 공예배 시간에 사람들이 엄숙하게 주의를 기울였고 또한 근심과 감동의 기미가 다소 보였다. 그리고 후에 그들에게 그리스도께로 나아오고 마음을 그에게 포기하여 드려서 "주께서 호령과 천사장의 소리로 친히 하늘로부터 강림하"실 때에 "위로 올라가 공중에서 그를 만나기"에 합당하게 될 것을 계속 권면하자, 그런 현상이 더욱 심화되었다.

새로 나온 인디언들 몇 사람이 있었는데, 이들은 자기들의 처지가 선하며 스스로 행복하다고 생각하고 있었다. 한동안 백인들과 함께 살면서 복음의 빛을 받았고, 읽는 법도 배웠고, 교양도 익혔기 때문이었다. 그러나 자기들의 마음에 대해서는 전혀 문외한이었고, 은혜의 교리는 물론 신앙의 능력에 대해서도 전혀 접한 바가 없었다. 공예배 후에 특별히 이들에게 말씀을 가르쳤는데, 스스로를 의롭게 여기는 자세와 구원을 위하여 행위 언약에 강하게 집착하는 모습과 또한 자기들이 이룬 것에 대해 높은 가치를 두는 것을 이들에게서 보면서 매우 의아스러운 마음이 들었다. 그러나 한참 동안 설명을 들은 후, 한 사람이 "율법의 행위로는 아무 육체도 의롭다 함을 얻을 수 없다"는 것을 어느 정도 납득하였고 서럽게 울면서 "어떻게 하여야 구원을 얻을지"를 물었다.

스스로 어느 정도 체험적인 지식을 얻은 자들에게는 이 일이 많은 위로가 되었다. 이 새로 온 자들은 자기들의 지식을 자랑하고 자기들 자신을 좋게 생각하는 등의 행실과 처신으로 기존의 인디언들의 마음을 아프게 했었는데, 이제 이들이 하나님의 진리에 대한 경험도 하나도 없고 자기들의 마음에 대해서도 전혀 알지 못한다는 것을 스스로 발견한 것이 분명했으니 말이다.

8월 25일 주일. 오전에는 누가복음 15:3-7을 본문으로 하여 설교하였다. 백인들 여러 명이 참석해 있었고, 인디언들에게 행한 설교의 마지막 부분에 그들을 향하여 말씀하였다. 그러나 그들을 질서 있게 지킬 수가 없었다. 그 중 상당수가 계속해서 두리번거리며 이리저리 걸어 다녔기 때문이다. 그들은 인디언들에게 말씀을 전하면서 보았던 그 어떤 무례한 행동보다도 훨씬 더 무례하게 처신하였다. 그들의 그런 악한 행동을 보니 나의 심령이 가라앉아서 도무지 말씀을 계속 진행할 수 없을 지경이었다.

오후에는 요한계시록 3:20을 본문으로 설교하였는데, 이 때에 열다섯 명의 인디언들이 공적으로 신앙을 고백하였다. 모인 무리들이 돌아간 후, 나는 이들을 함께 불러 이들에게 특별히 말씀을 가르쳤고, 동시에 다른 이들도 참석하도록 권면하였다. 하나님을 향하여 살아야 할 엄숙한 임무가 그들에게 있다는 것을 상기시켰고, 특히 기독교 신앙을 공적으로 고백한 이후에 부주의한 생활을 할 때에 일어나는 악하고 끔찍한 결과들에 대해 경고하였고, 장차 어떻게 처신해야 할지에 대하여 지침들을 주었고, 또한 신앙적인 삶의 위로와 복된 결말을 바라보며 삼가며 헌신하라고 격려하였다.

정말 멋지고 감미로운 시간이었다. 그들의 마음이 집중되었고 즐거이 임무에 참여하였다. 그들은 이제 공적으로 엄숙하게 자기 자신을 하나님께 드렸다는 것에 즐거워하였다. 사랑이 그들을 통치하는 것 같았다! 말씀을 가르치는 동안 이들은 마치 마음들이 모두 함께 엮어져 있는 것처럼 부드러움과 애정으로 서로서로 손을 잡고 있었다. 서로서로를 향한 행동 하나하나가 어찌나 정겨웠던지, 이들을 진지하게 바라보는 사람이면 누구나 "이들이 서로를 얼마나 사랑하는지 모르겠다"라고 하며 탄성을 지를 수 있을 만하였다. 다른 여러 인디언들도 이런 일들을 보고 듣고는 크게 감동하여 흐느껴 울었고, 자기들도 동일한 기쁨과 위로를 함께 누리기를 사모하였다. 그들의 행실은 물론 그들의 얼굴 모습에서도 그런 기쁨과 위로가 확연히 드러났던 것이다.

1745년

8월 26일. 내 사람들에게 요한복음 6:51-55을 본문으로 설교하였다. 한동안 말씀을 전한 다음, 그들 중에 사망에서 생명으로 옮겼다는 소망을 갖고 있는 자들을 향하여 특별히 말씀을 전했다. 그리스도께서 그의 백성에게 주시는 위로가 끝까지 인내하는 본질을 지닌다는 것을 그들에게 해명하였는데, 거기 모인 몇 사람들이 이미 그런 위로를 받았다고 믿었던 것이다. 그런 위로를 받은 자들은 영생이 이미 시작된 것이요 또한 천국이 속히 완성될 것이라는 것을 보여주었다.

이러한 기조의 말씀을 시작하자마자 회중 가운데 있는 사랑하는 그리스도인들이 감동으로 마음이 뜨거워져 그리스도를 누리기를, 또한 완전한 순결의 상태에 이르기를 간절히 사모하였다. 감정에 북받쳐서, 그러나 기쁜 마음으로 눈물을 흘렸다. 그런 눈물과 흐느낌에서 그들의 마음이 상하였으나 진정한 위로와 감미로움이 함께 있다는 것을 알 수 있었다. 그 모임은 부드럽고 감동적이며 겸손하고 기쁨에 넘치는 모임이었고, 이는 양자의 영의 순전한 결과로 보였고, 또한 그들이 그 영향력 아래서 한동안 수고하고 힘썼던 종의 영과는 전혀 거리가 멀었다. 그 영향력은 이 그리스도인들로부터 온 회중에게로 퍼져나가는 것 같았다. 그리고 곧바로 회중들 가운데 놀라운 영석인 근심이 나타났다. 아직 만유에 충족하신 구주이신 그리스도를 만나지 못한 많은 이들이 놀랍게도 그를 찾게 되었다. 과연 사랑스럽고 매우 흥미진진한 집회였다. 그들의 숫자가 모두 아흔다섯 명 가량 되었는데, 거의 모두가 그리스도 예수 안에 있는 기쁨으로 가득했거나 아니면 그리스도 안에 있는 은혜를 얻고자 지극한 근심 중에 있었다.

이제 멀리 서스퀴한나의 인디언들에게로 다시 돌아가는 것이 나의 임무라는 확신이 들었다. 연중 이맘 때 쯤이면 사람들이 대개 집에 머물러 있기 때문이었다. 여러 시간 동안 내 사람들에게 공적으로 사적으로 말씀을 가르친 후 이제 당분간 그들을 떠나서 멀리 떨어진 형제들에게로 가서 그들에게 말씀을 전해야겠다는 뜻을 이야기했다. 또한 하나님의 성령께서 나와 함께 가시기를 바란다는 것도 이야기했다. 아무리 선한 목적을 위한 일이라 해도 그가 없이는 아무것도 인디언들 가운데서 이룰 수가 없는 것이었다. 그들 스스로도 한동안 우리의 모임들이 메말라 있었던 것을 직접 목격할 기회가 있었다. 그럴 때에도 죄인들을 감동시키고 각성시키고자 하는 수고와 노력이 많이 있었으나, 거의 혹은 전혀 소용이 없었던 것이다. 나는 그들에게, 그 날의 남은 시간을 나를 위해서 기도하며, 하나님께서 나와 함께 가셔서 그 불쌍한 영혼들의 회심을 위하여 행하는 나의 수고가 성공을 거두게 해 달라고 간구해 줄 수 없겠느냐고 물었다. 그들은 흔쾌히 이런 제의에 따랐고, 내가 그들을 떠난 직후 해가 한 시간 반 가량 남아 있을 무렵에 기도를 시작하여 다음 날 거의 동이 틀 무렵까지 기도를 계속하였다. 그들의 말처럼, 밖으로 나가 별을 보았고 새벽별이 높이 떠 있는 것도 보았다고 했으니 잠자리에 들 시간을 훨씬 넘겼던 것이 분명했다. 이만큼 그들의 경건한 헌신이 열정이 있었고 지칠 줄을 몰랐던 것이다! 그 밤은 정말 놀라운 밤이었다. 나의 통역자의 말에 따르면, 이미 위로를 얻은 자들에게는 물론 아직 근심 중에 있는 자들에게도 능력적인 역사가 임했다고 한다.

내가 믿기로는, 이 날 괴로움 중에 있던 두 사람이 수고하고 무거운 짐 진 자에게 안식을 주시는 바로 그분 안에서 견고한 위로를 누리게 되었다. 또 한 가지 놀라운 일은, 이 날 평생을 우상 숭배자로 지내온 한 늙은 인디언이 우상 숭배의 축제와 춤에서 음악을 위해 사용하던 자기의 딸랑이 방울들을 다른 인디언들에게 넘겨주었고, 그들이 곧바로 그것들을 깨뜨려버린 일이었다. 내가 아무런 개입도 하지 않았고, 그 일에 대해서 말한 일도 없었는데도 그런 일이 일어났으니, 이 일은 그 죄에 대해 설교를 특별히 적용시킨 결과가 결코 아니요 오직 하나님의 말씀의 능력이 역사한 결과인 것 같았다. 하나님께서 그렇게 능력으로 일을 시작하셨고, 지금까지 이 인디언들 가운데서 은혜의 역사를 놀랍게 이루어 오신 것이다. 이 모든 일을 홀로 주관하시는 하나님께 영광을 돌릴지어다.

펜실베이니아 주 델라웨어의 폭스, 1745년 9월

9월 1일 주일. 누가복음 11:16-23을 본문으로 인디언들에게 설교하였다. 말씀이 어느 정도 능력으로 역사하였고, 회중 가운데 몇 사람이 눈물을 흘렸다. 후에는 참석해 있던 여러 백인들에게 설교하였는데, 많은 이들이 눈물을 흘렸고, 전에는 인디언들처럼 무관심하고 신앙에 대해 무관심했던 몇몇 사람들도 눈물을 흘렸다. 저녁 때쯤 다시 인디언들에게 말씀을 전했는데, 이 지역에서 보통 겪은 것보다 더 큰 관심과 더 큰 영적 근심이 그들 중에 있는 것을 직감했다.

9월 3일. 이사야 52:3-6을 본문으로 인디언들에게 설교하였다. 회중 가운데 하나님의 임재하심이 있는 것 같았고, 상당한 영적인 근심이 그들 가운데 퍼졌다. 이런저런 다양한 사람들이 각성을 얻은 것 같았다. 그들 중에는 전에 말씀을 전하는 동안 거의 한 번도 깨어 있게 만들지 못했던 바보 같은 사람들 둘도 포함되었다. 이런 일들을 대하면서 나는 즐거워하지 않을 수가 없었다. 동시에 이들이 지금 드러내 보인 그런 근심이 결국 아침 안개와 같은 것으로 드러나지나 않을까 하여 두려워하지 않을 수가 없었다. 전에 이 지역에서 그런 유의 일이 흔히 있기도 했으니 말이다.

9월 5일. 씨 뿌리는 자의 비유에 근거하여 인디언들에게 말씀을 전했다. 후에 여러 사람들과 특별히 대화를 나누었는데, 이들이 눈물을 흘렸고 감동에 겨워 흐느껴 울기까지 했고, 어떤 이들은 놀라움과 근심에 사로잡히기도 했다. 그 때 내가 전한 말씀에 하나님의 능력이 함께 한 것임을 의심치 않는다. 이들 중 몇 명은 나와 함께 크로스윅성으로 갔었던 사람들인데, 거기서 하나님의 말씀의 능력을 감동적으로 또한 구원을 얻는 방식으로 본 바 있었고, 또한 그 중에 어떤 이들은 그것을 느꼈다고 믿는다. 그들 중 이미 위로를 얻었고 또한 참된 신앙의 증거를 희망적으로 보여준 한 사람에게, 지금 왜 우느냐고 물었다. 그러자 그는 그리스도께서 어린양처럼 죽임을 당하시고 죄인들을 위해 그의 피를 뿌리신 것을 생각하면 혼자 있을 때에 도무지 울지 않을 수가 없다고 대답하고는 다시 눈물을 흘리며 흐느껴 울었다. 그의 아내 역시 풍성한 위로를 이미 얻었는데, 그에게도 왜 우느냐고 물었다. 그녀는 대답하기를, 크로스윅성의 인디언들은 물론 이 곳의 인디언들이 그리스도께로 돌아오려 하지 않는다는 것이 안타까워서 우는 것이라고 했다. 나는 다시 그들을 위하여 기도할 마음이 있는지, 또한 과거와 같이 최근에도 기도 중에 그리스도께서 그녀 가까이 계시는 것 같았는지를 물었다. 그것이 하나님의 임재에 대한 감각을 표현하는 나의 일상적인 방식이었던 것이다. 이에 그녀는 그렇다고 대답했다. 그리스도께서 그녀 가까이 계셨고, 때로 홀로 기도할 때에는 기도하는 것이 너무 좋아서 그 곳을 떠나는 것을 견딜 수 없고 그대로 있으면서 더 오래 기도를 계속하고 싶은 때도 종종 있었다는 것이었다.

9월 8일 주일. 오후에 인디언들에게 사도행전 2:36-39을 본문으로 말씀을 전하였다. 하나님의 말씀이 무게 있게 큰 영향력으로 그들에게 와 닿는 것 같았다. 불과 몇 사람밖에는 없었다. 그러나 참석한 사람들 대부분은 눈물을 흘렸고, 그 중 서너 명은 영혼에 대한 괴로운 근심으로 부르짖었다. 한 사람은 전에 한 번도 자기 영혼에 대한 근심을 발견하지 못했는데 이 날 상당히 각성하였다. 이들 가운데 전반적으로 하나님의 성령의 역사가 놀랍게 일어났는데 크로스윅성에서 최근 일어났던 것과 별로 다르지 않았다. 마치 하나님의 역사하심이 그 곳에서부터 이 곳까지 퍼진 것처럼 보였다. 물론 먼저 나의 통역자와 그의 아내와 몇몇 다른 이들이 각성하는 일이 일어나 어느 정도 그 조짐이 나타나긴 했었다. 관심이 없던 백인들 몇몇도 이제 각성하였거나, 아니면 최소한 하나님의 능력이 인디언들에게 그렇게 놀랍게 퍼지는 것을 보고 깜짝 놀란 것은 분명했다. 그 때에 특별히 그들을 지목하여 말씀을 전했는데, 그들이 다소 감동을 받은 것 같았다.

이 지역의 어떤 인디언들은 나의 설교를 듣기를 항상 거부해 왔고 내 설교를 들은 자들에 대해 크게 분노하곤 했었다. 그런데 최근 이들이 전보다 훨씬 더 격렬해져서 기독교에 대해 조롱하고, 때로는 나의 설교를 듣는 인디언들에게, "얼마나 자주 울부짖었는가?", "이제 그만큼 울부짖었으니 할 만큼 하지 않았는가?"라고 말하기도 했다. 나의 청중들은 이미 잔인한 조롱의 시험을 받고 있었던 것이다.

9월 9일. 델라웨어의 폭스의 인디언들을 떠나 서스퀘한나 강을 향하여 여정을 출발하였다. 나의 목적지는 폭스로부터 서쪽으로 120마일 이상 떨어진 인디언 촌락이었다. 약 15마일을 가서 거기서 유숙하였다.

샤우모킹(Shaumoking), 1745년 9월

9월 13일. 사흘 밤을 노숙한 후에 목적지인 서스퀘한나 강 유역의 인디언 마을에 도착하였는데, 샤우모킹이라 불리는 곳이었다. 지난 5월에 방문했던 마을들 중 하나인데 그 중 가장 큰 마을이었다. 인디언들이 나를 친절하게 맞아 대접해 주었다. 그러나 내가 묵기로 되어 있던 집에서 이들이 이교도저인 춤과 **주연(酒宴)**을 갖는 바람에 거의 만족스럽지 못했다. 그러나 나는 그것을 말리지 못했다. 그런 행위를 삼갈 것을 자주 간청했었으나, 그 때 그 집에 병든 자가 있어서 시끄러운 소음 때문에 몸 상태가 더욱 나빠지고 있었던 것이다. 안타까웠다! 인간의 본성적인 연민의 정조차도 없다니! 물론 자기들 나름대로는 다소 친절을 보이는 것 같으면서도, 이것이 이 가련한 교양 없는 이교도들의 모습이었다. 사실 이 땅의 어둔 구석구석마다 그런 잔인한 마을들이 가득 차 있다. 지난 5월의 나의 일기에서 관찰한 바와 같이, 이 마을은 그 일부는 강의 동쪽에, 일부는 강의 서쪽에, 또 일부는 강의 큰 섬에 있었고, 대략 50여 채의 집이 있었고 인구는 거의 300명 가량이었다. 그러나 전인구의 절반 이상을 만나본 일은 한 번도 없다. 그 거주민 중 절반 가량은 델라웨어 족(Delawares)이고, 나머지는 세네카 족

(Senekas)과 투텔라 족(Tutelas)이라 불린다. 이 곳의 인디언들은 이 지역의 인디언들 중에서 가장 술주정뱅이요 악한이요 불량배 같은 자들로 여겨지는 자들이다. 사탄이 이 마을에 노골적으로 자리를 잡고 지배하고 있는 것 같다.

9월 14일. 델라웨어 족의 추장을 만났다. 그는 지난 5월에 방문했을 때에는 거의 죽음의 문턱에 와 있는 것 같았는데, 지금은 회복되어 있었다. 그를 비롯한 여러 사람과 기독교에 대해 이야기를 나누었다. 그들과 오후 내내 함께 보냈는데, 기대했던 것보다는 더욱 용기가 생겼다. 추장은 친절한 성품으로 보였고, 기꺼이 가르침을 받고자 하였다. 그리하여 나는 하나님이 이 곳에서 나로 복음을 전하게 하사 효력을 발생케 하는 문을 여시고 이 곳에서 그의 나라를 세우시리라는 용기를 얼마간 갖게 되었다. 이런 일은 황야에 있는 내게는 든든한 뒷받침이 되고 새로운 기운을 솟아나게 하는 것이었고, 나의 고독한 처지들을 편안하고 유쾌하게 만들어 주는 것이었다.

9월 15일 주일. 델라웨어 족의 추장을 다시 찾아갔다. 그가 친절하게 맞아주어서 오후에는 인디언들에게 말씀을 전했다. 이 곳의 많은 이들이 날마다 술에 취해 있어서 말을 할 기회가 전혀 없었지만, 하나님께서 이들의 마음을 여사 복음을 받아들이게 하시리라는 소망을 여전히 품고 있었다. 밤이 다가올 무렵 식스 네이션 족(이들이 대개 이렇게 불린다)의 언어들을 아는 한 사람과 이야기를 나누었는데 그는 기독교를 좇고자 하는 마음이 있었고, 그리하여 나는 여기서부터 복음이 더 멀리 있는 족속들에게까지 전해지리라는 다소간의 소망을 가졌다.

9월 16일. 오전에 인디언들과 함께 보냈다. 집집마다 다니며 말씀을 전하였고, 기독교에 대해 친근한 자세를 가지도록 할 수 있는 만큼 권고하였다. 처음으로 추장의 기꺼운 허락을 받은 다음, 밤이 될 무렵 마을의 한 곳으로 갔는데, 술에 취하여 있지 않은 사람들이 오십 명 가량 모여 있어서 그들에게 말씀을 전하였다. 놀랍게도 그들은 말씀에 주의를 집중하였고, 더 가르침을 받고자 하는 간절한 바람을 드러냈다. 또한 한두 명이 자기들의 영혼에 대한 근심이 다소 생긴 것 같았고, 공적인 말씀을 마친 후 사적으로 이들과 대화를 나누었는데 매우 기뻐하는 것으로 보였다.

이런 일들로 하여 나는 새로운 기운을 얻었다. 나의 통역자 외에는 이 열악하고 힘든 여정에 다른 동행이 없었으니 그와 함께 돌아오지 않을 수 없었다. 그러나 사탄이 지극히 노골적으로 지배하고 있는 이 곳에 하나님께서 그의 나라를 세우시기로 작정하셨다는 소망 가운데 기쁨이 있었고, 그렇게 위대하고 영광스러운 역사가 이루어지기를 위하여 은혜의 보좌 앞에 나아가 아뢸 때에 범상치 않은 자유로움이 있었다.

9월 17일. 오전에는 인디언들을 방문하여 말씀을 전하며 보냈다. 정오쯤에 샤우모킹을 떠나(대다수의 인디언들이 이 날 사냥을 떠날 계획이었으므로) 강을 따라 남서쪽으로 내려갔다.

준카우타, 1745년 9월

9월 19일. 서스퀴한나 강의 한 섬에 위치한 준카우타라는 인디언 마을을 방문했다. 이 곳의 인디언들의 성질과 행동이 매우 실망스러웠다. 지난 봄 그들과 함께 있었을 때에는 그들이 내게 친근하게 대해주었고, 다시 와서 그들을 만나도록 격려해주기까지 했는데 말이다. 그러나 이제는 자기들의 이교도적인 사고를 유지하고 우상 숭배의 행위들을 고수하기로 작정한 것 같았다.

9월 20일. 준카우타 섬의 인디언들을 다시 방문했는데, 이들은 큰 제사와 춤 행사를 준비하느라 거의 모두가 매우 바빠 움직이고 있었다. 이들을 함께 모이게 하여 기독교에 대해 말씀을 전하려 했으나 기회가 전혀 없었다. 그들의 제사에 여념이 없었기 때문이었다. 이처럼 실망적인 여건 때문에 마음이 무척 가라앉았다. 특히 이 날은 통역자가 없었고, 한 이교도밖에 없다는 것이 특히 의기소침하게 만들었다. 그는 인디언들과 마찬가지로 우상 숭배에 밀착되어 있었고, 이 인디언들의 언어를 전혀 모르는 사람이었고, 결국 나는 상상할 수 있는 최고로 불리한 사정에 있었던 것이다. 나는 그들 중 몇 명과 개인적으로 대화를 시도했으나, 성공의 기미가 전혀 보이지 않았다. 그러나 여전히 그들과 함께 머물렀다.

저녁이 되자 거의 백 명 가량이 함께 모여서 제사에 올릴 살찐 사슴 열 마리를 준비하고 큰 불을 피워놓고 주위를 돌며 춤을 추었다. 춤을 추는 동안 이들은 사슴의 내장의 기름을 불에 던졌고, 때때로 불길이 굉장히 높이 치솟았다. 이들은 2마일 이상 떨어진 곳에서도 쉽게 들을 수 있을 정도로 시끄럽게 소리 지르고 고함을 쳤다. 이들은 거의 밤새도록 자기들의 신성한 춤을 계속했고, 그 후에 제사로 드린 짐승의 고기를 먹은 다음 각자 자기 처소로 돌아갔다.

그리스도인 동료도 하나도 없이, 더구나 이런 우상 숭배의 향연의 한복판에서 이 섬에 완전히 혼자 있으니 거의 만족을 누리지 못했다. 이리저리 걸어 다녀서 육체와 정신이 고통 가운데 기진하여 있었으므로, 마침내 나는 곡식을 모아놓는 조그만 창고 같은 곳에 기어들어가 기둥들 위에서 잠을 청했다.

9월 21일 주일. 섬에서 인디언들과 이 날을 보냈다. 아침에 그들이 일어나자마자 그들을 가르치기를 시도했고, 이를 위해 그들을 한 곳에 모으려고 애썼다. 그러나 곧 그들이 무언가 할 일이 있다는 것을 알았다. 정오 쯤 되어 이들이 모든 포와우들 즉 주술사들을 한데 모았고, 그 중 대여섯 명이 주술들을 부리고 미친 듯이 괴로운 자세들을 취하기 시작했다. 이는 그 섬에 어째서 그렇게 병이 유행하는지 그 이유를 찾고자 함이었다. 그 당시 그들 중 많은 숫자가 열병과 출혈로 누워 있었던 것이다. 그들은 서너 시간 가량 이 일에 전념하면서, 온갖 거칠고 우스꽝스럽고 미친 듯한 행동들을 다 취하였다. 때로는 노래하기도 하고, 으르렁거리기도 하고, 팔을 쭉 펴고 손가락들을 다 펴서 마치 무언가를 밀어내려는 것 같은, 혹은 최소한 일정한 거리를 두려는 것 같은 동작을 취하기도 했다. 때로는 손으로 머리를 때리기도 하고, 입에 물을 머금고 안개처럼 뿜어대기도 하고, 때로는 땅에 앉은 다음 머리를 땅에다 대고 절하기도 하고, 마치 고통과 괴로움 중에 있는 것처럼 허리를 비틀고, 얼굴들을 꼬고 눈을 돌리고 으르렁거리고 숨을 내뿜기도 하였다.

그들의 이런 괴상한 행동들은 공포감을 자아내는 것이었고, 내 생각에는, 혹시 마귀가 이상하고 우스꽝스럽고 몸서리쳐지는 어떤 행동을 통해서 불러일으켜질 수 있다면, 마귀를 불러일으키기에 특별히 적합한 무언가가 거기에 있는 것 같았다. 그들 중에 어떤 이들은 다른 이들보다 훨씬 더 열정적이고 강렬하게 그 일을 행하였고, 마치 지하의 권세들을 일깨우고 그들과 교감하기로 작정한 것처럼 뜨겁고 열기 있게 주문을 외우고 중얼거렸다. 나는 그들의 눈에 띄지 않은 채, 할 수 있다면 그들이 그런 일을 하지 못하도록 막고 지옥의 세계에서 아무런 응답도 받지 못하게 해야겠다고 결심하고서 그들과 9미터 정도 되는 거리에서 성경을 손에 들고 앉아 모든 광경을 지켜보았다. 중간에 서너 차례 잠시 쉬는 시간을 갖기는 했지만, 그들은 세 시간 이상 그 소름끼치는 주문과 주술 행위를 계속하고 난 후 모두 지쳐버렸고, 이윽고 해산하였다. 아무런 응답도 받지 못한 것이 분명했다.

그들이 포와우들의 주술 행위를 마친 후, 나는 그들과 기독교에 대해 대화를 나누려고 시도했으나, 그들이 이내 흩어지는 바람에 그들과 그런 대화를 나눌 기회가 전혀 없었다. "그리스도의 이름으로 불리는" 사람과의 교제가 전혀 없이 황야에 오로지 홀로 있는 중에 이런 일들을 목도하게 되니, 내 마음이 크게 가라앉았고, 상상할 수 있는 만큼 최고로 우울한 상태가 되었다. 복음을 전파하며 이교도들을 회심시키고자 일을 시도하고픈 결의와 또한 그 일에 대한 희망이 거의 다 사라져버렸고, 그리하여 이 주일은 그야말로 내가 지금까지 겪은 안식일 중에 가장 무거운 짐이 되고 불쾌한 날이 되었다. 그러나 진심으로 말할 수 있거니와, 이들의 회심에 대한 나의 소망을 상실하는 것처럼 나를 가라앉게 하고 괴롭게 하는 것이 없었다. 이런 근심이 내게 어찌나 크고 어찌나 중요하게 여겨졌던지, 그 일이 실패하면 이 땅에서 내가 아무 할 일이 없을 것 같았다. 복음의 빛 아래서 영혼들이 회심하여 구원 얻는 일에 아무리 큰 성공을 거둘 전망이 있다 해도, 이런 점에서 나의 희망이 상실된 것이 그것으로 인해 보상되지는 않을 것이었다. 그리하여 내 마음이 너무도 가라앉고 침울해 있어서, 그 일을 위하여 그들 가운데서 계속 시도해 볼 마음도 힘도 전혀 없었고, 아무리 애쓰고 노력해도 나의 소망과 결단과 용기가 회복되지를 않았다.

이 섬의 인디언들 중에는 전에 메릴랜드(Maryland) 지역에서 백인들 중에, 혹은 백인들 가까이서 살았기 때문에 영어를 상당히 잘 이해하는 자들이 많았다. 그러나 이들은, 물론 영국인들과 교류가 적었던 자들만큼 야만적이지는 않았으나, 매우 술에 취한 자들이요, 사악하고 속된 자들이었다. 그들의 관습은 여러 면에서 이 강 유역의 다른 인디언들과는 상당히 달랐다. 이들은 죽은 자의 장례도 통상적인 방식대로 땅에 묻지 않고, 작은 집을 지어 거기에 시체를 넣고 불에 태운다. 그리고는 연말에, 혹은 더 오랜 기간이 지난 후에, 살들이 다 사라졌을 때 뼈들을 취하여 물에 씻고 닦은 다음 일정한 예식을 행하여 땅에 묻는다. 병든 자에게 주술을 행하는 방식도 다른 인디언들의 경우와, 물론 골자는 같지만, 다소 차이가 난다. 이들 인디언들 사이에서 행해지는 방식은 열왕기하 5:11에 나타나는 나아만의 표현에 나타나는 고대의 이교도들의 관습을 그대로 모방한 것으로 보인다. 곧, 죽은 자의 시체를 손으로 가격하기를 반복하면서 그들의 신의 이름을 부르는 것이 골자인 것 같고, 그 외에 물을 입에 머금고 안개처럼 내뿜는 행위와 앞에서 언급한 다른 주술에서 행해지는 것과 동일한 광란의 의식들이 있다.

지난 5월 이 지역에 있을 때에 나는 인디언들의 갖가지 사고와 관습들을

1745년

배울 기회가 있었고, 또한 그들의 갖가지 행위들을 관찰한 바 있었다. 그 때에 나는 영국인들의 정착지 너머로 강을 따라 130마일 이상을 여행하였고, 그 여행에서 서로 다른 일곱, 혹은 여덟 부족에 속한 개인들을 만났는데, 그들이 사용하는 언어도 제각기 달랐다. 그러나 그들 중에서 본 것 가운데, 다른 곳에서 본 것까지 다 포함하여 가장 소름이 끼쳤던 것은, 혹은 보통 지옥의 권세라고 상상하는 것에 가장 가까운 것은, 한 진지하고 열정적인 개혁자 — 아니 인디언들의 고대의 종교를 회복시키려 애쓴 사람이라 하는 것이 낫겠다 — 의 모습이었는데, 그 자의 모습처럼 내 마음에 공포감을 자극하는 것이 없었다. 이 사람은 대 사제의 복장을 하고 있었는데, 그 의복은 곰 가죽으로 만들고 그 위에 털로 장식한 발끝까지 내려오는 겉옷을 입고, 곰 가죽으로 된 신발을 신었고, 무표정한 큰 얼굴에 색을 칠했는데, 절반은 검은색, 그리고 나머지 절반은 인디언들의 피부색과 비슷한 황갈색을 칠하였고, 입은 화려한 색칠을 했는데 옆이 흉하게 찢어져 있었고, 머리 전체를 덮은 곰 가죽으로 만든 모자를 꼭 눌러쓰고 있었다. 그 사람이 자기가 우상 숭배 예식의 음악을 위한 악기를 손에 들고 내게로 다가왔다. 그 악기는 마른 거북의 껍질로서 그 속에 곡식을 넣어 둔 것이었고, 그 목 부분에 나무 막대기를 끼워 핸들처럼 손쉽게 집도록 되어 있는 것이었다. 그는 그의 손가락은 물론 몸의 어느 부위도 보이지 않게 하고는, 달그락거리며 자기의 곡조대로 그 악기를 두드리며 있는 힘을 다해 춤을 추며 내게로 나아왔다. 그가 자신이 사람이라는 것을 드러내지 않았다면, 그의 외모나 행동으로는 그가 과연 인간일 수 있다는 것을 아무도 상상하지 못했을 것이다. 그가 내게 가까이 다가오자, 그 때가 한낮이어서 그게 누구인지를 알았는데도 나는 그에게서 움츠러들 수밖에 없었다. 그의 외모와 행동이 너무도 엄청나게 소름이 끼쳤기 때문이다. 그는 종교적인 용도로 전용되는 집을 갖고 있었는데 집의 여러 부분에 갖가지 형상들을 잘라다 붙여놓고 있었다. 그 집에 들어가서 보니, 거기서 얼마나 춤을 추어댔는지 바닥이 마치 돌처럼 단단하게 굳어 있었다.

나는 그와 함께 기독교에 대해 대화를 나누었다. 내 말 중에 일부는 좋아하는 것 같았고, 일부는 극히 싫어하는 것 같았다. 그는 내게 말하기를, 신이 자기에게 그의 종교를 가르쳐 주었으니 거기서 절대로 돌아서지 않을 것이라고 하였다. 그러나 한편 자기와 마음을 다하여 그 종교에 합류할 사람을 찾기를 원했다. 그의 말에 따르면, 인디언들이 매우 타락하고 부패하였기 때문이라는 것이었다. 그는 모든 동료들을 버리고 떠나 바깥을 다니며 자기와 함께 할 사람을 찾을 생각이었다고 했다. 신이 자기처럼 느끼는 선한 사람들을 어디엔가 남겨 두었을 것이라고 믿었다는 것이다. 그는 자기가 항상 지금과 같은 느낌을 가졌던 것은 아니라고 했다. 과거 4, 5년 전까지는 자기도 다른 인디언들과 같았다고 했다. 그런데 그의 마음이 매우 괴로워서 인디언들 중에서 살 수가 없어 숲속으로 들어가 몇 달을 혼자 살았다고 한다. 그런데 드디어 신이 자기 마음에 위로를 주었고, 그가 행할 일을 보여주었으며, 그 때 이후 그는 신을 알게 되었고 그를 섬기려고 노력해 왔으며, 사람들이 어떻게 처신하든 간에 그들을 모두 사랑하는데, 전에는 절대로 그렇게 한 일이 없었다는 것이다. 그는 나를 아주 특별한 예의로 대하였고, 마음을 다해 그렇게 하는 것 같았다. 인디언들은 내게 말하기를, 그가 온 힘을 다하여 독주 마시는 것을 반대했고, 말로써 그들을 그렇게 설득하지 못하면 항상 그들을 떠나 숲속으로 들어가 소리 높여 울었다고 했다. 그는 그저 전통을 그대로 답습한 것이 아니라 자기 스스로 조사하여 확인한 일련의 종교적인 사고를 지니고 있었던 것이 분명했다. 그는 종교적인 문제에 대해 자기의 기준이 분명하여 그것에 근거하여 호불호(好不好)와 동의나 반대가 확실했다. 내가 이야기를 하고 있을 때 가끔씩, "그것은 좋습니다. 신이 내게 그렇게 가르쳐 주었어요"라는 식으로 말하곤 했다. 그의 그런 태도 중 매우 정당해 보이는 것도 있었다. 그러나 그는 마귀의 존재에 대해서는 철저히 부인했고, 그가 그들의 종교를 회복하려고 애썼던 그 고대의 인디언들 중에서는 그런 존재를 안 적이 없었다고 선언했다. 그는 또한 죽은 자의 영혼이 남쪽으로 간다고도 했고, 선한 자와 악한 자의 차이는, 바로 선한 자는 신령한 벽이 둘러진 아름다운 마을에 들어가게 되나 악한 자는 이 벽 주위를 영원토록 기웃

거리며 그 마을로 들어가려 하나 들어가지 못한다는 것이라고도 했다. 그는 자기 나름대로 순전하고 정직하며 양심적이며, 자기의 종교적인 사고에 충실한 것 같았다. 이런 모습은 다른 이교도 어느 누구에게서 본 것보다 높은 수준이었다. 나는 대부분의 인디언들이 이 사람을 종교적인 문제에 대해 쓸데없이 시끄러운 소리를 내는 아주 엄밀한 열심당(a precise zealot)으로 깔보고 조롱한다는 것을 느끼고 있었다. 그러나 이 사람의 기질과 성향에는 다른 이교도들 중에서 지금까지 보아온 그 어떤 것보다 참된 신앙을 더 닮은 무언가가 있었다고 해야 옳을 것이다.

그런데 오오, 안타깝도다! 이 강 유역의 인디언들의 상태가 얼마나 한탄스러운지 모른다! 그들이 지극히 노골적으로 사탄에게 포로 잡혀 있다는 것은 여기서 그들의 사고와 처신들에 대해 간략하게 제시한 내용에서도 충분히 드러난다. 내 생각에는 하나님의 자녀들로 하여금 "사망의 그늘진 땅"에 앉아 있는 이 사람들을 위하여 불쌍히 여기는 마음으로 기도하도록 자극을 주는 것으로 족하리라 여겨진다.

9월 22일. 이 섬의 인디언들을 가르치고 그리스도인으로 만들기 위해 좀 더 수고하였으나 모두 소용이 없있다. 이들은 백인들과 아주 가까이 살면서, 이름뿐인 그리스도인들의 나쁜 모범에 항상 노출되어 있었고, 또한 독주(毒酒)에 젖어 있다. 그렇기 때문에 이들에게 기독교 신앙을 전한다는 것은 말할 수 없이 어려운 일이다.

델라웨어의 폭스, 1745년 10월

10월 1일. 이 곳의 인디언들에게 말씀을 전하고 한동안 그들의 영혼의 근심거리들에 대해 사적으로 대화를 나누었고, 그 후에는 나와 함께 크로스윅성까지 가거나, 아니면 후에 편리한 때에 그 곳까지 나를 따라올 것을 권했는데, 그들 중 여러 사람들이 이를 기꺼이 받아들였다.

크로스윅성, 1745년 10월

10월 5일. 내 사람들에게 요한복음 14:1-6을 본문으로 설교하였다. 모인 회중 가운데 하나님께서 임재하시는 것 같았다. 많은 사람들이 하나님의 진리에 감동을 받았고, 특히 몇몇 사람들에게는 그것이 위로가 되었다. 오오, 이 사람들과, 또한 서스퀴한나 강 유역에서 최근 대했던 인디언들과 어쩌면 이렇게도 다른지 모르겠다! 그들(후자)과 함께 있는 동안은 마치 하나님과 그의 모든 백성에게서 버림 받은 것과도 같았으나 이들과 함께 있는 것은 마치 하나님의 가족 속에 받아들여져서 그 거룩하신 임재를 누리는 것과도 같으니 말이다! 그 여러 인디언들에게 최근에 일어난 변화가 얼마나 큰지 모른다. 불과 몇 개월 전만 해도 이들은 서스퀴한나의 사람들과 똑같이 생각이 없고 기독교에 대해 반감을 갖고 있었다. 그러니 이런 변화를 일으키신 주의 은혜가 얼마나 놀라운가!

10월 6일 주일. 오전에는 요한복음 10:7-11을 본문으로 설교하였다. 내 사람들 가운데 상당한 감동이 있었다. 사랑하는 젊은 그리스도인들은 새로움을 얻고 위로와 힘을 얻었고, 한두 명이 새로 각성하였다. 오후에는 사도행전 16장의 간수의 이야기에 대해 말씀을 전했고, 저녁에는 사도행전 20:1-12을 강론했다. 이 때에는 모인 사람들 전체에 매우 유쾌한 뜨거운 모습이 모인 사람들 전체에 퍼졌다. 그 어떤 사람들 중에서도 그토록 아름답고 감동적인 모습을 거의 본 일이 없는 것 같다. 그들 중에서는 메마른 눈을 거의 볼 수 없었고, 그러면서도 시끌벅적하고 과도한 것도, 공 예배를 방해하는 요소도 전혀 없었고, 오히려 그리스도인의 열정과 헌신의 자세를 장려하고 북돋는 요인이 가득하였다. 진정 새로워져서 구원을 얻었다는 소망을 가질 만한 자들이 먼저 감동을 받아 굉장히 기뻐하는 것 같았다. 그러나 상한 심령과 경건한 두려움이 거기에 함께 있었다. 그들의 모습은 8월 26일자 일지에서 언급한 것과 거의 흡사했고, 양자의 영에게서 비롯된 순전한 결과인 것이 분명해 보였다.

  공 예배가 끝난 후 하루의 일들로 많이 피곤하여 물러가 있었다. 인디언들은 자기들끼리 거의 두 시간 동안 함께 기도를 계속했는데, 이 시간에 위로부터 복된 생명의 역사가 임한 것으로 보였다. 나는 시온을 참되이 사모하는 사람이면 누구나 마음에 새로운 힘을 얻게 해 주는 그런 일들을 보고 듣게 되도록 많은 하나님의 백성들이 이 시간에 함께 있었기를 진정 바라지 않을 수 없었다. 여기 이 많은 사람들에게서 보듯이, 불과 얼마 전까지만 해도 야만적인 이교도들이요 우상 숭배자들로서 이 세상에서 소망도 없고 하나님도 없었던 자들이 이제는 하나님의 사랑과 은혜에 대한 감격으로 가득 차서 영과 진리로 아버지께 예배하고 있다는 것은 여간 감동적인 일이 아니었다. 특히 그들이 하나님을 섬기는 일에 있어서 뜨겁고 겸손하며, 생기 있고 열정적이며 경건하다는 것은 더욱 감동적이었다.

10월 24일. 요한복음 4:13, 14을 근거로 말씀을 가르쳤다. 모두들 주의를 집중하였고, 감동과 마음의 녹아짐이 있었다. 그들이 하나님의 말씀 듣기를 얼마나 사모하는지를 보면 놀랍기 그지없다. 이들은 만일 그럴 기회만 있다면 스물네 시간 동안이라도 기쁨으로 부지런히 함께 예배에 참석할 것이라는 생각이 들 때가 많았다.

10월 25일. 누가복음 20:27-36에 근거하여 부활에 대하여 내 사람들에게 말씀을 가르쳤다. 부활 시에 경건한 자가 누리게 될 복락과, 그들이 죽음과 죄와 슬픔에서 최종적으로 자유함을 얻을 것과, 그들이 천사들과 동등하게 그리스도와 가까이 하며 그를 즐거워할 것이요 또한 이 세상에서 어느 정도 불완전한 상태를 누리며 이것에서부터 지극히 감미로운 위로가 샘솟아 난다는 것과, 그들이 하나님의 자녀로서 하나님이 그들을 그렇게 공개적으로 인정하신다는 것 등을 언급하자, 많은 이들이 이 복된 상태를 바라보며 많은 감동을 받고 마음이 녹아졌다.

10월 26일. 인근의 교회에서 성찬식 집례를 도와달라는 청을 받고서, 내 사람들에게 나와 함께 가자고 권하였다. 그들은 전반적으로 기꺼이 그 기회를 받아들였고, 이 엄숙한 예식에서 주어지는 여러 차례의 말씀 선포에 부지런함과 감동으로 귀를 기울였다. 대부분이 영어를 조금이나마 이해하고 있었던 것이다.

10월 27일 주일. 외부 사람들이 모인 큰 집회에서 설교하였는데, 사람들이 대개 편안하고 안락하게 보였다. 그런데 그 중에 한 낯선 인디언 여자가 있었는데, 그는 전에 나의 설교를 한 번도 들은 적이 없었고 신앙에 대해서도 전연 문외한이었다. 그녀는 몇몇 친구들의 권유를 받아 억지로 집회에 참석하게 되었는데, 자기 영혼에 대한 괴로운 근심에 사로잡혔고, 곧바로 40마일 이상 떨어진 집으로 돌아가고 싶다는 간절한 뜻을 전했다. 집으로 속히 돌아가 남편을 불러 그도 각성시켜서 그의 영혼에 대한 근심을 갖게 하고 싶었던 것이다. 이 날 몇몇 다른 인디언들도 하나님의 진리에 감동을 받은 것으로 보였다. 경건한 영국인들과 대화를 나눌 기회를 가졌는데, 이들은 인디언들이 그처럼 경건하고도 엄숙한 자세로 자기들과 함께 하나님을 예배하는 것을 보고 새로운 힘을 얻은 것 같았다. 사도행전 11:18에 언급되는 사람들처럼 그들 역시, "하나님께서 이방인에게도 생명 얻는 회개를 주셨도다"라고 하며 하나님께 영광을 돌리지 않을 수 없었다.

오후에 다시 큰 집회에서 설교하였는데, 내 사람들 가운데 일부가 감동을 받은 것으로 보였다. 공 예배가 끝나자, 이들은 저녁에나 혹은 엄숙한 성찬 예식이 끝나기 전에 또 한 차례 설교가 있을 것인지를 꼬치꼬치 물었다. 아직도 하나님의 말씀을 더 듣기를 사모하고 있었던 것이다.

10월 28일. 마태복음 22:1-3을 근거로 말씀을 전하였다. 성경을 해명할 수 있었고, 또한 어떻게 그렇게 했는지 모르겠으나, 내용과 표현들을 내 사람들의 역량에 맞추어 평이하고 쉽고도 친숙한 방식으로 제시하였는데,

이는 철저한 연구를 통해서는 도저히 할 수 없는 일이었다. 그런데 특별한 어려움이 없이 그렇게 하였고, 마치 기독교 교리들을 평생 교육받아온 일반적인 회중에게 말씀을 전하는 것처럼 상당히 자유롭게 말씀을 전한 것이다. 이 때에, 특히 설교의 말미에 가서 하나님의 말씀이 신적인 능력과 영향력으로 회중에게 임한 것 같다. 감미롭게 마음이 녹아지는 것과 또한 쓰라린 눈물이 모두 회중 가운데 있었다. 사랑하는 그리스도인들은 새로운 힘을 얻었고, 다른 이들에게서는 위로가 가득한 확신이 살아났으며, 전에 우리와 한 번도 함께 한 적이 없던 몇몇이 새로이 각성을 얻었다. 하나님의 임재하심이 회중 가운데 가득하여, 마치 바로 이 곳이 다름 아닌 하나님의 집이요 천국 문인 것 같았다. 하나님의 일들을 조금이라도 맛보고 느낀 자들은 모두 감미로움에 가득하여 "주여 우리가 여기 있는 것이 좋사옵니다"라고 말하였다. 혹여 "신부가 남편을 위하여 단장한 것" 같은 새 예루살렘의 모습처럼 보이는 것이 내 사람들 중에 있었다면, 바로 이 때에 그랬을 것이다. 하나님의 임재하심의 증거들이 놀랍게 드러나 어찌나 즐겁고 기쁜지 저녁이 되어서도 그 곳을 떠나 내 거처로 가고 싶지를 않았다. 이처럼 복된 은혜의 역사가 그들 중에 계속 이루어지는 것을 보고서, 또한 최근 하나님의 섭리로 이따금씩 이 곳으로 온 낯선 인디언들에게도 그 역사의 영향을 받는 것을 보고서 나는 새로운 힘을 얻었다.

11월 3일 주일. 누가복음 16:17의 "율법의 한 획이 떨어짐보다 천지가 없어짐이 쉬우리라"라는 말씀을 토대로 내 사람들에게, 특히 최근 영혼에 대한 깊은 근심 중에 있는 몇몇을 위하여 설교하였다. 최근 흔히 있었던 정도보다는 훨씬 못하지만 회중 가운데 근심과 감동의 기미가 어느 정도 보였다. 이 날 인디언 여섯 명이 신앙을 고백하였다. 그 중 한 사람은 팔십 세 가량 된 여자였다. 두 사람은 오십 세 가량 된 남자였는데, 이들은 인디언들 가운데서 사악하기로 악명이 높았던 이들이었다. 그 중 한 사람은 살인자였고 유명한 술주정뱅이에다가 다투기를 일삼던 자였다. 그러나 이제 나는 이 두 사람 모두 하나님의 특별한 은혜에 힘입은 자들이 되었다는 소망을 갖지 않을 수가 없다. 이들이 자기들에게 큰 변화가 일어났다는 증거를 제시한 이후 여러 주간 동안 이들을 주시하면서 그들에게 과연 열매들이 나타나는지를 관찰할 기회를 가졌고, 그리하여 이제 그들을 성례에 참여하도록 받아들이기에 합당하다는 것을 선명하게 인정하게 된 것이다.

11월 4일. 요한복음 11장을 근거로 말씀을 강론하며 장 대부분의 내용을 간략하게 설명하였다. 하나님의 진리가 모인 회중 가운데 많은 이들에게 깊은 감동을 주었다. 죽은 자를 살리시는 데에서 드러나는 그리스도의 능력을 보며 많은 이들이 감동을 받았다. 특히 이러한 그의 능력에서 더 나아가 죽은 영혼들을 살리사 영적인 생명을 얻게 하시는 그의 능력과 — 그들 중 많은 이들이 자기들의 처지가 바로 그러하다고 느끼고 있었다 — 또한 마지막 날에 죽은 자들을 살리사 그들에게 상급과 형벌을 베푸실 그의 능력을 제시할 때에 더 큰 감동을 받았다.

최근 먼 곳에서 온 사람들이 여럿 있었는데, 이들은 지금 그들의 영혼에 대한 깊고도 절박한 근심에 싸여 있었다. 그 중 한 사람은 온지 얼마 되지 않아서 절반쯤 취하여 우리에게 욕설을 해댔고 예배 중에 온갖 방법으로 방해하던 자였는데 이제 자기의 영혼에 대한 근심과 괴로움이 커져서 그리스도와의 관계가 없이는 평안을 얻을 수 없을 것 같은 심정이 되었다. 모인 무리들 중에 전반적으로 많은 눈물과 애절한 흐느낌과 탄식이 있었다. 어떤 이들은 자기들 자신을 위해서, 또 어떤 이들은 친지들을 위해서 흐느꼈다. 물론 지금은 처음 이런 신앙적인 근심에 싸이던 때보다 사람들이 더 쉽게 감동을 받는 것은 분명 사실이다. 그 때에는 영혼을 위하여 눈물을 흘린다거나 울부짖는 일은 이들 중에서는 유례가 없는 일이었다. 그러나 그들의 이러한 반응은 전반적으로 순전하고 거짓이 없어 보이고, 특히 새로이 각성한 자들에게서 이 점이 매우 두드러지게 나타나고 있다. 여러 사람들의 경우, 죄에 대한 참되고 순전한 깨달음이 시작되고 발전되어야 할 것 같다.

1745년

　이제 모두 스물세 명의 인디언들이 그리스도를 향한 그들의 신앙을 고백하였다. 대부분은 이 지역에 속한 자들이고, 몇몇은 델라웨어의 폭스 사람들이다. 풍성한 은혜로 이들 중에 추하거나 어긋나는 행실로 자기들의 신앙고백을 더럽힌 자들이 아직 한 사람도 없다.

　이제는 이처럼 곳곳에서 일어난 놀라운 은혜의 역사에 대해 여러 가지 소견들을 제시하는 것이 좋을 것이라 여겨진다. 그러나 그저 몇 가지 개략적인 점들만을 제시하는 것으로 그치고자 한다.
1. 주목할 만한 사실은, 내가 소망이 거의 없을 때에, 내가 보기에 인디언들에게 은혜의 역사가 퍼져가는 것을 볼 가망이 이성적으로 거의 없을 때에, 하나님께서 이들 가운데 이 역사를 시작하셨다는 것이다. 그 당시는 서스쿼한나로 향하는 힘든 여정으로 인하여 내 육체적인 정력이 많이 소진되었고 거기서 인디언들과 함께 있으면서 갖가지 어려움과 피로에 노출될 수밖에 없었고, 나의 수고에 아무런 소득이 없는 것을 보고 내 마음 역시 극심하게 침체되어 있었다. 나의 통역자와 그의 아내를 제외하고는, 하나님께서 인디언들을 회심시키고 구원 얻게 하는 일에 나를 도구로 삼으셨다는 소망을 가질 만한 이유가 거의 없었다. 그리하여 나를 고용하여 이 사역을 위해 나를 뒷받침해온 선교회에 나 자신이 짐이 된다는 생각에서 나의 선교 사역을 포기할 생각을 심각하게 하기 시작하였고, 금년 말까지도 지금까지의 형편이 계속 이어지고 성공의 가능성이 보이지 않으면 그렇게 결행하기로 거의 결심하고 있던 상태였다. 내가 현재의 사역에 반드시 따라오는 힘겨운 수고와 피로에 지쳐서나, 혹은 어느 쪽으로든 가벼이 또한 자유롭게 결정할 수 있다는 생각에서 그런 생각을 품었다고는 말할 수 없다. 심령이 완전히 낙담하여 있고 실망이 가득한 상태에서, 신앙적인 용도를 위해 거룩하게 드려진 돈을 그저 인디언들을 교화하고 그들로 하여금 그저 겉으로만 기독교 신앙을 고백하게 만드는 일에만 사용한다는 것이 불의한 일이라는 생각이 가득하여 그런 생각을 갖게 된 것이었다. 그 당시 나로서는 이것이 나의 사역에 대해

갖는 전망의 전부였던 것이다. 내가 그 때까지 인디언들과 함께 있으면서 그들의 회심을 위하여 힘써 사용해온 수단들에 하나님께서 그의 복되신 성령의 깨닫게 하시며 새롭게 하시는 역사를 부어주지 않으셨으니 그가 인디언들의 회심과 구원을 위한 계획을 불쾌히 여기시는 것이 분명한 것 같았다.

크로스윅성의 이 인디언들을 처음 방문할 때 나의 자세가 이와 같았다. 이 지역에 수많은 인디언들이 있다는 것을 들어 알았으니 그들이 하나님께로 돌아오도록 무언가 시도를 하는 것이 나의 필수적인 임무라는 것을 생각하고서 그리로 갔던 것이다. 그러나 나의 심령이 극히 가라앉아 있었고, 성공을 거둘 소망이 전혀 없었다. 그러나 인디언들을 향한 특별한 관심을 가진 이후, 지금처럼 인디언들의 회심에 대한 나의 소망이 완전히 최악의 상태에 있었던 적은 없었다. 그런데 하나님께서는 바로 이런 시기를 그의 영광스러운 역사를 시작하시기에 합당한 시기로 보신 것이다! 이렇게 하여 그는 연약한 중에 강력한 역사를 이루셨다. 모든 소망과 인간적인 가능성이 사라진 것이 지극히 확실해 보이는 때에 그의 전능의 팔을 나타내신 것이다. 그러므로 나는 비록 캄캄함과 실망이 가득한 중에라도 꾸준히 임무를 지속해 나가는 것이 합당하다는 것을 배우게 된다.

2. 하나님께서 그의 섭리로, 또한 거의 설명할 수 없는 방식으로, 이 인디언들을 함께 부르사 그들의 영혼에 관한 큰 일들에 대해 교훈 받게 하셨고 또한 그의 말씀이 전해지는 장소에 오자마자 그들의 마음이 그들의 영원한 구원에 대한 지극히 엄숙하고도 무거운 근심에 사로잡히게 하셨다는 것도 주목할 만한 사실이다. 지난 6월 이 지역에 처음 들어왔을 때에 방문한 곳에 남자는 하나도 없었고 여자 네 사람과 아이들 몇 명만 만날 수 있었다. 그러나 얼마 지나지 않아서 사방에서 사람들이 모여들었고, 20마일이 넘는 먼 거리에서 사람들이 오기도 했다. 그리고 8월초 두 번째로 이 곳을 방문했을 때에는 나의 설교를 듣기 위해 40마일이 넘는 먼 거리에서 온 사람들도 있었다. 많은 이들이 이 곳에서 무슨 일이 일어나는지도 모르면서 이 곳에 왔으니, 그들에게는 무슨 계획 같은 것이 없었고 다만 호기심을 만족시키려는

것뿐이었다. 그러므로 이는 결국 하나님께서 오로지 그의 메시지를 그들에게 전하시기 위해서 그들을 사방에서 불러 모으신 것과도 같았다. 또한 그는 몇몇 사람들의 경우 인간적인 수단을 전혀 사용하지 않고서 이를 이루셨다. 물론 일부 사람들이 먼 지역에 있는 다른 이들에게 통지를 하느라 수고를 했기는 했지만 말이다.

또한 이에 못지않게 깜짝 놀랄 만한 사실은 이들이 하나님의 진리가 가르쳐지는 현장에 오자마자 한 사람씩 차례로 자기들의 영혼에 대한 진지한 근심에 사로잡히게 되었다는 것이다. 그들이 우리의 공 예배 장소에 나아온 것은 마치 사울과 그의 사자들이 선지자들에게로 나아온 것과도 같다는 생각을 자주 하지 않을 수 없었다. 그들은 선지자들에게로 오자마자 예언을 했는데, 이들도 우리의 모임에 모습을 보이자마자 죄와 비참한 처지에 대한 깨달음을 갖게 되었고 구원에 대한 진지한 근심이 생기게 된 것이다. 이러한 은혜의 역사가 그들에게 능력으로 시작된 이후, 낯선 인디언들이 우리에게로 나아오면 하루가 채 지나기도 전에 각성을 얻어 그들의 죄와 비참한 처지에 대한 깊은 깨달음을 갖게 되고 그리하여 크게 염려하며, "무엇을 하여야 구원을 얻으리이까?"라고 묻게 되는 것이 상례가 되었다.

3. 이와 마찬가지로 주목할 만한 일은, 불경한 사람들이 갖가지 수단들을 써서 나에 대하여 악감을 조장하려 하였으나 하나님께서 이 가난하고 무지한 인디언들이 나에 대해, 또한 내가 가르치는 진리에 대해, 나쁜 편견을 갖지 않도록 보호하셨다는 것이다. 악의를 가진 인디언들이 백인들에 대해 나쁜 편견을 조장하기 위해, 혹은 겁을 주어 기독교를 피하게 만들기 위해, 갖가지 시도들을 행해 왔다. 때때로 이들은 인디언들이 이미 충분히 잘 지내고 있다든가, 기독교와 관련된 이 모든 시끄러운 소리들을 들을 필요가 없다든가, 그리스도인이 된다 해도 지금보다 나아질 것도, 더 안전해질 것도, 더 행복해질 것도 없다는 식으로 이야기했다. 때로는 내가 악당이요 사기꾼 같은 자요, 매일 거짓말을 가르치며 오로지 인디언들을 속일 계획밖에는 없는 사람이라고 이야기하기도 했다. 이런 이야기들이 전혀 목적을 이루지 못하

자, 그 다음에는 방법을 바꾸어, "할 수 있는 대로 인디언들을 많이 모아서 영국에 노예로 팔려는 것이 나의 계획이다"라고 떠벌리기도 했다. 이것만큼 인디언들을 공포에 질리게 만들 수 있는 것이 없어 보였다. 그들은 질투심이 강한 천성을 소유하고 있었고, 다른 사람들에게 노예로 굴복하는 상태에 있는 것을 지극히 혐오하는 사람들이었던 것이다.

그러나 하나님의 선하신 다스림으로 말미암아, 이러한 모든 사악한 음모들이 오히려 계속해서 그것들을 꾸며낸 자들을 더욱 곤경에 빠뜨렸고, 나를 향한 인디언들의 애정을 더욱 견고하게 만들어줄 뿐이었다. 그들이 각성하여 자기들의 영혼에 대해 엄숙한 근심을 갖게 되면서, 나에 대해 악감을 조장하려 애쓰는 자들이 자기 자신의 영혼에 대해 전혀 관심이 없을 뿐만 아니라 사악하고 속된 자들이라는 것을 깨닫게 되지 않을 수가 없었고, 그리하여 그들이 자기 자신의 영혼에 대해 관심이 없다면, 다른 이들의 영혼에 대해서도 관심이 없을 것이라고 생각하지 않을 수가 없었던 것이다.

더 놀라워 보이는 것은 인디언들이 보호하심을 받아 이런 사악한 이야기들을 한 번도 귀담아 듣지 않았다는 사실이다. 나는 그들에게 전혀 낯선 사람이었으니 과거의 일을 통해서는 그들을 향하여 내가 순전한 애정과 걱정을 갖고 있다는 확신을 줄 수가 없었다. 반면에 나에 대해 악감을 조장하려 한 자들은 그들과 예부터 잘 알고 지내온 자들이었으니, 그들의 갈한 욕구를 독주로 채워 만족시킬 기회가 자주 있었고, 따라서 그들의 말이 받아들여질 가능성이 지극히 컸던 것이다. 그러나 그들이 치명적인 편견에서 보호하심을 받은 이 사실에서, 나는 지극한 놀라움으로 "하나님이 일하시면 누가 막으랴?"라고 말하게 되었던 것이다.

4. 이에 못지않게 놀라운 것은 내가 인디언의 언어를 자유롭게 구사하지 못하는 데도, 나의 통역자를 놀랍게 적절하게 구비시키셨고 그의 일에 도움을 주사, 나의 부족함을 치유케 하셨다는 사실이다. 통역자를 사용하여 인디언들에게 말씀을 전해야 하는 굉장히 불리한 처지에서 내가 수고를 감내해야 했을 것이라고 얼마든지 생각할 수 있었을 것이다. 중간에 다른 사람을 거쳐

서 청중에게 전달되는 관계로, 신적인 진리들이 처음 발설될 때의 **에너지**와 **감정**을 많이 잃어버린 상태로 전달될 수밖에 없을 것이었다. 전에 나의 통역자가 하나님에 관한 일들에 대해 거의 혹은 전혀 지각하지 못하던 때에는 그런 일이 자주 발생하여 내게 근심과 실망이 되곤 했으나, 지금에 와서는 전혀 상황이 달라졌다. 한동안 인디언 언어로 적절하고도 감동적인 용어들과 표현들을 구사하지 못했는데, 그렇지 않았더라면 전반적으로 볼 때 이 은혜의 시기가 시작된 이후 인디언들에게 행한 나의 설교들이 그 능력이나 날카로움을 잃어버리지 않았을 것이다. 그러나 내가 직접 그들의 언어를 잘 알고 있었다 해도 이런 어려움이 많이 개선되지는 못했을 것이다. 나의 통역자는 상당한 정도의 교리적 지식을 얻어서 실수가 별로 없이 나의 설교의 의도와 의미를 잘 이해하고 전달할 수 있게 되었고, 그리하여 나의 말 한 마디 한 마디를 그대로 철저하게 통역하지 않고서도 그렇게 할 수 있게 되었다. 또한 그는 하나님의 일들에 대해 체험적으로 접하는 모습을 보여주었고, 하나님께서는 그의 마음에 인디언들의 회심을 향한 간절한 소망을 불어넣어 주셨고, 또한 그 일을 위하여 그들에게 말씀을 전달하는 데에 칭찬할 만한 굉장한 열심과 열정을 주셨다. 놀라운 일은 내가 사역 중에 특별한 도우심을 힘입어 하나님의 일들에 대해 생생하고도 감동적으로 지각하여 일상적인 정도보다 훨씬 더한 자유로움과 열정과 능력으로 말씀을 전할 수 있게 되는 경우에도, 대개 그도 나와 거의 동시에 동일한 방식으로 감동에 사로잡혀서 즉시 활력을 얻었고, 또한 내가 받은 것과 동일한 영향을 받은 상태에서 동일하게 감동적인 언어로 말씀을 전달할 수 있게 되었다는 사실이다. 그런 때에는 깜짝 놀랄 만한 에너지가 말씀에 동반되는 경우가 많았고, 그리하여 모인 회중들의 얼굴에서 거의 즉각적으로 변화의 모습이 나타나고, 눈물과 흐느낌이 그들 중에 가득하게 되었다.

그는 또한 죄를 깨달음과 낮아짐의 예비적인 역사 중에 영혼들을 다루시는 하나님의 일상적인 방법들에 대해 놀랄 만큼 선명한 교리적 견해를 갖고 있는 것으로 보였다. 그리하여 나는 그의 도움을 받아 괴로움 중에 있는 사람들에게 그들의 내적인 활동들과 그들의 두려움과 실망과 시험거리 등에 대해 자유로이 말씀을 전할 수 있었다. 뿐만 아니라 그는 내가 날마다 가르친 진리들을 인디언들의 뇌리에 심어주고자 밤낮을 가리지 않고 힘써 수고하며 되풀이하여 가르쳤다. 이러한 그의 수고는 자기 자신이 공적으로 교사의 위치에 세워지기를 바라는 일종의 영적인 교만에서 나온 것이 아니라, 신실한 자세에서와 인디언들의 영혼에 대한 정직한 염려에서 비롯된 것으로 보였다.

 내가 알기로는 인디언들 중에서 그가 보여준 품행도 마찬가지로 그리스도인과 또한 이런 사역을 담당한 사람에 합당한 모습이었다. 그러므로 그는 내게 큰 위로요 또한 인디언들 가운데서 행하는 이 선한 일을 진행시키는 데에 큰 도구가 되었으며, 따라서 그 자신의 영혼이 어떠한 상태에 있든지 하나님께서 그를 이 일에 적합하도록 놀랍게 역사하신 것이 분명하다고 정당하게 말할 수 있을 것이다. 이렇듯 하나님께서는 내게 방언의 은사를 베풀어 주시지 않으셨으나 그러면서도 내가 그의 영광된 복음의 진리들을 이 불쌍한 미개한 이교도들의 마음에 효과적으로 전달할 수 있도록 하는 방법을 마련해 주셨던 것이다.

5. 더욱 주목할 만한 것은 하나님께서 이 곳에서 그의 사역에 대해 자주 제기된 편견들과 반대들을 누그러뜨릴 뿐 아니라 그것들이 설 자리가 없도록 만드는 그런 수단과 방법을 통해서 그의 역사를 이루셨다는 점이다. 사람들이 하나님의 말씀의 처절한 진리들을 듣고 각성하여 하나님의 법에 대한 두려움에 싸이고 자기들의 영혼에 대해 엄숙한 근심을 갖게 될 때에, 그 사람들은 그저 지옥과 정죄에 대해 겁주는 말에 질린 것뿐이고 그들의 근심이 하나님의 역사의 결과라는 증거가 하나도 없다는 식으로 반론을 제기하는 자들이 흔히 있어왔다. 그러나 지금의 경우는 하나님께서 이런 반론이 설 자리를 전혀 남겨두지 않으셨다. 멸망을 향해 가는 죄인들을 향한 거의 천편일률적인 복음의 초청을 통해서만 이 은혜의 역사가 시작되고 이루어졌기 때문이다. 이 점은 내가 그 때그 때 행한 설교에서 주로 강조한 성경 본문들을 보

면 얼마든지 납득될 수 있을 것이다. 나는 그 본문들을 일기에 적어 놓았다. 누가복음 14장의 큰 잔치 비유에 대해 말씀을 전하는 동안 지금까지 내 평생에 본 일이 없는 전면적인 큰 각성이 일어나는 것을 보았다. 그 설교에서 나는 청중들에게 도저히 가늠할 수 없을 만큼 풍성한 복음의 은혜를 제시할 수 있었다. 물론 내가 인디언들에게 그들의 타락한 상태와 죄악성과 그 비참한 처지에 대해 한 번도 가르친 적이 없는 것은 아니다. 처음에 나는 이 문제를 그들에게 강조하였고, 거의 모든 설교에서 반복하고 설명하려고 애썼다. 이 기초가 없이는 모래 위에 집을 세우는 것과 다를 바 없고, 또한 그들에게 그리스도가 진정 필요하다는 것을 납득시키지 않고서는 그들을 그리스도께로 불러와도 허사가 되고 만다(막 2:17)는 것을 잘 알고 있었기 때문이다.

하지만 이 굉장한 각성은, 이 갑작스런 근심은, 결코 공포를 자아내는 장광설 때문에 부추겨진 것이 아니고, 내가 죽으시는 주님의 사랑과 복음이 베풀어 주는 풍성한 것들, 그리고 괴로움 중에 있는 가련한 죄인들을 향하신 하나님의 은혜의 값없는 초청 등에 대해 강조할 때에 일어났고 그리하여 언제나 지극히 의아스럽게 여겨졌다. 그렇다고 내가 공포를 자아내는 설교의 결과로 신앙적인 각성이 일어났다면 하나님의 역사로 말미암아 이루어진 순전한 각성이라 보기 어렵다는 식의 생각을 갖고 있는 것은 아니다. 왜냐하면 공포를 자아내는 설교야말로 죄인들을 각성시키기 위해 하나님이 비근하게 쓰시는 방법이며, 또한 성경과 건전한 사리에도 전적으로 부합되기 때문이다. 여기서 주목하고자 하는 것은, 이 인디언들을 효과적으로 각성시키는 데에서는 하나님께서 좀 더 순한 수단을 사용하시고 그것을 복주셨고 그리하여 앞에 언급한 그런 반론들의 여지를 사전에 방지하셨다는 사실이다. 만일 그렇지 않았다면 세상은 이 일에 대해 그럴듯하게 반박했을지도 모른다.

이 역사를 위해 사용된 수단에 대해서도 그랬지만, 그 일이 이루어진 방식에 대해서도 반론의 여지가 전혀 없었다. 물론 사람들이 자기들의 영혼에 대해 굉장히 크게 근심한 것은 사실이다. 그들의 죄와 비참한 처지에 대한 가책이 굉장히 고조되어 눈물과 부르짖음과 탄식이 일어났다. 그러나 종교적인 감동을 받은 사람들 중에 때때로 나타나는 육체적이거나 정신적인 갖가지 이상 현상들은 거기에 없었다. 때때로 현저하게 나타난다고들 하는 갑작스런 경련이나 육체적인 통증, 소스라치게 놀랄 만한 비명소리, 졸도 등의 현상이 전혀 나타나지 않았던 것이다. 일부 사람들이 빌립보의 간수처럼 자기들의 죄와 비참한 처지를 지각하고서 두려워 떨며, 자기들의 멸망을 향해 가는 자기들의 처지를 바라보며 괴로워 울부짖기도 했으나 그것이 전부였던 것이다.

또한 환상이나 황홀경, 예언적인 감동을 받고 있다는 식의 상상 등의 정신적인 이상 현상들도 전혀 없었고, 혹은 근심이나 기쁨에 완전히 사로잡혀 있는 데서 일어나는 어울리지 않는 정서 같은 것도 거의 없었고, 한두 사람이 굉장한 근심에 사로잡혀 있었고 또한 한 사람이 그 비슷한 정도의 기쁨에 사로잡혀 있는 것을 목격한 것이 전부였다. 그러나 영적인 교만에서 나오는 현상들이 보이면 시초에 완전히 잘라버리려고 애썼고, 그 이후로는 기쁨이든 슬픔이든 간에 순전하고 꾸밈이 없는 감정 외에는 하나도 나타나지 않았다.

마지막으로, 이 역사로 인하여 나타난 결과들 역시 매우 주목할 만한 것이었다. 지난 6월 처음 내가 그들을 방문한 이래, 이 사람들 중 많은 이들이 하나님의 진리에 대한 교리적 지식을 더 많이 얻었다는 사실을 믿어 의심치 않는다. 하나님의 그런 역사하심이 없이 일 년 내내 계속해서 적절한 교육적인 수단을 지극히 부지런히 사용하였다 해도 그들의 마음에 그만큼의 지식이 새겨질 수는 없었을 것이다. 그들의 이교도적인 사고와 우상 숭배의 행위들이 이 지역에서 완전히 사라진 듯 보인다. 이들은 결혼 문제에서도 통제를 받고 있고 정상적인 사고를 갖고 일을 처리하는 것 같다. 그 한 가지 사례를 8월 14일자 일지에 언급한 바 있다. 또한 이들은 술에 취하는 것과도 전반적으로 결별한 것 같아 보인다. 이것이야말로 그들에게 일상적으로 나타나는 악행이요 또한 "그들을 쉽게 무너뜨리는 죄"였던 것이다. 내가 처음 그들을 방문한 이후 나의 설교를 꾸준히 들어온 자들 가운데 과도하게 술에 취한 자는 두세 명을 넘지 않는다. 전에는 거의 날마다 이들 중에 술에 취한 자들이 있었는데 말이다. 그리고 지금에 와서는 술 취하는 죄를 죽음 자체보다 더 두려워하는 것 같은 이들도 있다. 이들 중 많은 이들에게서 정직과 정의의 원칙이 나타나고 있고, 전에 가벼이 여겼고 몇 년 동안 거의 생각조차 하지 않고 있던 과거의 빚들을 갚는 문제를 진지하게 걱정하는 것 같다. 전에 독주(毒酒)를 마시는 데 썼던 돈을 잘 사용함으로써 이제는 그들의 생활도 과거보다 한층 더 나아졌고 더 편해졌다. 사랑이 이들을 다스리는 것 같고, 특히 구원 얻는 변화를 경험했다는 확실한 증거가 나타나는 자들에게서는 더욱 그런 것 같다. 또한 이들에게서는 분을 낸다거나 트집을 잡는 모습들을 한 번도 보지 못했고, 자기들처럼 긍휼하심을 얻지 못한 다른 이들보다 자기들을 높이는 그런 정서도 전혀 본 일이 없다.

영적인 깨달음 중에 크고 절박한 근심이 그들에게 있었지만, 동시에 "말할 수 없는 즐거움으로 즐거워하며 영광이 가득한" 것으로 보이는 이들이 그들 중에 많았다. 그러나 기쁨 중에 황홀경에 빠지거나 완전히 정신 나간 것처럼 들떠 있는 모습은 한 번도 본 일이 없다. 위로를 받았으나 그것 때문에 경박함에 빠지지 않는 것이다. 아니, 나의 일기 여러 군데에서 볼 수 있듯이 오히려 그들에게는 엄숙함이 있고, 눈물과 상한 마음이 나타나는 경우가 많다. 어떤 이들은 자기들 자신의 모습에 깜짝 놀라기도 했고, 내게 그들이 깨달은 것을 걱정스럽게 이렇게 토로하기도 했다. 영적인 기쁨을 나타내고자 그들이 흔히 쓰는 표현을 빌리면, "마음에 기쁨이 있을 때에 오히려 모든 이들을 위해 울부짖지 않을 수 없다"는 것이다.

이런 모든 점들을 보건대, 이제 나는 합리적으로 바람직하고 기대할 수 있는 놀라운 은혜의 역사의 징후들과 증거들이 이 인디언들에게 모두 나타나고 있다고 정당하게 말할 수 있다고 본다. 이 역사를 이루시는 위대한 하나님께서 여기서 그 일을 계속 유지하시고 촉진케 하시며, 그리고 온 땅이 그의 영광으로 가득하기까지 어디서나 그 일을 이루어가시기를 바란다! 아멘.

지난 3월 초부터 지금까지 말(馬)로 여행한 거리가 3천마일 이상인데 이에 대해 정확한 기록을 꼼꼼히 유지해 왔다. 그 중 대부분이 인디언들에게 기독교의 지식을 전파하는 목적을 위해 선교사로서 내게 주어진 임무를 감당하는 데에 직간접적으로 관련된 것이었다. 나와 여행을 함께 해 줄 동료를 찾기 위해 애를 썼고, 또한 뉴잉글랜드의 신앙적인 인사들 중에서 그 동료를 후원하기 위한 재원을 마련키 위하여 수백 마일을 여행하며 힘을 써왔지만, 목사들과 기타 인사들에게서 그런 사람이 찾아지면 한 사람을 위해 필요한 재원이 유지되기를 바란다는 격려의 말을 듣기는 했으나, 아직 이 선한 사역을 위한 자격 요건도 갖추고 있고 이를 위한 뜻도 있는 사람을 만나지 못했다.

또한 최근에는 이 사역에 관심이 있는 인사들에게 인디언들 가운데 영어 학교를 속히 세워야 할 필요성을 제시한 바 있는데, 이제 이들은 이 목적을 위하여 하나의 조직체를 구성하기를 바라고 있다. 이 일을 위해서 나는 그들에게 이 선한 일을 도모하기 위해 학교의 교사 한 사람을 재정적으로 지원하고 또한 기타 필요한 경비에 충당하기 위해 후원 모금을 겸손하게 제의하였고, 이들은 이제 각자 소속된 여러 교회들에서 그 일을 시도하고 있다.

지난 여름 내가 다니며 설교했던 여러 인디언 무리들은 서로 굉장히 거리가 먼 곳에서 살고 있다. 뉴저지 주 크로스웍성은 펜실베이니아 주 델라웨어의 폭스와의 거리가 70마일 이상이나 된다. 그리고 내가 방문했던 서스퀴한나의 여러 인디언 정착촌들은 거기서부터 120마일 이상이나 떨어져 있다. 그러니 여행을 하는 데에 시간을 소비할 수밖에 없고, 따라서 필요한 연구를 위해서와 인디언 언어 공부를 위해서 쓸 수 있는 시간은 적을 수밖에 없다. 특히 한 곳에서 인디언들과 함께 있는 동안, 다른 곳도 방문할 시간을 벌기 위해서 그 곳에서 최대한도로 자주 말씀을 전할 수밖에 없으니 더욱 그렇다. 때로는 인디언 언어 습득을 위한 노력을 기울이기를 거의 포기하고픈 심정일 때도 있다. 그 언어의 숫자가 너무나도 많기 때문이다. 이에 대해서는 지난 5월 나의 일기에 기록한 바 있다. 그리고 특히 내 시간의 거의 전부가 다른 수고들과 피로감에 소진되고 그리하여 나의 몸이 무리하게 되어, 나의 건강이 매우 손상을 받고 있는 실정이다. 그러나, 나는 델라웨어 어를 배우기

1745년

위해 상당한 노력을 기울여왔고, 지금도 나의 다른 임무들과 육체적인 건강이 허락하는 한 그 일을 계속 행하고 있다. 그 언어를 습득하고자 갖가지 불리한 조건들과 싸우며 수고하여 이제 어느 정도 능숙하게 언어를 구사할 수 있게 되었다. 여기서 주지해야 할 점은, 첫 해를 인디언들과 함께 보내며 그들의 언어에 익숙해지려고 온갖 노력을 기울였으나, 그것이 델라웨어의 인디언들에게는 거의 혹은 전혀 유익이 없었고, 그리하여 이들에게 온 이후 언어를 습득하는 노력을 처음부터 다시 시작하여야 했다는 것이다.

이 가련하고 무지한 이교도들이 기독교의 원리들을 가르침 받고 거기에 터를 굳게 세우기 위해서는 "교훈에 교훈을 더하고 경계에 경계를 더해야" 할 필요가 있는 처지에 있으므로, 그들과 함께 있는 주간 동안 거의 매일같이 "공중 앞에서나 각 집에서나" 설교하였다. 공적인 설교는 나의 일의 절반도 채 되지 못했다. 그 외에도 수많은 이들이 끊임없이 "어찌하여야 구원을 얻겠나이까?"라는 중요한 문제점을 들고 나를 찾아왔고, 그들의 마음의 갖가지 일들을 내게 털어놓았기 때문이다. 그러나 하나님의 은혜를 찬양하는 마음으로 말할 수 있는 것은, 나의 수고가 눈에 보이는 성공을 거두게 된 것은 수고 자체에 비하면 도무지 말로 다할 수 없는 엄청난 보상이었으며, 또한 바쁘게 다니며 지친 상태에서 나를 지탱시켜주고 이끌어준 크나큰 수단이었다는 것이다. 그런 고무적인 역사를 바라보지 못했다면 나는 천성적인 연약함 때문에 완전히 가라앉고 말았을 것이다. 그러나 이런 성공이 분명 뒷받침과 위로를 주고 또한 감사를 드릴 일이지만, 이를 경험하면서 나는 나의 사역에 도움이 있어야 한다는 큰 필요를 절감하였고, 나와 함께하며 수고와 어려움을 함께 져줄 수 있는 사람이 하나도 없다는 것이 크게 마음을 짓눌렀다. 추수의 주께서 다른 일꾼들을 이 추수의 역사 속으로 보내사 흑암 중에 앉은 자들이 큰 빛을 보게 하시고, 또한 온 땅이 그를 아는 지식으로 가득하게 하시기를 바란다. 아멘.

제 8 장

브레이너드의 일지: "뉴저지와 펜실베이니아의 인디언들에게 일어난 놀라운 은혜의 역사: 기독교 지식 전파를 위한 스코틀랜드 선교회의 명에 따라 작성함" 제2부 — 크로스윅성 사역의 재개 — 성령의 부으심 — 두드러진 사례 — 하나님의 능력이 놀랍게 나타남 — 한 회심자 — 여러 그리스도인 인디언들이 델라웨어의 폭스까지 그와 동행함 — 크로스윅성에서 일어난 충격적인 회심 — 금식일 — 성찬 — 한 주술사의 회심 — 기술 내용에 대한 대략적인 소견.

1745년 11월 24일 〉 1746년 6월 19일
뉴저지주, 크로스윅성, 1745년

11월 24일 주일. 오전과 오후 모두 누가복음 19:1-9의 삭개오의 이야기를 근거로 말씀을 전했다. 오후에는 죄인이 아브라함의 자손, 혹은 참된 신자가 될 때에 그에게 임하는 구원에 대해 설명하고 강조하였는데, 말씀에 하나님의 능력이 함께 하여 청중의 마음에 와 닿는 것 같았다. 많은 이들이 하나님의 진리에 감동을 받았고, 전에 깨달은 자들이 다시 깨달음을 얻었고, 한두 명이 새로이 각성하였다. 하나님께 드리는 예배에 지극히 감동적으로 참여하는 모습이 그들 모두에게서 전반적으로 나타났다. 하나님의 성령의 능력적인 역사로 말미암아 그들의 마음에 하나님의 말씀의 순전한 효과가 나타나고 있다는 인상을 받았다.

11월 26일. 내 사람들과 함께 사사로운 대화의 시간을 가진 다음, 요한

복음 5:1-9에 근거하여 공적으로 말씀을 전하였다. 말씀을 전하면서 무언가 특별한 자유로움과 열정, 그리고 하나님의 진리에 능력적인 에너지가 수반되는 것을 느꼈다. 많은 이들이 감정에 북받쳐서 흐느껴 울었고, 회중 가운데 무관심해 보이는 자가 거의 보이지 않았다. 회중이 부드러우면서도 날카로우며 효과적인 감동에 사로잡힌 것이 보였다. 격정으로 인하여 일어나는 시끄러운 소요 같은 것이 하나도 없었다. 오히려 마음 깊은 곳에 감동이 있는 것 같았다. 자기들의 잃어버린 상태에 대한 깨달음을 얻은 사람들은 무겁게 탄식하며 눈물을 흘렸고, 또한 위로를 얻은 다른 이들에게는 감미롭고도 겸손한 마음의 감동이 있었다. 그것은 마치 지면을 격하게 때리지 않으면서도 효과적으로 땅을 촉촉이 적시는 부드럽고 꾸준한 단비와도 같았다. 영혼에 대해 깊이 고뇌했고 또한 그리스도 안에서 누리는 복락을 얻기를 진정으로 갈구하던 자들 중 일부가 최근 각성을 얻었다. 그들 중 몇 명은 공 예배가 끝난 후 심령이 괴로워 어찌 해야 할지도 모르겠고 자기들의 악한 마음을 어떻게 변화시켜야 할지도 모르겠다고 했다.

11월 28일 사사로운 대화를 통해 기독교의 임무들 몇 가지를 가르치고 이에 대해 자극하고자 애쓴 다음, 인디언들에게 공적으로 말씀을 전했다. 누가복음 9:28-36의 우리 주님의 모습이 변화하신 거룩한 이야기를 설명하고 몇 가지 점을 제시하였다. 이 본문을 강조하여 말씀하면서 하나님의 백성들을 강건하게 하고 그들에게 위로를 주고자 하였다. 모습이 변형되신 그리스도의 영광에 대한 기사에 몇 사람이 굉장히 감동을 받고 자기들도 그와 함께 있으면서 맨 얼굴로 그의 영광을 바라보고 싶은 간절한 소망으로 가득 차 있는 것을 보았는데, 그들이 진정으로 그렇게 감동을 받았다고 생각할 만한 이유가 있다.

공 예배가 끝난 후, 그들 중에 가장 감격에 벅차서 흐느끼는 한 여자에게 지금 바라는 것이 무엇인지를 물었다. 그러자 그녀는, "오오, 그리스도와 함께 있는 것이지요. 하지만 어떻게 해야 그와 함께 머물 수 있는지를 모르겠습니다"라고 대답하였다. 신앙이 있는 사람들에게 이 시간은 전반적으로 새로운 힘을 얻는 복된 시간이었다. 주 예수 그리스도께서 전에 그의 제자들 앞에서 변형되시던 때처럼 이 때도 인디언들에게 그의 신적인 영광을 나타내시는 것 같았고, 그들도 제자들과 더불어 이구동성으로, "주여 여기 있는 것이 좋사오니"라고 말할 태세였다.

이 때에는 주로 진정 은혜를 누리는 자들을 염두에 두고 말씀을 전했으나, 하나님의 말씀의 역사가 이들에게만 임한 것은 아니었다. 온 회중에게 하나님의 능력이 임하는 것 같았고, 그리하여 대부분이 어느 정도 감동을 받았다. 최근에 각성한 한 나이 많은 남자는 자기 영혼에 대한 깊고도 절박한 근심이 생겼고 그리하여 어떻게 하면 예수 그리스도를 찾을 수 있는지를 진지하게 물어왔다. 하나님께서는 여전히 우리의 모든 예배 모임에서 그의 신적인 임재와 그의 복되신 성령의 역사가 그의 말씀에 임하도록 허락하시는 것 같다.

11월 30일. 내 사람들 중 몇 명과 몇 시간 동안 그들의 영적인 근심에 대해 개인적으로 대화를 나눈 다음, 저녁이 다 되어 설교를 시작하였다. 누가복음 16:19-26의 부자와 나사로의 이야기를 설명해 주었다. 그 말씀이 모인 회중 가운데 여러 사람에게 감동을 주었고, 특히 나사로가 아브라함의 품에 안긴 복을 누린 일에 대해 강론하는 동안 강력한 감동이 있었다. 오히려 부자의 비참한 처지와 괴로움에 대해 말씀할 때보다 더한 감동이 그들에게 있는 것을 감지할 수 있었다. 그들은 거의 언제나 하나님의 말씀을 처절한 진리들보다는 위로가 되는 말씀에서 훨씬 더 감동을 받는 것 같았다. 죄를 깨달은 여러 사람들을 괴롭게 만든 것은 경건한 자들의 행복을 바라는데도 그것을 얻을 수 없다는 사실이었다. 그들은 최소한 지옥에 대한 공포보다도 바로 이 사실에 더욱 영향을 받는 것 같았다. 그러나 그들을 각성시키는 수단이 무엇이든 간에 분명한 것은 많은 이들이 그들의 죄와 비참한 처지, 그들의 마음의 사악함과 완고함, 스스로 어찌해 볼 수 없는 완전한 무능력의 상태에 있으며, 오직 하나님의 도우심이 있어야만 그리스도께로 나아올 수 있다는 것 등을 깊이 지각하게 되며, 그리하여 그리스도께서 그들을 위해 모든 것을 해 주셔야 한다는 절박한 필요성과 또한 그들로서는 주권자 하나님의 긍휼의 발 아래 엎드릴 수밖에 없다는 것을 깨닫게 된다는 것이다.

12월 1일 주일. 오전에 누가복음 16:17-31을 근거로 내 사람들에게 말씀을 전했다. 여러 사람들에게서 거짓 없는 감격이 나타났고, 어떤 이들은 하나님의 진리에 깊이 감동을 받은 것 같았다. 오후에는 여러 백인들에게 설교했다. 인디언들이 부지런히 이 시간에도 참석했는데, 그들 중 여러 사람들이 내 설교의 상당 부분을 이해할 수 있었다. 밤에는 다시 내 사람들에게 말씀을 가르치면서, 갖가지 점에서 그들의 품행과 관련하여 구체적인 경계와 지침을 주었고, 그들을 머뭇거리게 만들고 온갖 시험에 빠뜨리고 그 다음 그릇된 행실이 드러나면 그것으로 그들의 신앙이 허구임을 폭로시키려고 기회를 노리는 자들이 주위를 에워싸고 있음을 깨닫고 행실에 조심할 것을 강조하였다.

12월 8일 주일. 요한복음 9장의 맹인의 이야기에 대해 말씀을 전했다. 이번에는 회중에게 별다른 말씀의 효과가 보이지 않았다. 최근 영혼에 대해 상당한 근심을 갖게 된 사람들이 진지한 자세로 예배에 참석하였으나, 보통 때만큼 그리스도 안에서 누리는 은혜를 얻기에 궁구하는 모습이 별로 없었다. 주께서 여기서 죄인들을 일깨우시며 견고한 위로를 얻은 자들의 마음에 때때로 하나님의 일들에 대한 새로운 지각으로 감동을 주셨기 때문에, 회중이 흐느낌이나 탄식이 없이 그저 메마른 눈으로 앉아 있는 모습을 보는 것이 매우 이상하게 여겨진다.

12월 12일. 마태복음 25장의 열 처녀 비유에 대해 말씀을 전했다. 이번에는 하나님의 능력이 어느 정도 함께하는 것 같았다. 이 설교에서는 흔치 않은 자유로움과 평이한 어조로 하나님의 진리들을 드러내고, 나의 능력보다 뛰어나게 나의 사람들의 수준에 맞추어 설명할 수 있었다. 여러 사람들에게서 영혼에 대한 간절한 근심이 나타났으나 전반적으로 예전보다는 깊이와 절박함이 없었다. 그러나 여러 사람들이 — 어떤 이들은 하나님의 사랑을 지각하고, 어떤 이들은 그 사랑을 깨닫지 못하여 안타까워서 — 눈물을 흘리며 흐느끼는 것을 보니 새로운 힘이 생겼다.

12월 15일. 누가복음 13:24-28에 근거하여 인디언들에게 설교하였다. 하나님의 진리가 청중에게 무게와 능력으로 다가가서 여러 사람들의 마음에 와 닿는 것 같았다. 저녁에는 그들에게 다시 마태복음 25:31-46에 근거하여 말씀을 전하였다. 이번에도 말씀에 하나님의 역사가 함께 하였고 모인 회중에게 전체적으로 강력한 감동을 주었으며, 여러 사람들이 매우 특별하고도 구체적인 방식으로 감동을 받았다. 놀라운 은혜의 시간이었다. 오늘 주의 말씀은 과연 "살아 있고 활력이 있어 좌우에 날선 어떤 검보다도 예리하"였고, 여러 사람들의 마음을 찔렀다. 회중이 크게 감동을 받았고 깊은 영향을 받았다. 그러나 이 은혜의 역사가 시작될 때에 나타났던 것 같은 격한 감정의 소요 같은 것은 나타나지 않았다. 하나님의 말씀이 청중에게 견고하고 합리적이며 깊은 감동을 준 것 같았다. 그 감동은 그것을 전해 준 수단이 되었던 그 엄숙한 진리들과 격이 맞는 것이었고, 갑작스런 공포나 혹은 근거 없는 심리적인 동요에서 나오는 결과와는 전혀 거리가 먼 것이었다. 오오, 듣는 이들의 마음이 하나님의 진리의 무게 아래 머리를 숙였고, 그것을 사람의 말이 아니라 하나님의 말씀으로 받아들이고 그렇게 느꼈다는 것이 얼마나 분명하게 드러났는지 모른다. 하나님의 이름으로 전해지는 하나님의 진리의 특별한 능력과 영향력으로 회중이 엄숙한 경이에 사로잡히고 깊은 감동을 받는 모습을 본 사람이 아니면 어느 누구도 이 때의 우리 모임의 모습을 정당하게 가늠할 수가 없다.

1745년

12월 16일. 저녁에 내 사람들에게 누가복음 11:1-13에 근거하여 말씀을 전했다. 하나님께 구할 것을 명령하는 9절을 강조한 다음, 지극히 간절한 자세로, 본문의 비유에 나타나는 대로 한밤중에 떡을 달라고 간청하는 사람처럼 그렇게 간곡하게, 하나님께 새 마음을 주시기를 구할 것을 촉구하였다. 회중 가운데 많은 감동과 근심이 있었고, 특히 한 여자는 자기의 영혼에 대해 크나큰 고뇌로 괴로워하였다. 그리스도를 찾는 중에 그런 고뇌에 싸이게 되었고, 저녁이어서 날씨가 매우 추웠으나 한동안 그녀의 얼굴에서 땀이 흘러내렸다. 그녀의 간절한 부르짖음이 그녀의 마음의 절박한 상태를 적나라하게 드러내주었다.

12월 21일. 내 사람들은 이제 기독교의 원리들에 대해 상당한 정도의 지식을 갖게 되었다. 그리하여 그들 중에 요리문답식의 강좌를 개설하는 것이 합당하다고 여겨, 이 날 저녁 그런 형식으로 시도를 해보았다. 총회의 소요리문답과 일치하는 질문들을 그들에게 제시하고, 그들의 답변을 듣고, 각 질문마다 필수적인 내용을 설명하고 강조하는 식이었다. 그리고 나서 전체의 내용에 대해 몇 가지 실천적인 적용을 시도하였다. 이것이 내가 시도한 방법이었다. 그들은 내가 제기하는 여러 중요한 질문들에 곧바로 정상적으로 답할 수 있었다. 이렇게 시험한 결과 그들의 교리적 지식이 나의 기대 이상인 것을 알았다. 강론을 계속하는 중에 지금까지 말씀한 그 위대하고 영광스러운 하나님을 "영원한 친구요 분깃"으로 삼는 자들이 얼마나 복된 자들인가를 설명하자 몇 명이 크게 감동을 받았고, 특히 그의 사랑하시는 아들을 통하여 하나님과 화목하여 그의 영원한 사랑 가운데 있을 것을 권고하고 설득할 때에는 더욱 감동을 받았다. 이처럼 이들은 이런 방법을 통하여 진리의 빛을 받고 교훈을 받을 뿐 아니라 감동을 받고 영혼의 근심거리들과 씨름하게 되었다.

12월 22일 주일. 마태복음 19:16-22에 나타나는 청년의 이야기를 소재로 하여 말씀을 전했다. 하나님께서는 이 말씀을 몇몇 심령들에게 아주 적절한 말씀이 되게 하신 것 같고, 그 중에서도 특히 16일 일기에 언급한 한 여자에게 더욱 그러했던 것 같다. 충분한 근거를 갖고 판단하건대, 그녀는 며칠 전에 이미 구원을 얻는 변화를 얻은 것이 분명했으나, 아직 한 번도 확고한 위로를 얻은 적이 없었다. 그런데 이제 그녀는 하늘의 마음 자세를 갖고서 평온하고 하나님의 뜻에 크게 기뻐하는 것으로 보였다. 그녀와 특별히 대화를 나누며, 최근까지 영적인 고뇌로 괴로워했는데 어떻게 해서 그런 상태에서 벗어나 평안을 얻게 되었느냐고 물었다. 그러자 그녀는 서툰 영어로 대답하였다: "내가 나 자신을 구하려 그렇게 애썼는데, 내 힘이(즉, 자기 자신을 구할 수 있는 자신의 능력이) 다 사라져서 더는 애쓸 수가 없었어요. 그래서 예수 그리스도께서 원하시면 나를 지옥에라도 보내 달라고 했어요." 나는, "하지만 그대는 지옥에 가기를 원치 않지 않습니까?"라고 물었다. 그러자 그녀는 이렇게 대답했다: "저는 어쩔 수가 없어요. 내 마음의 모든 것이 다 악하니 나를 선하게 만들 수 없으니까요"(즉, 그녀는 자기의 마음이 악하고 또한 자기가 그 마음을 고칠 수가 없으니 자기가 지옥에 가는 것이 합당하다고 여겼다는 것이다). 나는, 그런데 이런 상태에서 어떻게 벗어났느냐고 물었다. 그녀는 여전히 서툰 영어로 대답했다: "내 마음이 얼마나 기쁜지 모릅니다." 나는 왜 마음이 기쁘냐고 물었다. 그러자 그녀는 이렇게 대답했다: "내 마음이 기쁘지요. 예수 그리스도께서 그가 기뻐하시는 대로 내게 하시니까요. 그가 나를 어디에 보내시든지 나는 상관치 않습니다. 어찌되든지 그를 사랑하니까요." 그녀는 만일 그리스도께서 그녀를 지옥에 보내기를 기뻐하시면 기꺼이 지옥에라도 가리라는 확고한 마음이었다. 분명한 진실은, 그녀의 뜻이 하나님의 뜻에 완전히 사로잡혀 있었으므로, 혹여 그녀를 지옥에 보내는 것이 하나님의 뜻이었다 해도 그녀로서는 그녀의 상상 속에서 지옥을 끔찍하거나 처절한 것으로 여길 수가 없었다는 것이다.

 밤이 가까워 오기까지 전날 저녁부터 시작한 요리문답식의 공부법을 사용하여 그들을 가르쳤다. 한 가지 진리를 설명한 다음 그것을 상세히 납득시켜서 "하나님께서 나를 영생에로 택하셨는지를 내가 어떻게 알까?"라는 질문에 대답하도록 하기 위해서, 그리스도께 나아와 그에게 마음을 드려서 그들의 택하심을 굳게 하라고 강하게 권면하였는데, 이 때에 그들이 크게 감동을 받았고, 근심 중에 있는 사람들은 새롭게 그리스도의 은혜를 구하였다. 그리고 이미 위로를 얻은 몇몇 다른 이들은 그들에게 하나님을 향한 사랑이 있다는 것이야말로 하나님께서 사랑하사 그들을 택하셨다는 증거라는 사실을 깨닫고 새로운 힘을 얻었다.

12월 25일. 이 지역에서는 인디언들이 성탄절에 백인들과 함께 술을 마시며 흥청거리는 것이 상례인지라, 나는 이 날 그들을 함께 모아 그들에게 하나님의 일들을 가르치는 것이 합당하다고 여겼고, 그리하여 누가복음 13:6-9에 나오는 열매 없는 무화과나무의 비유로 말씀을 전하였다. 이 때에 하나님의 역사가 말씀에 함께 한 것 같다. 하나님의 능력이 모인 회중 가운데 나타났다. 특별한 부르짖음 같은 것은 없었으나, 전에는 전혀 관심을 보이지 않았던 몇몇 어리석은 자들이 감동을 받는 역사가 일어난 것이다. 하나님의 진리와 함께 나타난 능력은 회리바람보다는 지진의 효과를 그들에게 준 것 같았다. 격한 감정은 예전에 흔히 있었던 것만큼 그리 크게 일어나지 않았으나, 하나님의 진리의 압도적인 영향력에 의하여 그들의 이성적인 사고가 강력하게 납득을 얻은 것으로 보였다. 전반적으로 회중에게 그저 표면적인 것이 아니라 깊고도 마음을 움직이는 감동이 있는 것 같았다. 오오, 이들 모두가 그 귀로 듣는 모든 것을 기꺼운 마음으로 받아들이고 복종하며 그것이 자기들의 임무임을 깨달았으니 얼마나 귀한 일인지 모른다! 하나님께서 진리로 우리 가운데 계시사 완악한 마음을 깨뜨리고 녹이신 것이다! 우리들 중에 얼마나 많은 눈물과 흐느낌이 있었던가! 살아 움직이는 활기와 철저한 주의 집중이 있었다! 하나님께 예배 드리는 시간에 온 회중 가운데 진지한 열정과 강렬한 마음의 자세가 나타난 것이다. 이들은 마치 갈한 땅이 이른 비와 늦은 비를 기다리듯이, 하나님의 말씀이 방울방울 떨어지는 것을 유심히 살피고 기다리는 것 같았다.

그러고 나서 에베소서 5:22-33에 근거하여 남편과 아내의 임무에 대해 강론하였는데, 이 말씀이 때에 꼭 맞는 말씀이었다고 생각한다. 저녁에는 열매 없는 무화과나무에 관한 앞의 강론에서 강조했던 진리들을 좀 더 상세히 설명해 주느라 한동안 시간을 보냈는데, 말씀의 능력이 여전히 그들에게 함께 하는 것을 보았다.

12월 26일. 이 날 저녁 굉장한 영적인 고뇌에 싸여 있는 한 사람이 방문하였는데, 이는 내가 본 사례 가운데 가장 특별한 경우였다. 그녀는 80세가 넘어 보였고, 오랜 풍상에 찌들려 있고 매우 어린애 같아서, 사람으로서는 그녀에게 하나님의 일들에 대해 무슨 생각을 심어주기가 불가능할 것 같았다. 생각할 능력이 없어 보여서 도무지 교리적인 가르침을 줄 수가 없을 것 같았다. 그녀가 손에 이끌려 내 집에 들어왔는데, 괴로움이 극에 달해 있는 것 같았다. 나는 무엇이 그렇게 괴로우냐고 물었다. 그러자 그녀는, 마음이 극히 괴로운데 그리스도를 찾지 못할까 싶어서 매우 두렵다고 하였다. 나는 그녀의 괴로움에 대해 여러 가지 다른 질문을 한 다음, 언제부터 이런 괴로움이 시작되었는가를 물었다. 그녀는 이 모든 질문에 대답했는데, 그 골자는 이렇다: 그녀는 나의 설교를 여러 차례 들었으나 그게 무슨 뜻인지 알지도 못했고 마음에 느낌도 전혀 없었는데, 지난 주일, 마치 바늘이 심장을 찌르는 것처럼 말씀이 그렇게 자기를 찔렀고, 그 때부터 밤이나 낮이나 평안이 없었다는 것이다. 그리고 이렇게 덧붙였다. 성탄절 전날 저녁에 많은 인디언들이 함께 그녀의 집에 모여 그리스도에 대해 이야기를 나누었는데, 그들의 이야기가 그녀의 마음을 찔러서 도저히 앉아 있을 수가 없어 침대에 엎드러졌고, 바로 그 때에 정신을 잃었다는 것이다. 그 때에 그녀는 마치 꿈을 꾸는 듯한 느낌이었으나, 꿈이 아닌 것이 확실하다고 했다. 그런 상태에서 그녀는 두 길을 보았다고 했다. 하나는 매우 넓고 구불구불한 길로서 왼쪽으로 돌아가는 길이었고, 또 한 길은 똑바르고 매우 좁은 길이었는데 오른쪽으로

1745년

언덕을 향해 올라가는 길이었다고 했다. 그녀는 그 좁은 오른쪽의 길을 한동안 걸어갔는데 무언가가 그녀의 걸음을 방해하는 것 같았다고 했다.

그것을 어둠이라고도 했으나 다시 그것을 달리 묘사하였는데, 그것을 나무토막이나 막대기에 비하는 것 같았다. 그리고 그 때에 내게서 들은 좁은 문으로 들어가기를 힘쓰라는 말이 기억났다고 했다. 그 말씀을 들을 때에는 거의 주목하지 못했었는데 그 때에 그 말이 기억났다는 것이었다. 그리고 이 막대기를 타고 넘어갈 생각을 했는데, 바로 그 때에 정신이 돌아왔다고 했다. 그리하여 자신이 그리스도를 버리고 되돌아왔으니 이제는 긍휼을 입을 소망이 전혀 없다고 여겨서, 이처럼 극한 괴로움에 싸여 있게 되었다는 것이다.

나는 황홀경이나 상상에 빠지는 것이야말로 신앙을 해치는 위험한 것임을 알고 있었으므로, 이런 일이 크게 걱정되지 않을 수가 없었고, 특히 처음에는 더더욱 그랬다. 이것이 하나님의 일에 흠집을 내고자 사탄이 계획하여 일으키는 일이라 여겨져서, 이 일을 사탄의 책략 가운데 하나로 선언하여 내 사람들에게 이 비슷한 현상에 대해 경계시키기로 거의 마음을 먹었었다. 사탄이 환상의 장면이나 상상 속의 공포 등 온갖 정신적인 비정상적 현상과 환각을 사용하여 순전한 죄의 깨달음과 복되신 성령의 빛을 밝히시는 역사와 혼동시키는 일이 허다하기 때문이었다. 그러나 먼저 그녀의 지식에 대해 살펴보기로 결정하였다. 그녀가 사물을 정당하게 바라보고 있는지, 그리고 그것이 계기가 되어 현재의 괴로운 근심이 생겼는지, 아니면 그것이 그저 상상 속의 공포 때문에 생겨난 두려움의 표현에 지나지 않는지를 확인하기로 한 것이다. 그리하여 그녀에게 사람의 원시 상태, 좀 더 구체적으로 사람의 현상태와 또한 그녀 자신의 마음의 상태에 관하여 여러 가지를 질문하였는데, 정말 의아하게도 그녀는 이에 대해 합리적으로 답변하였다. 하나님의 역사하심으로 놀라운 빛을 받은 것이 아니라면, 그저 인간적인 가르침만으로는 이처럼 늦기까지 어린아이 같은 생각을 갖고 있는 이교도가 이만큼의 지식을 습득한 상태가 된다는 것이 거의 불가능하다는 생각이 들었다. 나는 그녀에게 죄인들을 구원하기 위하여 복음에 제시된 내용을 제시하였고, 그리스도께서 늙은이나 젊은이나 상관없이 그에게 나아오는 모든 이들을 구원하실 능력이 있으시고 또한 그럴 뜻도 갖고 계신다는 것을 말했다. 이에 그녀는 마음으로 받아들이는 것 같았다. 그러면서 곧바로 이렇게 대답하였다: "아아 그렇군요. 하지만 저는 갈 수가 없습니다. 나의 악한 마음은 그리스도께 가려 하지 않을 겁니다. 어떻게 그에게 갈지를 모르겠습니다." 그녀는 이 말을 하면서 심령의 고뇌가 가득하여 가슴을 치며 눈에 눈물이 가득하였다. 그녀의 그런 간절한 모습이 정말 가여웠고 마음이 아파왔다. 그녀는 자신의 죄와 비참한 처지와, 또한 마음의 변화가 진정 필요하다는 것을 깨닫고 있는 것 같다. 또한 그녀의 이런 근심이 꾸준하게 계속되고 있으니, 이것이 구원 얻는 진정한 역사가 아니라고 단정할 이유가 하나도 없었다. 오히려 구원의 역사이기를 소망하는 것이 합당한 듯하다. 그녀가 그렇게 간절히 그리스도를 믿는 은혜를 얻기를 갈망하며, 그녀의 표현대로 그 마음이 밤낮으로 기도하고 있는 것을 보니 말이다.

이런 비슷한 처지에 있는 사람들을 일깨우시기 위해 하나님이 어느 정도나 머릿속의 상상을 사용하시는지는 나로서는 알 수 없다. 혹은 이 여자가 당한 일이 하나님의 역사에서 비롯된 것인지는 다른 이들이 판단하도록 유보할 것이다. 그러나 이것만은 말해야 할 것이다. 곧, 지금까지 나타난 결과들이 이 일이 하나님의 역사하심에서 비롯되었다는 것을 드러내 준다는 것이요, 또한 이 일은 이성적인 방법으로 이해할 수는 없고, 선하거나 악하거나 간에 무슨 영적인 영향력에서 비롯된 것으로 보아야 한다는 것이다. 이 여자는 지금 자신이 바라보고 있는 그런 식으로는 하나님의 일들을 들어본 일이 없었다. 그러므로 그녀가 무언가 높은 권세나, 최소한 외부의 권세의 도움이 없이 그저 자신의 상상력만을 발휘하여 그것들에 대해 그런 합리적인 사고를 갖게 되었다는 것은 정말 납득하기 어려운 일일 것이다.

그러나 내가 하고 싶은 말은, (인디언들 중에) 지금까지 죄에 대한 이성적인 깨달음과 견고한 위로를 체험한 사람들이 많으나 환상이나 황홀경 혹은 상상에서 비롯된 현상들이 거기에 뒤섞여 나타난 경우가 한 번도 없었다는 사실이야말로 인디언들 중에 나타난 이 은혜의 역사의 영광스러운 사실 중의 하나요 또한 이 역사가 하나님께로부터 비롯되었다는 특별한 증거라는 것이다. 그리고 이런 유의 현상이 전혀 나타나지 않으면 좋겠다고 바라는 심정이었다.

12월 28일. 최근 시작한 요리문답식 방법으로 내 사람들에게 강론하였다. 강론을 전개하면서 나는 사람의 현 상태와 원시 상태를 비교하며 사람이 어떤 상태로부터 타락했으며 또한 사람이 현재 당하고 있는 비참한 처지를 보여주었고, 또한 죄인들에게 그리스도가 없는 그들의 비참한 처지를 똑바로 보며 또한 그리스도 안에서 누리는 구원을 얻기를 힘쓸 것을 강조하였다. 주께서 그의 복되신 성령의 놀라운 역사가 강론에 함께 하게 하셨고 회중 가운데 큰 근심이 나타났다. 많은 이들이 눈물을 흘리며 흐느꼈고, 마음을 변화시키는 깊은 감동이 그들에게 있는 것 같았다. 특히 그 중에 두세 사람이 예비적인 역사의 마지막 단계를 극히 처절하게 경험하는 것으로 보였다. 자기들 스스로는 도무지 할 수 없고, 자기들 스스로는 마음을 바꿀 수 없다는 것을 크게 납득하고서 자기들 자신에 대한 모든 소망을 다 포기하고 가련하고 속수무책이며 완전히 망한 상태에서 그리스도를 찾기에 이른 것 같았다. 그러나 그들 자신을 구원하도록 무슨 일을 행하지 못하는 한 아무리 그렇게 해도 안전에 대한 확신을 얻지 못하기 때문에 괴로움과 고뇌 가운데 있었다. 그 중 한 사람은 앞에서 언급한 그 나이 많은 노파였는데, 그녀는 지금 자신의 죄와 비참한 처지, 그리고 그리스도 안에 있는 구원을 절박하게 필요로 하는 자신의 멸망을 향해 가는 상태를 지각하고서 수고하고 무거운 짐을 진 상태에 있는 것 같았다.

12월 29일 주일. 요한복음 3:1-5을 본문으로 설교하였다. 여느 주일처럼 여러 명의 백인들이 참석하였다. 설교에 능력이 함께 하였고, 청중에게 조용하면서도 깊고 예리한 역사가 있는 것 같았다. 많은 이들이 눈물을 흘리고 감정에 북받쳐 흐느꼈다. 인디언들은 물론 백인들 중에서도 눈물을 흘리는 자들이 있었다. 울음을 그칠 줄을 모르는 이들도 있었으나, 그런 사람은 많지 않았다. 그러나 그들이 놀랍게도 진지하게 주목하였고, 깊은 한숨을 쉬고 눈물을 흘렸다는 것에서 그들의 마음에 감동이 있었다는 것을 알 수 있었다.

공 예배가 파한 후 나는 잠시 쉬었다가 다시 설교를 할 계획으로 집으로 갔다. 그러나 그들이 눈물이 눈에 가득 고인 상태로 하나씩 둘씩 내 집으로 몰려들어서, 어찌하여야 구원을 얻을 수 있는지를 알고자 하였다. 하나님의 성령이 내 집에 모인 그들의 마음에 역사하사 내가 말을 하는 동안 온 집 전체에 울음소리와 탄식으로 가득 차게 되었다. 그들 모두가 함께 그런 상태가 되었고, 그리스도가 없는 상태에 있다고 여겨지는 자들도 거의 모두 그들의 영혼에 대한 근심에 사로잡혔다. 굉장한 능력의 시간이었다. 마치 하나님께서 하늘을 드리우시고 강림하신 것 같았다. 젊은이들이나 늙은이들이나 할 것 없이 그처럼 놀라운 역사에 사로잡혀서, 마치 안일한 자연의 상태 그대로 남아 있는 자가 하나도 없는 것 같았고 또한 하나님께서 온 세상을 다 변화시키시려는 것 같았다. 그 때에 이제 다시는 그 어떠한 남자나 여자라도, 그들이 누구든 또한 어떤 상태든 간에, 그들의 회심에 대해 절망해서는 안 된다는 생각이 들었다.

이 때에 일어난 일들을 정당하게 또한 생생하게 묘사하는 것은 불가능한 일이다. 최소한 이 역사의 결과에 대해 확실하고도 올바른 생각을 전달하는 일만큼은 불가능할 것이다. 많은 이들이 하나님께서 그의 복되신 성령의 능력적인 역사하심을 이 곳에서 취하여 가지 않으셨다는 것에 기뻐하며, 그렇게 많은 이들이 좁은 문으로 들어가기를 힘쓰는 것을 보고 새로운 힘을 얻으며, 또한 그들의 표현처럼 그들이 자신을 밀어붙여 전진하기를 바라는 것을 보며 그들에 대한 관심이 새로워진다고 할 수도 있을 것이다. 또한 동시에 남자나 여자나, 늙은이나 젊은이나 가릴 것 없이 많은 이들이 눈물을 흘리는

1745년

것을 본다고 할 수도 있을 것이다. 어떤 이들은 심령의 고뇌 가운데서 마치 형장으로 끌려가는 정죄 받은 죄수와도 같은 모습으로 얼굴에 무거운 근심의 그림자를 드리우고 있다고 할 수도 있을 것이다. 그러므로 여기서 마지막 심판의 그 엄숙한 날의 생생한 모습을 보는 것 같다. 천국과 지옥이 뒤섞여 있고, 말할 수 없는 기쁨과 괴로움이 함께 뒤섞여 나타난다 할 것이다.

신앙적인 근심과 격정이 그 정도였으므로, 공식적인 신앙적 모임을 가질 수가 없었고, 다만 서로서로 대화를 나누며 시간을 보냈다. 그렇게 하는 것이 서로를 위해 가장 적절하고 합당하다고 생각되었기 때문이다. 그리고 때때로 그들 전체에게 말씀을 전하였고, 마지막으로 기도로 마무리하였다. 이때 그들의 사정이 이러했기 때문에 공 예배를 시작하는 11시 30분 쯤부터 저녁 7시가 넘어서까지 나는 말을 하지 않고 쉬는 시간을 30분도 가질 수가 없었다. 이 날과 전날 저녁에 네다섯 명이 새로이 각성한 것으로 보이는데, 몇몇은 최근에 우리에게 온 자들이었다.

12월 30일. 젊은 청년 네다섯 명이 영혼에 대한 근심을 갖고 찾아왔는데, 대부분이 최근 각성한 자들이었다. 그들과 대화를 나누며 구원을 위하여 지체하지 말고 그리스도께로 달려가야 한다는 것을 강조하려 애썼는데, 대화하는 동안 이들이 크게 울었다.

12월 31일. 몇 시간을 소비하여 내 사람들을 집집마다 찾아다니며 영적인 문제에 대해 그들과 대화를 나누었고, 또한 그리스도가 없는 심령들에게는 마음의 변화의 필요성을 강조하였다. 집집마다 거의 모두 사람들이 눈물을 흘렸고, 그리스도 안에서 구원을 얻기를 극히 고심하며 사모하는 것이 보였다.

사방에서 인디언들이 이 곳으로 모여들어 작은 오두막집들을 지었으므로, 스무 가족 이상이 내 집에서 4분의 1마일(400미터) 거리 이내에 살게 되었다. 공적인 가르침과 사적인 가르침을 위해서 매우 편리한 상황이 마련된 것이다.

1746년 1월 1일. 내 사람들을 다시 방문하느라 상당한 시간을 보냈다. 사람들 중에 자기들의 영적인 문제에 대해 무언가 진지한 감동이 없는 자들이 거의 없었다.

1월 2일. 새로이 우리 중에 온 몇 사람들을 방문했는데, 이들은 전에 기독교에 대해서는 그저 이름만 들었을 뿐 그 이상의 내용에 대해서는 거의 들은 바가 없었다. 그들에게 특히 신앙의 첫째가는 원리들을 할 수 있는 만큼 쉽고도 친숙한 방식으로 가르치고자 힘썼다. 거의 끊임없이 먼 곳에서부터 낯선 이들이 우리들을 방문했고, 그리하여 나는 그들에게 기독교의 첫째가는 원리들을 반복적으로 가르치고 설명해 주었다.

1월 4일. 요리문답식 교육법을 시행하였다. 내 사람들이 질문들에 적절히 대답할 수 있는 것을 알았다. 그들의 지식은 이교도의 어둠에서 벗어난 지 얼마 되지 않은 사람들에게서 기대할 수 있는 정도를 훨씬 뛰어넘는 것이었다. 가르침을 전개하는 동안 회중 가운데 영적인 근심과 감동이 있었고, 특히 진정 은혜를 얻은 자들이라는 희망을 가진 자들이, 최소한 그들 가운데 몇 명은, 크게 감동을 받았고 새로운 힘을 얻었다.

1월 5일 주일. 마태복음 12:10-13을 본문으로 말씀을 전했다. 예배 시간에 평상시와 같은 활기도 감동도 없었다. 회중 가운데 많은 눈물과 흐느낌을 그렇게 자주 자아내게 했던 그 동일한 진리들이 지금은 그 어떤 특별한 영향력도 주지 않는 것 같았다. 밤이 가까워 오자 늘 하던 대로 요리문답식의 교육을 진행하려 하였다. 그러나 공부를 시작하기 전 먼저 기도를 하는 동안 하나님의 놀라운 능력이 회중 가운데 임하여 많은 이들이 그들의 영혼에 대하여 절박한 근심을 갖고 고뇌하게 되었고, 그리하여 나는 교리적인 문

1746년

제들에 대해 질문을 하는 것보다는 멸망해 가는 죄인들을 구속하기 위하여 하나님의 은혜가 베푸는 풍성한 것들에 대해 강조하고 그 큰 구원을 속히 받아들일 것을 촉구하는 것이 훨씬 더 합당하다고 생각했다. 많은 이들이 그 위대하신 구속주의 은혜를 얻고자 그토록 놀랍게 궁구하고 있으니, 이런 현실에 가장 알맞은 것을 강조하는 것이 가장 적절하다고 여긴 것이다.

이 날 12월 22일의 일지에 언급한 바 있는 여자가 자신의 믿음을 공적으로 고백하였다. 그녀는 처음 위로를 얻은 이후 때때로 매우 감미로운 천국의 마음 상태를 발견하였다. 어느 날 오전 그녀가 나를 만나러 왔는데, 범상치 않은 기쁨과 만족이 표정에 가득한 것이 보였다. 그 이유가 무엇인지를 물으니 그녀는 대답하기를, 하나님께서 모든 일을 그가 기뻐하시는 대로 행하시는 것이 그의 권한이니 만일 그가 자기 남편과 아들을 모두 지옥에 던지시더라도 그것이 옳은 일이라는 것을 느끼게 해 주셨고, 하나님이 그들에게 어떻게 행하시든 그것이 그의 권한이니 만일 그들을 지옥에 던지시더라도 자신은 하나님 안에서 기뻐할 수밖에 없다고 하였다. 그녀가 자기 남편과 아들을 무척 사랑하는 것으로 보였지만 말이다. 더 나아가서 그녀는 내가 머머면 곳에 있는 어떤 선한 사람들에게서 인디언들에게 말씀을 전하도록 보냄을 받았는지를 물었다. 나는, "예, 스코틀랜드의 선한 사람들이 나를 보냈지요"라고 대답했다. 그러자 그녀는, 자기 마음이 그 선한 사람들을 어찌나 사랑하는지 전날 밤 밤새도록 그들을 위해 기도하지 않을 수가 없어서 그들을 위해 하나님께 마음을 쏟아 간구하였다고 하였다. 이처럼, 멸망 직전에 있는 자들에게 베풀어진 축복이 복음 전파를 위해 귀중한 것을 쏟아 부은 경건한 사람들에게 임하는 것이다.

1월 12일 주일. 이사야 55:6을 본문으로 설교하였다. 하나님의 말씀이 회중에게 신적인 무게와 영향력으로 임하는 것 같았고, 그리하여 그 말씀이 사람의 말이 아닌 것이 분명히 보였다. 복되신 성령께서 전해진 말씀에 함께 하사 많은 이들의 마음에 와 닿게 하신 것이 분명하다. 그리하여 전부터 영적인 활동에 참여한 자들 중에 많은 이들이 강력한 깨달음을 얻게 되었다.

저녁 때에 보통 사용하는 요리문답식의 교육법을 사용하여 가르쳤다. 강론이 거의 끝날 때 쯤 회중 가운데 큰 근심과 큰 감동이 있었고, 이후 영원한 구원을 누리기 위하여 모든 것에 충족하신 구속주께로 나아올 것을 계속해서 촉구하는 동안 그런 상태가 더욱 고조되었다. 하나님의 성령께서 때때로 이 곳의 심령들과 씨름하시는 것 같다. 이들의 감정이 너무도 자주, 또한 반복적으로 고조되어, 한껏 올라 있는 감정을 누그러뜨리고 잠을 잘 수가 없을 것 같았다.

1월 13일. 영혼에 대한 깊은 근심 중에 있는 몇 사람이 나를 찾아왔는데, 그 중 한 사람은 새로이 각성을 얻은 사람이었다. 어떻게 하여야 구원을 얻을지를 궁구하며 묻는 심령들을 대하는 것이야말로 가장 합당한 일이다. 선을 행하다가 낙심하는 일이 절대로 있어서는 안 되거니와 하나님의 일이 지극히 바람직할 때에는 특히 더 강력하게 그런 임무를 지켜야 할 것 같다. 그러나, 나의 건강이 너무나 나빠졌고, 나의 수고와 또한 홀로 외로이 지내는 삶의 방식으로 인하여 — 집에 나와 함께 지내는 사람이 없었으므로 — 나의 기력이 소진되었으므로, 그들이 거의 끊임없이 계속해서 반복하여 나를 찾아와 도움과 지침을 구하는 것이 때로는 지나치게 부담이 되고 내 기력을 다 소진시켜서 때로는 며칠씩 내가 아무 일도 진행하지 못하게 되는 경우가 자주 있다. 이런 어려움을 더욱 가중시키는 요인은, 적은 문제를 그들과 나누는 데에도 많은 시간을 소비할 수밖에 없다는 것이다. 나의 말하고자 하는 바를 그들에게 직접 말할 수 있게 되려면 먼저 많은 것들을 미리 생각해 두어야 하는 경우가 허다했다. 교리적인 지식이 풍성한 곳에서는 그런 일들이 그저 당연한 것으로 간주되어 그냥 넘어갈 것인데 말이다.

1월 14일. 한동안 내 사람들과 사사로이 대화를 나누었는데, 몇몇은 근거가 희박한 데도 위로를 얻으려는 자세를 가진 것 같아 보였다. 이들은 이

1746년

제 전반적으로 각성을 얻었는데, 이런 상태에서 중생하지 못한 상태에 대한 두려움과 수치 아래 있기보다 은혜처럼 보이는 것에 휩쓸리는 위험에 빠지는 것이야말로 신앙이 없는 처사요 정말 수치스러운 일이요 또한 양심에 무서운 결과를 초래하는 일이라 할 것이다.

1월 18일. 요리문답식의 교육법을 진행하였다. 회중 가운데 큰 엄숙함과 상당한 감동이 있었다. 이 교육법이 매우 유익하다는 생각이다. 처음 이 일을 시작했을 때는 혹시 내용이 너무 교리적이어서 이들이 마음으로는 전혀 변화되지 않으면서 머리만 밝아지지나 않을까 하여 두려움으로 교육을 진행하였다. 하지만 결과가 전혀 그렇지 않은 쪽으로 나타났다. 지금까지 머리를 밝히는 것은 물론 마음의 변화를 일으키는 면에서도 놀라운 축복이 있었으니 말이다.

1월 19일 주일. 이사야 55:7을 본문으로 내 사람들에게 설교하였다. 밤이 가까워 올 때에 평상시처럼 요리문답식으로 이들을 가르쳤는데, 능력 있는 은혜의 시간을 누린 것 같다. 많은 이들이 굉장히 감동을 받았다. 죄에 대한 깨달음이 능력적으로 되살아났고, 그리스도인들은 새로운 힘을 얻었다. 수고하고 무거운 짐을 진 한 사람이 그리스도 안에서 진정한 안식과 견고한 위로를 얻게 된 것으로 보인다(과연 그렇다는 소망을 가질 만한 충분한 이유가 있다). 그는 후에 하나님께서 자기의 영혼을 대하신 이야기를 내게 해주었는데, 풍성하고도 만족스러우며 내게 새로운 힘을 주었다.

  그는, 사람이 자신이 철저하게 무능력하며 완전히 망해 버렸다는 것을 스스로 보고 느껴야 하며, 자기 자신을 의지하며 스스로 자신을 구원하리라는 모든 소망을 다 비우고 구원을 위해 그리스도께로 나아와야 한다는 말을 내게서 자주 들었다고 했다. 그는 이 문제로 오랜 동안 씨름했었다. 자기 자신의 선을 의지하는 것을 그렇게 다 비워버리는 것이야말로 훌륭한 마음 자세이며 하나님께서 이런 마음 자세를 존중하시사 그것을 보시고 그를 기뻐하셔서 그에게 영생을 베풀어 주실 것이라고 생각했다는 것이다. 그런데 자신이 무능력하며 완전히 망해버린 상태라는 것을 스스로 느끼게 되자, 자신이 생각하고 기대했던 것과는 완전히 다르게, 자신이 추구해온 그런 마음 상태와는 전혀 같지 않고 완전히 다른 것임을 알게 되었다는 것이다. 좋은 마음 상태는 전혀 없었고 자기 속에 오로지 악한 것 외에는 보이지 않았으며, 자기 자신을 더 낫게 만드는 일이 불가능하다는 것이 깨달아진 것이다. 그는 자신이 스스로 자신의 마음을 고칠 희망을 가졌다는 것을 의아해하였다. 이제 문제를 선명하게 바라보게 된 상태에서 자신을 살펴보니, 모든 방법과 노력을 다 들여도 그 자신으로는 자신의 상태를 고치는 것이 완전히 불가능하다는 것을 전에는 전혀 깨닫지 못했다는 것이 놀라울 따름이었다. 이제는 하나님이 이런 마음 자세 때문에, 또한 그가 자신의 망해버린 처지를 이렇게 바라본다는 것 때문에, 그를 기뻐하실 것처럼 상상하는 것이 아니라, 하나님께서 그를 영원토록 비참한 처지에 두시는 것이 정당하며 자신이 과거에 느꼈던 그런 마음 자세에 선한 것이 하나도 없다는 것을 똑바로 바라보고 또한 그것을 느끼게 된 것이다. 자신이 벌거벗었고 죄악되며 비참하다는 것과, 또한 그런 처지에서는 하나님께서 사랑이나 긍휼을 보이셔야 마땅할 조건이 하나도 없다는 것을 보지 않을 수가 없게 된 것이다.

 그는 이런 일들을 어찌나 선명하고도 확신 있게 보았던지, 사람이 그 자신을 도울 능력이 전혀 없고 또한 하나님께로부터도 도움을 받기에 전혀 무가치하다는 것을 누구에게나 납득시킬 수 있다고 말할 정도였다. 그는 이런 마음으로 이 저녁 공 예배에 참석하였다. 내가 죄인들에게 벌거벗고 텅 빈 상태로, 또한 그가 받으실 만한 선이 그들 자신에게 하나도 없다는 것을 깨닫고 그리스도께로 나아오라고 초청하는 동안, 그는 자기 힘으로 그리스도께 나아와 마음을 그에게 드리기를 자주 시도했었고 이따금씩 자신이 능히 그렇게 할 수 있을 것이라는 소망을 갖기도 했던 것을 생각하였다고 했다. 그러나 이제는 자기 자신으로서는 도저히 그렇게 할 수 없다는 것을 깨달았고, 더 이상 그런 일이 완전히 헛수고인 것 같아서 더 이상 그 일을 시도할 마음

1746년

이 나지를 않았다고 한다. 그런 일이 아무런 의미가 없는 것을 깨달았으니 말이다. 또한 이제는 자기 자신의 힘으로는 영원히 실패할 수밖에 없다는 것을 완전히 납득하였으므로 과거처럼 자기에게 더 나은 기회나 더 나은 능력이 차후에 있으리라는 소망 같은 것도 없다는 것이었다.

이런 생각을 하고 있는데, 그의 마음에(이는 그들이 흔히 쓰는 표현이었다) 전에는 한 번도 보지 못한 무언가 말할 수 없이 좋고 사랑스런 것이 보였다고 한다. 그는 자기가 본 것이 무엇인지를 몰랐다고 했다. 그는 이것이 예수 그리스도라고 말하지 않았으나, 그것은 전에 한 번도 본 일이 없는 놀라운 영광과 아름다움이었다. 이제 그는 전처럼 자기 마음을 주려고 하지 않았다. 그 때에 그 영광을 발견한 이후 마음이 스스로 움직였던 것이다. 그는 자기가 그리스도께 마음을 주면 그리스도께서 그 대가로 영생을 주시는 식으로 그리스도와 거래를 시도하곤 했었다. 그러나 이제 그는 자기 자신에 대해서나 혹은 장차 자기가 어떻게 될 것인지에 대해서는 아무런 생각도 하지 않았고, 그가 그 때에 바라보았던 그 말할 수 없이 귀한 것에 기뻐했고 거기에 그의 마음이 완전히 사로잡히게 된 것이었다. 얼마 후 그는 그리스도로 말미암는 구원의 길을 경의의 자세로 기뻐하게 되었고, 오직 그리스도 안에 있는 하나님의 값없는 은혜로 구원을 얻는다는 것이 말할 수 없이 바람직한 것으로 보였다. 이런 체험의 결과로 하나님의 일에 대한 지각과 맛을 유지하며 또한 진지하고도 참된 신앙의 삶을 유지하는 것이 그에게서 나타나고 있다.

1월 28일. 이 지역의 인디언들은 과거에 과도한 음주로 인하여 빚을 지는 일이 허다했다. 그리고 일부 사람들이 이런 약점을 이용하여 그들 중 몇몇을 구금하여 그들을 괴로움에 빠뜨렸고, 그리하여 그들의 사냥터의 대부분이 그들에게 빼앗길 위기에 봉착하여 있었다. 이 땅을 빼앗긴다면 — 그럴 가능성이 다분했지만 — 그들이 이 지역에서 함께 그리스도인 공동체로 지낼 수가 없다는 것을 알고서, 나는 이런 불행한 사태를 막는 데에 최선의 노력을 기울이는 것이 나의 임무라고 생각했다. 선교회에서 이 일에 대해 걱정하는 사람들을 만나, 내가 얻을 수 있는 최선의 정보를 제공하였고, 그들은 인디언들의 신앙적 관심사를 위해 모금해오고 있는 자금을, 최소한 그 일부라도, 그들의 부채를 갚고 땅을 확보하여 더 이상 이 지역에서 그리스도 교회가 정착되고 확대되는 일에 걸림돌이 생기지 않도록 하는 것이 합당하다고 생각하였다. 그들에게서 지시를 받고서 나는 인디언들을 대신하여 온 스당 8실링으로 따져서 뉴저지 화폐로 82파운드 5실링을 지불하여 위험한 사태를 방지하였다.

하나님께서 이 인디언들에게 놀라운 은혜의 역사를 이루셨고, 또한 다른 인디언들이 머나먼 곳에서부터 이 곳으로 거의 끊임없이 몰려들고 있으며, 하나님께서 문을 여사 앞에서 언급한 대로 그들의 세상적인 위로는 물론 신앙적인 관심사까지도 크게 위협하는 위험한 상황이 방지되었으니, 이제 하나님께서 그들 스스로 그들 중에 교회를 세우게 하시고 참된 신앙을 그 후손에게 물려주게 하실 의도를 가지셨다는 소망을 갖게 된다.

1월 30일. 요한복음 3:16-17을 본문으로 인디언들에게 설교하였다. 회중 가운데 엄숙한 주의집중이 있었고 또한 감동을 받는 것이 눈에 보였다. 특히 오랫동안 영혼에 대해 근심해 오던 몇몇이 새롭게 자극을 받아 그리스도 안에 있는 구원의 은혜를 구하는 것 같았다. 나중에 한 사람이 큰 근심 중에 나에게 말하기를, 나의 설교가 자기 마음을 아프게 찔러서 어디로 가야 할지 어떻게 해야 할지를 모를 정도였다고 하였다.

1월 31일. 인디언 학교 교사로 내가 택한 사람이 오늘 우리에게 도착하였고, 내 사람들에게서 전폭적인 환영을 받았다. 그리하여 나는 어린아이들과 청년들에게 수십 통의 안내장을 배포하였다.

2월 1일. 나의 학교 교사가 인디언들 중에서 임무를 시작하였다. 그는 낮에는 30명의 어린이들과 청년들을 가르쳤고, 저녁 학교에서는 15명의 기혼

자들을 가르쳤다. 기혼자들의 숫자가 적은 것은 그들이 필수적인 일에서 벗어나 좀 더 집에 머물면서 학교에 나와 가르침을 받을 만한 여유가 적기 때문이었다.

저녁에 늘 하던 대로 요리문답식 교육을 시행하였다. 공부가 끝나갈 무렵 놀라운 능력이 말씀과 함께 하여 특히 몇 사람들이 크게 감동을 받는 것 같았다. 나이가 상당히 든 한 사람은 유명한 술주정뱅이요 협잡꾼이요 살인자였는데, 몇 달 전에 각성을 얻었고 이제 영적인 고뇌로 인하여 극한 상황에 달하여, 자신을 구할 수 있는 능력이 자신에게 전혀 없어 자신이 곧바로 지옥으로 떨어질 것을 지각하고서 몇 시간 동안 함께 떨었다. 그와 더불어 다른 이들도 큰 근심에 있으며 구원 얻는 변화를 얻기를 위해 고심하는 것 같았다.

2월 2일 주일. 요한복음 5:24-25을 본문으로 설교하였다. 보통 때처럼 회중 가운데 어느 정도 근심과 감동이 있었다. 밤이 가까워 올 때에 늘 해오던 대로 요리문답식의 교육을 진행하였다. 내가 제시하는 질문에 내 사람들이 전보다 더 기꺼운 자세로 대답하였다. 그들이 날마다 교리적인 지식에서 진보하고 있는 것이 분명하다. 그러나 이보다 더 바람직한 것은 하나님의 성령께서 그들 가운데 역사하사 머리로 하는 사색적인 지식은 물론 체험적인 지식이 그들에게 전파되는 것이다.

2월 5일. 저녁에 상당히 많은 인디언들에게 말씀을 전했는데, 많은 이들이 하나님의 일들에 대하여 상당히 감동을 받은 것 같다.

2월 8일. 내 사람들을 집집마다 방문하여 영적인 문제들에 대해 그들과 대화를 나누느라 한동안을 보냈다. 나와 대화를 나누는 동안 많은 이들이 눈물을 흘렸고 위대하신 구주께 은혜를 입는 것을 가장 중요한 일로 여기고 그 일에 관심을 쏟는 것이 보였다. 저녁에는 여느 때처럼 요리문답식으로 교육하였다. 하나님의 진리가 회중에게 어느 정도 감동을 주었고, 몇몇은 감동에 가득 찬 심령으로 교육에 임하였다.

2월 9일 주일.
마태복음 10:46-52의 맹인의 이야기를 근거로 내 사람들에게 말씀을 전하였다. 이 날 모인 회중에게 하나님의 말씀이 무게 있게 능력으로 임하여 여러 사람들에게 상당한 감동을 주는 것 같았다. 특히 몇 명은 대체로 매우 어리석고, 은혜의 수단에 대해 주의를 기울이지 않았었는데, 이제 각성하여 감정에 북받쳐서 눈물을 흘리며 울었다. 지극히 진지하게 주의를 집중하였고 부드러움과 감동이 청중 전반에게서 나타났다. 두 사람이 공적으로 그리스도를 믿는 믿음을 고백하였다.

밤이 가까워올 때에 요리문답식 교육을 진행하였다. 하나님께서는 이 시간에 몇 사람에게 능력적으로 역사하셨다. 많은 이들이 감동을 받았다. 전부터 가졌던 죄에 대한 깨달음이 능력적으로 되살아나는 것 같았다. 또한 고약한 술주정뱅이였던 한 사람이 놀랍게 각성하였다. 그는 큰 영적인 고뇌 가운데서 거의 자정 무렵까지 계속해서 울며 몸을 부들부들 떨었다. 또 오랫동안 무거운 고뇌 아래서 늘 굉장한 고통을 받아온 한 무거운 짐 진 여자가 있었는데, 이제 편안하게 안정을 찾았고 하나님의 주권에 복종하고 그것을 납득한 것 같아 보였다. 그녀는 내게, 하나님께서 그가 기뻐하시는 대로 자기에게 행하시는 것이 옳다는 것을 느끼고 또한 깨닫고 있으며, 그러한 사실에 대해 마음으로 기뻐하고 만족하고 있다고 했다. 최근까지만 해도 그녀는 자기가 온갖 노력을 다 해도 하나님이 기뻐하시면 자기를 지옥에 보내실 수 있다는 것 때문에 마음에 하나님을 향하여 역심을 품곤 했다는 것이다. 그녀는 자기를 짓눌렀던 무거운 짐이 이제 사라졌다고 덧붙였다. 혹시 하나님의 성령께서 자기를 떠나시고 홀로 그냥 버려 두실까 두려워 근심과 괴로움을 다시 일으키려고 했으나, 그것이 다시 생겨나지를 않았고, 이제는 자기 자신을 구원시키기 위하여 절대로 아무 일도 할 수 없으며 그리스도께서 자기를 위해 모든 일을 다 하시지 않았다면 자기는 영원히 멸망할 수밖에 없다는 것을 느꼈고, 자기는 그리스도의 도움을 받을 만한 자격이 없으니 그가 그녀를 멸망에 빠지도록 내버려 두시더라도 그것이 옳은 일일 것이라고 느꼈다고 했다. 자기는 자기 자신을 구원하기 위해 아무 일도 할 수 없으나 그리스도께서 자기를 구원하실 수 있었고, 여기서 그녀는 안식을 얻게 된 것 같다.

델라웨어의 폭스, 1746년 2월

2월 16일 주일. 이 지역의 수많은 인디언들이 기독교에 대해 완고한 태도를 갖고 있으며 또한 과거에 이들 중에 나의 설교를 듣기를 거부했던 사실이 있는 것을 익히 알고 있었던 터여서, 나는 크로스윅성의 신앙적인 인디언 여러 명을 함께 데리고 가서 이 지역의 인디언들과 신앙적인 문제들에 대해 대화를 나누게 하는 것이 적절하고도 유익할 것이라고 생각했다. 같은 동족 가운데 몇 사람이 하나님의 일들에 대해 말하고 또한 다른 이들도 그들처럼 이교도적인 어둠에서 벗어나게 되기를 간절히 사모하고 있다는 것을 보여주며, 기독교의 진실성과 중요성을 그들에게 납득시키는 데 도움이 될 수도 있으리라는 소망이 있었던 것이다. 이를 위해서 나는 크로스윅성의 인디언들 가운데 가장 진지하고 지성적인 여섯 명을 택하여, 이들을 델라웨어의 폭스로 데리고 왔고, 이 날 이 곳의 인디언들과 대면하게 한 것이다. 이 신앙적인 인디언들이 나와 함께 와서 말씀을 전하는 일이 없었다면, 수많은 이 곳의 인디언들을 모임에 참석시킬 수가 없었을 것이다. 과거에 기독교에 대해 극히 반감을 갖고 있던 몇 사람들이 이제는 진지하게 처신하였고, 다른 몇 사람들은 비웃고 조롱하였다. 그러나 하나님의 말씀이 어찌나 무게 있게 능력으로 역사했던지, 많은 이들이 어안이 벙벙하여 내게 말씀을 다시 듣고자 의사를 표현하였다.

그 후, 이 곳에 있는 백인들과 더불어 기도하고 그들에게 말씀을 전하였는데, 눈물을 흘리며 흐느끼는 등 말씀의 가시적인 몇 가지 효과들이 그들에게 나타나는 것을 보았다. 공 예배가 파한 후, 내가 강조한 내용의 진실성과 중요성에 대해 조롱한 자들을 납득시키느라 한동안 시간을 보냈고, 하나님의 진리에 대한 관심을 일깨우기 위해 노력하였다. 그 때와 그 후에 목격한 사실에 근거하여 볼 때, 나의 노력이 그들 중 최악의 상태에 있는 한 사람에게 상당한 효과를 일으킨 것이 분명했다.

　이 지역 출신 중에 크로스윅성으로 옮겨와서 나의 말을 듣곤 했던 몇몇 인디언들이 그 때에 있었는데, 이들이 나를 친절하게 대하며 나를 다시 보게 된 것을 기뻐하는 것 같았다. 그러나 그들은 기독교를 반대하는 이교도들에게서 많은 공격을 받은 터여서 나와의 그런 관계를 드러내기를 거의 부끄러워하거나 두려워하였다.

2월 17일. 집집마다 인디언들을 찾아다니며 말씀을 전하느라 한동안을 보낸 다음, 그들을 함께 불러 모아 먼저 가르쳤던 내용을 다시 반복하여 설명하였다. 그 후에는 사도행전 8:5-8을 근거로 말씀을 전하였다. 하나님의 역사가 말씀에 함께 하는 것 같았다. 인디언 몇 명이 다소 각성하는 것 같았고, 진지한 눈물과 흐느낌이 있었다. 크로스윅성의 내 사람들이 밤낮으로 그들과 계속 함께 머물며 내가 그들에게 가르친 진리들을 되풀이하여 설명하였고, 때로는 그들 중에서 기도하고 시편을 노래하였고, 그들이 듣는 가운데 자기들과 또한 고향 사람들을 위해 하나님께서 행하신 큰 일들에 대해 서로 이야기를 나누었다. 내 사람들이 내게 이야기한 대로, 그들을 모아놓고 직접 말씀을 전하는 것보다 이렇게 그들이 듣는 데에서 자기들끼리 이야기를 나눈 것이 그들에게 더 큰 효과를 준 것 같다.

2월 18일. 인디언들로부터 거의 15마일 떨어진 곳에서 모인 아일랜드인들의 집회에서 설교하였다.

2월 19일. 인디언들과 한동안 사적으로 대화를 나눈 후에, 다시 그들에게 설교하였다. 이 지역에 속한 인디언들 가운데 큰 엄숙함과 어느 정도의 근심과 감동이 있었고, 또한 나와 함께 이 곳으로 온 내 사람 중에도 감미로운 마음의 역사가 임하였다. 이 곳의 여러 인디언들에게서 기독교에 대한 편견과 반감이 사라지고 하나님의 말씀을 향하여 호감을 갖고 듣기를 바라게 되는 것 같았다.

2월 20일. 고지대 출신 네덜란드인들(High Dutch people)이 모인 작은 집회에서 설교했는데, 이들은 복음을 거의 들은 일이 없었고 그 중 일부는 매우 무식하였으나, 이들 중 많은 이들이 최근에 구원의 길에 대해 간절한 자세로 궁구하게 되었다. 이들은 주의를 집중하여 말씀을 들었고, 몇몇은 말씀을 들으며 크게 감동하였고, 나중에 들으니 평생 이처럼 구원의 길에 대해 그렇게 밝은 깨달음을 얻은 적이 없었다고 하였다. 이들은 내게 좀 더 함께 머물든지 아니면 다시 와서 말씀을 전해 달라고 요청하였다. 그들의 요청을 수락할 수 없는 것이 안타까웠다. 그들의 사정을 보고 마음이 뭉클하지 않을 수 없었다. 그들은 "목자 없는 양" 같은 처지였고 그들 중 몇몇은 죄에 대한 고뇌를 겪고 있었으므로 경험 있는 영적인 안내자의 도움이 절실하게 필요한 상태였던 것이다.

2월 21일. 여러 사람들에게 설교했는데, 이들 중에 저지대 출신 네덜란드인들(Low Dutch people)이 많았다. 앞에서 언급한 고지대 출신 네덜란드인 몇 명이 8마일 내지 10마일을 달려와서 함께 참석하여 설교를 들었다. 이 지역의 여러 인디언들도 자발적으로 크로스윅성에서 온 나의 사람들과 함께 와서 집회에 참석하였다. 특히 두 사람은 지난 주일까지도 기독교를 반대하고 모욕했었는데 이제는 아주 진지하게 처신하였다. 지금과 같은 고무적인 일들이 계속 일어나기를 바라는 마음 간절하다!

2월 22일. 인디언들에게 설교하였다. 이들은 전보다 기독교에 대한 편견도 줄어들었고 좀 더 우호적으로 바뀐 것으로 보였다. 그리고 그 중 몇 명이 하나님의 진리에 감동을 받은 것으로 보였다.

2월 23일 주일. 요한복음 6:35-37을 본문으로 인디언들에게 설교하였다. 공 예배 후 그들 중 몇 명과 대화를 나누면서, 크로스윅성으로 내려가 거기서 한동안 함께 머물 것을 제안하였다. 그렇게 되면 반대하는 이교도들의 조롱과 시험에서도 자유로워질 것이고, 공적으로나 사적으로 가르쳐지는 하나님의 진리들을 들을 수 있게 될 것이기 때문이었다. 이들 중 몇 명은 속히 우리를 방문하여 계속 가르침을 받겠다고 약속하였다. 이들은 기독교 진리에 대해 상당히 눈이 떠졌고 또한 기독교에 대한 편견에서도 매우 자유로워진 듯하였다. 그러나 여기서 가르침을 계속 받거나 혹은 그런 유익을 얻을 수 있는 곳으로 옮겨가서 이교도들과의 접촉에서 벗어나 있지 않으면 그들의 편견이 다시 살아날 가능성이 다분한 상태였다.

크로스윅성, 1746년 3월

3월 1일. 일상적인 방식대로 요리문답 교육을 시행하였다. 이들이 주어지는 질문들에 그렇게 놀랍도록 신속하고도 진지하게 지식을 갖고 대답하는 것을 보고서 기쁨과 함께 새로운 힘을 얻었다. 공부가 끝날 무렵 하나님의 진리가 청중에게 상당한 감동을 주어 영적인 근심으로 눈물과 흐느낌이 있었다. 그리고 몇 사람은 참된 은혜를 얻은 것으로 믿어지는데, 이들에게는 감미롭고 겸손한 마음의 뜨거움이 있었다.

3월 2일 주일. 요한복음 15:16을 본문으로 설교하였다. 청중들이 평상시처럼 활기 있게 주의를 집중하지 못했고, 예전처럼 하나님의 진리에 그렇게 많은 감동을 받지도 못했다. 나와 함께 델라웨어의 폭스로 올라갔던 나의 사람들 몇 명이 이제 돌아왔는데, 속히 방문할 것을 약속했던 폭스 지방의 인디언 중에 두 사람이 그들과 함께 왔다. 주께서 여기서 그들을 만나 주시기를 바란다. 그들은 집으로 들어갈 새도 없이 그리스도인의 대화 모임에 함께 하였다. 그들도 함께 가르침을 받고 각성을 얻게 되기를 바랐기 때문이다.

오후에 다시 인디언들에게 말씀을 전했는데, 예전에 경험하던 수준에는 못 미쳤으나 예배에 다소 활기 있는 참여를 볼 수 있었다. 나의 회중만큼 하나님의 임재가 가득하고 형제애가 충만하며 하나님께 드리는 공 예배에서 그렇게 기쁨을 얻는 기독교 집회가 없는 것 같다. 불과 9개월 전만 해도 이들은 이교도의 어둠과 미신의 권세 아래에서 마귀와 벙어리 우상들을 섬기던 자들이었는데 말이다! 이 얼마나 놀라운 변화인가! 다름 아닌 하나님의 능력과 은혜로 이런 일이 이루어진 것이다. 이것이 여호와의 행하심이요, 우리 눈에 정말 놀라울 따름이다.

3월 5일. 저녁 시간에 한동안 기도와 찬송과, 내 사람들에게 하나님의 일들에 대해 말씀을 가르치는 일로 시간을 보냈는데, 그들 중에서 부드러움과 감동을 어느 정도 볼 수 있었다. 그들의 상황이 매우 간편하고 편리하여 소라껍질을 불어서 나는 고농 소리민으로도 쉽게 속히 불러 모을 수 있었고, 그리하여 공적인 신앙적인 모임에 참여할 기회를 자주 가질 수 있었다. 물론 하나님께서 사용하셔야 하겠지만, 이것이 하나님의 일들에 대한 감동을 그들의 뇌리에 생생하게 유지시켜 주는 큰 수단인 것 같다.

3월 8일. 저녁에 요리문답 공부를 진행하였다. 이들은 내가 제시하는 질문들에 답변들을 잘했다. 신앙에 대한 그들의 지식이 날마다 증가하고 있음을 인지할 수 있다. 그런데 이보다 더 바람직한 것은 그들 중에 그렇게 놀랍게 일어난 하나님의 역사하심이 계속 활기 있게 일어나는 것이다. 이 저녁 회중 가운데 하나님의 임재하심이 있는 것 같았다.

진정 그리스도인이라 믿을 만한 몇 사람이 하나님의 선하심과 자기들의 메마름과 배은망덕함을 지각하고 마음이 뜨거워졌고, 그들 중 한 사람이 나중에 말한 대로 자기 자신들을 미워하는 것 같았다. 몇 사람의 경우 죄에 대한 깨달음이 새로이 일어난 것 같았고, 하나님의 진리가 회중 전체에게 큰 능력으로 역사하여, 과연 하나님의 능력이 함께 한 저녁이라 불러도 무방할 정도였다.

3월 9일 주일. 누가복음 10:38-42을 본문으로 설교하였다. 청중에게 하나님의 말씀이 능력과 에너지로 와 닿았다. 많은 이들이 감동을 받았고, 한 가지 절실하게 필요한 것을 얻기에 궁구하였다. 진정 은혜를 얻었다는 선한 증거를 보인 몇 사람이 그들의 영적인 결핍을 지각하고 또한 은혜 안에서 자랄 필요가 있다는 사실을 보고서 많은 감동을 받았다. 과거에 하나님의 일들에 대해 조금이라도 감동을 받은 적이 있는 사람이면 거의 대부분이 그런 감동이 다시 일어나는 것을 체험하는 것 같았다.

오후에 평상시처럼 요리문답식 교육을 진행할 계획이었으나, 보통 때처럼 인디언 언어로 먼저 기도를 하는 동안 회중의 대다수가 하나님의 일들에 너무나도 감동을 받아, 질문을 제시하는 것을 생략하고 지극히 실질적인 진리들을 강조하여 가르치는 것이 적절하다고 생각하여, 이 날 오전에 다루었던 성경 본문을 더 상세히 설명하였다. 회중에게 강력한 하나님의 역사가 임하는 것 같았다. 진정 경건하다고 믿어지는 몇몇 사람이 자기들의 메마름과 또한 복되신 구주를 대하기에 무자격하다는 사실을 지각하고서 깊이 감동을 받은 나머지, 구주께서 그들 자신에게 찔림을 받으시는 것을 바라보았고, 그리하여 슬피 애곡하였으며, 그 중 몇 명은 마치 맏자식을 위해 애곡하듯 그렇게 구슬프게 애곡하였다.

몇몇 불쌍한 각성한 죄인들도 그리스도 안에서 구원을 얻고자 하는 영혼의 고뇌 가운데 있는 것 같았다. 그리하여 회중 가운데 큰 애곡이 있었다. 많은 이들이 크게 탄식하며 흐느끼며 눈물을 흘렸고, 새로 우리에게 나아온 한두 명도 상당한 각성을 얻었다.

이러한 하나님의 역사 가운데 있으면서 성도들과 죄인들에게서 나타나는

1746년

결과들을 보았다면, 진정 시온의 대의를 사랑하는 자는 누구든지 마음이 새로워질 것이었다. 하나님께 예배드리는 그 장소가 엄숙하고도 감미롭게 여겨졌고, 하나님의 임재와 은혜의 나타남이 어찌나 사랑스러운지 하나님의 일들에 대하여 감각을 가진 자라면 누구든지 "만군의 여호와여 주의 성막이 어찌 그리 사랑스러운지요!"라고 외치지 않을 수 없을 것이었다. 공 예배가 파한 후 여러 사람이 내 집에 왔고, 우리는 함께 노래하고 하나님의 일들에 대해 이야기를 나누었다. 그런데 하나님의 은혜가 여기서도 우리 중에 있는 것 같았다.

우리가 함께 노래하고 있는 중에, 2월 9일 일지에 언급한 한 여자가 — 감히 말하건대 이 사람 같이 반응하는 것을 본 일이 없었다 — 말할 수 없는 기쁨과 충만한 영광으로 가득 차서 도저히 참지 못하고 우리 모두 앞에서 눈물을 흘리며 하나님께 기도와 찬양을 터뜨렸고, 때로는 영어로 때로는 인디언 언어로 울부짖었다. "오오, 복되신 주님! 오소서, 오소서! 오오, 나를 취하소서, 나로 죽게 하사 예수 그리스도께로 가게 하소서! 내가 살아 다시 죄를 지을까 두렵사옵니다. 오오, 지금 나로 죽게 하소서! 오 사랑하는 예수여 오소서! 머물 수 없나이다. 머물 수 없나이다! 오오, 내가 어찌 이 세상에 살 수 있사옵니까! 이 죄악된 곳에서 내 영혼을 취하여 가소서! 오오, 나로 다시는 절대로 죄를 짓지 않게 하소서! 오오, 사랑하는 예수여, 어찌 하오리까, 어찌 하오리까! 오 사랑하는 예수여!"

그녀는 이러한 황홀경 가운데 한동안 있으면서 이런 비슷한 말들을 쉴새 없이 토해 내었다. 그녀가 하나님께 자기를 즉각 취하여 가시라고 계속 주장한 이유는 그녀가 살아 있으면 그를 대적하여 죄를 지으리라는 것 때문이었다. 그녀가 조금 정신을 차리자, 나는 그녀에게 그리스도가 이제 그녀의 영혼에게 포근하고 감미로운지를 물었다. 그러자 그녀는 눈에 눈물이 가득한 채로, 또한 내가 사람에게서 본 것 가운데 가장 깊은 겸손의 자세로 다음과 같은 뜻으로 말을 이었다: "저는 그리스도의 선하심과 감미로우심에 대해 목사님에게서 여러 번 말씀을 들었고, 그분이 세상 모든 것보다 더 나으시다는 것도 들었습니다. 하지만 오오, 저는 목사님의 말씀이 무슨 뜻인지를 하나도 몰랐습니다. 목사님의 말을 절대로 믿지 않았습니다. 절대로 믿지 않았습니다! 그런데 지금은 그것이 참이라는 것을 압니다."

나는 그녀에게, 그리스도의 선하심에 대해 사람들에게 말해 줄 수 있겠느냐고 물었다. 그러자 그녀는 옆에 서 있던 그리스도를 모르는 몇몇 사람들을 향하여 돌아서서, 큰 감동에 사로잡힌 채로 말했다: "오오, 그리스도 안에는 여러분을 위하여 충족한 것이 있습니다. 그에게로 나아오기만 하면 됩니다. 오오, 여러분의 마음을 그에게 드리기를 힘쓰고 힘쓰십시오." 이 세상의 죄가 하나도 없는 천국의 영광에 대해 말하는 것을 듣고서 그녀는 다시 동일한 기쁨의 황홀경 속에 빠져 그리스도께서 오시기를 간절히 사모하며, 앞에서 하던 표현들을 반복하였다: "오오, 사랑하는 주님, 나로 가게 하소서! 오오, 내가 어찌 하오리이까, 어찌 하오리이까. 저는 그리스도께로 가고 싶습니다. 살 수가 없사옵니다. 오오, 나로 죽게 하소서."

그녀는 두 시간 이상을 이런 감미로운 상태 속에 있은 후에야 집으로 돌아갈 수 있었다. 사람이 근거가 확실하다는 분명한 증거가 하나도 없이도 크게 기뻐할 수도 있고 심지어 황홀경 속에 빠질 수도 있다는 것을 잘 알고 있다. 그러나 이 여자의 경우는 그 예비적인 과정을 보거나 거기에 수반되는 현상을 보거나 그 결과를 보거나 간에, 그 기쁨이 하나님께로부터 온 것임을 입증해 주는 증거가 결코 부족한 것 같지 않다.

영적인 역사 가운데 있는 사람들을 많이 보았지만, 이 여자처럼 죄와 비참한 처지에 대한 깨달음을 얻고서, 혹은 대개 예비적 역사라 부르는 그런 현상 아래에서 그렇게 깊이 상하고 깨어지는 모습은 거의 본 일이 없었다. 그녀는 툭하면 내게 자기 마음의 완악함과 반역에 대해 내게 하소연하였다. 자기가 그렇게 기도하고 선한 마음을 갖는데도 불구하고 하나님이 그 기뻐하시는 대로 자기를 대하시고 자기를 지옥에 보내시리라는 것이 생각나면, 그 마음에서 역심이 일어나 하나님과 쟁론하며, 또한 자기 마음이 구원을 얻고자 그리스도께로 가려 하지 않고 온갖 다른 곳에서 도움을 구하곤 했다는 것

1746년

이다. 이처럼 죄에 대한 깨달음을 얻어 자신의 완악함과 하나님을 향한 대적의 자세를 놀랍도록 지각한 것에 못지않게, 그녀는 하나님의 주권에 대해 놀랍게 굴복하고 그것을 받아들임으로써 위로와 안식을 얻은 것으로 보였다. 이에 대해서는 2월 9일의 일지에 언급한 바 있다. 이 때 이후 그녀는 끊임없이 새로운 피조물의 기질과 자세를 숨쉬고 드러내 보이는 것 같았다. 그리스도를 향하여 부르짖었다. 그러나 전처럼 지옥에 대한 두려움으로 부르짖는 것이 아니라 그리스도께서 그녀의 유일한 만족스러운 기업이심을 깨닫고 그를 강하게 사모하여 그렇게 부르짖는 것이었다. 그리고 자신이 그를 사랑하지도 않고 사랑할 수도 없다는 것을 깨닫고서 여러 번씩 슬피 울며 흐느꼈다. 때때로 내가 왜 그렇게 슬피 우는지, 혹시 지옥이 두려워서 그러느냐고 물으면, 그녀는, "아닙니다. 그것은 하나도 괴롭지 않습니다. 내 마음이 너무도 악하여 그리스도를 사랑할 수 없다는 것이 괴롭습니다"라고 대답하고서, 곧바로 울음을 터뜨리는 것이었다.

여러 주간 동안 그녀의 마음의 상태가 이러하여 다른 이들에게 은혜를 끼치는 것이 분명했으나, 그녀 자신은 이 날 저녁까지는 그런 은혜를 전혀 깨닫지 못했었고, 놀라운 위로나 만족감을 선혀 얻지 못했던 것으로 보인다. 이러한 감미롭고도 깜짝 놀랄 만한 황홀경은 그리스도의 영광과 완전한 아름다움과 그의 탁월하심을 진정 영적으로 발견한 데서 비롯된 것이지, 일부 사람들이 망상에 빠져 휩쓸리듯이 그가 이러이러한 곳에서 이러이러한 자세로 십자가에 달리신다거나, 피를 흘리며 죽어가신다거나, 부드럽게 미소를 지으신다거나 하는 식으로 그의 인간적인 모습을 머릿속으로 상상하는 데서 비롯된 것이 아니라는 것이 분명했다. 또한 자기 자신이 무언가 특별한 은덕을 부여받았다는 탐욕스럽고 이기적인 자만심에서 비롯된 것도 아니었고, 오히려 그리스도의 인격적인 탁월하심과 초월적인 사랑스러움을 바라본 데서 비롯된 것이었다. 그의 탁월하심과 사랑스러우심이 그녀가 지금 보여준 바 그를 즐거워하는 격렬한 열정들을 이끌어내었고, 그녀로 하여금 육체를 떠나 주와 함께 있기를 사모하게 만든 것이다.

이러한 풍성한 위로와 함께 일어난 부수적인 현상도 그 기원이 하나님께 있으며 또한 그것이 진정 "성령 안에 있는 기쁨"이었음을 풍성하게 드러내 주는 것이었다. 이제 그녀는 하나님의 진리들을 살아 있는 현실로 바라보며, "이제 사실이 그러하다는 것을 알겠습니다. 그것들이 참이라는 것을 느끼겠습니다!"라고 말할 수 있었다. 이제 그녀의 영혼은 지극히 민감한 사항에 대해서도 하나님의 뜻에 온전히 맡겼다. 그리하여 내가, "당신의 남편이 매우 아픈데, 하나님이 그를 당신에게서 데려가시면 어찌하겠습니까? 그것을 어떻게 견딜 수 있겠습니까?"라고 물으니, 그녀는, "그는 내 것이 아니라 하나님의 것이니, 하나님이 원하시는 대로 그에게 행하실 수 있는 것이지요"라고 대답했다. 또한 그녀는 죄의 악함을 지극히 민감하게 지각하고 있고, 죄에 대해 극도의 반감을 갖고서, 죄로부터 구원받기 위하여 죽기를 사모할 정도였다. 그리고 그녀는 자기의 모든 것을 하나님께 영원토록 자유로이 맡길 수 있었다. "당신의 어린 아기를 남겨두고 어떻게 죽기를 바랍니까? 당신이 죽으면 그 아기는 어떻게 되리라고 생각합니까?"라고 내가 묻자, 그녀는 이렇게 대답했다: "하나님께서 그 아이를 돌보실 것입니다. 하나님의 것이니까 그가 보살피실 것입니다." 그녀는 또한 자기 자신의 비천함과 무가치함을 깨닫고, 또한 죄로부터 자신을 보호하고 거룩한 길에서 인내하기에 연약하며 무능력하다는 것을 깨닫고서 지극히 낮아진 상태에서, "내가 산다면 죄를 짓게 될 것입니다"라고 부르짖었다. 그 때에 나는 황홀경과 자기를 낮추는 겸손의 모습이 한 사람에게서 이렇게 만나는 것을 평생 한 번도 본 일이 없다고 생각했다.

이 기쁨의 결과 역시 이런 부수적인 현상에 못지않게 바람직하고 만족스럽다. 그 때 이후 그녀는 지극히 부드럽고 마음이 상하여 있고 애정이 가득하고 경건하며 겸손한 그리스도인의 모습을 보였고, 회중 가운데 그 어느 누구에 못지않게 삶과 처신에서 모범을 보였다. 그녀가 여전히 "은혜와 그리스도를 아는 지식에서 자라가기를" 바라는 마음 간절하다.

3월 10일. 밤이 다가오면서 인디언들이 자발적으로 자기들끼리 함께 모여 노래하며 기도하고 하나님의 일들에 대해 대화를 나누었는데, 이 때에 그들 중에 큰 감동이 있었다. 경건하게 보이는 몇 사람이 하나님의 일들에 대해 마음이 뜨거워졌고, 몇몇 다른 이들도 자기들의 영혼에 대해 상당히 근심하는 것으로 보였다. 그들이 이처럼 간절한 마음으로 신앙적인 활동에 참여하는 것을 보고 나도 그들에게로 가서 함께 기도하고 권면의 말씀을 전했다. 그런데 전에 전혀 신앙적인 감동이 없었던 것으로 보이던 두세 사람이 다소간 감동을 받아 영적인 근심을 갖는 것 같았다. 이 날은 낮과 밤 모두 하나님의 능력이 임한 날인 것 같다. 많은 이들이 그 전날 받은 바 하나님의 일들에 대한 뜨거운 감동을 그대로 유지하였다.

3월 14일. 내 사람들 중 상당수가 나를 방문하였고 한동안 그들과 신앙적인 활동을 하며 보냈다.

3월 15일. 저녁 시간에 요리문답식 교육을 진행하였다. 제시되는 질문들에 대해 나의 사람들은 놀랄 만큼 기꺼이 올바른 판단으로 대답하였다. 성령 안에서 누리는 양심의 평화와 기쁨에 대해 가르치는 동안, 어느 정도 뜨거움과, 또한 진정 그리스도인이라 믿고 싶은 사람들 가운데 하나님의 일들에 대해 지각하는 느낌이 있었다. 이 사람들은 예배 시간에 활기를 얻고 힘을 얻는 것 같았으나, 그리스도가 없는 상태에 있는 것으로 여겨지는 이들 중에서는 별로 근심의 기미가 보이지 않았다.

3월 16일 주일. 히브리서 2:1-3을 본문으로 모인 회중에게 설교하였다. 신적인 진리가 몇몇 청중들에게 상당한 영향을 준 것 같았다. 진정 그리스도인이라는 증거를 보인 자들은 물론 다른 이들까지도 많은 눈물을 흘렸고 크게 한숨을 쉬고 흐느꼈다. 청중에게 나타난 반응은 전체적으로 그저 얄팍하고 소리만 시끄러운 그런 것이 아니라, 깊고도 마음에 영향을 미치는 것 같았다.

　밤이 되어 오면서 다시 큰 구원에 대해 말씀을 가르쳤다. 다시금 말씀이 능력이 함께 하여 청중에게 역사하였다. 많은 이들이 감정에 벅차서 울었는데 진실한 모습이었다. 하나님의 성령께서 역사하사 회중을 움직이시는 것 같았다. 지난 주일의 일지에 언급한 그 여자가 믿음을 고백하였는데, 그녀는 경건하고 겸손하며 훌륭한 마음 자세를 지닌 것으로 보였다.

　저녁에 내 집이 내 사람들로 가득 찼다. 그 시간에 나는 나의 기력이 거의 다하기까지 그들과 신앙적인 활동을 계속하였다. 이들이 신앙적인 활동에서 지치지도 않고 기독교의 지식을 어찌나 강렬하게 사모하는지, 때로는 나의 기력을 거의 소진하기까지 힘을 다 쏟지 않을 수가 없을 정도다.

3월 19일. 지난 2월 델라웨어의 폭스로 나와 함께 갔던 몇 사람이 그 중 한 사람이 위험한 질병에 걸려 그 곳에 더 머물다가 오늘 집으로 돌아왔다. 이를 계기로 내 사람들 전체가 신앙적인 활동을 위하여, 특히 몇 주간 동안 집을 떠나 있던 그들을 선히 보존시켜 주셨고 또한 병든 자에게 긍휼을 베푸사 회복하게 하시고 무사히 돌아오게 하신 하나님께 감사하기 위하여, 자발적으로 함께 모였다. 내가 그 자리에 없었으므로 그들은 학교 교사에게 도움을 청하여 신앙적인 집회를 엄숙하게 진행하도록 하였다. 그는 내게 그들이 반복하여 기도하고 노래하는 중에 감동을 받은 것 같다고 이야기하였다.

3월 22일. 저녁에 늘 하던 대로 요리문답식 교육을 진행하였다. 내 사람들이 매우 만족스럽게 질문들에 답변하였다. 우리 중에 늘 있던 일에 비할 때 집회에 특별한 점은 하나도 없었다. 그러나 물론 우리 가운데 흔히, 또한 우리에게 처음 나아온 이들에게도 이따금씩, 있었던 정도에는 미치지 못했으나, 철저한 주의집중과 부드러움과 감동, 그리고 많은 눈물과 마음이 담긴 흐느낌 등이 회중 가운데 많은 이들에게서 매우 두드러지게 나타났다고 말하는 것이 합당할 것이다. 우리 중에서 나타난 모든 현상과 특별한 감동의 역사가 다 진정 하나님의 역사하심에서 비롯된 순전한 것이었다는 생각은 전혀 하지 않는다. 오히려 그 반대의 경우를 느끼게 되고, 또한 특히 신앙적인 근심이 이 곳에 그렇게 흔하게 나타난 이후부터는 무언가 부패한 것이 뒤섞여 있었다는 것을, 알곡과 가라지가 함께 있었다는 것을, 의심치 않는다.

3월 23일 주일. 열다섯 명의 낯선 성인(成人)들이 지난 주간에 우리에게 왔는데, 이 가운데 몇 명은 지금까지 한 번도 신앙 집회에 참석해 본 일이 없는 자들이었다. 나는 이 날 이들의 처지와 역량에 알맞은 방식으로 말씀을 전하는 것이 적절하겠다고 생각하여, 호세아 13:9의 "이스라엘아 네가 패망하였나니 이는 너를 도와주는 나를 대적함이니라"라는 말씀을 근거로 설교하였다. 오전에 나는 최대한 쉽게, 하나님의 존재와 그의 완전하심과 또한 그가 사람을 정의와 행복의 상태로 창조하신 것에 대해 말씀한 후, 사람의 배역함과 망한 처지에 대해 설명하였다. 오후에는 하나님께서 그 배역한 피조물들을 구원하시기 위하여 자기 아들을 보내사 그들을 위해 고난을 당하게 하시고 그들 대신 하나님의 정의를 만족시키게 하신 그 영광스러운 은혜를 설명하고자 애썼다. 우리들 중에 흔히 있었던 그런 감동과 영적인 근심은 회중 가운데 없었다. 그러나 전반적으로, 심지어 대부분의 낯선 자들도, 아주 바람직하게 주의를 집중시켜 경청하였다.

저녁 해 질 때가 가까워 올 때에 마음에 범상치 않은 근심이, 특히 가련한 저 낯선 자들에 대한 근심이 각별하게 느껴졌다. 하나님께서 그 날의 집회에서 그의 임재하심과 성령의 강력한 역사를 상당히 억제하셨고, 그리하여 죄에 대한 깨달음이 내가 바란 만큼 그들에게 있지 않았다는 사실이 적잖이 걱정되었던 것이다. 이런 심정으로 몇몇 집들을 방문하였고, 특히 몇 사람들과는 각별한 관심과 애정을 갖고 대화를 나누었다. 그러나 낯선 이들 몇 명이 있는 집에 가기까지는 성공의 기미가 별로 없었다. 그런데 그 집에서는 내가 전한 그 엄숙한 진리들이 효과를 내는 것 같았다. 먼저 몇몇 아이들에게 역사가 나타났고, 그 다음에는 전에 다소 각성을 경험했던 성인들 몇 명에게 역사가 나타났고, 그 이후에는 낯선 이교도들 몇 명에게도 나타났다.

　나는 다소 열정적으로 말씀을 이어갔는데, 그 집 안에 있는 모든 사람이 감동하여 눈물을 흘리고 많은 이들이 크게 소리 내어 울었고 그리스도 안에서 구원을 얻고자 하는 진지한 근심이 나타났다. 이에 그 주변의 모든 집에서 여러 사람들이 나와 우리가 있는 집으로 몰려들었고, 우리는 하는 수 없이 공 예배를 위해 모이는 넓은 집으로 장소를 옮겼다. 온 회중이 곧바로 모였고, 많은 이들이 굉장히 감동을 받은 것으로 보였다. 나는 누가복음 19:10을 근거로 말씀을 전하며, 잃어버리고 무기력하며 완전히 망한 처지에 있는 죄인들을 위한 그리스도의 긍휼과 애정과 관심에 대해 힘써 설명하였다. 회중 가운데 영적인 근심과 감동의 모습이 눈에 띄게 나타났다. 말씀을 통해 전해지는 내용에 하나님의 역사가 임하여 여러 사람들의 마음을 움직이셨다는 것을 믿어 의심치 않는다. 대여섯 명의 낯선 이들이 상당히 각성을 얻은 것으로 보이고, 또한 아주 남루해 보이는 한 청년은 아무것도 그를 움직일 것이 없을 것 같았는데, 이제 마치 빌립보 감옥의 간수처럼 벌벌 떨었고 오랜 시간 동안 소리 내어 울었다.

　각성을 얻은 이교도들은 즉시 야만적인 거친 행동과 이교도적인 처신을 버리고 다른 이들과 함께 잘 어울리며 질서를 지키며 인간다운 면을 드러내었다. 그들이 처음 이 곳에 왔을 때 나는 사람들에게 이따금씩 다른 낯선 이들을 대할 때 했던 것처럼 기독교에 대해 그들을 잘 가르치도록 수고해 달라고 권고하였었다. 그러나 그들 중 일부가 그런 식으로 가르치려 하자, 낯선 이들이 그런 가르침 듣기를 피하기 위해 곧바로 일어나 다른 집으로 가 버렸다. 그러자 몇몇 진지한 사람들은 각자 여러 곳으로 흩어지기로 했고, 그리하여 낯선 이들이 어디를 가든 무언가 교훈적인 가르침과 구원에 대한 따뜻한 말을 접하게 되도록 했었다. 그런데 지금은 낯선 이들과 영적인 관심사에 대해 대화를 나눌 기회를 얻기 위해서 구태여 그런 방법까지 쓸 필요가 없게 되었다. 그들이 멸망을 향해가는 자기들의 처지를 지각하게 되어, 그들의 죄와 비참한 처지, 위대하신 구주를 알고 그 안에서 구원을 얻을 필요성 등

1746년

에 관하여 그들에게 주어지는 긴밀한 말씀들에 자발적으로 귀를 기울이게 되었기 때문이다.

3월 24일. 내가 이 지역으로 처음 온 이후 하나님께서 얼마나 많은 영혼들을 함께 불러 모으셨는지를 보려고 인디언들의 숫자를 세어보았는데, 지금 노소를 불문하고 도합 130명 정도였다. 나의 설교를 꾸준히 들어온 대략 15명 내지 20명 정도는 이 때에 이 곳에 없었다. 모두가 다 모였다면 그 숫자가 상당히 많았을 것이다. 특히 이 지역에 처음 들어왔을 때에 그 숫자가 얼마나 적었는지를 생각하면 더욱 그렇다. 그 당시는 모두 다 해서 10명도 채 되지 못했었다.

오늘은 내 사람들이 그들의 땅의 일부를 정리할 계획으로 이 곳으로부터 약 15마일 정도 떨어진 곳으로 갔다. 거기서 집단 정착촌을 형성하여 하나님께 드리는 공 예배에 손쉽게 참석하고 자녀들을 학교에서 가르치기 위함이었고, 또한 농사를 위해서도 그 곳이 편리했기 때문이었다. 그들이 현재 거처하는 땅은 그런 목적을 위해서는 거의 가치가 없었던 것이다. 그렇게 하나의 공동체로 정착하며 땅을 경작하고자 하는 그런 계획은 이교도의 상태에 있을 때에는 그들이 거의 생각조차 하지 않던 것으로, 세상적인 위로를 주는 것은 물론 신앙적인 면에서도 절실하고 중요한 것이었다. 나는, 그들을 함께 불러서 성실하고도 부지런히 일하고 수고하여야 할 임무를 보여주며, 그리하여 과거 이교도 시절의 생활 모습처럼 게으르고 나태해서는 안 된다는 것을 깨닫도록 해 주는 것이 합당하다고 생각하였다. 나는 그들에게 열심히 부지런히 힘써 일하여 그들에게 주어진 사명을 감당하는 것이 얼마나 중요한지를 강조하려고 애썼다. 특히 농사철이 가까워 오는 이 시점에서 함께 모여 살며 은혜와 가르침의 수단들을 함께 누리기 위해서는 더더욱 그 일이 중요했던 것이다. 그들은 매우 일을 하고 싶어했고, 그리하여 일에 대한 지침을 주고 또한 여러 가지 면에서 그들의 행동거지에 대해 지침을 주고 나서, 나는 "집 짓는 일을 하나님이 막으시면 …"으로 시작하는 왓츠 박사(Dr.

Watts)의 찬송시를 노래하고 그들에게 설명해 주고 나서, 그들과 함께 기도로 그들을, 그리고 그들이 나아가는 목적을 하나님께 의탁한 후, 그들을 떠나보냈다.

저녁에는 집에 남아 있는 내 사람들에게, 또한 새로이 나아온 낯선 이들에게 사도행전 3장의 골자를 읽고 설명해 주었다. 여러 사람들이 말씀을 들으며 마음이 뜨거워지는 것 같았다. 특히 19절의 "그러므로 너희가 회개하고 돌이켜 너희 죄 없이 함을 받으라"라는 말씀을 가르치는 동안 더욱 그러했다. 몇몇 낯선 이들도 감동을 받았다. 나중에 그들에게 내가 가르친 대로 그들의 마음이 악하다는 것을 느끼지 않느냐고 물었더니, 그 중 한 여자가, "예, 지금 그것을 느낍니다"라고 대답했다. 여기 오기 전 그녀는 내가 인디언들에게 그들의 마음이 본질상 모두 악하며 하나님의 능력으로 바뀌어 선하게 되어야 한다고 가르치는 것을 듣고는, 자기 마음은 악하지 않고 자기는 평생 나쁜 일을 하나도 한 일이 없다고 말했었다. 이교도의 상태에서는 그들 모두가 보편적으로 그런 생각을 갖고 있는 것 같았다. 율법의 두 번째 돌비의 계명들을 범하는 무언가 큰 죄를 지었다고 스스로 책할 만큼 잘못을 저지르지 않고서는 이들이 죄와 죄책에 대해 전혀 의식하지 못하는 것이다.

3월 27일. 한 집에서 내 사람들 여러 명에게 사사로운 자세로 말씀을 가르쳤다. 그들이 어떤 인상들을 받고 있는지를 보고자, 그들의 영적인 상태에 대해 구체적으로 질문하였다. 그들에게 중생한 자들의 표지들과 또한 중생하지 못한 자들의 표지들을 제시하였고, 내가 파악한 대로 그들의 상태에 맞추어 몇몇 사람들에게 말씀을 조절하여 가르쳤다. 내 말이 끝나기 전에 상당히 많은 숫자가 모여들었고, 새로운 영적인 상태에 들어가는 것이 필수적이며 또한 무한히 중요하다는 것을 강조하는 동안 여러 명이 크게 감동을 받는 것 같았다. 사적으로 사람들을 만나 구체적이고도 친밀하게 대하는 것이 매우 성공적인 경우가 많다는 것을 보게 된다.

1746년

3월 29일. 토요일에 늘 하는 대로 저녁 시간에 요리문답 식의 교육을 진행하였다. 신자가 죽을 때에 그리스도께로부터 받는 은덕들을 다루었다. 모두들 제기되는 질문들에 곧바로 적절하게 대답했고, 하나님의 사랑하는 백성이라고 생각되는 자들이 전반적으로 감미로운 감동을 받았다. 하나님의 말씀을 듣는 자세에 어찌나 활기와 열정이 있고 또한 그 은덕들을 함께 누리기를 어찌나 사모하던지, 그들이 하나님의 날이 오기를 그냥 기다리는 것만이 아니라 그 날이 속히 오도록 재촉하는 것 같았다. 마치 새로이 깎아놓은 잔디에 반가운 소나기가 내리듯 하나님의 진리들이 청중에게 부드러우면서도 마음을 녹이는 효력을 발휘하는 것 같았다. 경건한 자들의 죽음이 복되다는 것에 대해 간략하게 이야기했는데, 진정 신앙이 있는 것으로 보이는 자들은 물론 회중 전체가 감동을 받았고, 물론 그러한 복된 최후를 맞기에 필수적인 그런 마음의 변화를 정당하게 얻지 못한 이들도 많았지만 회중의 대부분이, "나로 의인의 죽음을 죽게 하시고, 나의 마지막이 의인의 마지막과 같게 하소서"라고 외치고 싶은 간절한 마음을 가졌다.

3월 30일 주일. 마태복음 25:31-40을 근거로 말씀을 전했다. 회중 가운데 매우 상당한 감동과 간절한 감격이 있었다. 여러 사람들의 마음에 하나님의 일들에 대한 진정 깊고도 지속적인 감화가 있었기를 바라는 마음 간절하다. 최근 우리에게 나아온 한 늙은 사람은 전에는 영혼에 대해 한 번도 근심을 해본 일이 없었는데 이 날 상당한 각성을 받은 것으로 보였다. 저녁에는 요리문답으로 교육하였다. 그 전날 저녁이나 다른 여러 날에 하나님의 백성들에게 나타났던 그런 간절함과 뜨거움은 없었다. 그들은 주어지는 질문들에 또박또박 잘 대답했고, 열심을 갖고 주의 깊게 교육에 임하였다.

3월 31일. 지난 주 월요일 저녁에 했던 것처럼 내 사람들을 불러 모아, 함께 모여 살면서 은혜의 수단들을 누리기 위하여 부지런히 일하는 것이 얼마나 절실하고 또한 중요한지를 다시 한 번 가르쳤다. 그들이 하는 일에 복을 주시기를 위해 하나님께 엄숙하게 기도한 후에 그들을 일터로 돌려보냈다. 여러 남녀들이 이 일을 위해 기꺼이 자기를 드리고자 하는 것 같았고, 어떤 이들은 하나님께서 그들과 함께 가셔서 그들을 위하여 그 작은 마을을 시작하시고, 그리하여 그의 주시는 복으로 말미암아 그 곳이 그들에게 편안한 곳이 되어 삶의 필수적인 것들도 얻고 하나님을 예배하는 일에도 참여하게 해 주시기를 간절히 사모하는 것 같았다.

4월 5일. 저녁에 요리문답으로 교육하였다. 특히 교육이 끝나갈 무렵, 회중 전체를 통틀어 상당한 감동이 있었고 예배에 열정적으로 참여하는 것이 나타났다. 공 예배가 파한 후 참된 신앙을 가졌다고 믿을 만한 사람들 여럿이 내 집을 찾아왔는데, 이들은 하나님의 일들을 좀 더 누리기를 사모하는 것 같았다. 성경적인 활동들에 대해 그들과 대화를 하는 동안, 하나님께서 그의 모든 자녀들의 마음에 하시는 일은 본질상 동일하며 또한 그들의 시련과 유혹 또한 비슷하다는 것을 설명하며, 또한 특별히 서로서로를 사랑하여야 할 임무가 있다는 것을 이야기하자, 이들이 서로를 향한 따뜻한 애정을 느끼며 깊은 감동을 받는 것 같았다. 그들이 서로서로에 대해 사랑을 갖는 이러한 그리스도의 제자의 구체적인 증표를 지금보다 더 확실히 드러내 보인 적이 거의 없었던 것 같다.

4월 6일 주일. 마태복음 7:21-23을 본문으로 설교하였다. 바람직한 말씀의 효과들이 회중 가운데 상당히 눈에 띄게 나타났다. 진지한 주의집중이나, 지극한 엄숙함, 많은 눈물과 무거운 탄식이 상당히 절제되는 가운데 나타났고, 무절제한 지나친 격정으로 요동치는 것이 전혀 나타나지 않았다. 여러 신앙적인 사람들은 "나더러 주여 주여 하는 자마다 다 천국에 들어갈 것이 아니니"라는 말씀을 들으면서 자기들의 영적인 상태를 진지하고도 면밀하게 점검하게 되었다. 어떤 이들은, 자기들이 하늘에 계시는 아버지의 뜻대로 행한 것이 거의 없음을 발견하고서 자기들이 스스로를 속이고 그릇된 소망을 가진 것은 아닐까 하는 두려움이 있음을 표현하였다.

한 사람이 자기 영혼에 대한 매우 깊은 근심 아래 있게 되었는데, 공 예배를 파하고 집으로 돌아간 후에 더 심해졌다. 그는 자기를 매우 불안하게 만든 것은 어떤 구체적인 죄가 아니고 자신이 하나님의 뜻을 전혀 행한 적이 없고 오히려 계속해서 죄를 범하기만 했으므로 천국에 들어갈 자격이 없다는 사실이라고 했다. 오후에는 그들에게 그리스도의 교회의 권징과 과실을 범한 자들을 다루는 방법에 대해 가르쳤는데, 이 때에, 특히 과실을 범한 자가 계속해서 고집을 부릴 경우 마지막에는 그 사람을 하나님의 사람들 중에 속하지 않는 이방인으로 대하여야 한다는 말을 들을 때에, 신앙을 가진 사람들이 많은 감동을 받았다. 이에 대해 그들이 가장 끔찍하게 여기는 것 같았다. 그들이 이제 겨우 이방인의 상태에서 벗어났는데 그 상태로 되돌아간다니 그들에게는 지극히 끔찍한 일이었던 것이다.

공 예배가 끝난 후, 나는 이들이 주일의 나머지 시간을 어떻게 보내는지를 보고자 몇 집을 방문하여 그들의 영혼에 대한 큰 관심사에 대해 엄숙하게 대화를 나누었다. 주께서 나의 이런 사사로운 노력에 미소를 지으시고, 이런 구체적이고도 개인적인 대화를 공적인 가르침보다 더 효과 있게 하시는 것 같았다.

4월 7일. 저녁에 고린도전서 11:23-26을 근거로 내 사람들을 가르쳤다. 성찬의 제정과 본질과 목적, 그리고 성찬에 올바로 참여하기에 필요한 자격 요건과 준비에 대해 설명하였다. 그 자신이 가장 극심한 고난을 당하시기 직전에 오히려 그의 백성을 위로하시기 위해 이를 베풀어 주신 그리스도의 사랑에 여러 사람들이 크게 감동하는 것 같았다.

4월 20일 주일. 오전과 오후 모두 누가복음 24장을 본문으로 말씀을 전하며, 그 대부분의 내용을 설명하였다. 전에 흔히 있었던 만큼의 감동과 간절함은 없었으나 청중들이 바람직하게 주의를 집중하여 경청하였다. 집회에 사람들이 가득 찼고, 전에 한 번도 우리와 함께 있은 적이 없는 몇몇 낯선 자들도 함께 참석하였다. 저녁에는 요리문답 교육을 진행하였다. 내 사람들은 제시되는 질문들을 곧바로 명확하게 대답하였다. 이제 그들이 기독교의 원리들에 대한 지식에서 진보하고 있는 것을 느낄 수 있었다. 이 때에 뜨거운 감동이 회중 가운데 있었다. 진정 신앙이 있다고 믿을 만한 몇몇 사람들이 공 예배 후에 사랑 안에서 마음을 하나로 모으기 위해 서로 대화를 나누며 교제하는 데에서 새로운 힘과 활기를 얻은 것 같다. 이는 여러 달 전 불쌍한 나의 사람들이 누렸던 것과 비슷한 아주 감미롭고도 복된 시간이었다. 주위의 온 땅이 상대적으로 메말라 있는 상태에서 하나님께서 계속해서 이 작은 양털을 그의 신적인 은혜의 복된 이슬로 적셔주신 것이다.

4월 25일. 이 날을 주의 성찬을 시행하기 위한 준비를 위하여 엄숙한 금식과 기도의 날로 정하였다. 이는 우리가 하나님과 또한 서로서로와 언약을 새롭게 할 때에 하나님께서 복 주시기를 간구하며, 하나님을 경외함과 사랑과 그리스도인의 교제 가운데서 함께 나아가며, 또한 우리가 성찬에 나아갈 때에 그의 임재하심이 우리와 함께 하시기를 간구하고자 함이었고, 또한 노인에게나 청년에게나 복된 역사가 우리 중에 충만했었는데 그것이 상당히 사라졌고, 또한 한때 하나님의 진리에 영향을 받은 것으로 보이는 몇몇 사람들이 주의가 산만해졌고 헛되고 악한 행위를 저지르는 일로 인하여 하나님 앞에서 그들 자신을 낮추게 하고 그들의 비참하고도 멸망해 가는 처지를 얼마간이라도 지각하게 하고자 함이었다. 또한 인디언들이 함께 한 몸이 되어 평화롭게 정착하고, 그들이 하나님께 드리는 예배에 힘쓰는 회중이 되며, 또한 그러한 경건한 계획을 대적하여 나타날 모든 시도들을 하나님께서 무찔러 주시기를 위하여 끈질기게 기도하고자 함이기도 했다.[1]

---

1) 이 당시 여러 곳에서 인디언들을 대적하여 끔찍한 소란이 일어났고, 또한 내가 사람들의 목을 자르도록 인디언들을 훈련시키고 있다는 악소문도 있었다. 많은 이들이 이 지역들에서 인디언들을 내보내주기를 바랐고, 개중에는 그들의 가장 좋고 편리한 땅에 그

1746년

　성찬에 함께 참여할 자들은 물론 온 회중 전체가 엄숙하게 그 일을 준수하고 진지하게 그 일에 임하였다. 오전에는, 전에 좀 더 간략하게 설명을 시도한 대로, 금식의 본질과 목적에 대해 내 사람들에게 설명하였고, 그 엄숙한 임무들을 가르쳤다. 오후에는 이 시기에 우리가 이러한 엄숙한 활동을 해야 하는 특별한 이유들을 강조하였다. 우리 중 일부가 계획하는 그 거룩한 규례가 잘 시행되도록 하나님의 섭리에 맡기고 그 일을 정당하게 준비하기 위해서는 하나님의 도우심이 필요하며, 또한 이 곳에서 죄인들의 유효적인 깨달음과 회심과 관련하여 하나님의 일이 눈에 띄게 쇠퇴하고 있다는 점을 볼 때에도 — 최근 들어 안일한 상태에서 깊은 각성을 얻은 사람들이 몇 명 되지 않으므로 — 그러한 활동이 절실했던 것이다. 진정 신앙의 모습을 보이는 일부 사람들이 하나님께 드리는 예배에 깊은 엄숙함과 경외심으로, 뜨거운 마음과 많은 눈물로 참석하였고, 얼마 전 각성을 얻었고 아직 영적 근심 중에 있는 이들에게 하나님의 능력이 임하는 모습이 어느 정도 있었다.
　반복되는 기도를 마치고 또한 하나님의 말씀을 전한 후, 전에 했던 대로 신앙을 가진 사람들에게 기독교 신앙의 도리의 핵심을 할 수 있는 만큼 간결하고도 쉽게 제시하였고, 그들이 다시금 기꺼이 동의를 표시하였다. 그러고 나서 나는 그들로 하여금 언약을 엄숙히 갱신하도록 이끌었다. 그들은 성부 성자 성령 하나님께 분명하게 공적으로 그들 자신을 드리고 그가 그들의 하나님이심을 공적으로 확인하였고, 동시에 그들의 이교적인 헛된 행위들과 우상 숭배와 미신적인 행위들을 버렸고, 그들이 아는 만큼 하나님의 말씀을 그들의 삶의 준칙(準則)으로 삼기로 엄숙히 서약하였고, 사랑 안에서 함께 동행(同行)하며 서로를 돌아보며 진지함과 헌신의 삶을 살며 그들 각자에게 주어진 갖가지 임무들을 준행할 것을 약속하였다. 상당히 진지하고도 무게 있는 자세로, 동시에 지극한 흔쾌함과 자유로움과 기꺼움으로 이런 엄숙한

들이 정착하지 못하도록 겁을 주기 위하여 법으로 그들을 처단하겠다고 위협하는 등 악담을 하기도 했다. 인디언들에게 대금을 지불하고 구매한 적이 없음에도 불구하고 마치 이 땅들이 자기들의 소유인 것처럼 행세하는 것이었다.

행위들을 시행하였고, 모든 엄숙함 위에 신앙적인 연합과 영혼의 조화가 빛을 더했다. 저녁에는 이 날 하루 동안 몇 차례의 예배에서 하나님의 임재하심이 우리와 함께 하였다는 분명한 증표들이 있었다고 생각하지 않을 수 없었다. 물론 이 곳의 그리스도가 없는 영혼들 가운데 자주 나타났었던 그런 영적인 근심은 그다지 두드러지게 나타나지 않았지만 말이다.

4월 26일. 정오쯤에, 죽어가는 한 아이와 함께 기도하고, 그의 죽음에 대비하여 모여 있는 사람들에게 권면의 말씀을 전했는데, 몇몇 사람들에게 효과가 있었던 것 같다. 오후에는 마태복음 26:26-30을 근거로 주의 성찬의 제정자와 그 본질과 목적에 대해 내 사람들에게 말씀을 전하면서 그 규례에 합당하게 동참하는 자가 어떤 자인가를 힘써 지적하였다. 신앙이 있는 사람들은 감동을 받았고, 심지어 죽으시면서 쏟으신 그리스도의 사랑을 생각하며 하나님의 진리로 마음이 뜨거워졌다. 몇몇 다른 이들이 몇 개월 동안 자기들의 멸망의 상태에 대해 근심하는 처지에 있었는데, 이들이 이제 근심 중에 많은 감동을 받고 그리스도 안에 있는 구원을 얻기를 새로이 갈망하였다. 그러나 전에 가끔씩 보았던 것과 같이 회중을 예리하게 찌르는 그런 활기와 능력이 하나님의 말씀에 함께 했다고는 말할 수 없다.

저녁에는 이튿날 주의 성찬에 참여할 사람들에게 성찬의 제정과 본질과 목적에 대해 요리문답을 가르쳤는데, 그들이 성찬에 참석하기에 충족할 만큼 교리적 지식과 적절한 자격을 갖춘 것을 확인하고 풍성한 만족을 얻었다. 그들은 또한 대체로 이 거룩한 규례의 엄숙함을 감동적으로 지각하고, 그들 자신이 성찬으로 하나님께 나아가기에 무가치함을 느끼며 자신들을 낮추며, 또한 성찬 참여를 정당하게 준비하는 일에 진지하게 임하는 것으로 보였다. 그들의 마음이 서로를 향한 사랑으로 가득 찼고, 또한 주의 성찬에 함께 참여하면서 그런 마음의 자세를 유지하기를 사모하는 것 같았다. 요리문답 교육 후에 노래와 기도를 했는데, 그들 중에 합당한 부드러움과 뜨거움이 나타났고, "주여 여기 있는 것이 좋사오니"라고 말하지 않을 수 없을 만한 형제간의 사랑과 애정의 증표들이 놀랍게 나타났다. 그런 하늘의 역사가 뿜어지는 곳에 거한다는 것은 정말 좋은 일이다.

4월 27일 주일. 디도서 2:14의 "그가 우리를 대신하여 자신을 주심은 모든 불법에서 우리를 속량하시고 우리를 깨끗하게 하사 선한 일을 열심히 하는 자기 백성이 되게 하려 하심이라"는 말씀을 본문으로 설교하였다. 하나님의 말씀이 회중에게 어느 정도 하나님의 능력으로 역사하여 청중의 주의 집중과 진지함이 놀라웠다. 특히 예배의 말미에는 많은 사람들이 많은 감동을 받았다. 스물세 명의 인디언들에게 성찬을 시행하였는데, 남자와 여자의 숫자가 거의 같았다. 대여섯 명 정도의 다른 이들이 더 참석할 수 있었는데, 이들은 이 때에 델라웨어의 폭스에 없었다. 사람들이 극히 엄숙하게 지극히 바람직한 부드러움과 감동으로 성례에 참여하였다. 성찬이 시행되는 동안, 특히 떡을 분배하는 동안, 이들은 마치 그리스도께서 진정 그들이 보는 앞에서 십자가에 달리신 것처럼 지극히 생생한 감동을 얻는 것 같았다. 성찬을 시행할 때에 성찬을 제정하신 말씀을 반복하여 낭독하고 설명했는데, 마치 주 예수 그리스도께서 그 곳에 계셔서 친히 그들에게 그 말씀을 하신 것처럼 그 말씀을 동일하게 자유롭고도 충만한 믿음과 애정 어린 자세로 받아들이는 것 같았다. 성찬에 참여하는 자들이 상당히 감정이 고조되었으나 적절히 절제하여 정당한 경계를 잘 지켰고, 그리하여 무절제하고 떠들썩한 격정의 소요 같은 것이 없이 감미롭고 부드러우며 감동적인 뜨거움이 그들 중에 있었다.

성찬 집례가 길어질 수밖에 없어 몸이 극도로 피로하여 성찬식이 끝난 후 잠시 휴식을 가진 다음, 집집마다 다니며 성찬에 참여한 사람들과 개별적으로 대화를 나누었는데, 이들 중 거의 모두가 마치 새 술에 취한 듯 주의 성찬에서 새로운 힘을 얻은 것을 알게 되었다. 내 평생 그 어떤 사람들에게서도 그와 같은 그리스도인의 사랑의 모습을 본 일이 없었다. 그 모습이 어찌나 놀라운지, 누구든 이를 보고, "보라 이들이 서로를 얼마나 사랑하는가"라고 탄성을 지르지 않을 수 없었을 것이다. 초기 기독교에서 하나님의 백성 가운데 나타났던 서로 간의 사랑의 증표들도 지금 여기서 나타난 것보다 더 클 수가 없었으리라고 생각한다. 이 광경이 어찌나 바람직스럽고 복음에 잘 어울리던지, 이에 대해서 "여호와의 행하심"이요 "사랑이신" 하나님의 순전하신 역사라고밖에는 말할 수 없을 것 같다.

밤이 이슥해 오면서 오전의 본문인 디도서 2:14을 다시 가르치면서, 그리스도의 죽으심의 직접적인 목적과 계획을 — 즉, 그의 백성을 모든 불법에서 속량하시기 위함임을 — 강조하였다. 이 때에 우리 중에 하나님의 능력이 임한 것 같다. 신앙이 있는 사람들은 상당히 새로운 힘을 얻었고, 부드럽고도 감동이 충만하고 사랑과 기쁨과 평안이 가득하여 모든 불법에서 완전히 속량되기를 진정 사모하는 것 같았다. 집회 후에 몇몇 사람들은 내게, 전에는 그런 느낌을 가져본 일이 없었다고 이야기했다. 여러 사람들에게서도 영적 근심이 되살아나는 것 같았고, 전에는 한 번도 신앙적인 감동을 받는 것을 본 일이 없는 몇몇 사람들도 각성을 얻었다.

회중에게 그런 역사가 임하였고 또한 집회 시간에 많은 이들이 가졌던 마음의 자세가 말할 수 없이 귀하였으므로, 공 예배를 마치기가 괴로울 정도였다. 거의 캄캄해질 무렵 예배를 파하였는데, 회중들은 그 곳을 떠나기를 싫어하는 모습을 보였다. 복스러운 생명을 주는 역사가 그들에게 임하여 큰 은덕을 누리게 해 준 그 현장을 떠나기가 싫었던 것이다. 전체적으로 볼 때, 이 성찬식 집례가 여러 가지 점에서 크게 만족스러웠다고 말해야 할 것이다. 주의 성찬에 나아온 자들이 성찬의 본질과 의도에 대하여 바람직스러울 정도의 교리적 지식을 가져서 올바른 깨달음을 갖고서 성찬에 임하였다고 생각할 만한 풍성한 이유가 내게 있다.

성찬 준비 예배들에서도, 그들의 이해력과 역량에 맞추어 은혜의 언약을 설명하고 성찬의 본질을 드러내는 데에 이례적으로 자유로움이 내게 있었다고 말할 수 있다. 그들 또한, 성찬이 그리스도의 진짜 살과 피가 아니고 하나의 표증에 지나지 않으며, 또한 성찬이 육체를 배불리기 위함이 아니라 영혼을 새롭게 하고 강건하게 하기 위한 것이라는 것을 완전히 이해하였다. 뿐만 아니라 목숨을 내어주시는 그리스도의 사랑을 기념하도록 부르심을 받는 것이 성찬의 목적이라는 것도 접하게 되었다.

　이처럼 훌륭한 교리적 지식, 이들의 진지하고도 절도 있는 성찬 참여, 성찬 예식 중의 감동적인 마음의 뜨거움과 감미로움, 그리고 성찬 이후 그들이 발견한 그리스도인다운 마음 자세 등이 성찬 집례와 관련하여 내게 큰 만족을 주었다. 오오, 이 얼마나 감미롭고 복스러운 시간이었던지! 하나님께서 친히 그의 백성 중에 계셨다고 믿는다. 이 날을 마감하며 많은 이들이 온 마음으로, "주의 궁정에서의 한 날이 다른 곳에서의 천 날보다 낫사오니"라고 말할 수 있었다고 믿어 의심치 않는다. 경건한 주의 백성들이 한마음이 된 것 같았다. 감미로운 연합과 조화, 그리고 그들 사이의 애정 어린 사랑과 부드러움이야말로 내가 본 것 중에 가장 생생한 천상 세계의 표상이었다고 생각된다.

4월 28일. 요한복음 14:15의 "너희가 나를 사랑하면 나의 계명을 지키리라"라는 말씀에 대해 가르치는 것으로 성찬의 엄숙함을 결론지었다. 이 때에 회중 전체에 매우 합당한 부드러움이 있었고, 특히 성찬 참여자들에게서는 더욱 그러했다. 오오, 하나님을 섬기는 일에 이것이 얼마나 자유롭고 얼마나 감격스럽고 애정이 충만한 일인지 모르겠다! 이들은 기꺼이 하나님의 집의 문지방에 귀가 뚫리고 영원토록 그의 종들이 되기를 바라는 것 같았다.

　하나님의 역사하심으로 말미암아 회중이 전반적으로 이러한 훌륭한 분위기 가운데 있는 것을 보고서, 역대하 31장에서 히스기야가 유월절에 행한 것처럼 이 유리한 분위기를 선용하여 이들 가운데서 복된 변화가 시작되도록 촉구하고 또한 진지한 신앙을 가진 자들로 하여금 신앙 안에서 인내하도록 이끄는 것이 적절하다고 생각했다. 그리하여 나는 그들에게, 하나님 앞에서 새로이 언약을 맺고, 어울리지 않는 죄악된 행실에 빠져서 그리스도의 이름을 욕되게 하는 일이 없도록 자기 자신과 서로서로를 삼가 경계할 것을,

특히 그들이 빠지기 쉬운 술 취하는 죄와 그에 대한 유혹과 그와 관련한 악한 모습을 삼가고 경계할 것을 촉구하였다. 이들은 기꺼이 이를 받아들였고 그 언약에 명확한 자세로 참여하였다. 그리하여 나는 할 수 있는 만큼 지극히 엄숙한 자세로 하나님이 이 성스러운 언약의 증인이심을 공포하였고, 또한 만일 이 언약을 깨뜨리면 그것은 크나큰 죄악을 범하는 것이요 하나님께서 주의 크고 위대한 날에 그런 자들을 대적하여 처절한 증인이 되실 것임을 강조하였다. 놀라운 엄숙함이 가득한 시간이었고, 모인 회중 전체의 얼굴에서 하나님이 주신 경이감이 가득하였다. 감정에 북받치는 흐느낌과 한숨과 눈물이 청중 가운데서 자주 나타났다. 이 때에 이 엄숙한 언약을 이행하기에 충족한 은혜가 공급되게 해 달라는 소리 없는 많은 부르짖음이 은혜의 원천이신 하나님께 상달되었음을 믿어 의심치 않는다.

5월 4일 주일. 지난 3월 24일 일기에서 언급했듯이, 내 사람들은 지금 그들의 땅으로 옮겨가서 복음과 기타 교육의 수단들과 그리고 삶의 위로들을 더 편리하게 누리기 위하여 밀집된 정착촌을 개척하고 있는데, 오늘 그들을 방문하였다. 그들에게서 좀 거리가 떨어진 곳에서 한 영국인 가족과 함께 묶게 될 처지가 되었다. 오전에 마가복음 4:5을 본문으로 그들에게 설교하였다. 돌밭에 떨어진 씨처럼 처음 시작 때에는 매우 희망적인 모습을 보이다가 결국 넘어지고 마는 일이 생기지 않을까 두려워해야 할 이유가 있다는 것을 설명해 주고자 하였다.

오후에는 로마서 8:9의 "누구든지 그리스도의 영이 없으면 그리스도의 사람이 아니라"는 말씀을 근거로 말씀을 전했다. 특히 이 때의 말씀이 아주 적절했고 듣는 이들에게 좋은 결과를 가져왔다고 여겨진다. 나중에 몇 시간 동안 내 사람들과 사적으로 대화를 나누었고, 그들 중에 몇 가지 어울리지 않아 보이는 일들에 대해 바로잡아 주었다.

5월 5일. 내 사람들을 다시 방문하여 그들의 사업에 대해 자문을 해주며

1746년

세상적인 염려거리들을 보살펴 주었다. 그들이 수고하고 부지런히 일하며 농사일을 배워가며 필수품들과 삶의 위로거리들을 자급자족하게 되는 것이 신앙적인 면에서도 얼마나 중요한가 한 것은 날마다 더 실감하고 있다. 그들의 현재의 삶의 방식으로는 온갖 유혹거리들에 크게 노출될 수밖에 없으니 말이다.

5월 9일. 확 트인 광야에서 요한복음 5:40을 본문으로 설교하였다. 인디언들은 이 곳에 공 예배 처소를 마련하기는커녕 그들 자신이 거할 움막도 거의 마련하지 못하고 있었다. 하나님의 진리들이 청중에게 상당한 감동을 주었다. 큰 엄숙함과 부드러움과 사랑이 깃든 시간이었다.

1745년 8월 8일과 1746년 2월 1일자 일기에 언급했던 한 주술사요 살인자를 정회원으로 받아들였는데, 그의 경우는 하나님의 은혜가 임한 놀라운 실례로서 여기서 그에 대한 이야기를 간략하게나마 하지 않을 수가 없다. 그는 1년 이상 근처에 살면서 델라웨어의 폭스에서 행한 나의 집회에 가끔 참석하곤 했으나 다른 여러 사람들처럼 독주에 심각하게 중독되어 있었고, 인디언들의 교육과 회심을 위하여 사용했던 수단으로는 전혀 변화될 기미가 없어 보였던 사람이었다. 이즈음 그는 한 젊은 인디언을 살해하였고 이로 인하여 일종의 공포와 절박감 속에 빠져들어서 내게 거리를 둘 뿐 아니라 몇 개월 동안 나의 설교를 들으려 하지 않았었다. 그러다가 그와 자유로이 대화를 나눌 기회가 생겨서 그를 격려하였다. 그리스도로 말미암아 그의 죄가 용서 받을 수 있다는 것을 일러준 것이다. 이 일 이후 그는 다시 가끔씩 나의 집회에 참석하였다.

그러나 그의 행위 가운데 가장 악한 것은 바로 주술이었다. 그는 인디언들 사이에서 포와우라 불리는 그런 부류의 사람이었다. 나의 설교를 자주 들으면서도 그는 여전히 옛 주술을 행하고 있었다. 스스로 큰 능력을 소유하고 있고 스스로 큰 사람이라고 생각하고 있었던 것이다. 인디언들에게 병든 자를 고치신 그리스도의 이적들에 대해 가르치고 그런 이적을 그가 신적인 사명을 받으셨으며 그의 가르침이 진리라는 증거임을 이야기하자, 그들은 즉시 이 사람이 자신의 주술로 행한 그런 유의 이적을 주목하였다. 그들은 이처럼 그와 그의 미신적인 사고를 높이 우러르고 있었고, 몇몇 사람들의 경우에는 이것이 복음을 받아들이는 데에 치명적인 장애거리가 되는 것 같았다. 나는 하나님께서 저 몹쓸 사람을 세상에서 데려가시면 이 인디언들을 복음화시키는 계획에 큰 보탬이 되겠다고 자주 생각했다. 이 사람이 변화된다는 것은 거의 희망이 없어 보였기 때문이다. 그러나 사람의 생각대로 일을 처리하지 않으시는 하나님께서는 그에게 훨씬 더 바람직한 방법을 통하여 그를 대하기를 기뻐하셨다. 그 자신의 불쌍한 본성에도 합당하고 인디언들 가운데서도 그에게 더 유리하며, 그의 불쌍한 영혼의 구원에도 효과적인 그런 방법을 사용하신 것이다. 이 모든 일의 영광을 하나님께 돌린다.

그의 영혼에 처음 순전한 근심이 있게 된 것은 1745년 7월 21일 나의 통역자와 그의 아내가 델라웨어의 폭스에서 그리스도를 공적으로 고백하는 것을 보고서였다. 이 일에 큰 감명을 받은 그는 기독교에 우호적인 인디언들에게 행한 나의 제안을 받아들여 나의 설교를 듣고자 그 해 8월 초 크로스윅성으로 나를 따라 내려왔다. 그리고 인디언들 중에 가장 놀랍고도 능력적인 각성이 일어난 그 몇 주간 동안 그 곳에 계속 머물러 있었고, 그 때에 그 역시 더욱 효과적으로 각성하여 자기 영혼에 대한 큰 근심 가운데 있게 된 것이었다. 그런데 그의 말에 따르면, 그가 하나님의 말씀을 마음으로 느끼게 되자 주술의 영이 그에게서 완전히 사라져서 그 이후 그런 능력이 전혀 없이 다른 보통 사람과 똑같이 되었고, 주문이나 주술을 사용하는 방법도 다 잊어버려서 하고 싶어도 그런 일을 전혀 할 수 없게 되었다는 것이다.

그는 그 해 가을과 초겨울까지 계속해서 자신의 멸망해가는 죄악된 처지에 대한 깨달음과 영혼에 대한 상당한 근심의 상태 속에 있었다. 그런데 1월 어느 때에 더욱 깊은 각성을 하게 되었다. 하나님의 말씀이 그를 완전히 사로잡아 그는 깊은 고뇌 속에 빠졌고 도무지 어찌 해야 할지도 어디에 하소연해야 할지도 알지 못했다. 그 때에 그는 내게 이런 뜻으로 말했다. 지난 해 가

1746년

을에 나의 설교를 이따금씩 들었는데 내 설교가 그의 마음을 찔러서 매우 불편하게 만들었으나 그 때에는 그가 여전히 자기 스스로 무슨 방법을 써서 위로를 얻을 수가 있다는 식으로 희망을 갖고 있었기 때문에 고뇌가 그렇게 크지 않았으나, 이제는 내가 그를 날카로운 모퉁이에 몰아세워서 자신이 꼼짝할 수 없게 되어 괴로움을 피할 수가 없게 되었다는 것이다. 그는 계속해서 무거운 짐과 상한 심령의 압박 아래 있다가 드디어 2월 1일자 나의 일기에 언급한 대로 그 날 그가 극심한 고뇌와 영혼의 극한 괴로움에 싸이게 되었고 그 날 밤과 이튿날까지도 그 상태가 계속되었다. 이 일 후에 그는 온전한 고요함과 마음의 평정을 되찾았다. 아직 구원에 대한 소망은 거의 지각하지 못했으나, 떠는 것과 무거운 짐이 제거되었고 완전히 평화로운 모습이었다.

나는 그가 놀랍게 평정을 유지하고 있는 모습을 보고 어떻게 그렇게 되었냐고 물었다. 그는, "다 끝났어요. 다 끝났어요. 이제 다 끝났습니다"라고 대답했다. 그게 무슨 뜻이냐고 다시 물었더니, 그는 이렇게 대답했다: "이제 더 이상은 나 자신을 구원하기 위해 무슨 일도 할 수 없습니다. 이제 영원히 모든 것이 다 끝난 겁니다. 더 이상은 할 수 없습니다." 지옥에 가는 것보다는 좀 더 무언가를 할 수 있지 않겠냐고 그에게 묻자, 그는, "내 마음이 죽어 있으니 절대로 나 자신을 도울 수가 없습니다"라고 대답했다. 그렇다면 그 자신이 과연 어찌된다고 생각하느냐고 묻자, 그는, "지옥에 가야 되겠지요"라고 대답했다. 나는 하나님이 그를 지옥에 보내시는 것이 과연 옳은 일이라고 생각하느냐고 물었다. 그러자 그는, "예, 옳은 일이지요. 내가 태어날 때부터 줄곧 마귀가 내 속에 있었으니까요"라고 대답했다. 나는 전날 저녁 그가 큰 고뇌 가운데 있을 때에 이것을 느꼈는지를 물었다. 그러자 그는 이렇게 대답했다: "아니오, 그 때에는 그것이 옳다는 생각이 들지 않았습니다. 하나님이 나를 지옥에 보내실 것이고 그러면 나는 지옥으로 떨어질 것이라는 생각이 들었습니다. 하지만 내 마음이 하나님과 싸웠고, 나를 거기 보내시는 것이 옳다는 말을 할 수가 없었습니다. 하지만 지금은 그것이 옳다는 것을 압니다. 나는 항상 마귀를 섬겨왔고, 내 마음에 선한 것이 하나도 없고 언제나 그랬듯이 처절하게 악할 뿐이니까요." 이 때에 이 사람이 한 것처럼 구원을 위하여 자기 자신의 계획과 노력에 의지하던 것을 효과적으로 버리고 하나님의 주권적인 자비의 발아래 엎드린 사람을 거의 본 일이 없었다.

그는 며칠 동안 이런 마음 상태 속에서 자기 자신을 정죄하며, 자신이 정죄받는 것이 옳다고 끊임없이 생각했고, 또한 그의 죄가 막중하므로 그것이 자기의 몫이 될 것이라고 여겼다. 그러나, 물론 그 자신은 지각하지 못하고 있었으나, 자비에 대한 은밀한 소망이 그에게 있는 것이 분명했다. 그 때문에 그가 절망에 빠지지 않고 무거운 괴로움에도 빠지지 않았던 것이다. 그리하여, 슬프고 우울하기는커녕 오히려 그의 표정이 즐겁고 환해 보였다.

이런 상태에 있는 동안 그는 내가 언제 다시 설교하는지를 여러 번 물으며, 날마다 하나님의 말씀 듣기를 사모하는 눈치였다. 나는 그에게, "당신의 마음이 죽어있고 또 모든 것이 끝났고 이제 지옥에 떨어지기를 기다리는 것밖에는 당신이 할 수 있는 것이 아무것도 없다는 것을 알고 있으면서, 어째서 내 설교를 듣기를 원합니까?"라고 물었다. 그는, "어쨌든 목사님이 그리스도에 대해 하시는 말씀을 듣는 것이 좋으니까요"라고 대답했다. 나는 이렇게 덧붙였다: "하지만 당신이 결국 지옥에 들어가야 한다면 그게 다 무슨 소용이 있겠습니까?" 이제 그의 언어를 사용하여 그에게 말하였다. 지금까지, 그리스도의 탁월하심을, 또한 그리스도께서 버려진 죄인들과 또한 그와 같은 처지에 있는 사람들을 구원하시기에 충족하시며 또한 그들을 구원하실 기꺼운 뜻을 갖고 계시다는 것을 그에게 전하고자 지금까지 최선을 다하여 노력하여 왔으나, 그에게 특별한 위로를 주는 데에는 전혀 소용이 없었던 것이다. 그는 이렇게 대답했다: "나 자신은 지옥에 가야 하겠지만, 그래도 다른 사람들은 그리스도께로 나아오게 하고 싶습니다."

정말 놀라운 것은 그가 하나님의 사람들을 향해서 큰 사랑을 갖고 있다는 것이요, 또한 그 자신이 그들에게서 떨어진다는 생각만큼 그에게 애처로운 것이 없다는 것이었다. 그 자신이 이제 떨어질 수밖에 없다고 여기는 그 지옥의 지극히 처참한 부분이 바로 이것인 것 같았다. 이와 마찬가지로 놀라운

1746년

것은, 이 때에 그가 영혼의 구원을 위한 모든 수단들을 정말 부지런히 사용하고 있었다는 것이다. 그 수단들이 그에게 아무런 도움을 주지 못한다는 것을 지극히 선명하게 보고 있으면서도 말이다. 그는, 그가 행하는 모든 일이 결국 아무 의미도 없다고 자주 말하곤 했다. 그러면서도 그렇게 그 일에 열심일 수가 없었다. 날마다 은밀한 기도와 가족 기도에 참여했고, 하나님의 말씀을 듣는 일에도 깜짝 놀랄 정도로 부지런히 참석하였고, 그리하여 하나님의 자비에 대해 절망하지도 않고, 그렇다고 해서 자기의 행위들에 소망을 갖는 것 같지도 않았으나, 그 은혜의 수단들을 행하는 일에 최선을 다했다. 그 수단들이 구원을 얻기 위해 하나님이 지정하신 것들이기 때문이요, 또한 그 나름대로 하나님을 기다리고 싶었기 때문이었다.

한 주간 이상 이런 상태가 지속되었고, 그동안 나는 공적인 가르침을 계속 행하였는데, 그 후 그리스도의 탁월하심과 또한 그로 말미암은 구원의 길을 활기 있게 바라보게 되어 영혼이 새롭게 되는 역사가 그에게 일어났다. 이로 말미암아 그는 눈에서 뜨거운 눈물을 흘렸고, 하나님을 향한 앙모와 위로와 만족, 그리고 찬송으로 가득 찼다. 그 때 이후 그는 겸손하고 경건하며 사랑이 가득하며, 진지하고 행신과 말에 모범적인 그리스도인의 모습을 보여주고 있다. 자신의 메마름을 자주 탄식하였고, 영적인 뜨거움과 생명과 활기가 없음을 안타까워하였다. 그러나 활기를 얻고 새 힘을 얻는 역사를 자주 누려오고 있다. 내가 판단할 수 있는 한도 내에서 보면, 모든 점에서 그는 선한 일을 위하여 그리스도 안에서 새로 지으심 받은 사람의 증표를 드러내고 있다.

지난 2월 델라웨어의 폭스에서 그와 함께 있을 당시, 나는 하나님의 대의를 위한 그의 열정을 보고 매우 기뻤다. 내가 설교하던 곳에 한 늙은 인디언이 있었는데, 그가 나를 비롯하여 나와 함께 있던 신앙적인 사람들까지도 마술을 걸겠다고 위협했었다. 그러자 즉시 이 사람이 나서서 그가 할 수 있는 만큼 해보라고 하면서, 자기도 그만큼이나 위대한 주술사였었는데 이 백성이 사랑하는 그 말씀, 즉 하나님의 말씀을 마음에서 느끼자마자 주술의 능력이 곧바로 사라졌다고 이야기했다. 그는 이렇게 말했다: "당신도 마찬가지일게요. 일단 그 말씀을 마음으로 느끼게 되면 당신도 마찬가지로 그렇게 될게요. 그리고 그들을 해칠 능력이 다 사라져서, 어느 누구에게도 손을 대지 못하게 될 것이요." 여기 이 사람에 대해 내가 관찰한 내용을 결말지으면서, 사도 바울에 대해 말한 "전에 멸하려던 그 믿음을 지금 전한다"라는 말씀을 그에게 적용하고 싶다. 하나님께서 친히 그 사람에게 이루신 그 놀라운 변화의 모든 영광을 홀로 받으시기를 바란다.

5월 18일 주일. 오전과 오후에 요한계시록 3:20의 "볼지어다 내가 문 밖에 서서 두드리노니"라는 말씀에 대해 가르쳤다. 오전의 공부가 끝나갈 무렵 회중 가운데 다소 감동적인 반응이 있었고, 한두 사람이 새로이 각성하였다. 공 예배 중간의 휴식 시간에 여러 사람들에게 좀 더 사사로운 방식으로, 죄인들이 오랫동안 구주의 은혜를 무시하고 배척하였으나 복되신 주께서 자비하심과 오래 참으심으로 서서 문을 두드리시며 계속해서 그들을 은혜로이 부르고 계신다는 사실에 대해 가르칠 기회를 가졌는데, 몇몇 사람들에게 다소 효과가 있었던 것 같다.

오후에는, 물론 과거 우리 집회에서 흔히 있었던 그런 강력한 각성과 새로워지는 역사는 없었으나, 하나님의 진리를 전할 때에 엄숙함이 있었고 사람들이 얼마간 눈물도 흘렸다. 청중의 모습이 비교적 가라앉아 있었고, 나는 하나님께서 성령의 복되신 역사를 우리에게서 물리시려는 것이 아닌가 하는 두려움이 있었다.

5월 19일. 내 사람들을 방문하여 사도행전 20:18-19을 근거로 말씀을 전하며, 신앙적인 감정에 대한 그들의 사고를 올바로 정리시켜주고자 했다. 한편으로는 신앙적 감정이 바람직하다는 것을 보여주었다. 하나님께 드리는 예배에 간절하고도 열정적으로 참여하면서, 거기서부터 하나님의 영광을 진정 영적으로 발견하고, 복되신 하나님의 초월적인 탁월하심과 완전하심을 정당하게 지각하고, 또한 위대하신 구속자의 영광과 사랑스러우심을 바라봄으로써 그런 감정들이 흘러나온다면 그것은 매우 바람직하며, 또한 그처럼 하나님의 일들을 바라보게 되면 우리가 자극을 받아 자연스레 많은 눈물로, 감정과 열정으로, 그러면서도 모든 마음의 겸손함으로, 주님을 섬기게 된다는 것을 말씀했다. 그러나 다른 한편으로, 고조된 감정 자체를 얻고자 그것을 직접 추구하는 것은 죄악된 일이라는 것을 지적하였다. 곧, 우리의 눈과 마음이 접해야 할 대상은 바로 하나님의 영광인데, 그것을 제쳐두고 그런 감정들을 가장 첫째가는 주된 대상으로 삼는 것은 죄악이라는 것이었다. 마음이 직접 온전하게 하나님께 고정되어 있고 또한 영혼이 그를 영화롭게 하는 일에 진력하면, 어느 정도의 신앙적인 감정이 그 결과로 나타나게 되지만, 그런 감정 자체를 목표로 두고 그것을 구하며 그것에다 주로 마음을 두는 것은 하나님과 그의 영광의 자리에 감정을 가져다 놓는 것이라는 것을 보여주었다. 만일 우리가 그런 감정을 추구하는 동안 다른 이들이 그것을 알아채고서 우리의 영성(靈性)과 신앙적인 진보를 흠모하게 된다면, 그것은 가증스러운 교만인 것이다. 만일 감정이 올라오는 쾌감을 느끼기 위한 것이라면, 그것은 우상 숭배와 자기만족이 되는 것이다. 또한 상상의 힘으로 사람들에게서 때때로 일어나는 감정들과 또한 그런 식의 감정을 불러일으키려는 사람들의 시도가 합당치 않다는 것을 드러내었고, 그러면서도 우리의 모든 신앙적인 활동에는 반드시 신앙적인 감정과 열정과 간절한 경건이 있어야 하며 그것이 없이는 신앙 자체가 헛된 이름이 되고 생명이 없는 시체가 되어 버리고 만다는 것을 제시하고자 힘썼다. 이 말씀은 아주 시의적절한 말씀이 되었고, 전에 이 문제와 관련하여 다소간 문제가 있었던 몇몇 신자들에게 매우 만족스러운 가르침이 되었다. 후에는 내 사람들의 세상적인 문제들을 돌보며 그에 대해 지침을 주었다.

5월 24일. 인디언들을 방문하여 그들의 세속적인 일들을 돌보아 주었다. 이들은 다른 사람들의 끊임없는 보살핌과 조언이 없으면 자기들끼리는 일을 처리할 능력이 없다. 후에는 그들 중 몇 사람과 그들의 영적인 문제들에 대해 구체적으로 대화를 나누었다. 오늘은 다소간 전날 느꼈던 것과 동일한 마음 상태를 누렸다.

5월 25일 주일. 오전과 오후에 요한복음 12:44-48을 본문으로 설교하였다. 하나님의 말씀에 능력이 어느 정도 함께 하였다. 몇 사람이 상당히 감동을 받아 흐느꼈고, 오랫동안 영적인 고뇌 중에 있었던 한 사람이 분명한 위로를 얻고 구주 되신 하나님 안에서 기뻐하는 것이 보였다. 이 날은 은혜와 하나님의 선하심이 나타난 날이었다. 몇 개월 전에 일상적으로 임했던 그런 정도의 역사는 없으나, 내 사람들 중에 하나님의 뜻을 위하여 무언가가 이루어진 날이요, 신앙 있는 여러 사람들에게는 위로와 은혜의 시간이었다는 생각이 든다.

6월 1일 주일. 오전과 오후 모두 마태복음 11:27, 28을 본문으로 설교하였다. 회중 가운데 하나님의 임재하심이 있는 것 같았다. 여러 사람들이 하나님의 진리 아래 상당한 감동을 받아 뜨거워졌다. 진지한 주의집중과 합당한 애틋함 등, 전반적으로 회중 가운데 바람직한 모습이 보였다. 마치 하나님께서 우리를 찾아오셔서 신적인 은혜의 소나기를 더 내려주기를 계획하신 것 같은 느낌이 들었다. 나는 다섯 명을 성찬에 참여하도록 받아들였다. 구원받을 자들이 모인 교회에 이처럼 숫자가 채워지는 것을 보며 적잖이 새로운 힘을 얻었다. 하나님께서 최근 영적인 근심과 고뇌 중에 있던 몇몇 사람들을 성찬식 때에, 또한 그 이후에, 그에게로 부르셨다는 소망을 갖게 된다. 물론 안일한 상태에서 각성을 얻는 경우도 간혹 있기는 했지만 말이다. 최근에 위로를 얻은 사람들은 조용한 방식으로 부르심을 얻는 것 같다. 그들의 영적 근심이나 위로가 이 은혜의 역사가 처음 일어날 때에 갑작스럽게 각성을 얻은 자들처럼 능력적이지도 않고 두드러지지도 않으니 말이다.

1746년

6월 7일. 윌리엄 테넌트 목사(Rev. William Tennent: 1705-1777) 로부터 성찬식 집례를 함께 도와달라는 요청을 받고, 오늘 아침 그를 돕기 위해 프리홀드(Freehold)로 말을 달려갔다. 내 사람들도 함께 그 엄숙한 예식에 참여하도록 초청을 받고 기꺼이 수락하였고, 이 날 그들도 함께 예비 집회에 참석하였다.

6월 8일 주일. 내 사람들 대부분은 성찬에 참여할 자격을 부여받은 교회의 정회원들로서 이번 성찬식 이전에도 다른 이들과 함께 성찬에 참석한 바 있었는데, 이들은 자신들이 함께 성찬에 참여하는 일을 통하여 여러 하나님의 백성들이 만족과 위로를 얻기를 바랐다. 하나님의 백성들은 진심으로 이런 날 보기를 고대해왔고 또한 인디언들 가운데 이런 은혜의 역사가 일어나는 것에 대해 진심으로 기뻐하였고, 그리하여 이번과 같은 바람직한 일이 이루어지는 길이 마련된 것이었다. 함께 성찬에 참여한 내 사람들은 대체로 성찬에서 상당히 감동을 받은 것 같았고, 그들 중 일부는 그리스도에 대한 사랑으로 상당히 뜨거워졌다. 물론 내가 인디언 회중끼리 성찬식을 거행할 때만큼 새로운 힘과 위로를 얻지는 못했지만 말이다. 옆에서 지켜보던 몇몇 사람들은, "이스라엘 나라 밖의 사람이요 약속의 언약들에 대하여는 외인이요 세상에서 소망이 없고 하나님도 없이" 살았던 자들이 하나님을 믿는 백성이 되어 이 거룩한 예식에 엄숙하고도 경건하게 참석함으로써 하나님께 가까이 나와 있다는 사실에 감동을 받았다. 여러 하나님의 백성들은 이 광경을 보며 새로운 힘을 얻었고, 또한 세상에서 그의 나라를 확장시키시는 하나님을 찬양하였다. 나중에 들은 이야기지만 다른 몇몇 사람들은 이로써 각성을 얻었다고 한다. 동서에서 다른 이들이 하나님께로 나아와 하나님 나라에 앉을 준비를 하며 어느 정도 준비를 갖추고 있는 마당에 정작 자기들이 마지막에 버려질 위험에 처할 수도 있다는 것을 깨달았다는 것이다. 이 때에 내 사람들 가운데 성찬에 참여할 자격을 아직 얻지 못한 이들도 상당히 감동을 받았다. 몇몇 사람들의 경우에 자기들의 죄에 대한 깨달음이 새로이 일어났고, 6일자 일기에서 언급한 바 있는 한 사람은 위로와 만족을 얻었고, 그 이후 자신의 영적인 체험과 또한 안위를 얻은 과정을 내게 이야기했는데 매우 희망적으로 보였다. 어둠 속에서 빛이 비칠 것을 명하신 하나님께서 마치 지금 그의 마음을 밝히시고 "예수 그리스도의 얼굴에 있는 하나님의 영광"을 체험적으로 아는 빛을 비추신 것 같다.

6월 9일. 내 사람들 가운데 상당수가 아침 일찍부터 숲속의 은밀한 곳에 함께 모여 기도하고 찬송하며 하나님의 일들에 대해 이야기를 나누었는데, 백인들 중 몇몇 신앙 있는 자들이 이를 보고 감동을 받고 눈물로 함께 참여하였다.

내 사람들은 성찬의 마지막 행사에 참석한 다음 집으로 돌아왔다. 많은 이들이 그들이 보고 느낀 모든 하나님의 선하신 역사에 대해 기뻐하였다. 그리하여 이번의 이 일이 나의 회중 가운데 여러 사람들에게 매우 유익하며 위로를 주는 역사였던 것으로 보인다. 이번에 여러 사람들이 다른 그리스도인들과 성찬에 참석한 일은 하나님께 영광이 되는 일인 동시에 이 지역에서 신앙에 대한 관심을 불러일으킨 일이었다고 믿는다. 이를 수단으로 하여 여러 사람들이 각성을 얻은 것으로 여겨지니 말이다.

6월 13일. 고린도후서 5:17을 근거로 "새로운 피조물"에 대해 내 사람들에게 말씀을 전했다. 모인 사람들 가운데 하나님의 임재가 있었던 것 같다. 하나님의 백성들이 하나님의 말씀의 안경을 쓰고 자기들의 얼굴을 바라보고 거기서 새로운 피조물의 징표들과 모습들을 발견하여 새로운 용기와 힘을 얻은 감미롭고도 아름다운 모임이었다. 영적 근심 중에 있는 몇몇 죄인들도 새롭게 감동을 받았고 영원한 구원을 얻는 문제에 대해 새로이 열의를 갖게 되었다.

이 때에 인디언 세 사람에게 성찬에 참여할 수 있는 자격을 부여하였다. 그 중 한 사람은 지난 12월 26일자 일기에 언급한 바 있는 매우 나이 많은 여인이다. 그녀는 내게 영적인 근심이 시작된 지 수개월 후 자신이 체험한 놀라운 변화에 대해 매우 상세하고도 합리적이며 만족스럽게 이야기해 주었는데, 나의 판단에는 진정 하나님의 성령의 순전한 역사인 것으로 보였다. 그녀가 나이가 너무 많아 어린아이처럼 되어서 그녀에게 질문을 할 수도 없었고, 또한 내 질문을 이해시킬 수도 없었으나, 그녀 스스로 이야기하도록 하자 그녀는 자신이 체험한 갖가지 영적인 일들에 대해 매우 확실하고도 구체적으로 진술하였다. 그녀가 체험한 그런 놀라운 일들이 그녀의 뇌리에 정말로 깊은 인상을 심어놓고 있었던 것이다. 그녀가 비록 나이가 많으나 새롭게 거듭났다고 보는 것이 정말 합당하다 싶다. 내가 추측하기에 그녀는 80대 후반 정도는 되는 듯하다.

6월 19일. 두 분의 파견 목사들과 함께 내 사람들을 방문하였다. 그들 중 일부와 영적인 일들에 대해 대화하며 한동안 시간을 보냈고, 그들의 세상적인 문제들에 대해서도 보살폈다.

이 날로 내가 이 곳 뉴저지의 인디언들에게 말씀을 전한지 꼭 일 년이 되었다. 그동안 이 가련한 사람들을 위해서 하나님께서 얼마나 놀라운 일들을 행하셨는지 모른다! 그들의 기질과 행실에서 얼마나 놀라운 변화가 일어났던가! 잔인하고 야만적인 이교도들이 이처럼 짧은 기간 내에 사랑이 넘치고 온유하며 겸손한 그리스도인들로 변화되다니, 그리고 그들의 술 취한 이교도적인 고함 소리들이 하나님을 우러르는 경건하고도 열정적인 찬양으로 바뀌다니, 이 얼마나 놀라운 일인가! 어둠 속에 있던 자들이 이제 주 안에서 빛이 된 것이다. 그들이 빛에 속한 자녀로, 밝은 낮에 속한 자녀로 행하게 되기를 바라마지 않는다! 그러므로 이제 그리스도의 복음에 따라서 그들을 능히 세우시는 하나님께, 홀로 지혜로우신 그분께, 예수 그리스도로 좇아 영원토록 영광이 있어지이다. 아멘.

지금까지 서술한 일에 대한 대략적인 소견

이제 서술을 마치면서, 내 사람들 가운데 지속적으로 일어난 은혜의 역사와 관련하여 주목할 만한 가치가 있다고 보이는 몇 가지 점들에 대해 대략적인 소견을 제시하고자 한다.

Ⅰ. 내가 뉴저지의 인디언들에게 처음 나아온 이래로, 십자가에 달리신 그리스도를 전하고 그를 나의 모든 가르침의 중심이요 표지로 삼아왔는데, 여기에 범상치 않은 도우심이 있었다는 점을 주목하지 않을 수 없다.

먼저 하나님의 존재와 완전하심, 그가 의와 행복의 상태로 사람을 창조하심, 그리고 이로 인하여 인류가 그를 사랑하고 존귀하게 하여야 할 임무를 지고 있는 사실 등을 그들에게 가르친 이후 몇 개월 동안 이 사람들에게 행한 나의 모든 가르침의 주된 요지는, 타락한 피조물들인 그들의 본성적인 비참의 상태, 그들 스스로는 그 상태에서 자신들을 구해낼 능력이 없다는 사실, 외형적인 변화나 삶의 개선, 혹은 종교적인 행위들은 그들로서도 가능하나 그런 것들로는 이 타락의 상태에 있는 그들로서 하나님의 호의를 받거나 그의 영원한 자비를 얻기에 완전히 부족하다는 사실을 접하게 하며, 이어서 그들의 타락한 상태의 비참에서 속량되고 구원받기 위해서는 그리스도가 절대로 필요하다는 사실을 보여주며, 죄인의 괴수까지도 구원하시는 그의 완전한 충족하심과 의지와, 또한 받아들이는 모든 이들에게 "돈 없이 값없이" 베풀어지는 신적인 은혜의 풍성함을 제시하고, 그리하여 비참하며 망해버린 자신들의 처지를 지각하고 지체 없이 그에게 나아가 안위와 영원한 구원을 얻을 것을 촉구하며, 또한 궁핍한 상태에서 멸망해 가는 죄인들에게 베풀어지는 복음의 그 풍성한 격려를 그들에게 보여주어 그들로 하여금 그렇게 처신하도록 하게 하는 것이었다. 나는 시간이 날 때마다 그들에게 이 점들을 반복적으로 중점을 두어 강조하였다.

가끔 감사함으로 언급한 바 있거니와, 무슨 주제를 다루든 간에 거기에 해

당되는 진리들을 설명하고 예증하는 데에 충분한 시간을 보낸 다음 그리스도께로 자연스럽고도 손쉽게 옮아갔다. 그리스도께서 모든 주제의 핵심이 되시기 때문이다. 하나님의 존재와 그의 영광스러운 완전하심에 대해 다루면, 그 다음에 자연히 아버지께로 나아가는 유일한 길이신 그리스도에 대해 자연스럽게 가르치게 되었고, 우리의 타락한 처지의 처참한 비참을 제시하려 할 때에는 거기서부터 우리 죄를 속하고 우리를 죄의 권세에서 구속하기 위해서는 그리스도가 반드시 필요하다는 사실로 자연스럽게 옮아갔다. 하나님의 명령들을 가르치고 또한 우리가 그 명령들을 어겼다는 것을 가르치게 되면, 거기서부터 주 예수 그리스도께서 우리가 깨뜨린 율법을 높이시고 또한 믿는 모든 이들에게 율법의 마침이 되사 의를 이루셨다는 사실로 지극히 손쉽고도 자연스럽게 옮아갈 수 있었다. 이 인디언들 가운데서 자주 말씀을 전할 때처럼 갖가지 다양한 모든 가르침들을 그리스도께로 모으고 그에게 집중시키는 데에 많은 자유와 도우심을 얻은 적이 없었다.

  때로는 상세하게 논의할 수 있는 기회도 없고 여유가 없어서 어떤 주제에 대해 그저 몇 마디만 하고 지나갈 생각을 갖고서 말을 했는데 그처럼 간단히 설명하는 데에서 복음의 은혜의 샘이 자연스럽게 터져 나와, 내가 생각하고 설명하는 내용의 골자가 그리스도이심이 놀랍게 드러나서, 그리스도에 대해 가르치는 일이 비단 손쉽고 자연스러우며 적절하고 합당할 뿐 아니라 도저히 피할 수 없이 되어 버리고, 그리하여 그의 성육신, 그의 속죄, 사람을 구원하는 일을 위하여 그가 완전히 적합하심, 혹은 죄인들에게 그가 절대적으로 필요하다는 사실 등을 상세히 가르치게 되고, 이로써 멸망해 가는 영혼들에게 아무것도 없는 벌거벗은 상태로, 무거운 짐을 지고 지친 상태로 그리스도께로 나아와 자신을 그에게 맡기라는 복음의 초청을 계속할 수 있는 길이 열리게 된 때도 있었다.

  이 곳에서 일반적인 가르침을 제시하면서 놀라운 역사와 도우심으로 주 예수 그리스도와 그로 말미암는 구원의 길에 대해 집중적으로 가르치기도 했고, 또한 갑자기 그리스도와 그의 성육신의 의도와 관련된 적절한 문제에로 옮아가서 그것들을 가르치게 된 경우가 왕왕 있었거니와, 하나님의 은혜의 신비한 것들을 풀어 해명하고 그리스도의 무한한 고귀하심과 헤아릴 길 없는 그의 풍성하심을 제시하는 것은 물론, 멸망을 향해 가는 죄인들이 그를 영접하도록 그를 천거하는 데에서도 이에 못지않은 도우심을 얻기도 했다. 나는 위대하신 구원자의 신적인 영광, 그의 무한하신 고귀하심과 초월적인 사랑스러우심, 그리고 그가 불멸하는 영혼들의 결핍된 것을 공급하시고 그들의 지극한 소원들을 들어주시기에 합당하시다는 사실을 자주 제시하도록 힘을 얻었고, 또한 그의 은혜의 무한한 풍성하심과 무가치하고 무기력한 죄인들에게 제시되는 복음 안에 있는 그 놀라운 격려를 해명하며, 그에게 나아와 그에게 그들 자신을 포기하여 드리고 그를 통하여 하나님과 화목할 것을 그들에게 촉구하고 초청하며 간청하고, 그렇게 무한히 사랑스러운 그분이 그렇게 값없이 제시되는데도 그를 무시하고 있는 것에 대해 그들을 타이르는 데에 놀라운 도우심을 받았고, 또한 이 모든 일에서 그렇게도 자유롭고 적절하고 간절하게 양심에 호소할 수 있었으니, 이는 내가 아무리 주도면밀하게 마음을 써서 노력해도 절대로 나 자신으로서는 할 수 없는 일이었다. 그럴 때에 놀랍게도 나는 나의 가르침을 내 사람들의 역량에 맞추어 조정하여 심지어 이교도들조차도 이해할 수 있도록 아주 쉽고도 친근한 표현 방법을 사용할 수 있도록 도움을 받은 경우가 허다했다.

 이런 일들을 언급하는 것은 내가 행한 것들을 자랑하기 위함이 아니다. 내가 때때로 발견하지만, 나는 나의 이 큰 일을 감당할 만한 기술도 지혜도 없고, 불쌍하게도 어둠 속에 있는 이교도들에게 와 닿을 수 있는 적합한 말들을 선택할 줄도 몰랐다. 그러나 하나님께서 나를 도우사 나로 하여금 그들 중에서 "예수 그리스도와 그의 십자가에 못 박히신 것 외에는 아무것도 알지 아니하게" 하셨다. 그리하여 나는 그리스도 바깥에 있는 그들의 비참한 처지를 보여주고 또한 그리스도께서 그들을 구속하시고 구원하시기에 완전하신 분이심을 제시할 수 있었다.

 이것이 죄인들을 일깨우는 데에 하나님께서 사용하신 선포 내용이요, 또한

1746년

인디언들 중에 펼쳐진 은혜의 역사였다. 놀라운 일은 내가 죄인들을 구원하시는 그리스도의 능력과 그의 기꺼운 뜻과 또한 그들에게 그런 구원자가 절대적으로 필요하다는 사실을 가르치면서 이따금씩 특별한 자유로움을 맛보았는데, 그럴 때면 하나님의 큰 능력이 임하여 여러 안일한 심령들이 일깨움을 얻고, 영적인 걱정이 시작되고, 괴로움 중에 있는 이들이 위로를 얻는 역사가 일어났다는 것이다.

전에 나는 사도행전 10장에 나타난 고넬료를 향한 사도의 가르침을 읽으면서 가끔씩 그가 설교에서 그렇게 단도직입적으로 주 예수 그리스도를 제시하고 거의 전적으로 그에 대한 내용에 모든 것을 할애하는 것에 대해 의아해했었다. 그의 그런 모습이 오늘날의 많은 설교자들과 매우 달랐기 때문이다. 그러나 최근 들어 이것이 이상스럽게 여겨지지 않았다. 그리스도께서 복음의 골자요 중심으로서 그의 안에서 하나님의 계시의 여러 줄기가 만난다는 것이 깨달아진 것이다. 하지만, 이교도의 어둠 가운데 있는 사람들로 하여금 그리스도의 이름과 또한 타락한 사람을 대신하여 그가 행하신 일에 대한 내용에로 적절히 안내받도록 하기 위해서는 여러 가지 것들을 말씀해 주는 것이 필요하다는 것을 여전히 느끼고 있다.

II. 또한 주목할 만한 것은, 이 많은 사람들이 도덕성과 금주의 원칙을 철저하게 준수하게 되었고, 또한 하나님의 진리의 내적인 능력과 영향력으로 말미암아 — 특별한 은혜의 교리들이 그들의 마음에 새겨져서 — 기독교의 외형적인 임무들을 양심적으로 행하게 되었다는 사실이다. 일부러 의도적으로 이런 도덕적인 임무들을 계속해서 반복하여 가르치지도 않았고, 그 반대의 악행들을 제시하고 삼갈 것을 종용하지 않았는데도 그런 역사가 일어난 것이다. 이 인디언들 가운데서 내가 행한 설교의 전체적인 흐름과 내용이 무엇이었는지, 내가 중점적으로 강조한 진리들이 무엇이었으며, 특별한 은혜의 교리들에 대해 어떻게 상세히 가르쳤는지는 이미 앞에서 진술한 바 있다. 타락한 인간을 낮추고 그에게 자신의 본성적인 상태의 비참함을 보여주고, 또한 위대하신 구속자의 주권적인 자비하심의 발 앞에 머리를 조아리고 그를 높이 우러르게 하는 그런 교리들이 — 그의 초월적인 탁월하심과 무한한 고귀하심을 드러내고 그를 제시하여 죄인으로 하여금 그를 받아들이게 하는 것이 — 바로 내가 인디언들에게 공적으로나 사적으로 제시하고 또한 기회가 있는 대로 반복하여 가르쳤던 주요 주제였다.

  하나님께서는 이런 신적인 진리들에게 강력한 영향력을 베푸사 이 사람들의 마음에 와 닿게 하셨고, 그리하여 그들 중 여러 사람들에게 효력 있는 각성의 복을 주사 그들의 삶이 속히 변화되게 하셨다. 내가 그들에게 도덕적인 규범에 대해 강조하고, 그런 외형적인 임무들에 대해 장황하게 반복하여 가르치느라 시간을 보낸 일이 없었는데도 말이다. 신앙의 본질적인 문제들과 또한 하나님의 일들에 대한 체험적인 지식과 관련된 것 이외에는 그 어떠한 유의 가르침도 제시할 여유가 사실 전혀 없었다. 그동안 많은 이들이 날마다 문의하였는데, 겉으로 드러나는 행실을 어떻게 규범 있게 할까 하는 것에 대한 것이 아니라 — 정직하게 임무를 잘 지킬 마음을 갖고 있는 사람들은 대개의 경우 이 문제에 대해서는 별 궁금한 것이 없었다 — 그들이 받아 마땅하다고 느끼고 두려워하고 있는 그 진노에서 어떻게 피할 수 있는지에 대해서나, 마음의 변화를 효력 있게 받아 그리스도 안에서 구원을 얻고 영원한 복락을 누리게 될 수 있는지에 대해서 주로 문의하였던 것이다. 그러므로 나의 중요한 임무는 여전히 그들로 하여금 자기들 자신의 철저히 망한 상태와 그들의 마음의 전적인 부패와 타락의 상태를 — 그들에게 선한 것이 전혀 없으며, 선한 기질이나 선한 욕망도 없고, 하나님을 사랑하는 것도 없고 그의 계명을 기뻐하는 것도 없고, 오히려 반대로 미움과 적개심과 온갖 악들이 그들을 속에서 다스리고 있다는 것을 — 더 깊이 보도록 이끌어주는 것이었고, 동시에 멸망을 향해 가는 죄인들에게, 그리스도 안에서 베풀어지고 또한 그 자신들에게 선한 것이 하나도 없고 의로운 행위도 전혀 한 적이 없는 자들에게 값없이 베풀어지는 그 영광스럽고도 완전한 치유를 그들에게 해명해 주고, 그리하여 그들을 하나님께로 인도하는 것이었다.

나의 설교의 계속되는 내용과 또한 나의 큰 관심과 끊임없는 노력의 목표는 바로 마음에 빛을 비추어 주고 마음을 변화시키며, 가능한 만큼 사람들로 하여금 이 고귀하고도 중요한 은혜의 교리들을 지각하고 느끼게 해주고자 하는 것이었다. 그런데 하나님께서 이런 가르침과 이런 설교 방법에 복을 주사 수많은 영혼들을 각성하게 하시고 구원 얻는 회심을 하게 하신 것이라 믿어 의심치 않는다. 그리고 이것이 듣는 자들 전체에게 놀랄 만한 개혁을 일으킨 수단이었던 것이다.

　이런 진리들이 마음으로 느껴지자, 개혁되지 않은 악이 없었고 무시되는 외형적인 임무들이 하나도 없었다. 그들에게 만연되어 있던 술 취하는 악행이 깨어졌고, 여러 달 동안 통틀어 나의 청중들 중에는 그런 사례가 거의 없었다. 남편과 아내가 서로를 버리고 다른 이들을 대신 취하던 악습들이 곧바로 사라졌고, 그리하여 서너 쌍이 각자 자기들이 그릇되게 취했던 자들을 자발적으로 물리고 이제 다시 사랑과 평화 중에 함께 살게 되었다. 그 밖의 모든 다른 악습들에 대해서도 동일하게 말할 수 있다. 전반적인 면에서 그들에게 개혁이 일어났는데, 이는 어떤 외형적인 제재 수단을 통해서 일어난 것도, 혹은 이런 악습들을 구체적으로 언급하면서 계속해서 삼갈 것을 강조했기 때문에 일어난 것도 아니었다. 그 모든 일은 전적으로 하나님의 진리가 그들의 마음에 내적으로 역사한 데에서 일어난 것이다. 그들 중의 몇 명은, 특히 남자들과 그 아내들이 서로 갈라선 일에 대해서는, 언급하지 않을 수가 없다. 몇몇 사람들은 하나님의 말씀을 통해 양심에 각성을 얻은 후 자발적으로 나아와 그런 점에서 자기들의 죄악됨을 스스로 고백하였던 것이다. 물론 그들의 사악한 악습들과 본성의 빛을 거스르는 그들의 죄들을 내가 언급한 적도 있었다. 그러나 그렇게 함으로써 그들에게 외형적인 변화를 일구어내고자 하는 의도나 희망을 갖고서 그렇게 한 것은 아니었다. 나무가 썩어 있는 상태에서는 열매도 자연히 썩어 있을 수밖에 없다는 것을 잘 알고 있었기 때문이다. 나의 의도는 그들의 삶의 악함을 관찰하여 그들의 마음의 부패성을 보게 하고, 그리하여 본성의 변화의 필수성을 납득하게 하고, 그리하여 지극히 부지런히 그 큰 변화를 추구하고자 하는 마음을 갖게 하고자 함이었다. 나는 이런 것이 얻어지면 외형적인 변화는 모든 면에서 자동적으로 이루어질 것임을 깨닫고 있었던 것이다.

 이 진리들의 능력을 느끼게 되자 모든 악행들이 개혁되었고, 이에 따라서 그 동일한 내적인 역사로 기독교의 외형적인 임무들을 지키고 양심적으로 이행하게 되었다. 최근에 신앙을 갖게 된 몇 사람들 가운데 이러한 신적인 역사를 거의 느끼지 못한 자들의 경우를 제외하고는 가정 기도가 시작되어 끊임없이 유지되었다. 이 임무는 끊임없이 시행되었다. 심지어 여자밖에 없는 가정들에서도 시행되었고, 그리하여 거의 백 가정 중에 기도하지 않는 사람이 거의 없을 정도가 되었다. 주일이 진지하고도 신앙적으로 준수되었고, 부모들은 그 거룩한 날에 자녀들이 질서를 지키도록 삼가 조심하였는데, 이 역시 내가 자주 이에 대해서 가르친 때문이 아니라, 하나님의 말씀의 능력을 그들의 마음에서 느꼈기 때문이었다. 자기들의 죄와 비참함을 지각하게 되니 기도하지 않을 수 없었고 또한 그들의 임무로 알고 있는 모든 일을 마음에서 우러나와서 지켜 행하지 않을 수 없게 된 것이었다. 그들의 영원한 처지에 대한 지각으로 마음이 감동을 얻게 되자, 기도를 위한 일정한 형식 같은 것을 배우지 않았는데도 이들이 큰 자유함과 간절함으로 기도할 수 있게 되었던 것이다. 우리에게 처음 나아올 때에 갑자기 각성을 얻은 몇 명은, 기도의 임무에 대해서 전혀 교훈 받은 적도 없고 또한 기도를 행하라는 지시를 받은 적도 없는데도 자비를 주시기를 위하여 지극히 끈질기게 기도하고 부르짖게 되었다.

 이 특별한 은혜의 교리들이 이 사람들에게 가져다 준 복된 효과들은, 많은 사람들이 헛되게 상상하고 악의로 비방하듯이 이 교리들이 방종에로 나아가는 문을 열어주는 것이 아니라, 오히려 그와 정반대되는 성향을 갖게 한다는 것을 보여주고 입증해 준다. 그러므로 이 교리를 면밀히 적용하고 이를 지각하고 느낄 때, 지극히 강력한 영향력이 역사하여 마음과 삶 모두를 효과적으로 변화시키고 개혁시키게 하는 것이다.

1746년

하나님의 말씀과 그리스도와 그의 사도들의 모범을 통해서는 물론 나의 복된 체험을 통해서도 배울 수 있었던 것은, 사람을 일깨워 그들의 타락한 상태와 부패성과 비참함을 생생하게 깨닫고 지각하도록 하기에 — 그들을 자극하여 마음의 변화를 진지하게 구하도록 하고, 그리스도 안에 있는 값없는 주권적인 은혜를 그들 앞에 놓인 유일한 소망으로 알아 그 은혜에게로 피하도록 하기에 — 가장 적합한 설교 방법이 또한 그들의 외형적인 행실을 변화시키는 데에도 가장 성공적이라는 것이다. 하나님의 진리를 면밀하게 전하고 양심에 엄숙하게 적용시키는 것이 모든 악행의 뿌리를 내리치는 것임을 발견하였다. 도덕적인 선과 외형적인 임무들에 대해 부드럽게 설득하는 것으로는 잘 해야 부패의 곁가지를 자르기밖에는 못하고, 모든 악행의 뿌리는 그대로 남아 있게 되는 것이다.

하나님의 진리들을 양심에 와 닿게 하고 마음에 정당한 감동을 주고자 하는 정직한 노력의 복된 효과를 생각하노라면, 일반 사람들이 자기들을 대하는 것은 물론 목사들이 다른 이들을 대하는 문제에 대해서도 적절한 교훈을 준다고 여겨지는 우리 주님의 말씀이 생각날 때가 많았다. 곧, "먼저 안을 깨끗이 하라 그리하면 겉도 깨끗하리라"(마 23:26)라는 말씀이 그것이었다. 주님은 말씀하시기를, 안을 깨끗이 하면 겉도 깨끗해질 것이라고 한다. 이는 마치, 겉을 깨끗이 하는 효과적인 길은 오로지 안에서부터 깨끗이 하기를 시작하는 것이라는 말씀과도 같다. 샘이 정화되면 거기서 흘러내리는 물이 자연히 정결해지리라는 것이다. 가장 확실한 사실은, 만일 우리가 죄인들을 일깨워 자기들의 내적인 오염과 부패를 — 마음의 변화의 필요성을 — 생생하게 지각하게 하고 그리하여 그들로 하여금 안을 깨끗이 하는 일에 전심을 기울이게 할 수 있다면, 겉의 더러운 것이 자연스레 깨끗해질 것이며, 그들의 악한 생활양식이 변화될 것이며, 그들의 처신과 행실이 정상이 될 것이다.

물론 내 사람들 가운데 일어난 개혁이 모든 경우가 다 구원 얻는 마음의 변화에서 샘솟아 난 것이라고는 말할 수 없다. 그러나 진정으로 말할 수 있는 것은, 각기 정도의 차이는 있으나 모두들 하나님의 진리들을 접하고 지각하여 무언가 마음의 변화가 생겼고, 거기서부터 그런 개혁이 일어난 것이라는 것이다. 내가 여기서 관찰한 내용을 이렇게 제시하였으나, 그렇다고 해서 도덕성에 대해 설교하고 사람들에게 외형적인 임무를 시행하도록 강조하는 것이 전혀 불필요하고 쓸데없다는 뜻은 아니다. 특히 은혜의 수단을 사용하는 데에 하나님의 능력이 적을 경우에는 내적인 영향력이 없기 때문에 외형적인 제재수단이 필요한 법이다. 이 일은 분명 행하여야 할 일들 가운데 속한다. 물론 다른 일들도 행하여야 하지만 말이다. 그러나 이 소견을 통해서 내가 주로 의도한 것은 평범한 사실을 그대로 드러내고자 하는 것이었다. 즉, 개혁과 금주, 그리고 기독교의 규범과 임무들을 외형적으로 준수하는 것이 내 사람들 가운데 나타나고 있는데, 이것은 그저 교리적인 가르침이나 그저 도덕성의 아름다움에 대한 합리적인 인식의 효과가 아니라, 영혼을 낮추는 은혜의 교리들이 그들의 마음에 가져다주는 내적인 능력과 영향력에서 비롯된다는 것 말이다.

III. 놀라운 사실은 하나님께서 이 곳에서 그의 은혜의 단비를 그렇게 놀랍게 지속시키셨고 새롭게 내리셨고, 그렇게 속히 이 사람들 가운데서 그의 나라를 눈에 보이도록 세우셨고, 신적이며 인간적인 지식을 습득하는 문제와 관련하여 그들에게 그렇게 미소를 보이셨다는 것이다. 이제 하나님의 성령이 이처럼 은혜롭게 부어지기 시작한지 어언 일 년이 되었고, 그동안 잠시 역사가 쇠퇴하고 약해지는 것 같은 때도 많았으나 — 나의 일기 중 몇몇 구절에서 이따금씩 내게 일어났던 대로 일들을 기록해 놓으려 애썼는데 거기서 이런 현상들을 살펴볼 수 있지만 — 그럼에도 불구하고 은혜의 단비는 다시 새롭게 임하였고, 은혜의 역사는 다시 소생되어간 것 같았다. 지금도 우리의 신앙적인 모임에서 은혜의 수단을 사용할 때에 대부분의 경우, 정도는 각기 다르나 신적인 역사가 여전히 베풀어지고, 그리하여 신앙 있는 사람들은 새로움과 힘을 얻고 든든히 세워지며, 많은 경우들에서 죄에 대한 깨달음

1746년

이 촉진되며, 이따금씩 몇 사람들이 새로이 각성을 얻기도 하는 것이다. 물론 여기서 인정해야 할 것은, 과거 얼마 전에는 대체로 이런 역사가 더 눈에 띄게 쇠퇴하였고, 특히 각성하게 하시는 역사와 관련하여 하나님의 성령께서 상당한 정도로 물러가신 것 같아서 최근에 나아온 낯선 이들이 예전처럼 그렇게 영적 근심에 사로잡히지 않으며, 과거에는 하나님의 진리들에 많이 영향을 받았던 몇 사람들이 지금은 근심이 덜한 것으로 보인다는 점이다. 그러나 하나님의 능력과 은혜와, 바람직스러운 정도의 마음의 감동과 신앙적 감정과 헌신이 우리 모임들에 여전히 나타나고 있으니, 하나님을 찬양할지로다.

하나님께서 한동안 이 사람들 가운데 그의 은혜의 단비를 지속시키시고 새롭게 하신 것처럼, 그는 또한 이례적으로 급속하게 그의 나라를 눈에 띄게 세우셨고, 그들 가운데 교회를 모으셨다. 지난 일기를 마감한 이후 15명이 공적으로 믿음을 고백하였고, 11개월 동안 모두 38명이 믿음을 고백하였는데 이들은 모두 마음에 특별하신 은혜의 역사, 즉 영적인 각성을 체험하는 것뿐 아니라 이웃을 향한 사랑 면에서 판단할 때에 하나님의 성령의 새롭게 하시는 역사들을 체험한 자들이다. 또한 아직 구원 얻는 변화에 대한 결정적인 증거는 보이지 않으나 영혼에 대한 엄숙한 근심 가운데 있는 자들도 많다.

내가 들은 대로는 그들 중 일부가 마귀를 높이는 우상 숭배의 축제와 제사에 참석했던 때부터 주의 성찬에 참석하여 하나님을 영화롭게 하게 되기까지 불과 1년이 채 걸리지 않았다. 이렇게 갑작스럽게 이교도들 가운데서 모여들었으니, 이 곳의 그리스도의 어린 양 떼들은 옛 교회가 하던 말대로 "주께서 우리를 위해 큰 일을 행하셨으니, 우리가 기뻐하도다"라고 말할 수 있을 것이다.

신앙적인 지식은 물론 일상적인 삶에 관한 지식을 얻어가는 일에서도 하나님의 선하심이 많이 나타났다. 그들에게 전반적으로 기독교 지식에 대한 놀라운 갈구가 가득했고, 또한 기독교의 교리와 삶을 교훈 받고자 하는 간절한 소망이 있었다. 그리하여 그들은 갖가지 당면하고도 중요한 질문들을 했고, 그 질문들에 대하여 답을 얻음으로써 그들의 생각이 깨이고 하나님의 일들에 대한 지식이 많이 촉진되었다. 그들은 내가 가르친 많은 교리들에 대해서 내게 질문하여, 더 깊은 빛과 통찰을 얻고자 했으며, 요리문답식 강좌에서 나의 질문들에 대답하는 것을 보면 그들이 그 교리들을 잘 깨닫고 있다는 것이 드러나기도 했다.

그들은 또한 기도의 적절한 내용과 그 적절한 방법에 대해서, 그리고 신앙적인 활동에서 사용하기에 적절한 기도의 표현들에 대해서도 내게 물어왔고, 이 기도의 임무를 잘 깨닫고 이행하기 위하여 열심히 수고하였다. 뿐만 아니라 시편의 곡들을 배워 노래하기 위하여 열심히 수고하였고, 그런 방면에 놀라운 재질을 보였으며, 그리하여 이제는 하나님께 드리는 예배에서 상당히 품위 있게 노래할 수 있게 되었다. 이들은 또한 일상적인 삶의 문제들에 대해서도 상당한 정도의 유용한 지식을 습득하였고, 그리하여 전에 이교도일 때에 보였던 거칠고 야만적인 모습이나 짐승 같이 어리석은 모습이 이제는 전혀 없고 인간 사회에 잘 어울리는 이성적인 존재다운 모습을 보이고 있다.

그들은 영어를 완전히 습득하고자 하는 야망을 갖고, 이를 위하여 그들끼리도 흔히 영어로 대화하는 모습을 보이고 있다. 내가 그들에게 온 이후 많은 이들이 이미 상당한 수준에 이르렀고, 그리하여 대부분은 나의 단순하고 익숙한 표현법에 익숙해져서 통역자가 없이도, 물론 다른 목사들의 말은 아직 잘 이해하지 못하지만, 나의 가르침의 상당히 많은 부분을 이해하고, 또한 그 핵심의 일부분 정도는 이해할 수 있게 되었다.

그들이 교육 받기를 바라며 또한 놀라울 정도로 잘 받아들이므로, 하나님께서는 그의 섭리로 이를 위한 적절한 수단을 베푸셨다. 그들 중에 학교를 세우려는 시도들이 성공을 거두었고, 하나님께서 자비하신 섭리로 한 교사를 보내어 주셨는데, 그들의 상태를 자연스럽게 보살필 자로서 같은 생각을 가진 사람이 없다고 말할 수 있다. 그는 학교에서 대개 30명 내지 35명

어린이들을 가르치며, 저녁 시간이 허용하는 때까지 운영하는 야간 학교에는 15명 내지 20명의 기혼자와 미혼 남녀들이 참여하였다.

어린이들은 놀라울 정도로 열의를 갖고 배우고 있다. 교사가 백인 학교에서는 이렇게 학생들 모두가 속히 배우는 경우를 보지 못했다고 말할 정도다. 아주 어린 아이들도 섞여 있는 삼십 명 중에 알파벳을 가르친 지 사흘 이내에 철자를 모두 다 익히지 못한 학생이 두 명을 넘지 않았고, 몇 학생은 그 시간에 상당한 수준으로 철자법을 익혔다. 그들 중에 몇몇은 불과 5개월 안에 시편이나 혹은 성경을 편안하게 읽을 수 있는 수준이 되었다.

학생들은 1주일에 두 번씩 수요일과 토요일에 요리문답을 배운다. 그런데 그들 중 몇몇은 2월 하순에 공부를 시작한 이후 요리문답의 절반 이상을 암기했고, 대부분은 그 내용을 상당히 숙달될 정도로 익혔다.

뿐만 아니라 이들은 은밀한 기도의 임무도 가르침 받는데, 대부분이 밤과 아침에 계속해서 그 임무를 이행하고 있고, 혹시 어린 동료 학생 중에 그런 신앙적인 활동을 소홀히 하는 것이 눈에 띄면 매우 조심스럽게 교사에게 알리기도 한다.

IV. 또한 주목할 가치가 있는 사실은, 하나님의 주권적인 은혜를 찬양해 마땅할 일이지만, 영적 깨달음의 역사가 — 굉장한 영적 근심과 신앙적인 감정이 — 그렇게 크게 일어나는 중에도, 열광적인 상상이라든가 무절제한 열정, 혹은 영적 교만 등의 거짓 신앙의 모습이 만연되지도 않았고, 또한 두드러지게 나타나지도 않았으며, 또한 진지함을 보인 자들 중에 비정상적이고 추한 행위를 보인 경우도 극히 적었다는 사실이다.

전체적으로 볼 때에 이들에게 임한 은혜의 역사는 놀라울 정도의 순결함으로, 또한 부패한 것이 섞이지 않은 상태로 진행되었다. 그들의 신앙적인 근심은 그들 자신의 죄에 대한 지각과 또한 그 죄로 인하여 자신들이 하나님의 진노 아래 있게 되었고 그리하여 그 무서운 비참의 처지에서 스스로를 구원할 수 있는 힘이 전혀 없다는 인식에서 일어나는 것으로, 전반적으로 합리적이었고 정당하였다. 혹시 이유도 모른 채 마음에 근심이 생기고 마음이 흔들리는 모습이 나타났는지 모르지만, 그랬다 할지라도 그런 일이 만연된 적은 없었고, 사실 나는 그런 사례를 거의 보지 못했다. 멸망해 가는 자기들의 상태를 깨달은 많은 이들이 크고도 무거운 근심 가운데 있었으나, 그럼에도 불구하고 단 한 사람에게서도 절망에 빠져 포기해버리는 모습을 본 일이 없다는 것은 정말 놀라운 일이 아닐 수 없다. 그들은 자기 자신들이 완전히 망해 버렸다는 사실을 지극히 생생하게 지각하였고, 자기들이 스스로 구원해 보겠다는 소망들을 모두 다 포기하였고, 극심한 영혼의 고뇌와 괴로움을 경험하였으나, 하지만 이처럼 극한 처지에서도 그들에게서는 절망의 모습이 없었고, 실망에 빠져 회심과 구원을 위한 모든 적절한 수단을 지극히 부지런히 사용하는 데에서 낙오되는 경우가 하나도 없었던 것이다. 그러므로 세상이 전반적으로 인정하는 것처럼 깊고도 습관적인 우울증의 경우가 아니면, 사람이 영적인 괴로움 중에 절망에 빠져 들어갈 위험이 전혀 없다는 것이 분명히 드러나는 것이다.

괴로움을 겪은 이후에 사람들이 얻은 위로 역시 대체로 견고하며, 근거가 확실하고, 성경적인 모습을 보였다. 그 위로는 곧 영적이며 초자연적인 마음의 조명 — 즉, 하나님의 일들을 어느 정도 있는 그대로 바라보게 되는 것 — 과 하나님의 완전하신 모습 속에서 영혼이 평안을 누리는 것과, 또한 위대하신 구속자 안에서 값없는 주권적인 은혜로 얻어지는 구원의 길에서 얻는 특별한 만족에서 일어나는 것이었다.

또한 하나님의 일들의 핵심은 동일하지만 그것을 여러 가지로 다양하게 바라보고 깊이 생각하는 데에서 그들에게 기쁨이 일어나는 것 같았다. 죄에 대한 깨달음 중에 있을 때에는 지극히 힘겨운 씨름을 하며 하나님의 주권에 대해 거부감을 일으켰던 자들이, 위로가 처음 임할 때에 그 하나님의 완전하심을 특별히 즐거워하며 기뻐하였으며, 그들 자신은 물론 만물이 다 하나님의 손에 달려 있으니 그가 "자신의 기뻐하시는 뜻대로" 모든 일을 처리하시는 것이 합당하다는 생각으로 기뻐한 것이다.

또 다른 이들은 위로를 얻기 직전에 자기들의 망한 처지와 빈곤함을 지각하고 크게 상심하고, 이를테면 자기들이 회복 불가능한 멸망 속으로 떨어지고 있는 것을 바라보고 있다가, 하나님의 은혜의 값없음과 부요함, 그리고 멸망해 가는 죄인들에게 "돈 없이 값없이" 구원을 베푸신 것을 처음 바라보면서 더욱 특별히 즐거워하였다.

어떤 이들은 처음에 그리스도로 말미암는 구원의 길에서 드러나는 하나님의 지혜를 특별히 즐거워하는 것으로 보였다. 그 길이 하나님의 성령의 특별한 역사로 말미암아 눈이 떠지기 전에는 전혀 생각해 보지도 못했고 정당한 개념을 갖지도 못했던 그런 "새롭고 산 길"로 보였던 것이다. 그들 중에 어떤 이들은 이 구원의 길을 생생하게 영적으로 바라보게 되자, 과거에 다른 구원의 길을 찾으려 했던 자기들의 어리석음과 지금은 그렇게도 분명하고 쉽게 보이고 정말 고귀한 이 구원의 길을 전에는 전혀 보지 못했던 것을 의아하게 여기기도 했다.

또 어떤 이들은 그리스도의 아름다움과 고귀하심에 대한 좀 더 전반적인 시각을 갖게 되었고 — 그의 신적인 완전하신 모습 중에 어느 하나를 특별히 선택하여 그것에 관심을 집중시킨 것이 아니라 — 그의 신적인 영광을 전에 생각했던 그 어떠한 것보다도 말할 수 없이 탁월한 것으로 인식하면서 그들의 영혼이 즐거움을 얻었다. 그리하여 그들이 신적인 영광스런 모습을 다양하게 바라보고 생각하는 데에서 위로를 얻었으나, 그들에게 기쁨과 위로의 샘이 되었던 것은 그리스도의 영적이며 초자연적인 모습이었지, 근거 없는 공상 속의 모습이 아니었던 것이다.

그러나 여기서 인정하여야 할 사실은, 이 역사가 그렇게 보편적으로 퍼져 나가고 인디언들 사이에 전반적인 신임과 존경을 얻게 되어 사탄이 스스로 위장하여 이 역사를 저지하기가 어렵게 되자, 그가 자기 자신을 "광명의 천사"로 변형시켜서 죄에 대한 순전한 깨달음 대신 격정을 부추겨 시끄러운 소요들을 일으키고, 그리스도의 신적인 영광과 고귀하심을 영적으로 초자연적으로 바라보게 하는 대신 그리스도를 인간의 모습으로 이런저런 구체적인 자세를 취하는 것으로 마음의 눈에 나타내어 갖가지 상상과 공상의 개념과 갖가지 기타 착각들을 갖게 만들었다는 것이다. 나의 판단으로는, 만일 이런 일들이 지지와 격려를 받았다면, 이런 유의 회심자들이 여기서 상당히 많이 일어났을 것이라 여겨진다.

 영적인 교만 역시 갖가지 사례에서 그 모습을 드러냈다. 어떤 사람들은 감정이 크게 고조되어 그것을 근거로 자기들이 진정 은혜를 입은 것으로 인정받기를 매우 바라는 것 같았다. 내가 그들의 영적 상태에 대한 나의 우려를 표현할 수밖에 없어서 그것을 표현하면 이런 사람들은 굉장히 분개하는 모습을 보였다. 또한 그들 중 한두 명은 다른 이들을 가르치고자 하는 전혀 어울리지 않는 야망을 보이기도 했다. 이처럼 원수 사탄은 어느 곳 못지않게 이 곳에서도 바쁘게 움직였다. 그러나 하나님을 찬송할지니, 이런 유의 일들이 나타나긴 했으나 그 어느 것도 만연되지 않았고 상당 수준으로 전개된 적이 없었다. 내 사람들은 이제 이런 일들을 간파하고 있고, 사도들의 시대에 하나님의 성령께서 처음 부어지던 때에도 사탄이 그런 식으로 "자기를 광명의 천사로 가장"하였고, 부흥과 참된 신앙이 놀랍게 전파되는 시기 때마다 정도의 차이는 있으나 거의 언제나 이런 유의 일들이 함께 끼어들어왔다는 것을 잘 알고 있다. 그들은 금과 찌꺼기를 구별하는 법을 배워서, 찌꺼기는 땅에 버려져 밟히게 되며, 그리하여 그런 것들은 그 이름과 함께 사라지고 만다는 것을 잘 알기 때문에, 이제 그들 중에 그런 모습이 거의 없는 것이다.

 내 사람들 중에서는 비정상적인 열정이나 공상적인 생각이나 영적인 교만이나 사탄적인 망상 같은 것이 전혀 만연되지 않았거니와, 신앙을 고백한 자들이나 혹은 진지함을 보이는 자들 중에서도 비정상적인 행실과 추문을 일으키는 경우가 거의 희박했다. 기독교를 처음 접한 이후 공개적으로 잘못을 범한 자들이 내가 알기에 서너 명을 넘지 않고, 그런 악행을 계속 고집한 자는 내가 아는 한 한 사람도 없다. 이처럼 추문의 사례가 거의 없었다는 점에서 이 역사가 굉장히 순결했는데, 이는 어쩌면 그 역사에 영적 교만과 거친 격정과 공상이 부패하게 섞여 있지 않고 순결했던 데에서 기인된 면이 많

것 같다. 영적 교만이나 거친 격정이나 공상 같은 것들이 자연스럽게 추한 행실의 초석을 놓는 법이기 때문이다.

  이 복된 역사가 그 능력과 순결함 그대로 다른 곳에는 물론 이 곳의 불쌍한 인디언들 가운데 두루 퍼져서 가장 멀리 있는 부족들까지도 다 하나님의 구원을 보게 되기를 바라나이다. 아멘.

제 9 장

브레이너드의 공식일지의 마지막 시점(1746년 6월 19일)부터 그의 죽음까지 — 크로스윅성과 크랜베리에서의 사역의 계속 — 6명의 그리스도인 인디언들과 함께 서스퀘한나로 향하여 거기서 수고함 — 크로스윅성으로 돌아옴 — 건강의 악화로 어쩔 수 없이 인디언들을 떠남 — 병의 악화로 엘리자베스타운에서 발이 묶임 — 인디언 고별 방문 — 그의 동생 존이 그를 이어 선교사가 됨 — 코네티컷에 도착하여 친지들과 함께 지냄 — 노샘프턴으로 에드워즈 학장을 방문함 — 보스턴으로 향함, 거기서 거의 죽음에 가까운 상태에 이름 — 보스턴에서 쓰임받음 — 노샘프턴으로 돌아옴 — 마지막 질병에서 은혜로 승리함 — 그의 죽음

1746년 6월 19일 〉 1747년 10월 9일

1746년 6월 29일 주일. 오전과 오후에 요한복음 14:19을 본문으로 설교하였다. 하나님께서 나를 도우사 자유로움과 능력을 베푸셨고, 특히 오전과 오후의 설교 말미에 하나님의 능력이 회중 가운데 강하게 나타났다. 여러 하나님의 사람들이 하나님의 일들로 새로운 힘을 얻었고 마음이 뜨거워졌다. 오랫동안 영적 고뇌 가운데 있었던 한두 사람이 위로를 얻었고, 여러 사람들의 경우에 확신이 강력하게 되살아났고, 오랫동안 모임에 자주 참석하지 않았고 마치 짐승처럼 무뢰한이었던 나이든 한 사람이 큰 각성을 얻었다. 하나님께서 나의 기력을 놀랍게 새롭게 하셨다. 정오에는 기력이 진하여 걸을 수조차 없었고 모든 관절이 흐느적거려 앉아 있을 수도 없었고,

1746년

손을 들 수조차 없었는데, 오후에 하나님께서 나를 강건하게 하셔서 능력으로 말씀을 전하게 하셨다. 도저히 그런 일을 기대할 수 없는 상황에서 내 사람들에게 말씀을 전한 것이다. 그리고 나서 한동안 몇몇 사람들과 그들의 영적 상태에 대해 대화를 나누었고, 한두 사람의 경우에는 어느 정도 만족이 있었다. 그 후에는 한 병든 어린아이와 함께 기도하고 권면의 말씀을 전했다. 나의 모든 일에서 크신 도움을 얻었다. 하나님을 찬양할지로다! 역시 조금 지나서부터 오후 다섯시가 지나기까지 나의 의복이 다 젖은 상태였으나, 오전보다도 오히려 더 건강한 상태로 집으로 돌아왔다. 나의 심령도 상당히 새로움을 얻었다. 은혜로 하나님을 위해 무언가를 행하였다는 소망 가운데서 내 영혼이 즐거워하였다. 저녁에는 바깥에 나가서 은밀한 기도와 찬양으로 감미로운 시간을 즐겼다. 하지만 "주밖에는 나의 복이 없나이다"는 시편 기자의 말씀의 진리가 새삼스럽게 다가왔다. 나는 하나님께 그 무엇도 돌려드릴 수가 없다. 오직 그를 위해서 살고 그에게 영원토록 찬송과 봉사를 드리기에 합당하게 되기를 사모하였다. 오오, 영성(靈性)과 거룩한 열정이 내게 있어 나의 최후의 순간까지 하나님을 위하여 살아드리게 되기를 바라마지 않는다.

7월 10일. 거의 하루 종일을 글을 쓰며 보냈다. 저녁이 되어 올 때에 테넌트 목사에게로 말을 달렸다. 진지한 대화를 나눈 후, 엄숙하고도 감미로운 기분으로 집으로 돌아왔다. 은밀한 임무를 행하는 중에 새로운 힘을 얻었다. 온전히 하나님만을 위하여 살기를 사모하였고, 이 세상에는 애착을 둘 만한 가치가 있는 것이 하나도 없다는 것이 확연히 보였다. 이 땅의 모든 것에 대해 내 마음이 죽어 있었다. 그러나 전처럼 낙심한 때문이 아니라, 더 나은 기업을 바라보기 때문이었다.

7월 12일. 이 날은 성찬을 준비하는 일환으로 내 사람들과 더불어 금식과 기도로 보냈다. 오전과 오후에 로마서 4:25의 "예수는 우리가 범죄한 것 때문에 내 죽이 되고 또한 우리를 의롭다 하시기 위하여 살아나셨느니라"라는 말씀으로 강론하였다. 하나님께서 내게 어느 정도 도움을 주셨고, 하나님의 능력이 말씀에 함께 하여 아름다운 시간이 되었다. 이어서 그들을 인도하여 하나님과의 언약을 엄숙하게 갱신하고 새롭게 하나님께 헌신하도록 하였다. 엄숙함과 감미로움이 가득한 시간이었고, 하나님이 우리 가운데 계시는 것 같았다. 저녁때 편안한 기분으로 숙소로 돌아왔다.

7월 13일 주일. 오전에는 요한복음 6:35을 본문으로 "생명의 떡"에 대해 말씀을 전하였다. 특히 말씀을 전하는 중에 하나님께서 어느 정도 도움을 주셨고, 하나님의 진리에 대한 진한 감동이 회중 가운데 있었고, 내 영혼도 다소 새로운 힘을 얻었다. 서른한 명의 인디언들에게 주의 성찬을 베풀었다. 하나님께서 이 거룩한 규례 가운데 임재해 계시는 것 같았다. 성찬에 참여한 자들이 마음이 뜨거워졌고 새로운 힘을 얻었다. 성찬상 위를 덮은 천을 처음 걷을 때부터 그들이 얼마나 감격해했는지 모른다! 천을 걷어서 그리스도의 상한 몸의 상징인 떡을 그들에게 보여줄 때 그들 중에 눈물을 흘리지 않는 자가 거의 없었다. 성찬식을 거행한 후 잠시 쉬었다가, 성찬에 참여한 이들을 방문했는데, 그들 대다수가 감미로운 사랑의 자세가 가득하였다. 지난 4월 27일에 성찬을 거행했을 때와 별로 다르지 않았다. 오후에는 오전 예배 때와 동일한 본문을 근거로 그리스도께로 나아오는 것과 또한 그렇게 나아오는 자들이 얻을 만족에 대해 말씀을 전하였다. 오후 예배 역시 뜨거움과 감격이 있는 시간이었고, 이 때에 하나님께서 집회에 임재하셨다고 믿는다. 매우 피곤한 상태였으나 하나님의 선하심을 즐거워하는 마음으로 집으로 돌아왔다.

7월 14일. 내 사람들에게로 가서 "주의 의로운 규례들을 지키기로 맹세하고 굳게 정하였나이다"라는 시편 119:106의 말씀을 근거로 말씀을 전하였다. 하나님의 규례들과 명령들은 모두가 의로운 것이라는 것과, 하나님의

1746년

백성은 그것들을 지키기로 맹세하였고, 특히 주의 성찬상 앞에서 그렇게 한다는 것을 지적하였다. 회중 가운데 강력한 하나님의 역사가 나타났고, 말씀을 듣는 이들에게 상당한 뜨거운 반응이 있었다. 후에 나는 그들을 인도하여 하나님 앞에서 언약을 갱신하도록 하였다. 곧, 그들 자신과 서로서로를 돌아보아 죄 중에 빠지고 그리스도의 이름을 욕되게 하는 자들이 없도록 하겠다는 내용이었다. 사람들이 이 일에 지극한 엄숙함으로 참여하였다. 그들 스스로, 하나님을 향하여 죄를 짓지 않을까 하는 두려움과 경계심을 갖도록 이끄셔서 하나님께서 친히 그 일을 이루셨고, 그리하여 이 엄숙한 일이 끝날 때에 우리 가운데 하나님께서 임재하신 것 같았다.

7월 21일. 인디언들에게, 주로 몇몇 낯선 이들을 위하여 설교하였다. 서스퀴한나로 속히 떠날 계획을 일러주고, 나를 위하여 기도하되 하나님께서 그 여정 가운데 나와 함께 하시도록 위하여 기도해 줄 것을 권고하였고, 회중 가운데 나와 함께 갈 몇몇 사람들을 택하였다. 후에는 시간을 내어 낯선 이들에게 말씀을 전하였는데, 이들과 함께 다소 격려를 받았다. 내 사람들의 세속적인 현안을 돌보아 주었고, 그 일을 위해 적잖이 수고하였다. 홀로 물러가 은밀한 중에 상당한 위로와 평안을 누렸다.

7월 22일. 거의 종일을 기분이 처진 상태로 있었다. 내 생명이 소진하여 끝나기를 원하였다. 그러나 하나님을 향하여 살고, 그를 위하여 생명을 소진하고자 하는 간절한 바람이 어느 정도 있었다. 오오, 내가 정말 그렇게 할 수 있다면 얼마나 좋을까!

7월 29일. 자주 나를 찾아온 우울한 기분에서 벗어나 마음이 상쾌하였고, 하루 동안 여러 차례 자유로이 하나님을 바라볼 수 있었다. 저녁에는 은밀한 기도 중에 편안한 시간을 누렸고, 도우심을 받아 내 사람들을 위하여, 하나님께서 내 사랑하는 사람들 가운데 그의 복되신 역사를 계속 이루어가시기를 간구하였고, 또한 계획된 서스퀴한나로의 여정에 그의 임재하심이 나와 함께 하시기를 위해 기도하였다. 은혜의 보좌를 어떻게 떠날지를 모를 지경이었다. 잠자리에 들어야 한다는 사실이 슬펐다. 하나님을 위해 무언가를 하기를 사모하나 어떻게 할지를 몰랐다. 우울한 상태에서 벗어나 이러한 자유를 주신 하나님을 찬양할지로다!

7월 30일. 육신과 정신이 이례적으로 편안하였다. 특히 오전에는 엄숙한 마음이었다. 하나님께서 나와 가까이 계시사 나의 일을 도우시는 것 같았고, 그리하여 한동안 누렸던 편안함을 다시 한 번 한껏 누린 하루였다. 저녁 시간에는 은밀한 기도 가운데 도우심을 얻었고, 전날 저녁만큼 강렬한 느낌을 얻었다. 그 후에 나 자신과 내 사람들과 사랑하는 친구들을 위해 은혜의 보좌 앞에 나아갔고 거기서 자유로움을 누렸으니 하나님을 찬양할지로다!

8월 1일. 저녁에 은밀한 기도 중에 감미로운 시간을 가졌다. 어둠의 구름과 괴롭히는 근심이 사라졌고, 걱정이 하나도 남아 있지 않았다. 오오, 이 때에 내 마음이 어찌나 평온하던지! 자주 느꼈던 산만한 걱정거리가 전혀 없었다. "주의 뜻이 이루어지이다"라는 간구가 내 영혼에 감미로움을 주었다. 만일 하나님께서 무슨 일에서든 나 자신에게 선택권을 주셨더라도, 나는 그 선택권을 하나님께 다시 돌려드려야 했을 것이다. 나는 잘못을 범할 소지가 다분하나 그는 무한히 지혜로우사 어떠한 일에도 실수를 하시는 법이 없는 것을 보았으니 말이다. 하나님께서 내 사랑하는 양 떼들 중에서 그의 일을 행하시기를 위하여, 또한 서스퀴한나로 향하는 여정에 나와 함께 하시기를 위하여 기도하는 중에 도우심을 얻었고, 또한 뉴잉글랜드의 사랑하는 친구들과 목회 사역 중에 있는 사랑하는 형제들을 기억하고 그들을 위하여 기도하였다. 내 육체의 상태가 허용하기만 한다면 밤을 새워서라도 그 감미로운 기도의 임무를 족히 감당할 수 있을 것 같았다. "주여 나의 뜻이 아니라 주의 뜻이 이루어지기를 바라나이다"라고 진심으로 아뢸 수 있으니, 오오, 이 얼

1746년

마나 귀한 일인가!

8월 2일. 밤이 가까워올 무렵 마태복음 11:29의 "나의 멍에를 메고 내게 배우라 그리하면 너희 마음이 쉼을 얻으리니"라는 말씀을 근거로 말씀을 전하였다. 상당한 도우심을 받았고, 회중 가운데 하나님의 임재하심이 다소 두드러지게 있는 것 같았다. 하나님의 진리가 성도들과 죄인들 모두에게 강력한 감동을 주었다. 그러한 부흥을 우리 가운데 주신 하나님을 찬양할지로다! 저녁에는 매우 피곤하였으나, 내 심령이 새로운 힘을 얻었다.

8월 7일. 지난 겨울 동안을 보낸 나의 집으로 말을 달렸다. 서스퀴한나 여정에 필요한 것들을 챙기기 위함이었다. 하나님께서 그 곳에서 내게 놀라운 은혜의 소나기를 부어주셨는데, 그 곳을 보니 감회가 새로웠다. 오오, 거기서 하나님의 능력이 얼마나 놀랍게 역사했던가! "내 영혼아 여호와를 송축하며 그의 모든 은택을 잊지 말지어다."

8월 9일. 오후에 내 사람들을 방문하고 할 수 있는 만큼 그들의 당면 문제들을 정리해 주고, 세상적인 일을 운용하는 법을 일러주었다. 그리고 엄숙한 자세로 그들에게 말씀을 가르치고 기도로 끝을 맺었다. 저녁에는 마음이 평안하였고, 다소 열정적으로 은밀한 기도를 드렸다. 영원 세계를 다소 느끼며 바라보았고, 마음에 평온이 가득하였다. 기도 중에 주께서 주시는 자유로움에 대해 주님을 찬송할 수 있기를 바라는 마음 간절하다!

8월 10일 주일. 오전과 오후에 사도행전 3:19의 "그러므로 너희가 회개하고 돌이켜 너희 죄 없이 함을 받으라"라는 말씀을 근거로 내 사람들에게 말씀을 전하였다. 오전에 회개에 대해 가르칠 때에 하나님께서 도우셔서 나의 가르침에 예리한 힘이 있었고, 인디언과 백인 몇 사람이 눈물을 흘렸고, 하나님의 말씀에 능력이 있었다. 중간에 쉬는 시간을 이용하여 그들의 영적인 상태에 대해 대화를 나누었는데, 그 중 한 사람은 영적인 근심과 고뇌 가운데 있다가 아주 최근에 위로를 얻은 사람이었다. 오후 시간에는 매우 지쳐 곤하였으나 다시 도우심이 있었다. 오늘 세 사람이 믿음을 공적으로 고백하였다. 저녁에는 편안한 마음이었고, 은밀한 기도 가운데 다소 만족을 얻었다. 오늘처럼 뜨거운 마음을 충만히 느낀 적이 별로 없었다.

8월 11일. 이튿날 프로비던스(Providence)를 떠나 서스퀴한나로 여정을 출발할 생각으로, 오늘 내 사람들과 함께 기도하였다. 하나님께서 나의 여정에 복을 주시고 그의 복되신 성령을 보내사 말씀과 함께 하게 하시고 광야에 있는 가련한 인디언들 가운데 그의 나라를 세워 주시기를 구하였다. 시편 110편과 111편의 일부를 설명하고 적용시키는 동안, 하나님의 능력이 어느 정도 회중 가운데 강림하시는 것 같았다. 내가 첫 기도를 드리는 동안 많은 이들이 뜨거워졌고, 나 역시 내 심령에 애틋함을 느꼈다. 사도행전 4:31의 "빌기를 다하매 모인 곳이 진동하더니 무리가 다 성령이 충만하여 담대히 하나님의 말씀을 전하니라"라는 말씀을 근거로 말씀을 전하였다. 하나님께서 나와 통역자를 도우셔서, 우리 중에 진동함과 뜨거움이 있었고, 몇 사람이 "성령이 충만"였다는 것을 믿어 의심치 않는다. 이어서 맥나이트 씨(Mr. Macnight)가 기도하였고, 그 다음 내가 시편 72편의 마지막 두 소절을 강해하였는데, 이 때에 하나님께서 우리와 함께 계셨고, 특히 열방에게 주시리라고 약속하신 위대하신 구속주의 축복을 강조할 때에 그의 임재하심을 느꼈다. 내 영혼에 새로운 힘을 얻어, 이런 날이, 이러한 복되고 영광스러운 때가 반드시 올 것이라고 생각하였다. 말씀을 마치고 기도하였고, 후에 약간의 자유시간이 있었으나 거의 지나버렸다. 내 사람들이 자기들끼리 신앙적인 활동을 계속하도록 나는 밖으로 나갔다. 내가 홀로 휴식을 취하고 있는 동안 그들은 기도와 찬송을 계속하였다. 얼마 후에 안으로 들어가 함께 기도하고 회중들을 해산시켰다. 하나님을 찬양할지로다. 이 날은 진정 은혜의 날이었다. 우리 가운데 많은 눈물과 뜨거운 흐느낌이 있은 날이었다.

1746년

저녁에 기도 중에 내 영혼이 새로움을 얻었다. 은혜의 보좌 앞에서 내 사람들과 친구들과 하나님의 교회 전체를 위해 기도하며 자유로움을 누렸다. "내 영혼아 여호와를 송축하라."

이튿날 브레이너드는 서스퀴한나로의 여정을 출발하였다. 그가 이번 여정의 목적을 이루도록 자신을 돕는 일에 가장 적임이라고 여겨 회중 가운데서 뽑은 여섯 명의 그리스도인 인디언들이 그와 함께 하였다. 그는 필라델피아를 통과하는 길을 취하였다. 서스퀴한나 지역 중에 인디언들이 거주하고 있는 지역보다 훨씬 아래쪽에 백인들이 정착하고 있는 곳으로 가서, 거기서 강을 따라 올라가 인디언 거주지로 가고자 했다. 이보다 더 가까운 길이 있었으나, 이 길을 취하면 힘겨운 산악과 황야 지대를 피할 수 있었다. 전에 가까운 길을 택했다가 극심한 어려움과 탈진을 경험한 터였다.

8월 19일. 서스퀴한나 지역 가까이에 묵었다. 오늘과 어제 모두 매우 허약하여 어지러웠고, 경건한 사람들을 아무도 만나지 못해 심령이 상당히 가라앉아 있었다.

8월 20일. 밤새도록 식은땀을 흘리며 누워 있었고, 아침에는 기침에 피가 상당히 배어나왔고, 육체도 심하게 망가져 있었고, 우울한 마음도 적지 않게 나를 괴롭혔다. 그러나 그나마 다소 내게 용기를 준 것은, 내가 속히 땀과 눈물이 가득한 이 땅을 떠날지도 모른다는 은밀한 소망이 내게 있다는 사실이었다. 오늘 말을 달려 서스퀴한나의 한 오두막에 도착하였고 거기서 묵었다. 저녁에는 술에 취하여 망령된 맹세를 늘어놓는 불경한 자들 때문에 상당히 괴로움을 당했다. 저 불경한 자들과 한 부류가 된다면, 그 얼마나 지옥같겠는가! 여행객 중에 참 신앙의 풍미를 보이는 것 같은 사람들을 만나 모처럼 마음에 맞는 대화를 하였다.

8월 21일. 16마일 가량 강을 따라 올라가 한 집에 머물렀는데, 이들은 하나님에 대해 전혀 모르는 것 같았다. 그 집에 남자와 신앙의 삶에 대해 대화를 나누려고 시도했으나 그는 아주 기술적으로 그런 대화를 회피하였다. 하나님의 일들을 듣는 일을 죽기만큼 싫어하는 이들도 있으니 이 얼마나 안타까운 일인가! 환경이 나와 전혀 맞지 않았으나, 가끔처럼 그렇게 마음이 처지지는 않았다.

8월 22일. 강을 따라 올라가는 여정을 계속하였다. 전에 내게서 떠나갔던 내 사람들이 이제 나와 함께 있다. 무엇보다 백인들의 거주지를 모두 지나 길을 갔고, 밤에 숲속에서 노숙하였다. 불경한 백인들 무리 가운데 있는 것보다는 이렇게 잠자는 것이 훨씬 더 편안하였다. 오늘 저녁 은밀한 기도 중에 다소 자유로움을 누렸고, 사랑하는 친구들과 내 사랑하는 양 떼들, 그리고 하나님의 교회 전체를 기억하며 그들을 위하여 기도하였다.

8월 23일. 밤이 다 되어 인디언 마을인 샤우모킹에 도착하였다. 전처럼 마음이 축 처지지는 않았으나 다소 시험을 받았다. 저녁에는 안정을 찾았고, 나의 모든 것을 하나님께 맡겨드리는 중에 얼마간 자유로움을 누렸다.

8월 24일 주일. 정오쯤에 델라웨어 출신 인디언 몇 명을 방문하고 기독교에 대해 그들과 대화를 나누었다. 오후에는 추장과 기타 사람들에게 하나님의 일들을 강론하였는데, 잘 듣는 것 같았다. 거의 하루 종일을 이런 활동으로 보냈다. 저녁에는 얼마간 위로와 만족을 느꼈고, 특히 은밀한 기도 중에 어느 정도 감미로움이 있었다. 이렇게 기도하는 것이 내게 어찌나 좋은지, 이리저리 걸으면서 계속해서 기도드리는 것이 정말 좋았다. 오오, 하나님을 잠깐이라도 뵙는 것이 얼마나 편안한 일인지 모른다!

8월 25일. 거의 하루 종일 글을 쓰는 일로 보냈다. 나와 함께 있는 내 사람들을 보내어 인디언들과 이야기를 나누고 친교를 쌓게 하였다. 그들에게 기독교를 전할 더 나은 기회를 얻도록 하기 위함이었다. 오늘 이들의 방문이 어느 정도 성과가 있었는지, 많은 이들이 기독교에 대해 듣기를 바라는 것 같았다. 저녁 때에는 내 심령이 약간 새로운 힘을 얻었고, 기도에서 다소 자유와 만족을 얻었다.

8월 26일. 정오쯤에 상당수의 인디언들에게 말씀을 전했다. 하나님께서 나를 도우신 것이 틀림없다. 상당히 선명하게, 또한 어느 정도 뜨거움과 능력으로 말씀할 수 있었으니 말이다. 강론이 일부 사람들에게 감동을 주어 그들이 매우 진지해졌다. 크로스윅성에서처럼 일이 진행되는 것이 매우 고무적으로 보인다는 생각이 들었다. 그 곳의 인디언들을 처음 방문했을 때 나는 약간 고무되어 있었다. 온 힘을 다하여 열심히 말씀을 전하였고, 거기에 있던 내 사람들을 불러서 하나님을 위하여 간증을 하도록 하였던 것이다. 밤이 되어오며 새로운 힘을 얻었고, 나의 사랑하는 사람들과 다른 곳에 있는 사랑하는 친구들을 위해서, 또한 하나님께서 이 곳에 그의 나라를 세워 주시기를 위해서 마음을 다하여 기도하였다.

8월 28일. 오전에는 나의 사역에 대해 마음의 큰 염려가 있었다. 몇 사람이 나의 설교를 듣고 싶어 나를 찾아와, 오후에 그들에게 말씀을 전하였다. 하나님께 돌아오도록 그들을 설득하고자 다소 열정을 갖고 수고하였다. 그리스도의 나라를 위한 염려로 가득하였고, 은밀하게 또한 가족과 함께 행한 기도에서 다소간 영혼의 뜨거움이 있었다. 영혼을 회심하게 하는 것이, 특히 가련한 이교도들을 변화시키는 것이 하나님의 역사하심이라는 것이 오늘처럼 선명하게 보인 적이 거의 없었다. 나 자신은 그들을 만져줄 수 없다는 것을 알고 있었다. 나는 그저 마른 뼈들에게 말을 할 수 있을 뿐, 그들로 하여금 내 말을 지각하게 할 수는 없다는 것이 보였다. 눈을 하나님께로 향하고 그의 도우심을 구하였다. 이 일이 하나님의 일이니, 이 일이 이루어진다면 그 영광은 하나님께 있는 것이다.

8월 31일 주일. 오전 중 많은 시간을 은밀한 임무로 보냈다. 내 영혼에 중압감이 있어 영적인 근심으로 하나님께 부르짖지 않을 수가 없었다. 나와 함께 있는 사랑하는 가족에게 하나님의 말씀을 읽고 해명해주고 또한 그들과 함께 찬양하고 기도하며 한동안 시간을 보냈다. 그 후에는 서스퀴한나 인디언들 몇 사람에게 하나님의 말씀을 전하였다. 오후에는 매우 허약함을 느꼈다. 밤이 가까울 무렵 나의 큰 사역과 관련한 일들을 바라보면서 다소 마음에 새 힘을 얻었다. 믿음으로 하나님의 전능하신 팔을 붙잡지 못한다면, 나의 이 사역이 얼마나 무거운 일이겠는가! 이 사역 때문에 내 마음이 가라앉은 적이 얼마나 많았던가! 그러나 그 때마다 충만한 샘으로 나아가 고침을 얻으니, 하나님을 찬양할지로다!

9월 1일. 샤우모킹에서 50마일 가량 떨어진 서스퀴한나의 북서쪽 변경에 있는 큰 섬(The great Island)이라는 곳을 향하여 길을 출발했다. 밤이 되어 숲속에서 묵었다. 오늘은 극히 몸이 약하였고, 밤에는 땀을 많이 흘렸다.

9월 2일. 말을 달려 여정을 계속하였다. 그러나 도보로 걷는 내 사람들과 보조를 맞추었다. 지난 며칠과 비슷하게 오늘도 몸이 매우 허약하였다. 너무도 약하고 어지러워서 노천에 누우면 죽을지도 모른다는 두려움이 있을 정도였다. 일행 중 몇몇이 우리를 떠나간 상태여서 우리에게 도끼가 없었고, 나는 하는 수 없이 어린 소나무로 기어 올라가 칼로 가지를 쳐서 이슬을 피할 수 있는 보금자리를 만들었다. 그러나 저녁이 되어 구름이 밀려왔고 소나기가 밀려올 상황이었다. 내가 극한 상황에 처하겠구나 하는 두려움이 엄습했다. 땀을 많이 흘려서 내 속 옷이 밤새도록 축축하게 젖어 있었다. 오늘 저녁보다 더 약하고 지쳐 있은 적이 거의 없었다. 일어나 앉아 있을 수도 없었으니 말이다. 정말로 우울한 상황이었다. 그러나 원수들 가운데 처하여 있으면 이보다 훨씬 더 상황이 악할 수도 있다는 생각으로 나 자신을 달래려 애썼다.

9월 3일. 델라웨어타운(Delaware-town)으로 말을 달렸다. 많은 이들이 술을 마시며 술에 취하여 있는 것이 보였다. 몇몇 인디언들과 기독교에 대해 대화를 나누었다. 나의 통역자가 상당히 열의를 갖고 사역에 임하였다. 몇 사람이 마음을 다하여 진지하게 듣는 것 같았다. 정오쯤 되어 8마일 가량 떨어진 샤우와우노에스(Shauwaunoes)라는 작은 마을로 말을 달려갔다. 한두 시간 가량 거기서 머물다가 델라웨어타운으로 돌아와 거기서 묵었다. 오늘처럼 내가 열매가 없고 사역을 감당하기에 무자격하다는 느낌으로 혼란에 빠진 적이 거의 없었다. 지금 나 자신이 얼마나 죽어 있고 무심하며 메마르고 무익한 몹쓸 존재인지! 나의 심령이 너무도 가라앉아 있고 나의 육체적인 기력이 너무도 탈진해 있어서 아무것도 할 수가 없었다. 너무 지친 나머지 들소가죽 위에 드러눕고 말았다. 밤새도록 땀을 많이 흘렸다.

9월 4일. 오전에 인디언들에게 기독교에 대해 말씀을 전했다. 그 후에 나의 통역자가 상당히 길게 가르침을 계속하였다. 몇 사람이 귀담아 듣고 나소 감동을 받은 것 같았다. 이 곳을 떠나 샤우모킹을 향하여 돌아갔는데, 지난 월요일 야영했던 장소에서 밤을 지냈다. 저녁때에는 매우 불편을 겪었다. 내 사람들의 도착이 늦어져 밤 10시나 되어서야 겨우 도착했고, 그리하여 불을 피우지 못하여 음식을 조리하거나 몸을 말리거나 짐승들을 쫓아낼 수도 없었고, 게다가 나는 완전히 기진맥진한 상태였던 것이다. 그러나 나는 내 사람들이 도착하기 전에 자리에 누워 잠이 들었다. 홀로 불도 없이 밤새도록 지낼 수밖에 없다는 생각이었다.

9월 5일. 몸이 너무나 허약하여 말을 거의 탈 수 없을 지경이었다. 가끔씩 마치 내가 말에서 떨어져 수풀 위에 드러누울 것 같은 느낌을 받았다. 그러나 밤이 다 되어 샤우모킹에 도착하였다. 하나님께서 여기까지 나를 돌아오게 하셨으니 감사한 마음이 다소 들었다. 지난 여정에서 이 곳에 남겨둔 나의 그리스도인들 가운데 한 사람을 만나 새로운 힘을 얻었다.

9월 6일. 하루 종일 매우 허약한 상태에서 보냈다. 기침과 각혈이 계속되었고, 식욕도 거의 없었다. 내 사람들에게와 함께 만난 몇 사람에게 하나님의 일들을 잠시 가르치는 것 외에는 아무것도 할 수가 없었다. 육체가 허약하여 하나님을 위해 말씀을 전할 기운도 별로 없었고 그럴 마음도 별로 나지 않았다. 지금처럼 나 자신이 부끄럽고 혼란스러운 때가 거의 없었다. 내가 하나님과 그의 대의를 위하여 가련한 인디언들에게 무언가를 하고자 하는 계획을 갖고, 혹은 최소한 그렇게 보이고 싶은 생각으로, 나가서 활동하고 있다는 것을 여러 하나님의 백성들이 알고 있고, 그들은 또한 내가 열정적인 마음이라고 생각할 것이라는 것을 나도 알고 있었다. 그러나 오오, 무심한 자세가 내 마음을 가득 채우고 있으니 이 얼마나 혼란스러운 일인가! 만일 하나님의 백성들이 하나님처럼 사실을 정확하게 안다면, 하나님을 위한 나의 결의와 열정을 지금처럼 귀하게 여기지는 않으리라! 내가 얼마나 무심하며 결단성이 없는지를 그들이 제대로 보아서 나에 대해 속임을 당하지 않고, 정도 이상으로 나에 대해 생각하게 되지 않기를 바라지 않을 수 없었다. 하지만 동시에, 나의 극한 불성실함과 하나님을 위한 나의 작은 용기와 결단이 허약하기 그지없는 것을 보게 되면, 그들은 곧바로 나를 그리스도인의 친교나 교제에 합당치 않은 자로 여겨 문을 닫아 버릴 것이라는 생각이 들었다.

9월 7일 주일. 어제처럼 오늘도 몸이 허약하고 마음에 괴로움이 가득한 상태였다. 내 영혼에 근심이 있었고, 하나님을 위해 아무것도 할 수 없는 것에 대해 푸념이 생겼다. 나의 사랑하는 가족에게 하나님의 말씀의 일부를 읽고 설명해 주었고, 그들과 잠시 함께 기도하였다. 또한 이교도들에게도 약간 말씀을 전하였다. 그러나 별로 위로가 없이 안식일을 보냈다.

1746년

9월 8일. 인디언들과 함께 오전 시간을 보냈고, 오후에는 샤우모킹을 떠나 몇 마일을 강을 따라 내려왔다. 본래 서스퀴한나에서 인디언들과 좀 더 오랜 기간을 머물 계획이었으나, 그 곳에 가득한 질병과 나와 함께 있던 내 사람들의 연약한 처지로 인하여, 또한 내가 여행 기간 동안 거의 내내 밤새 식은땀을 흘리고 각혈을 하는 등 건강이 극심하게 약하여져서 소기의 목적을 이룰 수가 없었다. 그 기간 동안 나는 너무도 약하고 기진해 있어서 집으로 돌아올 수조차 없을 것 같았고, 동시에 위로거리들과 생활필수품들이 핍절된 상태였고, 그렇게 허약한 사람에게 필수적인 용품들이 하나도 없었다. 이 여정에서 나는 때때로 하나님의 말씀을 다소 능력 있게 전하여 듣는 이들에게 다소간 감동을 주기도 했고, 그리하여 몇몇 남녀노소가 우리의 말에 귀를 기울이고 기독교에 대해 상당한 관심을 표명하기도 했다. 그러나 다른 이들은 조롱하며 소리를 질러댔고, 그리하여 우호적인 자세를 가졌던 이들이, 최소한 그 중 일부는 뒤로 물러섰다. 그러나 하나님께서는 때때로 우리와 분명 함께 계셔서 나와 나의 통역자, 그리고 나와 함께 있던 다른 사랑하는 친구들을 도우셨다. 때로 그 곳의 영혼들을 불러 모으시기를 위하여 기도하는 중에 하나님께서 싱딩힌 자유로움을 주셨고, 그리하여 나는 이 여정에 전혀 열매가 없는 것은 아니라는 강한 소망을 갖지 않을 수 없었다. 이 여정의 결과로 그 곳에 그리스도의 나라가 세워질지, 혹은 몇몇 사람들이 뉴저지에 있는 나의 회중에게로 이끌어질지, 아니면 지금의 이 여정이 나중에 그들 가운데 다시 있을지 모르는 전도 사역을 준비하는 정도로 그치게 될지는 나로서는 알 수 없다. 그러나 이 여정이 전혀 무익하게 되지는 않으리라는 확신이 있었다. 내게 조금이라도 격려와 소망이 있으니, 하나님을 찬양할지로다.

9월 9일. 거의 30마일을 강을 따라 내려갔다. 몸이 극히 약했고 어지러움이 심했으며, 또한 폭풍우로 인하여 온몸이 젖었다. 일부 가련하고 무지한 심령들에게 다소간 뜨거움과 친밀함으로 신앙의 생명과 능력에 대해, 그 증거가 무엇이며 또한 그 증거가 아닌 것이 무엇인지에 대해 말씀을 전했다.

나의 인디언들이 저녁 식사 때에 복을 구하고 감사를 드리는 것을 보고 그들은 무척이나 놀라는 눈치였다. 그것이 그들에게 은혜가 있다는 값진 증거라고 여겼던 것이다. 그러나 그런 식사기도는 물론 은밀한 기도도 은혜의 확실한 증거가 아니라는 나의 강력한 가르침에 대해서도 똑같이 깜짝 놀랐다. 오오, 세상의 무지함이여! 겉으로 드러나는 헛된 형식들은 이기적인 동기로도 얼마든지 행할 수도 있는데, 그런 것을 어떻게 참된 신앙으로나 그 확실한 증거로 오해할 수 있는지 모르겠다! 주여, 착각에 빠져 있는 세상을 불쌍히 여기소서!

9월 11일. 집을 향하여 말을 달렸다. 그러나 매우 허약하였고 거의 말에 타고 있을 수 없을 때도 있었다. 중간에 들린 집회소에서 설교해 달라는 간절한 부탁을 받았었고, 사람들이 모여 있었으나, 너무 몸이 허약하여 설교할 수가 없었다. 나의 허약함 때문에 물러나 홀로 있었으나, 여행 중에 만난 이들에 대한 걱정으로 많이 괴로웠다. 크게 아쉬웠으나 이들을 그냥 두고 떠나왔다. 그 중에 불구자들과 병든 자들도 있었는데 말이다.

9월 20일. 밤이 되어 (크랜베리 근처의) 내 사람들에게 도착하였다. 그들은 함께 모여 기도하는 중이었다. 안으로 들어가 이번 여정에서 하나님께서 나와 동행들을 대하신 일을 설명하자 모두들 감동을 받는 것 같았다. 그러고 나서 그들과 함께 기도하였는데 하나님의 임재하심이 우리 중에 있던 것 같았다. 몇 사람이 마음이 뜨거워 눈물을 흘렸고, 하나님의 일들을 느낀 것 같았다. 나는 매우 허약한 상태여서 내 거처로 물러가지 않을 수 없었고, 밤에 완전히 탈진한 느낌이었다. 이렇게 해서 하나님께서는 기진맥진함과 온갖 위험들을 이기고 서스쿼한나로의 또 한 차례의 여행을 감당하게 하셨고, 몸이 극도로 쇠약한 상태에서도 다시 나를 안전하게 돌아오게 하셨다. 새로이 다시 긍휼을 베풀어 주신 것에 대해 내 영혼이 진정 감사를 드린다! 이 여정에서 많은 어려움과 곤고를 견뎠다. 하지만 이 모든 일에서 주께서 나를 지탱시켜 주신 것이다.

　지금까지 브레이너드는 꾸준히 거의 빠짐이 없이 일기를 써서 그날그날 일어난 일들을 기록하였다. 그러나 이 때부터는 그의 질병으로 인하여 그의 일기를 쓰지 못하는 날이 많다. 이런 처지에서 글을 쓸 수 없거나 병의 고통이 너무 심하여 그것을 견디느라 그 날 일어난 일을 저녁에 다 기억하고 정리하여 질서 있게 기록할 수가 없는 경우도 있었다. 그러나 일기 쓰기를 완전히 포기한 것은 아니었다. 심지어 죽음이 임박해 올 그 며칠까지도 이따금씩 자기 자신과 자신의 상태에 관하여 매우 중요한 일들을 주목하고 조심스럽게 남겨두고 있다.

9월 21일 주일. 오전에는 너무 허약하여 설교할 수도 없었고, 내 사람들에게로 말을 타고 갈 수도 없었다. 오후에는 말을 타고 나가 내 의자에 앉자 로마서 14:7, 8을 본문으로 그들에게 말씀을 전했다. 하나님의 도우심으로 힘을 얻어 말씀을 전했고, 회중 가운데 무언가 합당한 모습이 보였다. 극도로 피곤하여 거처로 돌아왔다. 그러나 그렇게 오랫동안 내가 홀로 두고 떠나 있었던 나의 가련한 사람들에게 한 말씀이라도 전할 수 있었다는 것에 감사하였다. 극도로 지쳐 있었고 고통도 심하여 밤에 거의 잠을 이룰 수가 없었다. 오오, 내가 행한 이 적은 일이 모두 올바른 시각을 갖고 행해진 것이라면 내가 얼마나 복된 자일까! "우리가 살아도 주를 위하여 살고 죽어도 주를 위하여 죽나니 그러므로 사나 죽으나 우리가 주의 것이로다"라고 하였으니, 오오, 이 말씀이 내게 그대로 이루어지기를 바란다!

9월 27일. 지난 주 전체는 물론 오늘도 육체적으로 매우 허약한 상태에 있었고, 격렬한 기침과 고열로 시달렸다. 식욕도 전혀 없었고, 위도 음식을 받아들이지 않았다. 가슴과 등의 통증 때문에 침대에 누워서도 거의 쉬지 못할 때가 많았다. 그러나 날마다 2마일 가량 말을 달려 내 사람들에게로 가 그들을 돌볼 정도는 되었다. 그들은 내가 인디언들 중에 거할 수 있도록 작은 집을 짓고 있었다.[1] 한 주간 내내 때때로 걷지도 못하고 하루 종일 서 있지도 못했다. 전에 허약할 때에는 흔히 우울한 것 때문에 많이 괴로움을 당했으나, 이번에는 그런 것이 거의 없고 고요하고도 안정된 상태를 유지하였다. 내가 다시 회복하게 될지 어떨지가 매우 의심스러운 상황이다. 그러나 생사가 나의 선택에 달린 것이 아니라는 사실이 여러 번 내게 위로가 되었다. 무한히 지혜로우신 하나님이 이 문제에 대해 결정해 놓고 계시니 내가 구태여 모든 점들을 생각하고 저울질하여 살아야 할지 죽어야 할지를 선택할 필요가 없다고 생각하니 기뻤다. 이렇게 시간을 보냈다. 기도하거나 글을 쓰거나 책을 읽을 기력이 거의 없었고, 더욱이 묵상한다는 것은 더욱 힘들었다. 그러나 하나님의 선하심을 통하여 매우 침착하게 죽음을 대면할 수 있었고, 기쁨을 지각할 수 있었다. 습관적으로 죽음을 준비한다는 것이 얼마나 복된 일인지 모른다!

9월 28일 주일. 내 사람들에게로 말을 달려가서 많이 허약한 중에도 고린도후서 13:5을 근거로 설교를 시도하였다. 반시간 가량 말씀을 전했는데 하나님의 능력이 말씀에 함께 하는 것 같았다. 그러나 극도로 허약하여 중도에 포기할 수밖에 없었다. 한 차례 졸도했다가 깨어나 아주 어렵게 내 거처로 돌아와 침대에 몸을 맡겼다. 불 같이 오르는 고열이 여러 시간 동안 계속되어 거의 의식을 잃은 상태로 있다가, 아침이 되어서 열이 내리고 땀이 비 오듯 쏟아졌다. 설교 후에 열이 나서 편안히 쉴 수 없을 때가 많았지만, 그 중에서도 이번이 가장 극심하고 괴로웠다. 그러나 내 마음에서는 완전한 안식을 느꼈다. 하나님을 위해 말씀 전하기를 극한으로 시도했고 이 이상은 더할 수 없다는 것을 알았기 때문이다.

---

1) 이것은 그가 인디언들 중에 거하기 위해 지은 네 번째 집이었다. 카우나우믹과 델라웨어의 폭스, 그리고 크로스웍성에서 각각 집을 지었고, 이제 크랜베리에서도 집을 지은 것이다.

10월 4일. 이 주간의 전반부는 여러 주 전에도 그랬던 것처럼 극도로 연약하고 심신이 흐트러진 상태로 보냈다. 그러나 날마다 조금씩 말을 탈 수 있었다. 목요일까지는 반나절 이상 말 위에 앉아 있을 수가 없었지만 말이다. 내 집에서 일하는 몇 사람들을 날마다 조금씩 돌보아 주었다. 그런데 금요일 오후에는 놀랍게 기력이 되살아나고 힘을 얻었다. 얼마 전에 내 사람들과 델라웨어의 폭스의 사람들에게 내가 프로비던스를 떠나 10월 첫 주일에 성찬식을 거행하고자 한다는 통지를 한 바 있었으므로, 금요일 오후에 성찬식 준비를 위하여 고린도후서 13:5을 본문으로 그들에게 설교하였고, 지난 주일에 다루고자 했던 내용을 다 다루었다. 하나님께서 그 설교에 복을 주셔서 그의 백성 중에 신앙적인 열정과 헌신의 마음이 일어났고, 특히 전에 하나님을 떠났던 한 사람이 크게 감동을 받아 이 설교를 통해 자신을 판단하고 정죄하게 되었다. 말씀을 전하는 동안에는 놀랍게도 힘을 얻었으나, 설교가 끝나자마자 도저히 견딜 수가 없어 인디언들 중에 거하도록 지어놓은 내 집으로 물러가 침상에 누웠다. 침상에 누워 있는 채로 내 사람들과 하나님의 일들에 대해 한동안 대화를 나누었는데, 비록 몸은 연약하나 내 영혼이 새로운 힘을 얻었다. 오늘이 토요일이어서 나는 성찬에 참여할 여러 사람들에게 말씀을 전하였고, 이 날 오후에는 스가랴 12:10을 본문으로 설교하였다. 회중 가운데 많은 사람들에게서 마음의 뜨거움과 죄에 대한 진심어린 애도가 있는 것 같았다. 나는 편안한 기분이었고, 공 예배에서 자유로움과 도우심을 누렸다. 앞서 언급한 타락한 사람이 통회하며 겸손히 고백하는 모습에서 회중 대부분은 물론 나 자신도 크게 감동을 받았고, 하나님께서 그에게 자신의 죄와 무가치함을 그렇게 지각하게 하신 것에 대해 찬양하지 않을 수 없었다. 저녁에는 극도로 피곤하였으나 침상 위에 누워 내 사람들에게 말씀을 전했다.

10월 5일 주일. 여전히 매우 허약하였다. 오전에는 이 날의 일을 행할 수 없지 않을까 하여 상당히 걱정했다. 이 날에 사적으로 공적으로 할 일이 많았던 것이다. 성찬을 거행하기 전에 요한복음 1:29의 "보라 세상 죄를 지고 가는 하나님의 어린 양이로다"라는 말씀을 근거로 말씀을 전했다. 이 때에 나는 (1) 어떤 점에서 그리스도를 가리켜 "하나님의 어린 양"이라 부르는지를 살펴보면서, 그가 그렇게 불리시는 것은 그의 본성의 순결함과 무죄함 때문이요, 그의 온유하심과 고난 중에도 인내하심 때문이요, 그가 어린 양의 희생, 특히 유월절 어린 양의 희생이 가리키는 그 속죄를 이루시는 분이시기 때문이라는 점을 지적하였다. (2) 그가 어떻게 "세상 죄를 지고 가"시며 그것은 또한 무슨 의미인가를 살펴보면서, 그가 사람들의 죄를 지고 가시는 수단과 방법은 곧 그들을 위하여 자기 자신을 내어주시며 그들을 대신하여 행하시고 고난당하시는 것임을 지적하였다. 그리고 그가 세상 죄를 지고 가신다고 말씀하는 것은 온 세상이 실제로 그로 말미암아 죄에서 속량되기 때문이 아니라 그가 세상의 죄 문제를 해결하고 온 인류를 속량하기에 충족하도록 행하셨고 고난 당하셨기 때문이며, 그는 실제로 세상의 택한 자들의 죄를 지고 가시는 것임을 지적하였다. 그리고 (3) 그가 우리 죄를 지고 가시도록 하기 위해서는 우리가 그를 어떻게 바라보아야 할 것인가를 살펴보았다. 우리의 육체의 눈으로도 아니고, 십자가 위에 달리신 그를 상상하는 것으로도 아니고, 그의 영광과 선하심을 바라보는 영적인 안목으로 바라보며 영혼을 드려 그를 의지하여야 한다는 것을 지적하였다.

　이 말씀에 하나님의 임재하심이 계셨고, 온 회중이 하나님의 진리로 상당히 감동을 얻었다. 설교 후에 두 사람이 공적으로 신앙을 고백했고, 나는 다양한 백인 그리스도인들 외에도 거의 40명 가까이 되는 인디언 정회원들에게 성찬을 거행하였다. 하나님의 능력과 은혜가 충만한 시간이었고 많은 이들이 하나님 안에서 즐거워하는 것 같았다. 오오, 신앙적인 사람들 가운데 감미로운 연합과 조화의 모습이 있었으니! 내 영혼이 새로운 힘을 얻었고 나와 함께 있던 백인 그리스도인들도 마찬가지였다. 집이 불과 20로드(약 100미터)도 채 안 되는 거리에 있었는데 성례를 마친 후에 거기까지 갈 힘이 없었다. 친구들이 나를 부축하여 침상에 누울 수 있었고, 저녁때까지 한동안 그 자리에 누워 있었다. 저녁이 되자 일어나 앉을 수 있어서 친구들과 담화를 나누었다. 오오, 이 날을 내 사랑하는 사람들 가운데서 기도와 찬송으로 보내다니! 공 예배가 시작되기 전 오전 내내도, 저녁에도, 그리고 자정 가까이도 이들이 집집마다 모여 하나님께 기도하고 찬양하는 소리를 들을 수가 있었다. 몸은 쇠약하였으나 내 영혼이 새 힘을 얻었다.

10월 11일. 밤이 되어 오한에 사로잡혔고 이어서 힘든 고열과 상당한 고통이 찾아왔으나 큰 자비하심으로 돌보심을 받았고, 내가 알고 있는 대로 정말 무가치한 나 같은 피조물에게 그렇게 크게 보살펴 주시는 것이 부끄러웠다. 생사에 대해서 전적으로 하나님께 굴복하니 편안한 기분이었다. 내가 살아야 할지 죽어야 할지를 결정하는 것이 내가 걱정할 일도 관여할 일도 아니라는 것이 내게는 특별히 만족스러웠다. 마찬가지로 내가 이처럼 몸이 심하게 망가져 있어서 이제는 정말로 약하여 일을 행할 수가 없다는 것을 이제 완전히 납득하게 되었다는 것에 특히 만족스러움을 느꼈다. 전에는 혹시 내가 정말 아프지 않은데도 아프다고 생각하여 시간을 허비하는 것이면 어떻게 하나 하는 염려 때문에 마음이 복잡했었던 것이다. 오오, 시간이 얼마나 소중한 것인지! 나의 능력과 역량을 최대한도로 선용하여 나의 임무의 긱 부분을 다 이행하는 일을 하찮게 여겨서 허비하거나 소홀히 했다는 생각이 들면 정말이지 얼마나 죄책감을 느끼는지 모른다!

10월 19일 주일. 지난 주간에는 거의 아무 일도 하지 못했다. 다만 목요일에 4마일 가량 말을 타고 달렸다가 감기에 걸렸을 뿐이다. 거의 아무것도 할 수 없으니, 영성도, 활기 있는 신앙적인 감정도 누리지를 못했다. 때때로 좀 더 열매가 많고 천국의 정서로 가득 했으면 하고 바라는 마음이 간절했고, 하나님을 위해 아무 일도 하지 못하는 동안 시간이 그냥 흘러가는 것을 보기가 정말 안타까웠다. 이번 주간에는 공 예배에 참석할 수 있었다. 내가 죽어도 살아도 편안하다는 마음이었으나, 아무런 쓸모 없이 그냥 살아

있기만 하는 것은 견딜 수 없을 것 같았다. 오오, 하나님의 창조에 짐이 되면
서까지 살아 있는 일은 절대로 없으면 좋겠다. 나의 이 땅의 일이 다 끝나면
본향으로 돌아가도록 해 주시면 좋겠다!

  이 주간 브레이너드는 다시 크랜베리의 인디언들에게로 갔다. 그들의 영적
이며 세속적인 문제들을 돌보기 위함이었다. 하루에 불과 조금밖에는 말을
탈 수 없었으나, 많은 시간을 말을 타며 보냈다.

10월 23일. 내 집으로 가서 일들을 정리하였다. 매우 허약했고, 다소간
우울했다. 무언가를 하고자 애썼으나 힘이 없어 어쩔 수 없이 침상에 눕고
말았다. 매우 외로웠다.

10월 24일. 담장을 수리하고 곡식을 안전하게 보관하는 일에 대해 내 사
람들을 지도하고 감독하는 일로 하루를 보냈다. 이들의 세속적인 일들이 모
두 내게 달려 있는 것 같았다. 저녁때가 되어 다소 새 힘을 얻어 낮에 무언가
가치 있는 일을 할 수 있게 되었다. 아무것도 하지 못한 채로 그냥 시간이 흘
러가는 것이 내게 얼마나 고통스러운지!

10월 26일 주일. 오전에는 매우 허약했다. 가련한 내 사람들이 마치
"목자 없는 양 같이" 혹시 내가 설교를 할 수 있을까 기대하며 밤이 되기까지
기다리며 헤매는 것을 보며, 밤이 가까울 무렵까지 하루 종일을 고통 가운데
서 보냈다. 그들이 이런 처지에 있는데도 나 자신이 그들의 영적인 유익을
위해 아무것도 할 수 없다는 것은 정말 괴로운 일이 아닐 수 없었다. 그러나
밤이 가까워 오면서 몸 상태가 조금 나아져서, 그들을 내 집으로 불러 모아
앉혀놓고 마태복음 5:1-6을 읽어주고 설명해 주었다. 매우 연약한 중에 말
씀을 전했으나, 듣는 이들 중 많은 이들에게 능력으로 임하였다. 특히 마지
막 절에 대해 말씀하면서, 우리 빛을 사람들 앞에 비추지 않고 오히려 어둠

이 되게 만드는 것은 신앙에 대해 정말 크나큰 잘못을 범하는 것임을 강조할 때에는 더욱 그러했다. 회중 가운데 많은 이들이 다른 이들에게 바른 신앙의 모습을 보여줄 수 있을 만큼 영적인 행실 면에서 부족함이 있다는 것을 지각하고 깊이 감동을 받았고, 이에 대한 염려와 경계의 자세가 그들 중에서 일어나는 것 같았다. 얼마 전에 술 취하는 죄에 빠졌던 한 사람은 자신의 죄와 또한 자신의 그릇된 행실로 인하여 신앙에 큰 욕이 된 사실을 깊이 인식하고서 그 일에 대하여 큰 안타까움과 염려를 갖게 되었다. 이런 것을 보며 내 영혼이 새로운 힘을 얻었다. 비록 평소처럼 말을 많이 할 힘이 없었고 그저 침상에 누워 있을 수밖에 없었으나, 이처럼 회중 가운데 감동이 있고 또한 하나님의 진리를 그저 희미하게 전하는데도 불구하고 듣는 이들에게 이렇게 큰 효력이 있는 것을 보며 기뻐하였다.

10월 27일. 곡식 주위에 담장을 수리하는 일에 대해 인디언들을 지도하고 감독하며 하루를 보냈다. 오전 내내 그들과 함께 걸으며 그들의 일들을 돌보아 줄 수 있었다. 오후에는 사랑하는 두 친구들이 나를 방문하여 그들과 한동안 대화를 나누었다. 밤이 올 무렵 밖으로 나가 다시 인디언들을 돌보았다. 저녁에는 매우 평안한 기분을 누렸다.

10월 28일. 아주 허약한 상태에서 프린스턴으로 말을 달려갔다. 중도에 열이 극심하여 하는 수 없이 한 친구의 집 앞에서 말에서 내려 한동안 그 집에 누워 있었다. 밤이 가까워 올 때에 트리트 씨(Mr. Treat), 비티 씨(Mr. Beaty)와 그의 아내, 그리고 또 한 친구의 방문을 받았다. 그들을 만나니 심령에 새 힘이 생겼다. 그러나 그들이 나를 만나기 위해 큰 고통을 무릅쓰고 30마일 내지 40마일을 말을 달려온 것을 알고 매우 놀랐고 당혹스럽기까지 했다. 저녁 내내 일어나 앉아 있을 수 있었다. 친구들과 매우 편안한 마음으로 시간을 보냈다.

10월 29일. 어제 나를 만나러 온 친구들과 10마일 가량 말을 달렸고, 모두와 작별하고 그 중에 한 사람만 나와 동행하며 나의 심령을 위로하기 위해 나와 함께 하였다.

11월 2일 주일. 설교할 수도 없었고, 하루 종일 거의 앉아 있을 수도 없었다. 내 가련한 사람들이 은혜의 수단이 없이 있는 모습을 보고 안타까웠고 이 때문에 마음이 몹시 가라앉았다. 그들이 글을 읽을 줄을 몰라 안식일을 편안히 보내는 일에 큰 제약이 있으니 더욱 그랬다. 오오, 나의 가련한 양 떼들에게 영적인 지식을 공급해 줄 신실한 목자가 있다면 내가 병들어 있어도 괜찮을 텐데! 나 자신의 모든 육체적인 질병보다 그들에게 그런 목자가 없다는 사실이 내게 더욱 괴로운 일이었다.

11월 3일. 이제 내가 너무나 허약하고 지친 상태여서 전혀 사역을 감당할 수 없고, 또한 말을 많이 타지 않는 한 회복될 가망이 거의 없으므로, 뉴잉글랜드로 가서 오랫동안 보지 못했던 내 친구들에게로 주의를 돌리는 것이 나의 임무라는 생각이 들었다. 그리하여 오늘 나의 회중과 작별하였다. 떠나기 전에 내 사람들의 집을 일일이 방문하여 각 사람과 환담을 나누었다. 그렇게 하는 것이 그들의 처지에 가장 적절하고 합당하다고 생각했기 때문이다. 그들을 방문하는 동안 큰 자유로움을 느꼈다. 거의 집집마다 사람들이 눈물을 흘렸고 내가 그들을 떠나려 한다는 것을 안타까이 여긴 것은 물론 하나님의 일들에 대한 나의 엄숙한 당부의 말에 감동을 받았다. 그들과 대화를 나누는 동안 하나님의 도우심으로 심령에 간절함이 있었던 것이다. 이렇게 거의 하루 종일 나의 회중의 집들을 돌며 그들과, 또한 학교와 작별한 후에 집을 출발하여 2마일 가량 말을 달려 지난 여름 내가 거처했던 집으로 가서 거기서 묵었다. 이 날 저녁에는 새로운 기분이었다. 나의 회중들과 좋은 마음으로 감동적으로 작별하였고, 그들에게 작별의 말씀을 전할 때에도 굉장히 많은 도움이 있었기 때문이다.

1746년

11월 5일. 엘리자베스타운(Elizabethtown)으로 말을 달렸다. 가능한 대로 뉴잉글랜드로의 여정을 실행에 옮길 의도였다. 그러나 그 곳에 도착한 지 한두 시간이 지나자 몸 상태가 더욱 나빠졌다. 거의 한 주간 내내 내 방에서 나가지 못했고, 대부분 침상에 누워 시간을 보냈다. 그러고 나자 집 안을 걸어 다닐 수 있을 정도로 회복되었으나, 여전히 집 안에 묶여 있었다.

엘리자베스타운으로 온 후 이처럼 갑작스럽게 몸이 망가지기 시작할 때에, 하나님의 자비하심으로, 전에 허약해지기 시작하기 전에 그랬던 것처럼 고요하고 안정되고 인내로 견디는 마음 자세를 유지할 수 있었다. 엘리자베스타운에 머문 지 보름 정도가 지나자 집 주위를 산책할 수 있을 정도로 몸이 회복되었고, 이 곳에서 지키는 감사절에는 하나님의 자비하심을 되돌아보며 크게 감동을 받았고 감사와 찬양으로 가득하였다. 특히 인디언들 중에 은혜의 역사를 행하시고 그의 나라를 확장시키신 일에 대하여 내 영혼이 하나님께 찬송을 드렸다. 하나님 자신의 모습에 대해 내 영혼이 그를 찬송하며 또한 그가 피조물들에게 자신을 드러내신다는 사실에 대해 그를 높이 기렸다. 그가 하나님이시라는 것이 즐거웠고, 모든 사람이 그 사실을 알고 느끼고 즐거워하기를 간절히 바랐다. "주님, 주님 자신을 영화롭게 하옵소서"가 내 영혼의 바람이요 부르짖음이었다. 오오, 모든 사람들이 복되신 하나님을 사랑하고 찬양하게 되기를! 하나님께서 이성이 있는 세계로부터 가능한 모든 존귀와 영광을 다 받으시기를 바라마지 않는다!

이 편안한 감사절 기간이 끝난 후 나는 기도 중에 자유로움과 북받쳐 오르는 감동과 영혼의 간절함을 자주 누렸고, 나의 사랑하는 회중을 위해, 매우 자주 각 가정을 위해, 그리고 각 사람을 위해 하나님께 간구할 수 있었다. 내가 그들에게 말씀을 전할 수 없고 만날 수는 없어도, 그들을 위해 하나님께 마음을 다해 기도할 수 있다는 것이야말로 내게 큰 위로가 되었다. 그러나 다른 때에는 내 심령이 너무 가라앉아 있고, 내 육체의 기력이 너무 탈진해 있어서 그 어떠한 감정도 가질 수가 없었다.

12월이 되자 근처에 산책을 다니고 친구들을 방문할 수 있을 정도로 기력이 회복되었고, 전반적으로 건강을 되찾아가고 있는 것 같았다. 12월 21일 주일에는 공 예배에 참석하였고, 성찬을 대하며 하나님과 나 자신의 영혼에게 원수가 되는 나의 특정한 부패성을 드러내어 죽이고자 많이 힘썼다. 이것과 그 외에 다른 부패성을 대적할 힘을 얻기를 소망하는 것밖에 달리 아무것도 할 수 없었다. 나의 죄로 인하여 마음이 상하는 것을 느꼈다.

이 일 후에, 어쩌면 감기 때문이기도 했을 것인데, 다시 육체적인 건강이 나빠지기 시작했고, 1747년 1월 말까지 이런 상태가 계속되었다. 극심한 기침과 상당한 고열, 그리고 천식 증상이 있었고, 식욕이 전혀 없을 뿐더러 소화 능력도 전혀 없었다. 이처럼 나의 상태가 극심하여, 친구들은 대체로 나의 생명에 대해 절망하였고, 그 중 몇몇은 한동안 내가 하루도 더 살지 못할 것이라고 생각하였다. 이 때에 나는 도무지 마음을 정리하여 생각할 수도 없었고 모든 감정들이 사라진 것 같았고, 큰 시험 거리들로 괴로움을 당했다. 그러나 전반적으로 아직 죽음에 대한 두려움은 없었다.

2월 1일 주일. 매우 허약하고 가라앉은 상태에 있었으나 나는 하나님의 일들 가운데서 상당한 위로와 감미로움을 누렸고, 기도 중에 어린아이 같은 심령으로 하나님께 간구하며 논지를 제시할 수 있었다. "너희가 악할지라도 좋은 것을 자식에게 줄 줄 알거든 하물며 너희 하늘 아버지께서 구하는 자에게 성령을 주시지 않겠느냐"라는 성경 말씀이 생각에 떠올라 큰 도움이 되었다. 하나님의 도우심을 받아 이 본문을 놓고 하나님께 간구하였다. 이 땅의 어느 부모가 자기 자녀를 대하는 것보다 훨씬 더 낫게 하나님께서 신실하게 나를 대하신다는 것을 깨달았다. 이 때에 내 영혼이 새로운 힘을 얻어 내 육체마저도 이 때문에 더 좋아지는 것 같았다. 이 때부터 서서히 몸 상태가 나아지기 시작하였다. 어느 정도 기력과 활력을 회복하면서, 때때로 경건한 활동 중에 자유로움과 생명을 느꼈고, 영성을 위하여, 또한 위대하신 구속자의 대의를 위하여 쓰임받는 삶을 위하여 간절한 바람을 느꼈다. 그러나 내 심령이 끔찍할 정도로 메마르고 생기가 없으며 하나님의 일들에 대한 흥미

1747년

가 사라져 있어서, "내 상태가 지난 여러 달들처럼 되었으면!" 하고 부르짖고 싶은 때도 많았다. 오오, 내가 쓰임받는 중에 갑작스럽게 나를 데려가셔서 이리저리 산만하게 흐트러진 상태로 시간을 하찮게 보낼 필요가 없도록 해 주시기를 바라는 마음 간절하다! 그렇게 귀한 많은 시간을 그렇게 형편없이 아무런 일도 하지 못하고 그냥 보내며 사는 일이 절대로 없으면 좋으련만! 자주 이런 생각이 들었고, 탄식하였고, 부끄러웠고, 심지어 혼란 중에 마음이 가라앉고 실망하기도 했다.

2월 24일. (엘리자베스타운에 발이 묶여 있은 지 4개월 만에) 뉴아크(Newark)까지 말을 타고 갔다가 이튿날 다시 엘리자베스타운으로 돌아올 수 있었다. 말을 타니 몸은 기진맥진했으나 마음으로는 다소 새로운 기분이 들었다.

2월 28일. 나의 회중에 속한 한 인디언이 나를 찾아와 편지들을 내어놓았는데, 내 사람들이 전반적으로 술에 취하지 않고 건전하게 생활하고 있다는 좋은 소식이 들어 있었다. 나는 물러가 하나님의 선하심에 대해 그를 찬양하지 않을 수 없었다. 하나님께서 친히 그 회중을 세우고 계시니 진정 감사의 마음이 있었다.

3월 4일. 한 친구로부터 책망을 받았는데, 그에게서 내가 그런 책망을 받는 것이 합당하다고는 생각되지 않았으나, 그런 일로 하여 내가 죄를 더욱 두려워하게 되고, 나 자신에 대해 더욱 경계하게 되고, 순결하고 흠 없는 마음과 생활을 유지하고자 하는 결의를 더욱 다지게 된 것에 대해 하나님을 찬양하였다. 또한 이로 인하여 나의 과거의 무기력한 상태와 영성이 결핍된 상태를 돌아보게 되었고, 또한 나 자신을 혐오하고 나 자신을 거의 무가치한 존재로 바라보게 되었다. 이런 분위기가 이튿날까지도 계속되었다. 그리고 며칠 후, 필연적으로 산만해질 수밖에 없는 처지에서 진지함과 엄숙함과 또한 하늘의 정서와 처신을 더 잘 유지하지 못한 것을 생각하며 안타까운 마음이었다. 이처럼 나의 심령이 자주 침울해지고 가라앉았다. 그러나 그 책망이 내게 유익이 되었다고 믿는다.

3월 11일. 오늘은 엘리자베스타운에서 금식과 기도의 날로 지키는 날인데, 이 날 공 예배에 참석할 수 있었다. 지난 12월 21일 이후 처음 공 예배에 참석하게 되었다. 그동안 하나님께서 얼마나 많은 허약함과 괴로움을 견뎌오게 하셨는지! 그런 가운데서도 늘 도우심을 받아 지금까지 내가 살아있지 않은가! 오오, 내가 더욱 그의 영광을 위해 살 수 있다면 얼마나 좋을까!

3월 15일 주일. 다시 공 예배에 참석할 수 있었다. 다시 회복되어 목회의 일을 재개하게 되었으면 하는 간절한 바람이 있음을 느꼈다. 하나님을 위해 말씀을 전하고자 하는 열의와 활기를 다소나마 느꼈다.

3월 18일. 내 사람들을 방문할 계획으로 말을 타고 밖으로 나가 이튿날 그들에게 도착하였으나, 여행 중에 큰 실의에 빠졌다.

금요일 아침 일찍 일어나 내 사람들에게로 가서 그들의 상태와 염려 거리들을 물었는데, 합당치 않은 몇 가지 일들을 듣고서 심령에 무게와 짐이 가중되는 것을 느꼈다. 하나님께로 나아가 나의 고뇌거리들을 내어놓고, 애절하게 탄식하며 상한 마음으로 나의 어려움들을 하나님 앞에 내어놓았다. 그러나 그러는 가운데도 내 마음은 계속 우울하기 그지없었다. 10시쯤 내 사람들을 함께 불러서 시편을 설명하고 노래한 후에 그들과 함께 기도하였다. 그들 가운데 상당한 감동이 있었다. 몇 사람의 경우에는 반응이 자연스러운 수준을 넘어서는 것이 확실하였다.

이것이 브레이너드가 그의 사람들과 나눈 마지막 만남이었다. 그는 그 날 11시쯤 그들과 작별하고 이튿날 엘리자베스타운으로 돌아왔다.

1747년

3월 28일. 오늘 아침 격렬한 욱죄는 통증이 찾아왔다. 고통이 아주 극심했고 몇 시간 동안 계속되었다. 기적이 없는 한 이런 괴로움 가운데서 스물네 시간을 산다는 것은 불가능할 것 같았다. 하루 종일 침상에 누워 있었고, 오전 내내 통증으로 괴로움을 당했다. 그러나 하나님께서는 내게 복을 주사 나의 괴로움을 약하게 해 주셨다. 이런 통증으로 인해 몸이 굉장히 약해졌고, 며칠 동안 그런 상태가 계속되었다. 고열과 기침과 식은땀 등의 증상으로 괴로움을 당했다. 이렇게 괴로운 처지가 되니, 나의 정신이 허망한 혼란에 빠지지 않는 이상 죽음도 내게 달가울 것 같아 보였다. 나는 죽음을 모든 수고의 끝으로, 또한 "지친 자들이 쉼을 얻는" 곳으로 들어가는 문으로 바라보았다. 그리고 천국의 상태를 누리는 것에 대해 내게 무언가 의욕이 있다는 생각이 들었다. 그리하여, 물론 인생의 피로에 이끌리는 중이나, 이런 생각들에도 흥미를 갖고 이끌림을 받았다. 오오, 완전한 거룩의 상태를 향한 열망에 이끌림을 받는다는 것이 얼마나 복된 일인지!

4월 4일. 시간을 잘못 보낸 것 때문에 마음이 무척 가라앉았고 의욕을 잃었고 불안하고 마음이 편치 않았고 무엇을 해야 할지를 몰랐다. 하나님의 일들에 대해 나태하고 냉랭한 데에서 구원받게 되기 위하여 금식과 기도로 시간을 보내고 싶은 마음이 간절했으나, 안타깝게도 그렇게 할 기력이 전혀 없었다. 오오, 양심의 평안을 누린다면 이 얼마나 복된 일이겠는가! 하지만 내적인 평안과 영혼의 안정이 없다면 이 얼마나 끔찍한 일이겠는가! 시간을 아끼며 신령한 마음의 상태를 유지하지 않고서는 이런 복을 누리는 것이 불가능하다는 것을 알았다.

4월 5일 주일. 나 자신이 생각할 수 없을 만큼 메마르다는 것이 정말 안타까웠다. 내 영혼이 은혜를 갈구하였다. 그러나 안타깝게도 정말 지극히 고귀한 그것을 얻는 일이 나와는 정말 거리가 먼 것 같으니! 거룩한 피조물이 되기를 정말 포기할 지경이었고, 반면에 내 영혼은 "주를 가까이 따르"기를 소원하였으나, 이 때처럼 내가 이미 다 이루었거나 완전해진 상태와 거리가 멀다고 느껴본 적이 한 번도 없었다. 오늘 성찬식이 거행되었고, 나도 예식에 참여하였다. 비록 나 자신이 끔찍하게 공허하고 은혜가 결핍되어 있으며 복음의 순결함과 무한히 거리가 멀게 여겨졌으나, 성찬식에서, 특히 떡을 분배하는 동안, 뜨거운 감정이 솟아올랐고 형제들을 향하여, 또한 그들 중 처음 나신 저 영광스러운 구속자를 향하여 간절한 사랑을 느꼈다. 나는 나와 그의 원수들을 데려와 그의 앞에서 그들을 죽이려고 힘썼고, 이 영적인 죽음의 상태에서 구원해 주시기를 간구하면서, 또한 내 친구들과 회중을 위하여, 또한 그리스도의 교회 전반을 위하여 하나님의 도우심을 구하는 중에, 큰 자유로움을 경험하였다.

4월 10일. 이 날 내 동생 존이 엘리자베스타운에 도착하였다. 한동안 그와 함께 대화를 나누었으나, 몸이 극도로 약하였다.

이 동생은 브레이너드의 인디언 회중을 돌보고 가르치도록 선교회로부터 파송 받았었다. 브레이너드는 병환으로 인하여 인디언들에게서 떠나있을 수밖에 없었던 것이다. 그는 브레이너드의 사망 시까지 인디언들을 계속 돌보았고, 얼마 후 브레이너드의 후계자로 임명되어 그의 회중을 책임 맡았다.

4월 17일. 저녁에는 지극히 무가치한 나를 하나님께서 도우사 "은혜의 보좌에 가까이 나아가게" 하셨고 내게 그의 사랑을 깨닫게 해 주셨다고 생각할 수밖에 없었다. 이로써 나는 말로 할 수 없는 든든한 뒷받침과 격려를 얻었다. 감히 그 자비가 진짜라는 소망을 가질 수는 없었으나, 그것이 그렇게 크게 보일 수가 없었다. 그러나 나와 같은 악한 죄인에게 그의 화목의 얼굴을 보여주셨다는 것에 기뻐하지 않을 수가 없었다. 부끄러움과 혼란이 때때로 나를 덮었고, 그 다음에는 하나님의 선하심에 대한 소망과 기쁨과 갈망이 강하게 일어났다. 때로는 주께서 나로 하여금 지극히 크고 악한 죄의 행위에 빠지게 하지 않으셨다는 것에서 하나님의 선하심을 앙모하지 않을 수 없었다.

4월 20일. 병들어 매우 흐트러진 상태에서 거의 하루 종일을 침상에 누워 있었다. 지난 며칠보다 좀 더 위로를 누렸다. 오늘 나는 스물아홉 살이 되었다.

4월 21일. 말을 달려서 건강을 회복시키기 위해(그것이 하나님의 뜻이라면) 뉴잉글랜드로 여행을 떠났다.

그는 결국 이로써 뉴저지를 마지막으로 영영 떠나게 되었다. 그는 천천히 여행하여 5월 초 이스트헤덤(East-Haddam)의 친구들에게 이르렀다. 그가 여정을 출발한 때부터 5월 10일 사이의 기간 동안은 일기가 거의 없다. 그는 때때로 하나님의 영광스러운 완전하심에 마음으로 즐거워하며 그를 위하여 살기를 소망한 일에 대해 말씀한다. 그러나 자신의 생각에 정함이 없고 신적인 주제들로부터 쉽게 이탈해 버리는 것을 탄식하며, 또한 그의 허약함에 대해 자기를 쳐서 소리 높여 안타까이 부르짖는다. 그의 건강을 위해 사용할 수밖에 없었던 오락거리들에 대해서는, 때때로 하나님의 영광을 목표로 삼고 일편단심으로 그런 오락거리들을 사용할 수 있었다고 말한다. 그러나 또한 그런 것들에 대해 크게 조심하고 경계할 필요가 있음을 이야기하기도 한다. 오락거리들을 즐기는 동안 영적인 마음 자세를 잃어버리지 않도록, 또한 하나님의 영광을 최고의 목표로 삼는 것이 전혀 없이 순전히 이기적인 것으로 전락하지 않도록 경계해야 한다는 것이다.

5월 10일 주일. 이 때에 나는 내 사역 중에 하나님께서 언제나 인도하셔서, 중생, 새로운 피조물, 그리스도를 믿는 믿음, 점진적인 성화, 하나님을 향한 최고의 사랑, 전적으로 하나님의 영광을 위하여 사는 일, 나 자신이 나의 것이 아니라는 것 등의 위대한 교리들을 항상 강조했다는 것에 대해 하나님께 감사의 마음을 느끼지 않을 수 없었다. 이처럼 하나님께서는 나를 도우사 이따금씩 이 교리들과 또한 이와 필연적으로 연결되는 비슷한 교리들이야말로 멸망해 가는 죄인들에게 안전과 구원의 유일한 근원이 되며, 또한 이에 합당한 신적인 기질들은 바로 거룩이라는 것을("이것이 없이는 아무도 주를 보지 못하리라") 지극히 확실하게 깨닫게 되었다. 죽을 시각이 되면 영혼에게서 이런 하나님을 닮은 정서들이 ― 이런 정서를 갖게 되면 영혼이 하나님과 합하여 그를 기쁘시는 자가 되며 또한 그를 기쁘시게 하는 모든 일을 행하게 되는데 ― 발휘될 것이다. 내 생각에 하나님께서 만일 자기 자신의 형상을, 스스로 하나님을 사모하는 영혼을 버리신다면 이는 그 자신을 부인하는 것이 될 수밖에 없으니 말이다.

5월 17일 주일. 공 예배에 참석할 수가 없어 오전 시간을 집에서 보냈다. 이 때에 하나님께서는 나 자신의 사악함과 내 마음의 극심한 죄악성을 놀랍게 깨닫게 해 주셨고, 그리하여 내 속에는 죄와 부패함 밖에는 아무것도 없는 것 같았다. "무수한 악이 나를 에워쌌나이다." 영성이 없고, 거룩한 삶이 없으며 하나님을 소홀히 하고 나 자신을 위해 사는 것만 있는 것 같았다. 내 마음과 삶의 모든 가증스러운 것들이 내 눈 앞에 낱낱이 드러났고, 나는 "하나님이여 죄인인 나를 불쌍히 여기시옵소서"라고 밖에는 아무 말도 할 말이 없었다. 정오 쯤 되어 그리스도 안에 있는 하나님의 은혜가 나 같은 죄인에게 무한히 값없이 베풀어지는 것이 보였다. 또한 하나님이 최고의 선이시며, 그의 임재 속에 생명이 있는 것이 보였다. 그리하여 나는 죽어서 모든 죄에서 자유로운 상태에서 그와 함께 있게 되기를 사모하기 시작하였다. 오오, 하나님의 높으신 존귀를 조금 흘끗 보았을 뿐인데도 내 영혼이 얼마나 새로운 기운을 얻게 되는지! 오오, 복되신 하나님이 얼마나 귀하신 분이신지! 과연 그 자신을 위하여, 그 자신의 신적인 고귀하심을 위하여 사랑받으시고 앙모받으시고 기뻐하심을 받으시기에 합당하시다!

1747년

　이번 주 동안 무척 메말라 있었고 기도의 열의가 없었으나, 그럼에도 불구하고 하나님의 일들의 고귀함을 잠시나마 보았었다. 특히 어느 날 아침에는 은밀한 묵상과 기도 중에 영광스러운 하나님의 모양을 닮은 거룩함의 탁월함과 아름다움이 어찌나 놀랍게 다가왔던지, 거룩이 완전한 중에 거하는 그 세상에 있게 되기를 진정으로 사모하기 시작하였다. 또한 이처럼 완전한 거룩을 사모하는 것이 나 자신의 행복을 위한 것이 아니고 — 물론 이것이 최고의 것이라는 것이, 과연 영혼의 유일한 행복이라는 것이 분명히 보이기는 했지만 — 하나님을 기쁘시게 하고 전적으로 그를 향하여 살며 나의 이성적인 능력과 역량을 최대한도로 발휘하여 그를 영화롭게 하기 위한 것인 듯하였다.

5월 24일 주일. (매사추세츠 주 롱메도우[Long-Meadow])에서) 다른 사람들에게 자주 이야기한 대로, 그리스도인이라 불리는 자들 대부분이 생각하는 것보다, 특히 마지막 날의 회심자로 기림을 받는 자들이 생각하는 것보다 훨씬 더, 참된 신앙이란 깊은 겸손과 상한 마음, 그리고 열매 없음과 은혜와 거룩이 없음에 대한 지각으로 자기를 낮추는 것에 있는 것이라고 생각하지 않을 수 없었다. 그런데 신앙이라는 것을 오로지 그리스도가 자기들의 것이며 하나님이 자기들을 사랑하신다는 식으로 상상하고 그런 생각을 갖는 데서 부추겨 일어나는 기쁨과 감동으로만 생각하는 자들이 많은 것 같다.

5월 28일 목요일. 브레이너드는 롱메도우를 떠나 노샘프턴으로 향하였다. 그의 말대로 지난 겨울보다는 그의 상태가 굉장히 좋아져서, 하루에 25마일을 말을 달리고 반 마일을 도보로 걸을 수 있을 정도가 되었고, 쾌활하며 우울한 기미가 없어 보였다. 그러나 그는 이 당시 분명 회복 불가능한 폐병을 앓고 있었음이 분명하다.
　이 일 전에도 나(조나단 에드워즈 — 역주)는 그와 친하게 지내는 여러 사람들에게서 그에 대해 구체적인 사실을 접할 기회가 많았었고, 이미 언급한 바와 같이 거의 4년 전 뉴헤이븐에서 그와 개인적인 면담을 나누기도 했었으나, 지금은 좀 더 충실하게 그를 대할 수 있는 기회가 생겼다. 그는 놀랍게도 사교성이 있고 쾌활하며 대화에 유머가 있었으나, 그러면서도 견고하고 향기롭고 신령하며 매우 유익하였다. 그는 온유하고 겸손해 보였고, 말이나 행동에서 경직되거나 까다롭거나 기묘한 것과는 거리가 멀었고 그런 것들을 모두 싫어하는 것 같았다. 우리는 그와의 대화에서 유익을 얻었을 뿐 아니라 이따금씩 그가 가족 기도에 함께 참여함으로써 위로와 유익을 얻기도 했다. 그의 기도의 자세는 매우 합당하였고, 티끌의 벌레요 또한 그리스도의 제자인 신자에게 지극히 어울리는 것이었다. 그는 무한히 위대하시고 거룩하신 하나님, 자비의 아버지께 아뢰었는데, 거기에는 현란한 표현이나 의도된 언사도, 무절제한 격렬함도 무례한 대담함도 없었다. 주위에 있는 사람들에게 자기 자신의 경건성을 과시하거나 그들에게 좋게 보이기 위해 하는 행동과는 완전히 거리가 멀었다. 또한 쓸데없이 표현을 반복하거나 건방지게 주제를 벗어나거나 불필요하게 말을 길게 늘어뜨리는 것도 없었다. 그는 철저하게 정도를 지키며 무게 있으면서도 예리하게 자신을 표현하였다. 그러나 그러면서도 그의 입술이 내뱉는 내용은, 그저 머리가 뜨거워져서 좋은 표현들을 쏟아내는 것이 아니라 우리의 어쩔 수 없는 무가치한 처지와 또한 하나님의 무한하신 위대하심과 고귀하심과 충족하심을 엄숙하게 지각하여 깊은 감동을 받은 데에서 흘러나오는 것 같았다. 그가 식탁에서 감사 기도를 드리는 것을 들을 때에도 그 기도의 내용과 자세 모두에서 무언가 놀라운 점을 느끼지 않을 때가 없었다. 그의 기도에서 그는 시온의 번성함과 그리스도의 나라가 이 세상에서 전진하는 것과 인디언들 중에 신앙이 번창하고 널리 퍼지는 것 등에 대해 많이 강조하였다. 그리고 대개 기도 때마다 한 가지를 빼놓지 않고 간구하였는데, 곧 "우리가 쓸모없어진 후에도 계속 살아 있는 일이 없게" 해 주십사 하는 것이었다.

1747년

5월 31일 주일. (노샘프턴에서) 지난 주간 대부분 내적인 신앙의 감미로움이 거의 없었고, 하나님과 복되신 구주의 영광을 인식하지도, 영적으로 바라보지도 못했다. 그것을 인식하고 바라보게 되면 항상 거기서부터 나의 신앙적인 위로와 기쁨이 일어났는데 말이다. 하나님의 고귀하신 면과 완전하신 면들을 바라봄으로써 하나님 자신의 모습으로 인하여 내게 기쁨이 생기지 않는다면, 기뻐할 견고한 기반 자체가 없는 것이다. 내가 그리스도 안에서 구원받았고 결국 구원받을 것임을 알기 때문에 기뻐하는 것이라면, 이는 정말 초라하고도 보잘것없는 기쁨일 수밖에 없을 것이다.

이 주간 그는 내 집에서 그의 질병에 관하여 매더 박사(Dr. Mather)와 상담하였다. 그는 브레이너드가 폐병에 걸렸다는 확실한 증거들이 있으니 다시 회복하리라는 희망적인 말을 해줄 수가 없다고 분명히 이야기해 주었다. 그러나 그에게서는 최소한의 동요의 모습도 없었고, 그의 마음의 쾌활함과 고요함이나, 혹은 자유롭고도 유쾌하게 처신하는 모습이 사라지는 기미도 없었다.

6월 7일 주일. 이 날 "하나님의 성령의 구원의 은혜의 지극한 고귀함"에 대해 들은 말씀에 나의 주의력이 크게 집중되고 나의 영혼이 거기에 압도되어 연약한 상태에 있는 내 몸을 거의 이길 지경이었다. 참된 은혜는 그야말로 고귀하며, 그것이 매우 희귀하며, 그것을 발견할지라도 아주 적은 정도밖에는 없다는 것을 보았다. 최소한 내 경우에는 그랬다.

지난 주간 나는 묵상의 시간을 통해 다소간 위로를 얻었다. 어느 날 아침에는 하나님의 대의가 내게 너무도 귀하게 여겨졌다. 구주의 나라만이 유일하게 이 땅에서 값진 것이요, 따라서 나는 세상에서 그 나라가 전진하기를 사모하지 않을 수 없었다. 또한 이 대의가 하나님의 것이며, 나보다는 하나님이 무한히 더 그 대의에 대해 관심과 열의를 갖고 계시며, 따라서 내가 이 복된 관심사에 대해 진정 사랑이 있을지라도 그것은 저 넓은 바다에서 물 한 방울을 퍼내온 것에 불과할 뿐이라는 것도 깨달았다. 그리하여 나는 기쁨으로 머리를 높이 들고, "자, 하나님의 대의가 그에게 그렇게 사랑스럽고 고귀한 것이라면 그가 그것을 이루어가시리라"라고 결론짓고 싶은 심정이었다. 이리하여, 비록 그 때가 언제인지는 그의 주권적인 뜻에 달려 있으나 그 일이 하나님 자신의 뜻에 완전히 일치하므로 그가 그 일을 반드시 이루실 것임을 믿고 그를 의지하게 되었다.

의사들은 그에게 다른 방법들보다도 말을 타는 것이 생명을 연장하는 데에 도움이 되므로 그 일을 계속하라고 권고하였다. 그는 한동안 어떻게 해야 할지를 결정하지 못하여 당혹해하였다. 그러나 결국 이 곳으로부터 보스턴까지 말을 타고 가기로 결심하였다. 우리도 가족 중의 한 사람이 그와 함께 동행하여 그의 연약한 상태를 돕기로 결론지은 터였다.

6월 9일. 노샘프턴으로부터 보스턴으로 향하는 여정을 출발하였다. 천천히 말을 달렸고, 중도에 여러 목사들과 조우하였다.

한동안 말 타기를 계속하고 나니 전보다 느낌이 훨씬 좋아졌다. 쓰임받을 만한 상태로 회복될 희망을 가질수록 생명이 연장되기를 그만큼 바랐으나, 지금은 쓸모없는 삶보다는 죽음이 내게 무한히 더 바람직하게 보였다. 하지만 내 마음이 때때로 완전히 초연해져서 하나님께서 그의 합당한 뜻대로 나를 어떻게 처리하시든 나의 이 크나큰 환난을 그대로 받고자 하는 심정이니 하나님을 찬양할 따름이다.

6월 12일. 여행으로 다소 지친 상태로 오늘 보스턴에 도착하였다. 하나님 안이 아니고서는 안식이 없다는 것을 깨달았다. 도회지에서나 시골에서나 육체의 지침과 마음의 번민이 늘 따라다녔었다. 어느 곳도 예외가 없었다.

1747년

6월 14일 주일. 은밀한 임무에서는 물론 가족 기도에서도 다소 마음의 감동과 감미로움을 누렸다. 하나님이 고귀하게 보였고, 그의 길이 기쁨과 평안으로 충만하게 보였다. 내가 원하는 것은 오로지 하나님을 위하여 사는 거룩한 열정의 자세를 주십사 하는 것뿐이었다.

6월 17일. 오늘까지 지난 사흘 동안 주로 시내의 목사들을 방문하며 시간을 보냈는데, 그들에게서 극진한 환대를 받았다.

6월 18일. 병이 극심해져서 죽음의 문턱에까지 갔다. 의사의 추정에 의하면 나의 폐에 작은 궤양들이 생겼기 때문이란다. 이처럼 극히 허약한 상태가 몇 주간 동안 계속되었다. 심신이 괴로워 아무 말도 내뱉지 못하는 처지에 있을 때가 많았다. 몸 상태가 좋아져서 집 안을 거닐고 문 바깥으로 나갈 수 있을 정도가 된 후에도 어지러워 네다섯 시간 동안 누워 있어야 하는 일이 날마다 계속되었고, 그런 때에는 예 혹은 아니오 정도는 말할 수 있었으나 숨이 가빠서 대화는커녕 한 문장도 말을 이어갈 수가 없었다. 언제 내가 숨을 거둘지 몰라 나의 임종을 위해 내 친구들이 함께 내 침상 주위에 모이기를 여러 번 했다. 나 역시도 임종을 예상한 적이 많았다.

　병상에 누운 첫 날이나 그 다음 날은 과연 이성적인 사고력을 발휘하는 면에서 내 상태가 어떠했는지 거의 알 수가 없다. 고열이 극심하여 그 때마다 내가 완전히 무너져 버렸을 것이다. 그러나 셋째 날부터 시작하여 네다섯 주 동안은 과거에 일상적으로 누렸던 것에 못지않은 마음의 평온함과 사고의 선명함을 누렸다. 이 때만큼 하나님의 일들에 대해 그렇게 손쉽고도 자유롭게 깊이 생각한 적이 없었던 것 같고, 또한 지금처럼 복음의 많은 중요한 교리들이 참되다는 사실을 확실히 증명할 수 있을 것 같은 기분이 든 적이 없었다. 은혜의 교리들이라 불러 마땅한 이 위대한 교리들이 참되다는 것을 분명히 바라보았고, 또한 신앙의 본질이 영혼이 하나님께 복종하는 데 있다는 것도, 그리하여 모든 이기적인 사고를 뛰어넘어서 하나님의 영광을 위하여 활동하며 그를 위하여 살고 그를 향하여 살고 모든 일에서 그를 기쁘시게 하고 존귀하게 하기를 갈망하는 데 있다는 것도 그에 못지않게 선명하게 바라보았다. 이러한 것은 모든 지성적인 피조물들이 사랑하고 앙모하며 경배하고 섬겨야 마땅할 그의 무한한 탁월하심과 그 자신의 지고하심을 선명히 바라보는 데에서 비롯되는 것이었다. 그리하여, 영혼이 지고한 사랑으로 하나님을 사랑하게 되면 이로써 그는 복되신 하나님 자신처럼 행하는 것임을 깨닫게 되었다. 하나님이 그런 식으로 지극히 정당하게 자기 자신을 사랑하시는 것이니 말이다. 그리하여 하나님의 관심사와 그의 관심사가 하나가 되어, 하나님이 영광을 받으시기를 사모하며 또한 하나님이 지극히 높은 영광과 복되심을 변함없이 소유하고 계시다는 사실을 즐거워하게 되면, 이를 통해서도 하나님께 복종하여 행하게 되는 것이다. 이와 마찬가지로, 영혼이 완전히 자신을 하나님의 뜻에 맡기고 그 뜻에 만족할 때에도 역시 하나님께 복종하게 되는 것이다.

더 나아가서, 영혼이 이러한 신적인 정서로 하나님을 높이 우러르며 자기 자신을 티끌에 밟는데, 이런 일이 영혼 속에 이루어지는 것은 성령의 특별하신 역사로 말미암아 하나님께서 예수 그리스도의 얼굴에 있는 그 자신의 영광스러운 완전하심을 그 영혼에게 드러내시기 때문이므로 하나님께서는 그 일을 자기 자신의 역사로 여기시지 않을 수 없고, 또한 그것이 그 영혼 속에 있는 하나님의 형상이므로 하나님이 그것을 즐거워하시지 않을 수가 없는 것이다. 나는 그리고 다시, 하나님이 그 자신의 도덕적인 형상을 가벼이 여기시거나 거부하신다면 그것은 결국 그 자신을 부인하는 것이 되는데 이런 일은 있을 수가 없다는 것도 깨달았다. 그리하여 나는 이 신앙이야말로 안정된 것이요 오류가 없는 것임을 깨달았다. 그러므로 이 신앙을 진정 소유하는 자들은 그리스도께 마음을 복종시킨 상태에서 그리스도의 구속의 모든 은택들을 소유한다는 지극히 완전하고도 만족스러운 증거를 지니고 있는 것이요, 따라서 이들은, 또한 오로지 이들만이 하나님의 영광의 나라에 속하며 그 모든 은택을 누릴 자격이 있다는 것도 깨달았다. 오로지 이런 자들만이

1747년

모든 영광을 자기들 자신에게가 아니라 하나님께 돌리는 천국의 일에 흥미를 갖고 있으며, 또한 하나님은 결국 그런 자들을 내어쫓으실 수가 없다. 그렇게 하신다면 그것은 하나님 자신을 부인하는 격이 될 것이니 말이다(물론 이는 그의 이름과 완전하심을 지극히 높이는 뜻으로 하는 말이다).

그 다음으로 내가 해야 할 일은 과연 이것이 나의 신앙인가를 살피는 것이었다. 그런데 여기서 하나님께서 나를 도우사 내 생애의 지난 몇 년 동안 겪어온 나의 신앙적인 여정을 아주 쉽게 기억하게 하시고 비판적으로 따져보게 하셨다. 내가 가장 잘 했다고 생각하는 여러 임무들에 상당한 부패가 끼여 있었으며 뿐만 아니라 온갖 이기적인 생각들과 육신적인 목표들과 갖가지 영적인 교만과 자기 자랑과 기타 무수한 악들이 나를 에워싸고 있었다는 것을 발견할 수 있었다. 그러나 이렇게 나 자신을 살펴보는 동안 하나님께서는 곧바로 이런 문제점들을 의심의 여지가 없는 것으로 제쳐두게 하셨다. 곧 이따금씩 내가 나 자신에 대한 사랑의 지극한 영향력을 뛰어넘어 행했었고, 하나님을 기쁘시게 하고 그를 영화롭게 하는 것을 나의 최고의 행복으로 삼고 그것을 사모했었다는 것을 보게 해 주신 것이다. 또한 이렇게 나를 살펴보는 동안도 은혜로 말미암아 내게 그와 동일한 신적인 정서가 있는 것을 느낄 수 있었다. 지금 나는 하나님의 영광을 생각하며 천국을 사모하는 기쁨을 누리고 있는데, 그 천국을 나 자신이 행복을 누리는 장소가 아니라 내가 하나님을 완전히 영화롭게 할 수 있는 상태로 바라보며 사모하는 것이다. 내 마음속에 이처럼 하나님을 향한 사랑을 느끼고 있으니 — 이는 하나님의 성령께서 내 속에 새로이 일깨워 주신 것이라 믿거니와 — 이것이야말로 내게 충만한 만족을 주고 또한 예전에도 여러 번 그랬던 것처럼 나로 하여금 그리스도와 함께 있기를 사모하게 하기에 족한 것이다.

하나님께서는 내가 극히 병약한 중에도 몇 주간 동안 내게 선명한 사고와 마음의 평온함을 주셨거니와, 동시에 나에게 어느 정도 힘을 주사 귀한 목적들을 위하여 내 시간을 잘 사용하게도 해주셨다. 먼 곳에 있는 친구들에게 중요한 편지들을 여러 편 쓸 수 있었다. 때로는 말을 하지 못하는 상태에서도, 즉 한두 마디는 말할 수 있어도 지속적인 대화는 할 수 없을 때에도 편지를 쓰기도 했다.

보스턴에 머물고 있던 이즈음, 나는 옛 셰퍼드 목사(Mr. Shepard)의 원고들을 조심스럽게 주의를 기울여 읽었다. 그의 원고가 최근 발견되어 출간을 준비 중이었는데, 사람들이 나더러 그 원고를 검토하여 몇 군데 단어들이 빠져서 의미가 분명치 않은 곳들을 수정해 줄 것을 간청해왔기 때문이다. 그 외에도 여러 사람들이 찾아왔고, 내가 말을 할 수 있을 때에는 그들과 언제나 신앙의 일들에 대해 대화를 나누었는데, 때때로 특별한 도우심을 받아 참된 신앙과 거짓 신앙을 구별하기도 했다. 최근에 와서는 논쟁이 되는 문제가 별로 없었으나, 나는 이따금씩 하는 수 없이 논쟁이 되는 문제들에 대해 토론하고 여러 사람들 앞에서 나의 견해를 개진하곤 했다. 특히 나는 겸손과 자기를 비우는 일의 본질과 필요성에 대해, 혹은 자신이 완전히 망하였다는 사실에 대한 충만한 확신 — 이것은 구원 얻는 믿음에 필수적인 요소인데 — 에 대해 반복적으로 이야기했고, 이러한 충만한 확신에 이르는 일이 극히 힘들고 또한 사람이 무언가 자기의(自己義)를 갖고서 겉으로 그 비슷한 모습을 보이는 것에 빠질 위험이 대단히 크다는 것을 지적하였다. 이런 위험성을 특히 강조하였다. 무수한 사람들이 이처럼 자기도 모르는 사이에 멸망에 빠지고 있는데도 대부분의 강단에서는 이와 관련한 위험성을 발견하도록 제대로 말씀이 전해지지 않고 있고, 그리하여 자기 자신이 효과적으로 죽지도 않고 그리스도와 진정 연합하지도 않으므로 결국 멸망하는 경우가 허다하다고 확신하기 때문이었다. 나는 또한 내가 보기에 참된 신앙의 본질인 것에 대해 많이 이야기하면서, 하나님을 닮은 정서와 영혼의 기질과 거룩한 언사와 행실을 선명하게 묘사하며 그것들이야말로 하나님을 그 본래의 후원자로 모시는 영광을 누리고 있다고 주장할 만하다는 것을 강조하였다. 목사들과 또한 교인들 모두에게 강론하며 분별하도록 지침을 제시하는 일에 하나님께서 복을 주셨고, 그리하여 나의 시간이 전혀 헛되이 지나간 것은 아니라는 근거 있는 희망을 가질 수 있었다.

1747년

　브레이너드는 보스턴에 있는 동안 여러 사람들의 방문을 받았는데, 그들은 그에게 이례적인 존경을 보였고, 그와의 대화를 지극히 기쁘게 여기고 즐거워하는 듯 보였다. 보스턴의 목사들과 함께 어울리며 그들에게서 환대를 받는 영예를 누리는 것 외에도, 시골의 여러 곳들에서 올라온 몇몇 목사들의 방문을 받기도 했다. 그는 기회가 있을 때마다 참되고 신령하며 생명력 있는 신앙의 특수한 본질과 그 구별되는 특징들에 대해 강론하였고, 갖가지 거짓된 신앙의 모습에 대해 스스로 증언하기도 했다. 그런 거짓 신앙의 모습은 사람이 무언가를 상상하고 그것에서 감동을 받는 데에서나, 성경에 없는 것을 진리로 갑작스럽고도 즉각적으로 제시하는 데에서 비롯되며, 그리스도께서 자기를 위해 죽으셨다고 믿는 개개인의 믿음에서 **주로** 기인한다는 것이었다. 사람들은 그가 말하는 내용을 대부분 이례적인 관심과 존경의 마음으로 들었고, 목사들과 일반 교인들 모두 그와 대화를 나눈 많은 이들은 그와의 대화를 통해서 큰 영향을 받은 것이 분명해 보였다.

　뉴잉글랜드와 인근 지역 복음 전파를 위한 런던 선교회의 보스턴 위원들은 이교도들에게 파송할 두 선교사의 후원을 위해 런던의 고 다니엘 윌리엄스 목사(late Rev. Dr. Daniel Williams)의 유산을 받은 바 있는데, 브레이너드가 보스턴에 머무는 동안 식스 네이션스(Six Nations)라 불리는 인디언들의 선교에 대해 그에게 자문을 구하였고, 특히 그 인디언들을 위한 선교사에게 요구되는 자질들에 대해 문의하였다. 이 문제에 대한 브레이너드의 자세에 대해 그들은 지극히 만족하였고, 그의 신실함과 그 문제에 대한 그의 판단과 분별력을 크게 신뢰하였고, 그리하여 이 일에 적임자 두 사람을 찾아 천거해 줄 것을 그에게 부탁하였고, 그 문제를 거의 그에게 일임하였다.

　브레이너드가 보스턴에서 이처럼 극심한 상태에서 회복하여 과연 다시 외지로 여행할 수 있을까 하는 것은 그에게나 그의 친구들에게나 예측이 불가능한 일이었다. 나의 딸이 그와 함께 지내고 있었는데, 지난 6월 23일자 편지에서 그의 상태에 대해 이렇게 쓰고 있다:

"화요일에 그는 격렬한 고열과 뇌와 가슴의 극심한 통증으로 매우 위중했고, 주기적으로 의식이 몽롱한 상태에 빠지기도 했습니다. 그런 상태로 계속 있다가 토요일 저녁에는 죽음의 고뇌 속에 있는 것 같기도 했습니다. 가족들이 새벽 한두 시 경까지 매 시각 그의 임종을 예상하며 그의 곁에 있었습니다. 주일에는 다소 기력이 회복되었고 머리도 더 맑아졌으나 가슴의 통증이 극심했고 숨을 쉬기를 매우 힘들어 했습니다. 어제는 상태가 더 나아졌습니다. 어젯밤에는 조금밖에는 잠을 자지 못했습니다. 그런데 오늘 아침에는 상태가 훨씬 더 악화되었습니다. 핀천 박사(Dr. Pynchon)는 그가 살 가망이 도무지 없고 방에서 일어나 나올 가망도 거의 없어 보인다고 말하고 있습니다. 그러나 그는 자신이 노샘프턴으로 갈 수 있을지도 모르겠다고 말합니다."

6월 29일자 편지에서는 내 딸이 이렇게 쓰고 있다:

"지난 번 편지를 쓴 이후 브레이너드 씨는 예전처럼 그렇게 고통도, 고열도 심하지 않았습니다. 하지만 여전히 매우 허약하고 기력이 없어서 날마다 그의 마지막 날이 아닐까 예상하고 있습니다. 그는 자신이 숨을 쉴 만한 기력도 없으니 살기가 불가능할 것이라고 말합니다. 오늘 아침 저는 시내로 들어갔는데, 집에 돌아오니 브롬필드 선생(Mr. Bromfield)이 말하기를, 그가 두 시간을 사경을 헤매고 있어서 내가 다시는 그를 보지 못할 것 같았다고 하더군요. 그가 살아 있는지 죽었는지를 거의 분간할 수 없을 지경이었고, 그는 한동안 말을 하지 못했다고 했습니다. 하지만 지금은 예전처럼 많이 회복된 상태입니다. 하지만 의사는 이제 곧 다시 그런 상태에 빠질 것이라고 보고 있습니다. 브레이너드 씨는 말하기를, 오늘처럼 자신이 와해되는 느낌을 심하게 느껴본 적이 없다고 하고, 또한 피조물에게 살아 있는 것이 가능하다는 생각을 한 번도 가져본 적이 없다고도 하지만 그는 하루하루 너무도 허약합니다. 핀천 박사는, 그가 회복되어 반년 정도 더 살 수도 있고 반대로

1747년

반나절 만에 죽을 수도 있으니, 어느 쪽이 되더라도 놀랄 일은 아니라고 말합니다. 제가 편지를 쓰기 시작한 이후 그는 다시 졸도하는 등, 상태가 매우 좋지 않습니다. 하지만 인내하고 있고, 체념한 상태여서 괴로운 두려움이 없고 오히려 그 반대입니다."

그는 그 당시 보스턴에서 그를 만난 나의 한 이웃에게 말하기를, 자신은 마치 심장이 뚫린 것과 같아 분명 죽은 사람과 다를 바 없다고 하였다. 그러나 하나님의 섭리로 인하여, 그의 천성적인 기력이 유지되고 다시 회복되어, 그의 사정을 아는 모든 이들을 깜짝 놀라게 했다.

회복하기 시작한 후 예일 대학의 학생인 그의 막내 동생 이스라엘(Israel)이 그를 방문하였다. 그는 그의 병이 위중하다는 소식을 듣고, 그를 보기 위해 학교에서 보스턴까지 왔다. 그를 만날 가망이 거의 없었으나 혹시 그가 생존해 있을지도 모른다는 생각에서 달려온 것이었다. 브레이너드는 그의 동생을 만나고 크게 기뻐하였다. 특히 죽기 전에 동생과 신앙적인 대화를 나눌 기회를 갖기를 간절히 바라던 터였으므로 더욱 그러했다. 그러나 이 만남은 슬픔을 가져다주었다. 그의 동생이 그의 누이 스펜서(Spencer)가 헤덤에서 사망했다는 소식을 갖고 왔기 때문이었다. 그 누이는 특히 브레이너드와 오랫동안 각별한 애정이 있었고, 영적인 일들에서 매우 친밀하였으며, 그가 고향 헤덤에 갈 때면 그 누이의 집을 자기 거처로 쓰곤 했었다. 그러나 그는 누이가 천국에 갔을 것으로 확신했고, 거기서 곧 그녀를 만나게 될 것을 기대하였다. 그의 동생 이스라엘은 그가 보스턴을 떠날 때까지 그와 계속 함께 있다가 그와 함께 그 곳을 떠나 노샘프턴까지 동행하였다. 브레이너드는 보스턴에서 보낸 마지막 주일에 대하여 일기에 다음과 같이 기록하고 있다:

7월 19일 주일. 하나님의 집에까지 이륜마차에 실려가서 공 예배에 간신히 참석할 수 있었다. 오전에는 시월 박사(Dr. Sewall)의 설교를 들었고 성찬에도 참여하였다. 이 성례에서 나는 놀라운 하나님의 지혜가 드러나는 것을 보았다. 천사들과 영광을 입은 성도들이 입을 열어 경하해야 마땅할 그런 지혜 말이다. 완전의 세계에 이르기까지는 사람의 구원을 이루는 데에서 드러나는 무한한 하나님의 지혜를 그저 앙모하는 것뿐 아무것도 하지 말아야 할 것 같았다. 그러나 나는 내 영혼과 내 속에 있는 모든 것들을 불러 하나님의 이름을 송축하지 않을 수 없었다. 오후에는 프린스 목사(Mr. Prince)의 설교를 들었다. 하루 종일 하나님의 그 어떠한 완전하심보다도 사람을 구원하는 계획 속에서 나타나는 하나님의 지혜를 더 많이 보았다.

이튿날 그는 친구들과 애정 어린 작별을 나누고 오후에 날이 선선할 때에 노샘프턴으로 향하는 여정을 출발하였다. 그의 동생과, 또한 보스턴까지 그와 동행한 나의 딸이 여정에 함께 하였다. 그 외에 여러 사람들이 시내 외곽까지 일행을 배웅하고자 했고, 또한 그에 대한 존경과 사랑의 표시로 수 마일을 그와 동행하려 한 사람도 있었으나, 그는 허례허식 같은 것에 대한 반감으로 인하여 그 모든 것들을 사양하였다.

7월 25일. 월요일 오후 4시경에 보스턴을 출발하여 오늘 이 곳 노샘프턴에 도착하였다. 이 여정에서 나는 대개 하루에 16마일 가량을 말로 달렸다. 때로는 중도에 극심하게 피로하고 어지러워 더 이상 나아가기가 불가능한 것 같을 때도 있었다. 그러나 그 외에는 상당히 상태가 좋아 육체와 정신 모두 어느 정도 자유함을 느꼈다.

7월 26일 주일. 영원토록 하나님을 기쁘시게 하고 그를 영화롭게 할 역량이 내게 있지 않는 한 내가 절대로 행복해서는 안 되고, 또한 하나님께서 친히 나를 행복하게 만드실 수 없으리라는 것을 오늘 똑똑히 깨달았다. 이것이 없다면, 비록 사람들이나 천사들이 꿈꾸는 그런 모든 멋진 천국에 내가 들어간다 할지라도 나는 영원토록 비참해질 것이다.

1747년

　이렇게 먼 여행을 감당할 정도로 그의 건강이 많이 회복되었지만, 그 자신은 회복되기를 전혀 기대하지 않았다. 그는 의사의 소견대로 그가 보스턴에서 죽음 직전까지 갔던 것은 그의 폐에 궤양에 생겼기 때문이라고 여겼다. 그는 내게 말하기를, 전에도 그처럼 아팠던 적이 여러 번 있었으나, 그 정도가 그렇게 심화된 것은 바로 궤양이 생겼기 때문이며, 갈수록 그 상태가 더욱 나빠지고 있고, 지난 번 앓아누웠을 때에 가장 악화된 상태까지 내려갔으나 살아남은 것이요, 따라서 이 궤양들로 인한 증상이 다시 도지면 그 때에는 조금도 살아날 가망이 없을 것이라고 하였다. 죽음을 코앞에 바라보는 상황에서도 그는 여전히 완전히 고요한 모습이었다.
　그가 노샘프턴으로 온 그 다음 주 수요일 아침, 그의 동생 이스라엘은 우리를 떠나 뉴헤이븐으로 돌아갔다. 그는 이 세상에서는 다시 동생을 보지 못할 것을 예상하고 그를 떠나보냈다.
　브레이너드가 이리로 왔을 때에 그는 날마다 2,3 마일 정도 말을 탈 수 있고 때로는 가족과 함께 기도를 할 수 있을 정도로 기력이 있었다. 그러나 이 때부터 그는 점차 쇠약해졌고 날이 갈수록 더욱 약해졌다. 그는 살아 있는 동안 성경에서 그렇게 자주 예언하고 약속한 바 있는 시온의 미래의 번영에 내해 많이 이야기했다. 그것은 그가 다루기를 즐겨하던 주제였다. 그 주제에 대한 진지한 관심과, 또한 신앙이 속히 풍성하게 부활하고 번성하기를 바라는 간절한 바람이 그의 사고를 이끌어가는 것 같았다. 그렇다. 죽음이 더 가까이 올수록, 그리고 죽음이 다가오고 있는 증상들이 더욱 심화될수록, 그의 생각은 더욱더 강렬하게 이 주제에 사로잡히는 것 같았다. 그의 마지막이 가까워 올 무렵 그는 내게 말하기를, "보스턴에서 그의 상태가 그렇게 나빠진 이후만큼 그리스도의 나라가 이 땅에서 번성하는 일에 이처럼 마음이 끌려 그것을 위해 이와 같이 간절하고도 진지한 기도들을 드린 적이 평생 없었다"라고 하였다. 목사들과 교인들에게 세상에서 신앙이 번창하기를 위해 기도하고자 하는 마음 자세가 없고, 가족 기도나 다른 곳에서 하는 기도에서도 그 문제를 거론하는 부분이 그렇게도 적어 보이는 것을 매우 의아하게 여기는 것 같았다. 특히 그는 최근 스코틀랜드의 여러 목사들이 아메리카로 보낸 서한에서 그리스도의 목사들과 교인들 가운데 그리스도의 나라가 임하기를 위해 연합하여 특별히 기도할 것을 촉구하는 제안에 대해 그것에 부응하여 실천하는 것이 하나도 없어 보이는 현실에 대해 여러 번 자신의 의아스러움을 표현하였고, 또한 그 자신의 회중들에게도 그 제안을 받아들여 그대로 실천하라는 것을 그의 마지막 권면으로 삼아 보냈다.

  그가 끊임없이 극도로 허약한 중에 있었으나, 그는 유익한 대화를 나누거나 멀리 있는 친구들에게 편지를 쓰거나 혹은 그의 일기에 무언가를 기록해 두거나, 혹은 전에 쓴 글들을 검토하며 수정하고 자신이 죽은 후 다른 이들의 손에 남겨두도록 준비하거나, 혹은 그의 사람들을 장차 돌보는 일에 관하여 무언가 지침을 주거나 혹은 은밀한 경건의 시간을 갖는 등, 시간을 잘 아껴 사용하고 무언가 유익을 주며 또한 하나님의 영광과 사람의 선을 위하는 일로 시간을 채우기 위해 계속해서 극도의 주의를 기울인 것으로 보인다. 그는 아무리 아파도 하나님을 위해서나 그를 섬기기 위해 무언가를 하고 있지 않으면 절대로 마음이 편치 않은 것 같았다. 이 곳으로 온 이후, 그는 앞에서 언급한 원고에 포함된 셰퍼드 목사(Mr. Shepherd)의 「일기」의 서문을 썼으며, 그 이후 그것이 출간되었다.

  8월 9일 주일의 일기에서 그는 죽음을 간절히 사모하고 바라는 심정을 언급하고 있는데, 이는 완전의 상태의 고귀함을 지각한 데서 비롯된 것이었다. 8월 16일 주일의 일기에서는 하나님의 집에서 그의 영혼이 어찌나 새로운 힘을 얻었던지 그의 육체도 새 힘을 얻은 것 같았다고 말하고 있다. 그 일기에서 이것만을 언급한 것은 아닌데, 이것이 다른 이들의 주목을 끌었다. 내적인 위로와 더불어 그의 정신이 유쾌함을 얻은 것은 물론 그의 기력과 육체적인 힘도 놀랍게 회복되어 마치 그의 허약한 상태를 잊어버린 것 같아 보였던 것이다. 그러나 이 날이 그가 주일의 공 예배에 참석한 마지막 날이 되었다.

  그 주 화요일 오전, 내가 여행을 떠나 없을 때에 그가 내 가족과 함께 기도

했는데, 별로 힘들지 않았고 육체의 기력이 모자라지도 않았다. 그는 지금까지 그런 상태였고, 자주 말을 타고 2, 3마일을 달리기도 했다. 그러나 이번 주 목요일 말을 탄 것이 마지막이었고 그 이후는 영영 그렇게 하지 못했다.

8월 23일 주일. 이 날 아침 나는 그리스도의 나라의 확장에 대한 희망과 기대로 상당히 새로운 기분이었다. 저 큰 바벨론이 무너지고 다시는 일어나지 못할 그 때가 눈앞에 가까웠다는 소망을 갖지 않을 수가 없었다. 그리하여 나는 어느 정도 영적인 묵상을 하게 되었고 이것이 새 힘을 얻게 해 주었다. 오전이나 오후나 공 예배에 참석하지 못했다. 그러나 하나님께서는 신적인 생각들에 전념하게 하시고 거기서 만족을 얻게 하셨다. 하나님께로 나아갈 때만큼, 그가 내 영혼에게 진정 큰 기쁨 되실 때에 그에게로 나아가는 것만큼 내 영혼에 새 힘이 되는 것이 없었다. 오오, 이 일이 얼마나 말할 수 없는 기쁨이 되는지!

지난 주간 동안 내 육체는 계속되는 오한과 고열로 말로 표현할 수 없이 허약했으나 속에서 새로운 힘이 솟는 때가 여러 번 있었다. 때때로 내 영혼이 하나님을 나의 유일한 분깃으로 여겨 그에게 집중하였고, 만일 그가 다스리시지 않는다면 나는 영원토록 불행할 것 같은 느낌이었다. 내가 그의 신민(臣民)이 되어 그의 처분에 맡겨져 있다는 것이 감미롭고 행복하기 그지없었다. 이것으로 내 모든 어려움들이 속히 사라졌다.

이번 주까지 그는 이층에 있는 방에 머물렀으나, 이제는 너무 몸이 약해져서 계단을 오르내릴 수가 없게 되었다. 8월 28일 금요일에 마지막으로 계단 위로 올라갔고, 그 이후는 아래층 방에 머물렀다.

9월 2일 수요일은 우리의 공적인 강좌가 있는 날인데, 그는 강좌를 들으러 이 곳에 온 이웃의 목사들을 보고서 새로운 기분이 들었는지 그 날 다시 한 번 하나님의 집에 가기를 간절히 바랐고, 그리하여 모임 장소로 말을 타고 가서 예배에 참석하여 핫필드(Hatfield)의 우드브리지 목사(Rev. Mr. Woodbridge)의 설교를 들었다. 그는 이번이 평생 공 예배에 참석하는 마지막 날이 되리라 생각한다고 하였고, 이것이 사실이 되었다. 과연 그 때가 그가 우리 집 문 바깥으로 나간 마지막 날이 되었다.

 그 다음 토요일 저녁 전혀 예기치 않게 그의 동생 존 브레이너드가 뉴저지로부터 그를 찾아왔다. 그의 동생이 그에게는 특히나 각별한 사람이었으므로 이 예상치 않은 방문으로 그는 굉장히 상기되었다. 그는 동생을 만나 그의 사랑하는 그리스도인 인디언들의 근황에 대해 좋은 소식을 접하고서 경건하고도 엄숙한 자세로 즐거워하였다. 그의 방문이 더욱 특별히 반가웠던 것은 그의 동생이 뉴저지로부터 그의 사사로운 글들 몇 편과 그가 과거 여러 해 동안 기록해 온 일기를 가지고 왔기 때문이기도 했다.

9월 6일 주일.
내 동생이 가져다 준 나의 사사로운 글 몇 편을 읽기 시작하였고, 그 내용을 접하고 기분이 매우 새로워졌다.

9월 7일.
전에 써놓은 사사로운 글들을 계속해서 읽었는데, 이를 통하여 내게 전과 똑같은 효과가 있었다. 오래 전에 지나간 일들에 대해서 기쁨으로 하나님을 찬송하지 않을 수 없었다. 그 글들이 아니면 그 일들이 완전히 잊혀지고 말았을 것이다.

 이 날 저녁, 육체는 큰 괴로움 중에 있었으나 내 영혼은 하나님이 영광을 받으시기를 사모하였다. 오오, 내가 영원토록 하나님을 위하여 살 수 있다면 좋으련만! 그 완전한 날이 눈앞에 다가왔다고 믿는다. 오오, 모든 죄로부터 구원을 얻을 그 날 말이다!

9월 13일 주일.
상당히 새로운 기운을 느껴 묵상과 글쓰기를 했고, 내 마음이 하나님을 위해 활동하는 것을 느꼈다. 내 심령이 새로운 힘을 얻었고, 내 영혼이 하나님을 위해 무언가를 행하기를 즐거워하였다.

그 주일 저녁 그의 발이 붓기 시작했고, 그 이후 점점 더 부어올랐다. 그의 죽음의 징후가 나타나고 있는 것이었다. 이튿날 그의 동생 존은 중요하고 필수적인 일 때문에 뉴저지로 돌아가지 않을 수 없어 그를 떠나갔다. 산 자의 땅에서 그의 형을 다시 한 번 보기를 희망하며 가능한 한 속히 다시 돌아올 계획이었다.

브레이너드는 이제 뉴잉글랜드와 인근 지역의 복음 전파를 위한 선교회의 위원들에게서 부탁받은 문제를 골똘히 생각하였고, 이 때쯤 그들에게 편지를 써서 그가 아는 두 젊은 사람, 즉, 이스트 헤덤(East Haddam)의 엘리후 스펜서(Mr. Elihu Spencer)와 노샘프턴의 좁 스트롱(Mr. Job Strong)을 식스 네이션 족 선교의 적임자로 천거하였다. 선교회 위원들은 이 편지를 받고서 그가 천거한 두 사람들을 받아들여 임명하기로 기쁨으로 만장일치로 결의하였다.

9월 16일 수요일, 그는 보스턴의 몇몇 인사들에게 인디언 학교를 대신하여 편지를 써서, 한 사람의 교사나 혹은 교사를 보조하여 인디언 어린이들을 가르칠 사람이 더 필요하다는 것을 알렸다. 이들은 그의 편지를 받고서 모임을 갖고, 이를 위하여 200파운드를 후원하기로 흔쾌히 결의하였고, 그 당시 보스턴에 머물며 그들의 요청에 따라 그 모임에 참석한 뉴욕의 펨버튼 목사(Rev. Mr. Pemberton)로 하여금 조속한 시일 내에 그 일을 담당할 적임자를 찾도록 하였다. 그리고 브레이너드가 통지한 내용에 따라, 식스 네이션스 선교를 격려하는 데에 필요한 특별 기금으로 74파운드를 지불하도록 결의하였다.

브레이너드는 극도로 허약하였으나 이런 편지들을 쓰는 일에 자신을 소진시켰다. 그러나 그 일이 하나님을 위하는 일이요 그리스도의 나라와 그의 영광의 진보를 위한 일이 되기를 희망하면서, 자신이 그런 일을 할 수 있었다는 것이 상당히 만족스러운 것 같았다. 마지막 편지를 쓸 때에는 어쩔 수 없이 대필자를 통해서 쓸 수밖에 없었다.

이 주 목요일(9월 17일) 마지막으로 그는 자신이 머무는 방 바깥으로 나갔는데, 이 날 그의 동생 이스라엘이 다시 그를 방문하였고, 그의 임종 시까지 계속 그의 곁을 지켰다. 그 날 저녁 설사 증상이 나타났는데, 그는 이것을 자신의 죽음이 다가오고 있다는 또 하나의 징후로 여겼다. 그리하여 그는 다음과 같이 토로하였다: "오오, 영광스러운 때가 이제 다가오고 있구나! 하나님을 완전히 섬기게 되기를 늘 사모해왔는데, 이제 하나님이 그 바람을 이루어 주시리라!" 그리고 이따금씩 그의 죽음이 다가오는 몇 가지 단계들과 새로운 징후들이 나타났는데, 그는 심령이 가라앉고 우울해지기는커녕 오히려 활기를 되찾고 더욱더 쾌활해지며 죽음이 다가오는 것을 반가워하는 모습이었다. 그는 자신이 죽을 날에 대해 이야기하며 그 날을 "영광스러운 날"이라 부르는 등, "영광스러운"이라는 말을 자주 사용하였다. 그리고 그의 죽음이 서서히 다가오고 있는 것을 보면서, 그것에 대해 많이 이야기했고, 내세의 상태에 대해 이야기하면서도 완전히 고요한 모습이었다. 그는 또한 자신의 일들을 모두 정리하였다. 자신이 사망한 후 이런 일 저런 일들이 어찌 되었으면 좋겠는지를 매우 구체적으로 소상하게 일러 주었다. 그리고 죽음이 가까이 다가올수록 그는 떠나기를 더욱더 바라는 것 같았다. 죽기를 바라는 자세에도 다른 종류들이 있다는 것을 몇 차례 이야기하면서, 그저 고통에서 벗어나기 위해서 육체를 떠나기를 바라는 것이나 혹은 그저 존귀를 얻고 복을 누리기 위해서 천국에 가기를 바라는 것은 수치스럽고 천박한 자세라고 하였다.

9월 19일. 밤이 가까워 오면서 잠시 걷기를 시도했는데, 이 때, '하나님을 사랑하며 오로지 그를 위해서만 존재한다는 것이 얼마나 무한히 감미로운가!' 라는 생각이 들었다. 그러면서 또한, '너는 천사가 아니고, 활기도 없고 능동적으로 움직이지 못하지 않은가' 라는 생각이 다시 들었다. 이에 대해 나의 영혼은 즉시, '하늘의 그 어떠한 천사 못지않게 나도 하나님을 사랑하고 그를 영화롭게 하기를 진정으로 사모하고 있다' 고 답변했다. 그러자 다시, '하지만 너는 더러우니 천국에 합당치 못하지 않은가' 라는 생각이 들었다. 이 때에 즉시 그리스도의 의(義)의 복된 의복이 나타났고, 나는 기뻐 뛰며 승리를 외치지 않을 수 없었다. 그리고 하나님의 무한한 탁월하심을 바라보았고, 하나님이 영광을 받으시기를 바라는 간절한 갈망이 내 영혼 속에서 북받쳐 올랐다. 천국에서의 위엄을 생각했다. 그러나 곧바로, '내가 천국에 가는 것은 존귀를 얻기 위함이 아니라 모든 가능한 영광과 찬송을 다 드리기 위함이다' 라는 생각이 다시 들었다. 오오, 하나님께서 "땅에서도" 영광을 받으시기를 내가 얼마나 사모하는지 모른다! 오오, 하나님이 영광을 받으신다면 내가 영원토록 있으리라! 육체의 고통은 상관치 않았다. 비록 극심한 고통 중에 있으나 나는 그렇게 편하게 느껴질 수가 없었다. 주께서 원하시면 언제까지라도 육체적인 괴로움 가운데 계속 있으면서 그 상태에서라도 하나님께 영광을 돌리고 싶은 느낌이었다. 무덤이 내게는 정말 감미롭게 여겨졌고, 나의 지친 뼈들을 기꺼이 그 속에 두기를 바라는 마음이었다. 하지만 오오, 그 일로 하나님이 영광을 받으셨으면! 나의 모든 부르짖음은 바로 이것이었다. 오오, 내가 하늘의 천사처럼 능동적이어야 하고, 나의 추한 의복이 벗겨져서 걸림돌이 없어야 한다는 것을 잘 알고 있었다. 하지만 오오, 하나님을 더욱 사랑하고 그를 더욱 찬송하며, 영원토록 그를 즐거워하기를 바란다! 이것이 바로 내 영혼이 갈구하는 것이요, 일기를 쓰는 지금도 그것을 목말라 하고 있다. 오오, 하나님이 온 땅에서 영광을 받으시기를! "주여, 주의 나라가 임하게 하옵소서." 설교의 영이 목사들에게 강림하여 그들이 긴밀함과 능력으로 사람들의 양심을 깨우치게 되기를 진심으로 바랐다. 나는 하나님이 성령을 예비해 두고 계신 것을 보았다. 그것이 "위로부터 부어지기를" 내 영혼이 사모하였다. 나의 사랑하는 회중을 위하여 하나님께 간구하지 않을 수 없었다. 그가 그들을 보존하시고 그 일에서 그의 위대한 이름이 영광을 잃는 일이 없도록 하시기를 구하였다. 나의 영혼은 여전히 하나님이 영광을 받으시기를 사모하고 있다.

그 날 저녁 이러한 그의 범상치 않은 모습은 감추어질 수가 없었다. "그의 입이 그의 마음의 풍성한 것을 토로해 내었다." 그의 일기에 기록된 것과 거의 동일한 내용들이 그의 입을 통해서 매우 감동적으로 표현된 것이다. 그 때에 그가 내뱉은 놀라운 표현들이 매우 많았으나 그 중에 다음과 같은 것들이 있다: "나의 천국은 하나님을 기쁘시게 하며 그를 영화롭게 하며 그에게 모든 것을 드리며 그의 영광을 위해 전적으로 드려지는 것이다. 이것이 내가 사모하는 천국이다. 이것이 나의 신앙이요, 이것이 나의 행복이다. 참된 신앙을 갖게 된 이후 언제나 그랬다. 누구든지 그런 신앙에 속한 자는 천국에서 나를 만날 것이다. 내가 천국에 가는 것은 높이 올라가기 위함이 아니라 하나님께 존귀를 드리기 위함이다. 천국에서 내가 어디에 있게 될 것인가는 아무런 문제가 되지 않는다. 높은 자리에 있든 낮은 자리에 있든 하나님을 사랑하고 그를 기쁘시게 하며 그를 영화롭게 하는 것이 전부다. 만일 내게 천의 영혼이 있고 그것들이 가치가 있다 해도, 나는 그 모두를 하나님께 드리고 싶다. 그러나 모든 일이 이루어질 때에 내게는 드릴 것이 하나도 없다. 이성적인 피조물이라면 하나님을 위해 모든 일을 행하지 않고는 도무지 행복해질 수가 없다. 하나님 자신도 다른 방법으로는 그 피조물을 행복하게 만드실 수가 없다. 나는 천국에 있으면서 거룩한 천사들과 더불어 하나님을 찬송하며 그에게 영광돌리기를 사모한다. 나의 모든 바람은 하나님께 영광을 돌리는 것이다. 나의 묻힐 곳에 마음이 간다. 그 곳은 내게 아주 바람직한 곳인 것 같다. 그러나 오오, 그것도 하나님께 영광을 돌리기 위함이다. 바로 그것이다. 무엇보다도 그것이다. 내게 이 세상에서 하나님을 위해 조금이라도 행하였다는 것이 내게는 큰 위로다. 오오, 지극히 작은 일이지만, 그래도 내가 조금 행하였고, 그를 위해 더 행하지 못한 것이 안타까울 뿐이다. 이 세상에는 선을 행하고 하나님의 일을 마치고 그리스도께서 행하신 일을 행하는 것 외에는 살 만한 가치 있는 것이 하나도 없다. 하나님을 향하여 살고 그를 기쁘시게 하며 그의 온전하신 뜻을 행하는 것 외에는 이 세상에서 만족을 줄 수 있는 것이 하나도 보이지 않는다. 신앙에 대한 관심을 촉진시키고 몇몇 사람들의 영혼을 위하여 무언가를 하는 것이 나의 가장 큰 기쁨과 위로였다.

그리고 병환 중에서 날마다 고통과 괴로움으로 가득 차 있는 지금에도 내가 말이나 글이나 무언가 다른 방식으로 하나님을 위해 조그마한 섬김이라도 드릴 수 있다는 것이 내게 있는 위로의 전부다."

그는 이와 더불어 다른 비슷한 표현들을 섞어서 그의 주위에 있는 사람들에게, 특히 나의 자녀들과 사환들에게 여러 가지 감동적인 교훈을 주었다. 그는 이 때에 나의 어린 자녀들 몇을 하나씩 불러서 그들을 앞에 앉히고 매우 쉬운 방식으로 참된 경건의 본질과 필수적인 요소와 그 중요성과 필요성에 대해 가르쳐 주었고, 참되고도 철저한 마음의 변화와 하나님께 드려지는 삶에 미치지 못하는 것에 만족하고 거기에 머물러서는 절대로 안 된다는 것을 진심으로 경고하였다. 또한 신앙의 큰 일에서 게을러서도 안 되고 조금이라도 뒤로 미루어서도 안 된다는 것을 교훈하였고, 또한 자신의 이 말이 죽어가는 사람의 말이라는 것을 명심하라고 하면서 강하고도 엄중하게 교훈하였다. 그는 이렇게 말했다: "내가 여기서 죽어 여기에 묻힐 것이고, 여기서 너희들은 나의 무덤을 보게 될 것이다. 그러니 내가 너희에게 한 말도 기억해 주었으면 좋겠구나. 나는 영원 속으로 들어가는 중이다. 그러니 영원에 대해 생각하는 것이 내게는 정말 감미롭고, 영원이 끝이 없다는 것이 더욱 감미롭구나. 하지만 오오, 악인의 영원에 대해서는 과연 어떻게 말해야 할까! 이야기할 수도 없고 생각조차 할 수 없구나. 그것이 너무도 끔찍하니 말이다. 내 무덤을 볼 때에, 내가 살아서 너희에게 한 말을 기억하거라. 그리고 저 무덤에 누워 있는 사람이 어떻게 교훈했고 또한 너희더러 죽음을 어떻게 준비하라고 경고했는지를 생각하거라."

그의 내적인 활기와 정신의 새로운 기분으로 인하여 그의 육체도 놀랍게 강건해지는 것 같았다. 그리하여 전에는 너무 허약해서 한 문장도 제대로 말을 잇지 못했는데, 지금은 한 시간 이상 거의 쉬지도 않고 계속해서 지극히 감동적이고 유익한 말을 우리에게 계속하였고, 말을 마친 후에는, "이것이 내 생애 마지막으로 행한 설교였군요"라고 하였다. 이처럼 놀라운 정신의 상태는 이튿날까지 계속되었고, 이에 대해 그는 일기에서 다음과 같이 말하고

있다:

9월 20일 주일. 여전히 감미롭고 편안한 상태에 있었고, 하나님이 영광을 받으시기를 바라는 바람과 그를 사랑하고 그를 위하여 살고자 하는 갈망으로 다시 마음이 뜨거웠다. 하나님의 성령의 영향력이 목사들에게 특별히 임하시기를 간절히 바랐다. 그리고 오오, 하나님과 함께 있어 그의 영광을 바라보며 그의 임재 가운데서 엎드리기를 사모하였다.

이 날과 그 전날 저녁 그의 일기에서 주목한 내용에서 드러나지만, 이 때에 그는 목회 사역의 중요성과 하나님의 은혜와 또한 그 사역에서의 하나님의 특별하신 영적 도우심의 필요성을 느끼고 거기에 생각이 많이 가 있었다. 또한 그의 대화 가운데서도, 특히 당시 뉴헤이븐의 예일 대학의 학생으로 목회 사역을 위하여 공부 중이던 그의 동생 이스라엘[2]과의 대화 가운데서도 그것이 드러났다. 그는 이처럼 죽어가는 상태에서 이따금씩 그의 동생에게 자기를 부인하며 세상을 멀리하고 하나님께 헌신하는 삶을 살 것과, 또한 하나님의 성령의 은혜와 또한 마음에 임하는 하나님의 은혜의 역사하심을 얻기를 진지하게 힘쓸 것을 권고하였다. 목사들에게 그것이 얼마나 필수적이며 또한 말할 수 없는 유익을 주는지를 자신의 경험에서 우러나오는 말로 표현한 것이다. 다른 많은 표현들이 있지만 그 중에서도 그는 이렇게 말하기도 했다: "목사들이 이런 특별한 은혜의 역사를 마음에 느낄 때에는 그로 인하여 사람들의 양심에 호소하는 데에서 놀라운 도움을 얻게 되고, 그 은혜의 역사가 마치 손으로 그들을 다루는 것 같은 것을 경험하게 된다. 반면에 그런 역

---

2) 이 동생은 총명하고 진지하고 탐구성이 있고 경건해 보였고, 장차 그의 때가 오면 큰 복이 될 것이라는 희망을 가질 만한 여러 가지 특질들이 보이는 그런 사람이었다. 그러나 하나님께서는 그의 형의 사망 후 얼마 되지 않아서 그 역시도 데려가셨다. 그는 이듬해 겨울 신경성 고열로 보름 가량 고통을 겪은 후 1748년 1월 6일 뉴헤이븐에서 사망하였다.

사가 없으면, 우리가 그 어떠한 논리와 언변을 사용할지라도 손이 아니라 나무뿌리를 사용하는 것과 다를 바 없다."

9월 21일. 나의 사사로운 글들의 한 작은 묶음을 교정하기 시작하였다. 하나님께서 이 일에서 나를 놀랍게 도우셨다고 믿는다. 나의 기력이 놀랍게도 길게 연장되었고, 나의 생각이 재빨리 활기 있게 움직였고, 나의 영혼이 새로운 힘을 얻었으니, 이것이 하나님을 위한 일이 되기를 소망해 본다. 오오, 하나님을 위하여 수고한다는 것이 얼마나 좋으며 얼마나 달콤한 일인지 모르겠다!

9월 22일. 다시 읽고 교정하는 일에 매달렸는데, 어제와 동일하게 성공하였다. 극도로 허약했으나 그렇게 시간을 보내는 것이 내 영혼에게 새로운 힘이 되는 것 같았다.

9월 23일. 앞에서 언급한 그 작은 글을 교정하는 일을 마쳤는데 이례적으로 평안을 느꼈다. 마치 이 세상에서 나의 모든 일을 다 했고 더 나은 세상으로 부름 받을 준비를 마친 것 같았다. 하나님을 위해 할 일이 있는 한, 인생은 살 만한 값어치가 있다. 그러나 그보다 더 낮은 목적을 위해 산다면, 이 얼마나 헛되고 무가치하겠는가! 오늘은 뉴저지의 바이램 목사(Rev. Mr. Byram)에게 아주 중요한 편지를 썼다. 하나님께서 그의 교회의 유익을 위해 쓴 이 편지를 복 주사 소기의 목적을 이루게 하시기를 바라는 마음 간절하다!³⁾ 하나님께서 "레위 자손을 깨끗하게 하사" 그의 영광이 높이 드러나게 하시기를 바란다! 이 날 밤에는 끔찍한 고통이 찾아와, 내 생명이 한 시간에 끝날지 혹은 일분 내에 끝날지 가늠할 수가 없을 지경이었다. 그러나 이번

---

3) 이 편지는 목사의 자질에 관한 문제와 또한 목회 사역을 위한 후보생들을 시험하고 인허하는 문제에 관한 것이었다.

주 동안 밤낮으로 하나님의 일들을 생각하며 상당한 감미로움을 누렸으니 하나님을 찬양하리로다.

9월 24일. 나의 기력이 극심하게 저하되기 시작하였고, 이제는 내 할 일을 다 마친 것으로 보였다. 그러나 내 편지를 접고 서명할 정도의 힘은 있었다. 오후 두 시쯤 자리에 누웠으나 허약하고 무척 망가져 있었고 또한 밤이 되기까지 불에 타는 것 같은 고열이 괴롭혀 별로 쉬지를 못했다. 의복을 입은 채로 누워 있다가 저녁에 일어났다. 그러나 비정상적인 딸꾹질이 생겨 나를 질식시키고 욱죄어 토하게 만들고 그 외에 다른 통증들이 생겨서 큰 괴로움 가운데 있었다. 오오, 이 저녁의 괴로움이여! 나 자신은 물론 내 주위의 사람들도 밤이 지나기까지 내가 살아 있을 것을 기대하지 못했다. 그리하여 나는 마지막 순간을 사모하였다! 6시 경 자리에 누웠고, 하나님의 자비로 잠시 휴식을 취하였다. 그러나 딸꾹질로 인하여 극심한 괴로움이 주기적으로 찾아왔다. 내 영혼이 하나님을 향하여 토로하였다: "내가 어느 때에 나의 큰 기쁨의 하나님께 이르리이까?" 오오, 그의 복되신 모습을 닮으면 얼마나 좋으랴!

9월 25일. 나는 말할 수 없이 쇠약해 있었고, 하루 종일 말 없이 그냥 있는 것보다 나을 게 없었다. 그러나 조금 글을 쓸 수 있었고, 하루 중 일부는 편안하였다. 오오, 이전의 일들을 생각하며, 하나님께 영광을 돌리고자 하는 간절한 바람과 그를 위하여 사는 즐거움을 생각하니 영혼에 새로운 기운이 돌았다! 오오, 복되신 하나님, 내게 속히 주께로 나아가나이다. 오오, 주님, 주의 뜻일진대 그 날이 속히 오게 하소서. 주 예수여, 오소서, 속히 오소서. 아멘.[4]

9월 26일. 이 날 오전에는 신적인 일들의 감미로움을 느꼈고, 하나님을 위해 무언가를 하고 있다는 것을 의식하고서 위로를 얻었다.

1747년

9월 27일 주일. 이 날은 내 영혼에게 매우 편안한 날이었다. 하나님과 함께 깨어 있었다는 생각이 든다. 이 날 아침 일찍 하나님을 향하여 내 영혼을 높이 들 수 있었다. 내 몸은 기력이 거의 없었으나, 나 자신과 다른 이들을 위하여 내 마음을 하나님께로 자유로이 높이 들어올렸다. 그 후에는 저 보지 못한 세계 속으로 속히 들어갈 생각으로 기뻤다.

그는 이 날 아침 이례적으로 식욕을 느꼈고, 이로써 그의 마음이 뛸듯이 기뻐하는 것 같았다. 이런 현상을 죽음이 매우 임박했다는 하나의 증표로 바라보았던 것이다. 이 때에 그는 또 이렇게 말했다: "나는 주일에 출생하였고, 또한 주일에 거듭났다고 생각할 수 있으니, 죽는 것도 주일이기를 바랍니다. 하나님의 뜻에 따라 그렇게 된다면, 저는 이를 은혜로 여길 것입니다. 그 때가 정말 기다려집니다. 오오, 이 병거가 오는 것이 왜 이리도 더딥니까? 그의 병거의 바퀴들이 어째서 지체하는지 모르겠습니다. 저는 모든 분들과 작별하기를 정말로 바랍니다. 내 사랑하는 동생 존과도 작별하여 다시는 보지 못하고 영원토록 주님과 함께 있게 되기를 정말로 바랍니다.[5] 오오, 그 곳에 가게 되면 하나님의 사랑하시는 지상의 교회가 얼마나 내 마음에 있게 될까요!"

그 후 그 같은 날 아침, 그는 어떠냐는 질문에 이렇게 대답하였다: "나는 거의 영원 속에 있습니다. 거기에 있기를 사모합니다. 나의 일을 마쳤고, 나의 모든 친구들과도 일을 마쳤으니, 온 세상이 내게는 아무것도 아닙니다.

---

4) 이것이 그 자신이 손수 쓴 마지막 일기였다. 일기는 중간 중간 연결이 끊어진 방식으로 좀 더 계속된다. 이처럼 쇠약하여 죽어가는 상태에서도 그는 입으로 불러 주었고, 그의 동생 이스라엘이 이를 받아 적었다.

5) 전에 그는 하나님의 뜻이라면 동생 존이 뉴저지로부터 돌아오기까지 자신이 살아 있게 되기를 바라는 마음을 표현했었다. 존은 형을 두고 떠나면서 가능하다면 보름 내로 돌아와 형을 산 자의 땅에서 다시 한 번 만나게 되기를 바랐는데, 그 보름이 이제 거의 다 되어가고 있었던 것이다.

천국에 있으면서 거룩한 천사들과 하나님을 찬송하며 그에게 영광 돌리기를 사모할 뿐입니다. 나의 모든 바람은 하나님께 영광을 돌리는 것입니다."

　그의 생애의 이 마지막 두 주간 내내 그는 계속해서, 자신의 일을 다 마쳤고 이 땅의 모든 일을 다 끝냈다는 심정이었던 것 같다. 이제 그에게는 죽는 일과 또한 그의 영혼이 완전한 거룩의 상태에로 들어가 거기서 하나님을 온전히 영화롭게 하고 그를 즐거워하게 될 그 행복한 순간에 대한 진정한 바람과 기대 가운데 있는 것밖에는 할 일이 없었다. 그는, 죽음의 날과 심판의 날을 생각하는 것이 오랫동안 그에게 특별히 달콤했다고 말하였다. 때때로 그는 만일 하나님의 뜻이라면 그 낮에, 그 밤에, 그 순간에 즉시 육체와 세상을 떠나기를 바라는 간절한 마음을 표현하였다. 그는 또한 비록 자신은 곧 이 땅을 떠나게 되어 그 보고 싶은 순간을 바라보지도 못하고 그 일을 이루는 데에 쓰임받지도 못하지만, 이 땅에 그리스도의 교회가 번성하고 그리스도의 나라가 이 땅에서 전진하기를 바라는 간절한 소원을 피력하기도 했다. 어느 날 아침 그의 방에 갔더니, 그는 내게 이렇게 말하였다: "제 생각은 온통 저 오랫동안 익숙한 주제, 곧 지상의 하나님의 교회의 번영에 사로잡혀 있었습니다. 잠에서 깨어나면서, 하나님께서 성령을 부어주사 그리스도의 나라가 전진하게 해 달라고 부르짖게 되었습니다. 구속자 되신 그리스도께서 그 나라를 위해 그렇게 많은 고난을 당하시지 않았습니까! 바로 이 때문에 그것을 그렇게 사모하게 되는군요." 그는 그리스도의 나라의 영광스러운 전진이 눈앞에 가까이 와 있다는 소망을 많이 표현하였다.

　한 번은 그가 이렇게 말하기도 했다: "전에는 하나님의 성령이 부어지셔서 교회에 영광스러운 때가 오기를 간절히 바랐고 그 때가 오고 있다는 소망을 갖고 있어서, 하나님의 뜻이 계시다면 그 때에 신앙을 증진시키는 일을 위해 살기를 바랐었으나, 이제는 그 일이 지금 이루어지는 것처럼 되기를 바랍니다. 일만 번 세상을 산다 해도 나 자신을 위해 선택할 권리를 내가 쥐고 싶지는 않습니다." 그는 임종 시에 자신이 천국에서 지상의 교회의 번영을 보게 될 것이며, 거기서 그리스도와 함께 즐거워할 것이라는 충만한 확신을 피력하였고, 그 일에 대한 생각으로 그의 마음이 크게 기쁘고 만족스러운 것 같았다.

그는 또한 복음을 전하는 목사들의 사역의 큰 중요성에 대해서도 많은 생각을 했고, 그들이 하나님의 성령으로 충만해지기를 바라는 그의 마음을 표현하기도 했다. 그는 죽기 전에 자신과 안면이 있고 또한 신실하게 교제하고 있는 이웃의 목사들 몇 명을 만나 그 문제에 대해 자유롭게 대화를 나누기를 바라는 간절한 마음을 토로하기도 했다. 그런데 그의 바람대로 그들 중 몇 명과 대화를 나눌 기회를 가질 수 있었다.

그의 죽음이 임박해 오는 이 때에 그의 마음에 크게 자리잡고 있던 또 한 가지 문제는 그 자신이 뉴저지에 세운 그리스도인 인디언들의 교회의 영적인 번영이었다. 그들에 대해 말할 때면, 특별히 애틋한 감정이 일어나 눈물을 흘리는 등, 말이 자주 막히곤 했다.

그는 또한 자신의 죽음과 관련된 상황에 대해서 하나님께서 섭리로 처리하신 것에 대해 큰 만족을 표현하였다. 특히 죽기 전에 그에게 보스턴에 있을 기회를 주셔서 목사들과 교인 등 많은 이들에게 하나님을 위해 증언하며 거짓 신앙과, 거짓 신앙에 이르게 하고 또한 그것을 부추기는 많은 오류들에 대해 경계하게 하신 일에 대해 크게 만족하였다. 또한 경건하고 자비로운 인사들 앞에 인디언들의 상태와 그들에게 필요한 일들을 제시할 기회를 가져서 좋은 결과가 나오게 된 것에 대해서, 또한 그 때 이후 하나님께서 그에게 힘 주셔서 계속해서 이 문제에 대해 그들에게 편지를 쓸 수 있게 하신 것에 대해서, 또한 그 외에도 중요한 편지들을 써서 자신이 죽은 이후에 인디언들의 신앙 상태에 선한 영향을 미칠 수 있다는 소망을 갖게 된 것에 대해 매우 기뻐하였다. 그는 이 일들에서 하나님께서 자비를 베푸신 것에 대해 크나큰 감사를 표현하였다. 그는 또한 자신이 이 곳에서 죽게 된다는 것도 자신의 죽음과 관련하여 하나님이 베푸시는 자비로운 상황으로 여긴다는 것을 언급하기도 했다. 이 일들에 대해 말하면서, 그는 하나님께서 그의 바람대로 모든 것을 다 허락하셨으니 이제 자신은 기쁨으로 세상을 하직할 수 있다고 하였다.

9월 28일. 오늘도 나의 사사로운 글들을 읽고 몇 가지 수정을 할 수 있었으나, 전처럼 글을 쓸 수는 없었다. 나의 몸 상태가 모든 면에서 눈에 띄게 쇠하여 가고 있는 것 같다. 정오 조금 전부터 한두 시 경까지밖에는 무슨 일을 할 수 없었으나, 공적인 일이든 사적인 일이든 하나님을 위해서 무엇이라도 할 수 있다는 것이 내 마음에 새로운 힘이 되었다.

이 날 저녁 그는 죽어가고 있는 것 같았다. 그 자신도 그 주위의 사람들도 그렇게 생각했다. 죽음이 가까이 다가오는 것을 그는 반기는 것 같았다. 그는 거의 말이 없었으나 입술이 움직이는 것 같았고, 그의 바로 옆에 앉은 사람이 들으니 그는 "오소서, 주 예수여, 속히 오소서. 오오, 그의 병거가 왜 이렇게 더디 오는가?"라는 등의 말을 하고 있었다. 다시 기력이 회복된 후 그는 떠나가기를 지나치게 사모했던 자신을 책하였다. 이 때에 자신의 마음 자세를 표현하는 중에, 그는 그리스도께 속한 자들을 향하여 전에 느낀 것보다 훨씬 더 말로 표현할 수 없는 감미로운 사랑을 느꼈고, 그리하여 그의 표현대로 "그들 중 한 사람과 가까이 있는 것이 마치 천국의 작은 한 조각과도 같이" 여겨진다고 하였다. 그리고 그 때에 그의 요청에 따라 행한 기도를 들었느냐고 묻자, 그는 이렇게 대답하였다: "예, 들었습니다. 한 마디 한 마디를 다 들었고, 그 기도의 내용 하나 하나를 이례적으로 통감했고, 한 마디 한 마디가 마음에 와 닿았습니다."

9월 29일 목요일 저녁, 그는 침상에 누워 있었는데 범상치 않은 모습이었다. 그는 시온의 번성에 관하여 감미로운 묵상에 온통 빠져 있었다. 그 때에 그가 아는 두 젊은 목사 후보생들이 이 곳에 함께 있었고, 그는 우리 모두에게 시온의 번성에 관한 시편을 다 함께 찬양하기를 원했다. 그리하여 그의 요청대로 우리는 시편 102편의 일부를 함께 찬양하였다. 이 찬양으로 그는 새로운 힘을 얻는 것 같았다. 그리하여 그 전에는 거의 말을 하지 못했는데 이제는 비교적 자유로운 언사로 앞에서 언급한 그 두 젊은이에게 그들이 계획하는 목회 사역의 그 중대한 일을 위해 준비하는 과정과 그 일을 수행하는 것에 관하여 자신의 임종 시의 권면을 계속하였다. 구체적으로 그는 자주 은밀한 금식과 기도를 행할 것을 강력히 추천하였고, 그것이 주는 큰 위로와 유익에 대해 자신의 경험을 빗대어 강력히 권면하면서, "내가 죽어가는 처지가 아니었다면, 내 이야기는 하지 않았을 것"이라고 하였다.

권면을 마친 후 그는 우리 모두가 듣는 데서 기도를 계속하였다. 이 가족과 그의 형제들을 위해서, 그리고 그 목사 후보생들을 위해서와 그 자신의 회중을 위해서 뿐 아니라, 세상에서 참된 신앙이 부흥하며 번성하게 해 달라고 간절히 기도하였다. 지금까지 그는 날마다 조금씩 일어나 앉았었다. 그러나 이 날 이후는 한 번도 자리에서 일어나지 못했다.

9월 30일. 몸이 쇠약하여 하루 종일 침상에 누워 있을 수밖에 없었다. 그러나 내 동생의 도움으로 나의 회심에 관하여 기록한 나의 원고 열두어 페이지를 읽고 수정하며 시간을 약간 선용할 수 있었다.

10월 1일. 다시 글을 써보려고 시도하였으나, 내 몸과 정신의 기려이 완전히 쇠하여 있음을 깨달았다. 무언가 유익을 주는 일을 할 수 있을 때만큼 마음이 상쾌하지 못한 것을 느꼈다. 저녁에는 몸이 완전히 무너져서 몽롱한 상태였다. 그러나 잠시 후에 하나님께서는 얼마간의 잠을 내게 주셨고 내 정신이 편안히 쉴 수 있었다.[6] 오오, 내게 이렇게 크나큰 선을 베푸셨으니 하나님을 찬양할지로다. 지난 6월 18일 브롬필드 목사의 집에서는 내가 그렇게 상태가 나빴는데 말이다. 그 몇 분(分)을 제외하고는 하나님께서 나의 이성을 선명하게 발휘하게 하셨고, 또한 그를 위해 공적인 일과 사적인 일 등,

---

[6] 이 때 이후 그는 사망하기 전 날까지 그의 지성을 자유롭게 발휘하였다. 다만, 때때로 잠에서 깨어난 직후에는 잠깐씩 정신을 놓는 때도 있기는 했다.

많은 일들을 할 수 있게 하셨다. 어쩌면 내가 몸이 좋았을 경우 감당할 수 있었을 것보다 더 많은 일을 하게 하셨을지도 모른다. 게다가 그의 복되신 성령의 편안한 역사하심이 있었고, 그 역사를 통하여 내 영혼이 새로운 힘을 얻었다. 그의 이름이 영원토록 모든 영광을 받으시기를 바라나이다. 아멘.

10월 2일. 이 날 내 영혼이 이따금씩 감미롭게 하나님께 주의를 집중하였다. 그와 함께 있으면서 그의 영광을 바라보기를 갈망하였다. 모든 것을 — 나의 사랑하는 친구들도, 나의 지극히 사랑하는 양 떼들도, 이 자리에 없는 나의 동생도, 그리고 시간과 영원에 대한 나의 모든 염려거리도 다 — 그에게 맡기는 감미로운 마음 자세를 느꼈다. 오오, 그의 나라가 이 세상에 임하여, 모든 사람들이 그 자신의 모습 그대로를 사랑하고 그에게 영광을 돌리게 된다면, 그리하여 저 복되신 구주께서 "자기 영혼의 수고한 것을 보고 만족하게 여"기게 되신다면 얼마나 좋을까! 오오, 오소서, 주 예수여, 어서 오소서! 아멘.

이튿날 저녁, 우리는 그의 동생 존이 뉴저지로부터 오기를 매우 기다렸다. 그가 떠나면서 돌아오겠다고 제시한 때로부터 거의 한 주간이나 더 지나고 있었던 것이다. 우리의 기대가 아직 이루어지지 않고 있었으나, 브레이너드는 전에 보였던 것과 동일한 고요함과 평안한 자세에서 전혀 동요가 없는 것 같았다. 모든 일을 다 하나님께 맡겼고, 이 땅에서 그의 친구들과도 작별했고, 모든 일을 다 행한 터였다.

이튿날 10월 4일 주일 아침, 주로 그를 옆에서 간호해 오던 나의 딸 제루샤(Jerusha)가 방에 들어가자 그는 매우 반가이 그녀를 맞으며, "사랑하는 제루샤야, 나와 헤어질 수 있겠니?"라고 묻고는 이렇게 말을 이었다: "나는 너와 기꺼이 헤어질 수 있단다. 내 모든 친구들과도 기꺼이 헤어질 마음이고, 나의 사랑하는 동생 존을 그 어떤 사람보다 사랑하지만 그와도 헤어질 마음이란다. 존은 물론이고 나의 모든 친구들을 모두 하나님께 맡겼으니,

1747년

하나님과 함께 그들을 떠날 수가 있다. 하지만, 내가 저 세상에서 너를 만나 너와 함께 행복을 누릴 것이라는 생각이 없다면, 너와 헤어지는 것을 도저히 견딜 수 없을 것이다. 하지만 우리는 함께 행복한 영원을 보내게 될거야!"[7] 그 날 저녁 한 여자가 손에 성경책을 들고 방으로 들어오자 그는 이렇게 이야기했다: "오오, 귀한 책이요 정말 사랑스러운 책이로다! 이제 곧 이 책이 펼쳐지는 것을 보리라. 그 속에 들어 있는 신비한 것들과 하나님의 섭리의 신비들이 모두 다 펼쳐질 것이로다!"

10월 6일 화요일, 그는 마치 죽어가는 듯이 한동안을 그냥 누워 있었다. 그 때에 그가 두서없이 혼잣말처럼 다음과 같이 중얼거리는 것이 들렸다: "그가 오실 것이니, 지체하지 않으시리라. 내가 곧 영광 가운데 있으리라. 내가 곧 천사들과 함께 하나님께 영광을 돌리리라." 그러나 그 이후 다시 기력을 회복하였다.

이튿날인 10월 7일 수요일, 그의 동생 존이 뉴저지로부터 도착하였다. 그리스도인 인디언들 가운데 치명적인 질병이 만연해 있었고, 또한 다른 사정들이 있어 예상한 것보다 오래 그들과 함께 머무를 수밖에 없었다고 했다.

---

7) 이 때로부터 약 4개월 후, 거룩하신 주권자이신 하나님께서는 나의 이 사랑하는 딸을 18세의 나이로 닷새 동안 짧게 병을 앓은 후 2월 14일에 죽게 하셨다. 그녀는 브레이너드와 상당히 비슷한 심성을 지닌 아이였다. 그녀는 브레이너드를 예수 그리스도의 위대한 종으로 우러러 보았고, 그리하여 그가 죽기까지 열아홉 주 동안 끊임없이 그를 옆에서 돌보고 간호하였고, 큰 기쁨으로 그를 위해 헌신하였다. 이 때에 그는 제루샤와 신앙의 일에 대해 많은 대화를 나누었고, 죽어가는 상태에서도 그는 그녀의 부모인 우리들에게 그녀의 참된 경건에 대해 자신이 크게 기뻐한다는 것을 자주 표현하였고, 그녀를 천국에서 만나게 될 것을 확신한다고도 했다. 그녀는 유별나게 하나님께 헌신한 마음을 드러내 보였고, 또한 그녀 자신의 임종 시에는 이렇게 말하였다: "여러 해 동안 그 어느 때도 인생의 다른 유익한 것을 위해서라면 일 분이라도 더 살게 되기를 소망한 적이 없었습니다. 오직 선을 행하고 하나님을 향하여 살며 그의 영광이 되는 일을 행하며 살고 싶을 뿐이었습니다."

브레이너드는 그를 다시 만난 일에 크게 고무되었고 생기가 돌았으며, 그가 그렇게 지체된 연유에 대해 완전히 만족하는 것 같았다. 신앙을 위하여 또한 그의 사람들의 영혼들을 위하여 그럴 수밖에 없었으니 말이다.

이튿날인 10월 8일 목요일, 그는 육체의 괴로움과 고뇌로 크나큰 고통 가운데 있었고, 이성적인 활동 면에서는 거의 하루 종일 매우 혼미한 상태였다. 저녁 때가 되자 그가 안정을 찾았고, 다시 이성을 발휘할 수 있었다. 그러나 그의 육체의 고통은 계속되었고 더욱 심해졌다. 그는 내게 자신이 가슴에 느끼는 괴로움은 그 어느 누구라도 이해할 수 없을 것이라고 하였다. 그는 이런 극한 고뇌 중에 조급하여 혹시 하나님의 존귀를 해치지나 않을까 하여 많이 염려하였다. 그 고통이 얼마나 심했던지, 그는 그 고통을 한순간이라도 더 견딜 생각을 하면 도무지 이겨낼 수가 없다고 하였다. 그는 다른 사람들이 자신을 위하여 계속해서 하나님께 마음을 올려드려 주기를 요청하였고, 하나님께서 그를 지탱시키시고 그에게 인내를 주시기를 위해 간구해 달라고 하였다. 그는 자신이 그 날 밤에 죽게 될 것을 기대한다고 하였으나, 좀 더 연장되지 않을까 염려하는 눈치였다. 그러면서도 죽음에 대한 그의 마음의 정서는 언제나 늘 그랬던 것과 여전히 동일한 것으로 보였다. 그리고 육체적인 고뇌에도 불구하고, 시온에 대한 관심은 여전히 그의 마음에 큰 무게로 자리잡고 있었다.

그 날 저녁 그는 이웃의 목사들 중의 한 분인 빌링 목사(Rev. Mr. Billing)와 목회 사역의 큰 중요성에 대하여 긴 대화를 나누었다. 그리고 나서 그 날 밤늦도록 그의 동생 존과 함께 뉴저지의 그의 회중과 인디언들의 신앙 문제에 대하여 매우 적절하고도 유익한 대화를 길게 나누었다. 그 날 밤 늦은 시각부터는 그의 육체적인 괴로움이 그 어느 때보다 더 크게 고조되는 것 같았다. 새벽이 되자 그의 눈이 고정되었고 그는 계속해서 꼼짝하지 않고 누워 있었고, 1747년 10월 9일 금요일 오전 6시경, 그가 그렇게도 자주 열정적으로 사모해 오던 대로, 마침내 그의 사랑하는 주님이 완전한 거룩과 하나님의 결실의 상태로 그의 영혼을 받으셨고, 그는 위의 세상의 그 영광스러운 회중에게 그들의 복락에 합류하기에 특별히 합당한 자로 환영을 받았다.

  그 다음 주 월요일에 그의 장례식이 거행되었는데, 이 엄숙한 일에 합당한 설교가 있은 후 모두들 그를 기억하며 많은 경의를 표했다. 여덟 명의 목사들과 그 외에 수많은 사람들이 그의 장례식에 참석하였다.

제 10 장
브레이너드의 생애에 대한 소견

소견 I

내가 이해한 대로 브레이너드의 생애에서 우리는 참된 신앙의 본질과 그 신앙의 활동의 양태를 볼 수 있다. 그것이 그의 생애에서 높은 수준으로 또한 강력한 힘으로 예증되고 있다. 특히 다음과 같은 점들을 관찰할 가치가 있을 것이다:

1. 브레이너드의 신앙은 구원 얻는 회심의 분명한 역사를 마음에 체험한 체하는 자들과는 달랐다. 그런 자들은 그런 체험에 의존하여 살면서, 냉랭하고 부주의하며 육신적인 마음의 자세 가운데 고착되어 있고, 신앙을 실천하는 데 있어서도 철저하고도 진실한 신앙을 무시한다. 브레이너드의 경우 그의 확신들과 회심이 모든 점에서 극히 선명하였고 매우 놀라웠으나, 그는 일단 위로를 얻고 그리스도 안에서 구원을 얻고 천국에 들어갈 지위를 확보했다는 만족을 얻었으니 자신은 이제 모든 것을 다 이루었다는 식으로 처신하는 것과는 전혀 거리가 멀었다. 오히려 반대로, 그로 하여금 구원을 얻게 한 그 마음의 역사는 그에게 있어서 그의 신앙적 삶의 시작이요, 이제 처음 하나님을 섬기는 신앙의 큰 일을 시작한 것이요 이제 경주를 처음 출발한 것에 지나지 않았다. 그의 생이 끝나기까지는 그 자신의 일이 끝난 것도 아니요 그의 경주가 마쳐진 것도 아니었던 것이다.

그의 회심이 그의 일의 끝도 아니요 신앙적인 부지런함과 노력의 과정의 끝도 아니었듯이, 그의 회심은 또한 그의 마음에서 일하시는 하나님의 성령의 역사의 끝도 아니었다. 오히려 반대로, 그의 회심은 빛이 처음 밝아오는 것으로 그 이후에 더욱더 밝아지는 단계가 뒤이어지는 것이었고, 그의 거룩한 정서와 죄에 대한 안타까움, 또한 하나님을 향한 사랑과 예수 그리스도 안에서 즐거워하는 것, 그리고 거룩을 향한 간절한 사모함 등의 시작이었던 것이다. 새로운 일의 효과가 끝이 나면, 하나님을 향한 갈망이나 신적인 대상에 대해 열정적으로 마음을 기울이는 면에서 그 상황과 느낌이 회심 이전과 거의 똑같아지는 사람들이 허다하다. 이들은 이따금씩 과거를 회상하면서 편안함을 느끼고 그 일을 기억하면서 다소 감동에 젖기도 하므로 안일해져서 자기들이 안전하다고 생각하게 되고, 죽을 때에 천국에 들어가리라는 것을 의심치 않는다. 하지만 브레이너드는 이런 모습과는 전혀 거리가 멀었다. 그의 체험들은 소멸되어 가기는커녕 오히려 더욱더 왕성하게 증가하는 것이 분명했다. 그의 첫 사랑도 기타 거룩한 정서들도 그 시초부터 매우 강력하였다. 그러나 여러 달과 해가 지나면서 그것이 더욱 커지고 더욱 두드러졌던 것이다.

2. 그의 신앙은, 격렬한 감정에 의해서 발동되고 갑작스러운 강력한 인상이나 높은 조명, 그리고 즉각적인 발견 같은 것에 의해서 이끌려가며 동시에 "열심은 있으나 올바른 지식을 따르는 것이 아닌" 그런 경건의 모양을 고도로 발휘하는 많은 이들과는 크게 달랐다. 그의 회심부터 그의 죽음까지 그의 체험의 전 과정을 살펴보면, 이런 유의 것을 하나도 찾을 수가 없을 것이다. 그리스도께서 상처에서 피를 뚝뚝 흘리시면서 십자가에 달려 계시는 광경을 상상으로 보았다든가, 혹은 그에게 미소 지으시는 그의 얼굴을 보았다든가, 혹은 팔을 벌려 그를 안아주시는 것을 체험했다든가 하는 것도 전혀 없고, 생명책이 펼쳐지고 거기에 자신의 이름이 기록되어 있는 광경을 본 사실도 없고, 하나님이나 그리스도께서 그에게 직접 말씀하시는 것을 들은 적도 없고, 성경구절이나 기타 말씀이나 문장들이 그에게 직접 주시는 말씀으로 갑

자기 떠오른 일도 없었고, 새로운 계시도 없었고, 은밀한 사실들을 갑작스럽게 알게 된 일도 전혀 없었던 것이다. 또한 그가 자신의 생애에 대해 남긴 모든 기록을 처음부터 마지막까지 살펴보았으나, 성령의 직접적인 증언이나 직접적인 내적 암시를 통해서 자신의 상태가 분명 좋다는 확신을 얻고서 이로 인하여 기쁨을 얻은 경우가 단 한 번도 없었다. 그가 자신이 선한 상태에 있다는 만족을 얻었고 또한 이에 대한 두려움을 완전히 제거할 수 있었던 것은, 거룩한 정서와 하늘에 속한 기질이 그 자신 속에서 활기 있게 역사하고 있고 또한 두려움을 몰아내는 신적인 사랑이 내적으로 왕성하게 발휘되고 있다는 느낌에 의한 것이었던 것이다.

3. 브레이너드의 신앙은 이기적이지도 않았고 축복을 바라고 하는 것도 아니었다. 하나님을 향한 그의 사랑은, 하나님이 그를 사랑하셨고 호의로 그를 받아주셨으며 또한 그를 위해 큰 일들을 행하여 주셨고 혹은 그에게 큰 일들을 약속하셨다는 그런 이기적인 생각에서 비롯된 것이 아니라, 근본적으로 하나님 자신의 본성의 지고한 탁월하심에 근거하는 것이었다. 그의 기쁨은 자기 자신 안에서가 아니라 하나님 안에서 누리는 기쁨이었다. 그의 일기에서 우리는 그의 생애 전반을 통틀어서 때때로 그의 영혼이 말로 형언할 수 없는 감미로움과 위로로 가득 차 있는 것을 보게 된다. 하나님의 무한하신 영광, 그의 불변하신 복되심, 그의 주권과 우주적인 통치 등에 대한 감동적인 사색과 활기 있는 사고와, 또한 자기 자신을 그에게 포기하여 드리며 그의 앞에서 자신을 낮추며 그를 위하여 자기 자신을 부인하며 그에게 의지하며 그의 영광을 위하여 행하며 부지런히 그를 섬기는 등의 하나님을 향한 감미로운 사랑의 실천과, 또한 그리스도의 나라가 장차 전진할 것에 대한 즐거운 전망이나 소망 등이 그에게 강력하고도 항구적인 위로를 주는 근거들이었던 것이다.

그의 회심에서부터 그의 죽음에 이르기까지 시종일관 분명하고도 풍성하게 드러나는 사실은, 회심 때에 그에게 새로운 흥미와 취향의 큰 대상이 되

없고 그 이후로도 그의 마음에서 계속 유지되었고 증가되어온 요소는 바로 거룩, 하나님께 대한 복종, 하나님을 향하여 사는 것, 그리고 그를 영화롭게 하는 것이었다는 것이다. 이것이 그의 마음을 이끌어갔고, 이것이 그의 영혼의 중심이었고, 이것이 그의 신앙적 정서의 모든 물결이 흘러들어간 바다였고, 이것이 그가 간절하게 목말라 하며 진정으로 추구한 대상이었던 것이다. 그는 이것 이외에는 참된 고귀함이나 행복을 전혀 알지 못했다. 이것이야말로 그가 이 땅에서 지극히 격렬하게 그리고 끊임없이 사모했던 것이었다. 그에게 이것은 천국의 아름다움이요 복락이었다. 이것으로 인하여 그가 저 영광의 세계를 그렇게도 강렬하게 그렇게도 자주 사모하고 바라게 되었으니, 곧 완전히 거룩해지고, 천국의 거룩한 직무를 완전히 시행하는 것이요, 그리하여 "하나님을 영화롭게 하며 영원토록 그를 즐거워하는 것"이었다.

그의 신앙적인 조명과 감정과 위로에는 거의 언제나 자기를 낮추는 복음적인 자세가 함께 있었다. 자신이 철저히 불충분하며 비천하며 추하다는 인식과 더불어 책임 있는 기질과 마음의 자세가 겸비된 그러한 겸손이 그에게 있었던 것이다. 그는 신앙적으로 자신에게 큰 결점들이 있다는 것에서, 자신이 그 자신에게 합당한 그런 영성과 거룩한 마음 자세와 지극히 거리가 멀다는 것에서, 자신의 무지함과 교만과 죽어있음과 불안정함과 메마름에서, 거의 끊임없이 깊고 깊은 영향을 받았다. 그는 회심 이전의 자신의 과거의 죄악성 뿐 아니라 자신의 현재의 악함과 오염에 대한 인식을 통해서도 큰 영향을 받았다. 그는 비단 하나님 앞에서 그와 비교하여 자신의 비천함을 깨달았을 뿐 아니라, 사람들 중에서 그들과 비교하여서도 자신의 비천함을 항상 인식하였다. 그는 다른 성도들을 자기 자신보다 낮게 생각하는 때가 많았다. 그렇다. 자기 자신을 성도 중 가장 비천하고 작은 자로 바라보았고, 인류 중에 가장 악하고 추한 자로 바라보는 때도 아주 많았다. 그리고 영적인 지식에 있어서도 그가 높은 수준에 올라 있었으나, 그럼에도 불구하고 그에게 자주 영향을 미쳐서 그 자신을 낮추게 한 것은 다른 무엇보다도 자기 자신의 무지함에 대한 인식이었다.

 그가 온유하고 고요한 심령을 소유한 것이 얼마나 탁월하게 드러났는지 모른다! 과연 어린양 같고 비둘기 같은 예수 그리스도의 심령을 닮은 모습이었다. 사랑과 온유함과 고요함과 용서와 자비가 얼마나 충만했던가! 그의 사랑은 그저 자기 부류에 대한 애착과 열정에 불과한 것이 아니라, 그 자신을 격렬히 반대하는 대적들을 향한 지극히 지각 있고 열정적인 사랑에서 매우 비근하게 발휘되는 하나의 보편적인 자애(慈愛: benevolence)였던 것이다.

 그의 심령이 얼마나 부드럽고 친절했던가! 그의 경험들과 희망들과 기쁨들은 또한, 결국 그를 어리석게 하고 완악하게 하며 양심의 깨달음과 자책감을 누그러뜨리고 현재와 과거의 죄들에 대한 인식을 약화시키고 또한 미래의 죄악들에 대한 양심의 활동을 무디게 만드는 그런 성향과 얼마나 거리가 멀었던가! 괴롭고 불편한 임무들을 쉽사리 무시하고, 힘든 명령들을 더욱더 디고 편파적으로 행하며, 자기 자신의 결점들과 과오들이 드러나는 것을 경계하며, 육신적인 정욕을 만족시키는 데에 쉽게 휩쓸리는 그런 것과는 또 얼마나 거리가 멀었던가! 또한 반대로, 그의 양심이 얼마나 민감했던가! 그의 마음이 자신을 친 일이 얼마나 흔했던가! 도덕적인 악의 모습에 얼마나 쉽게, 또한 얼마나 크게 자신을 경계했던가! 그 자신의 마음에 대해 그가 얼마나 크게 끊임없이 열심이었던가! 죄를 향한 조심과 경계는 얼마나 철저했던가! 죄가 그의 양심에 가져다 준 상처들은 또 얼마나 깊고 현저했던가!

 하나님을 향한 사랑이 더 많지 않다는 것, 신앙적인 게으름이나 무미건조함이 있다는 것, 마음의 자세에 안정이 없고 이리저리 방황한다는 것 등, 대개의 경우 사소한 것으로 간주되는 그런 악들도 그에게는 거의 견딜 수 없는 짐이 되었다. 그런 것들을 생각하면서 그가 얼마나 압박을 받고 자신을 낮추었으며, 내적인 수치와 혼란으로 가득했었던가! 사랑과 소망이 지옥에 대한 종의 두려움을 몰아내는 것들이지만, 그의 경우에는 사랑과 소망에, 아들이 하나님께 드리는 존경과 경외, 그리고 죄에 대한 혐오와 하나님의 거룩하신 불쾌하심에 대한 두려움이 함께 수반되었을 뿐 아니라, 사랑과 소망이 그것들을 풍성하게 기리고 전진하게 해주었다 할 것이다. 그의 기쁨은 사실 두려워 떨며 즐거워하는 것이었던 것 같다. 그의 확신과 위로는 죄에 대한 슬픔을 촉진시키고 그것을 지속시켰다는 점에서 거짓된 열광적인 신념과 기쁨과는 크게 다른 것이었다. 그는 자신의 구원받은 안전한 상태에 대해 충만한 만족을 얻은 후에 과거의 죄들(회심 전에 지은 것이든 회심 후에 지은 것이든)을 잊어버린 것이 아니라, 이따금씩 그것들을 기억하였고 그 때마다 그의 마음속에서 탄식이 새롭게 되살아났다. 에스겔 16:63의 말씀이 분명 그에게서 이루어졌다 할 것이다: "이는 내가 네 모든 행한 일을 용서한 후에 네가 기억하고 놀라고 부끄러워서 다시는 입을 열지 못하게 하려 함이니라."

그의 신앙적인 감정과 기쁨은, 여러 사람들이 함께 있을 때에는 황홀하고 강력한 감정들이 있으나 홀로 물러가 은밀한 곳에 있을 때에는 거의 감동이 없는 그런 일부 사람들의 경우와는 전연 달랐다. 그는 매우 사교적인 성향을 지녔고 성도들과 함께 있기를 좋아했고, 신앙적인 대화와 예배를 매우 기뻐했으나, 가장 뜨거운 감동이 있고 또한 그의 육신적인 본성에 가장 큰 결과를 미치고 또한 그의 가장 감미로운 기쁨이 되었던 것은 바로 골방에서 갖는 경건의 시간이었고, 또한 그의 영혼이 홀로 나누는 하나님과의 교제였다. 회심에서부터 죽음에 이르기까지의 그의 삶의 여정 전체에서 이 점이 확실히 드러나고 있다. 그는 홀로 있는 시간을 정말 즐거워했고, 온 세상으로부터 물러나 은밀한 임무를 행하는 중에 홀로 하나님과 대화를 나누는 것을 정말 사랑하였다.

브레이너드가 얻은 체험과 위로들은, 영적인 포만감에 젖어 신앙적인 욕구와 열정이 사라지고 결국 자기들의 주목적을 이룬 다음에는 자기들이 이루어놓은 것들과 위로들에 만족하고 그것으로 지옥에 대한 두려움을 가시게 하며 하나님의 은혜에 대해 자신감을 갖는 그런 사람들의 경우와는 전연 거리가 멀었다. 이와 반대로, 브레이너드의 경우는 언제나 하나님께 복종하고자 하는 갈망과 갈증이 더욱 심화되었다. 그의 위로가 크고 감미로울수록 거룩을 향한 열망이 그에게서 더욱 열정적으로 일어났던 것이다. 그가 그토록 사모한 것은 자신을 향한 하나님의 사랑을 발견하고 즐거워하는 것이나 미래에 천국에서 누릴 영원한 복락을 선명하게 바라보는 것이 아니었다. 오히려 그는 이 땅에서 더 거룩해지며, 더 큰 영성을 소유하고, 하나님을 향하여 더욱 헌신된 마음을 갖고, 더욱 그를 사랑하고 그를 높이고 그에게 의지하는 것을 사모하였던 것이다. 그는 자신이 하나님을 더 잘 섬기기를, 그의 영광을 위하여 더욱 힘쓰고 자신이 행하는 모든 일이 그의 의와 힘이 되시는 그리스도를 더욱 위하는 것이 되게 하기를, 또한 그의 나라가 이 땅에서 확장되고 전진하는 것을 바라보기를 진심으로 바랐다. 그의 이러한 바람은 그저 한가한 소원으로 그친 것이 아니라, 지극한 열심과 지칠 줄 모르는 수고와 자기 부인과 더불어 진지하고도 열정적으로 그런 일들을 추구하도록 열정을 불어넣는 그런 강력하고도 효과 있는 바람이었다. 그는 위로를 얻었다고 해서 하나님을 추구하고 그의 은혜를 얻고자 애쓰는 일을 그만 둔 것이 절대로 아니다. 오히려 반대로, 위로를 얻은 후 더욱더 그런 일에 힘써 매진한 것이다.

  4. 그의 신앙은 체험만 있고 실천은 없는 그런 것이 아니었다. 그의 모든 내적인 조명과 감동과 위로들은 곧바로 실천으로 이어지는 성향을 보인 것 같다. 그리고 그의 실천은 그저 불신앙적이며 부도덕한 큰 그릇된 행실이 없다는 점에서 선한 하나의 "소극적인" 실천에 지나지 않는 것이 아니었고, 오히려 진지하고 경건하며 겸손하고 온유하며 자비롭고 사랑이 풍성하며 너그러운 처신에서 나타나는 거룩하고도 그리스도인다운 하나의 "적극적인" 실천이었다. 하나님과 우리 주 예수 그리스도를 섬기는 일을 삶의 가장 큰 일로 삼고 그 일에 헌신하며, 모든 시험 중에서도 생의 마지막 순간까지 지극한 진지함과 부지런함으로 그 일을 추구한 것이었다. 그에게서는 활기 있는 신앙의 올바른 모습이 보였다. 그에게 있어 신앙의 활기 있는 모습은 그저 말만이 아니라 행동에서도 활기 있는 모습이었고, 그런 활기를 말로 나타내고 겉으로 보여주며 또한 자신의 체험을 풍부하게 떠벌리는 데에서 나타난

것이 아니라 신앙의 수고와 임무들에서 능동적이고도 풍성하게 드러내 보이는 것이요, "일에서 게으르지 않고 심령에 열정을 갖고서 하나님의 뜻에 따라 주님을 섬기고 그의 세대를 섬기는 것이었다."

소견 II

앞에서 제시한 브레이너드의 생애의 기록을 통해서 우리는 참된 체험적 신앙이라는 것이 정말 있다는 것을 납득할 수 있을 것이다. 곧, 초자연적으로 마음을 비추고 납득시키며, 또한 마음에 강력한 감동을 주고 마음을 일깨우며 거룩하게 하고 다스리시는 그런 하나님의 직접적인 역사하심에서 일어나는 그런 신앙 말이다.

혹시 브레이너드의 신앙이 뜨겁게 고조된 상상의 결과로 나타난 하나의 광신(狂信: enthusiasm)에 불과하다는 식으로 고집한다면, 그의 그런 광신에 어떤 열매가 있었느냐고 반문하고 싶다. 그에게서 우리는 고도의 정직성과 단순함을 보게 된다. 무엇이든 올바른 것을 알고 또한 그릇된 것을 피하고자 하는 진지하고도 순전한 열정과 노력이 그에게 있었다. 또한 그에게 하나님을 향한 고도의 사랑이 있었음을 보게 된다. 곧, 하나님의 본성의 완전하신 모습을 즐거워하며 삶의 행복을 하나님께 두며, 그저 그를 생각만 한 것이 아니고 그를 기쁘시게 하며 그를 섬기는 일에 능동적이었다. 뿐만 아니라 세상의 구주시요 하나님의 위대한 선지자시요 또한 교회의 왕이신 메시야를 믿는 확고하고도 의심 없는 믿음이 그에게 있었고, 또한 그를 향한 큰 사랑, 그로 말미암는 구원의 길에 대한 즐거움과 안심, 그의 나라가 확장되기를 바라는 간절한 소망, 어떤 도구가 사용되든 간에 하나님이 영광을 받으시고 메시야의 나라가 전진하기를 바라는 간절한 바람, 굉장한 시험 중에도 하나님의 뜻에 모든 것을 맡기는 이례적인 자세, 그리고 인류를 향한 크고도 보편적인 자애심 — 이는 아무런 차별 없이 모든 부류의 사람들에게 미쳤고,

감미로운 언행과 친절한 자세와 자비로움과 너그러움, 그리고 사람의 영혼과 육체의 유익을 진정으로 추구하는 태도에서 잘 드러났다 — 이 그에게서 나타났던 것이다.

이런 모든 것과 더불어 놀라운 겸손과 온유함과 해 받은 것에 대한 용서와 원수들을 향한 사랑을 그에게서 보게 된다. 그에게서 우리는 또한 윗사람이나 아랫사람이나 동등한 위치의 사람들에 대한 처신에 있어서 신중하고도 조심스러우며 예의바른 품행을 보게 되며, 또한 지극히 부지런히 시간을 아껴 사용하는 모습과 촌각이라도 헛되이 버리지 않으려는 진지한 노력을 보게 되며, 또한 마음과 언어와 행동 상의 모든 종류의 죄를 크게 경계하고 삼가는 모습을 보게 된다.

우리는 또한 그의 이러한 모범과 이런 노력들이 다른 사람들에게 복된 영향을 미쳐서 지극히 귀한 열매들을 맺은 사실도 보게 된다. 지극히 야만적인 이교도들과 게으르고 부도덕한 술주정뱅이들과 살인자들과 극심한 우상 숭배자들과 주술사들을 인간답게 만들고 교화시키고 놀랍게 개혁시키고 변화시켜서, 영구히 술을 금하게 하고 부지런하게 하고 헌신하게 하고 정직하게 하고 양심적이게 하고 자비를 베풀게 한 것이다.

그리고 후에 죽음이 가까워 오고 있다는 것을 인식할 즈음에 이르러서는, 이러한 모든 덕과 성공적인 수고들이 놀라운 평안과 움직일 수 없는 안정과 고요함과 모든 것을 주께 맡기는 자세와 천국의 상태에 대한 간절한 소망으로 귀결된다. 천국에서 정황적으로 얻게 되는 존귀와 유익에 대한 소망은 물론, 무엇보다도 도덕적인 완전함과 그 완전함을 거룩하고도 복되게 발휘하는 것에 대한 소망이 있었던 것이다. 이런 모든 점들이 의심의 여지 없이 선한 이해와 판단을 소유한 사람에게서 나타나는 것이다. 그러므로 나는 이렇게 말하고 싶다. 이런 모든 점들이 광신의 열매들이라면, 광신을 바람직하고도 고귀한 것으로 여겨야 마땅하지 않겠는가? 참된 신앙이 과연 이보다 무엇을 더할 수 있으며, 최상의 철학이 과연 이보다 무엇을 더할 수 있겠는가?

소견 III

앞에서 제시한 브레이너드의 생애의 역사는 은혜의 교리를 확증시켜 준다. 만일 브레이너드의 주된 신앙에 진리나 내용이나 혹은 가치가 있다는 것을 인정한다면, 그런 교리들이 신적이라는 것도 인정해야 할 것이다. 왜냐하면 처음부터 마지막까지 그 전체가 그 교리들과 일치하는 것이 분명하기 때문이다. 그는 이런 유의 교리들로 말미암아 영적이며 영원한 본질에 속한 일들에 대해 각성하여 깊은 관심을 갖게 되었고, 이런 교리들로 말미암아 깨달음이 지속되고 발전되었으며, 또한 그의 회심도 이 교리들에 전적으로 부합되는 것이었다. 그의 회심은 결코 도덕적인 원칙들과 습관들과 부지런한 자기 훈련을 확증시키며 완전하게 하는 것이나, 거기에 하나님의 영의 도우심에 대한 인식 같은 것이 수반되거나 부추겨지는 그런 것이 아니었다. 그의 회심은 단번에 그를 어둠에서부터 놀라운 빛으로, 죄의 권세로부터 신적이며 거룩한 원리들의 통치 영역으로 돌아서도록 만든 전적으로 초자연적인 역사였다. 그의 회심은 그 자신의 힘이나 수고를 통해서 만들어지고 그의 덕성으로 말미암아 얻어진 효과가 결코 아니었다. 오히려 그의 회심은 그 자신의 모든 덕과 힘과 수고와 노력으로는 겸코 이런 효과를 일구어낼 수가 없다는 충만한 깨달음에 먼저 이른 후에야 비로소 이루어진 것이다.

브레이너드가 진정 죄로부터 하나님께로 돌이켰다면, 혹은 그가 진정 신앙을 갖게 되었다면, 그 자신이 회심했다고 여긴 그 때에 그의 회심이 이루어졌다는 것을 의심할 수 없을 것이다. 그 때에 그가 겪은 변화는 분명 그 자신이 경험한 가장 큰 도덕적인 변화였고, 그가 그 때에 비로소 처음 그런 유의 신앙을 갖게 되었고, 그 이후 평생토록 소유하게 된 그런 놀라운 새로운 습관과 마음의 정서를 그 때에 처음 갖게 된 것이 분명하다. 그의 생애의 이야기를 보면, 회심 후의 그의 모습은 그 본질과 종류 자체가 그 이전과 전혀 달랐다는 것을 알게 된다. 그런 모습은 그의 마음을 적절히 준비시키는 것이 전혀 없이 즉각적으로 이루어진 것임이 분명했다. 곧, 동일한 진리들에 대해 점차로 더 납득하게 되어 점점 그런 정서에 더 가까이 가게 된 것이 아니라, 그의 생각이 망령된 것들로 가득 차 있고 하나님을 향한 적대감이 격렬하며 또한 진리들에 대하여 큰 반감을 갖고 있는 상태에서 갑자기 그런 진리들을 그의 영혼 전체로 받아들이고 그 진리들을 신적이며 영광스러운 것으로 여겨 거기서 안식을 얻게 되었고, 그 진리들을 묵상하며 사색하는 것에다 행복을 두게 된 것이다. 브레이너드 자신이 선언하고 있거니와 — 그 자신이야말로 이 문제에 대해 가장 잘 판단할 수 있는 사람일 것인데 — 그 때에 자기에게 주어졌고 그 이후로 줄곧 그에게 계속 있게 된 그 기질과 정서들은 그 이전에 자신에게 있던 모든 것과는 본질적으로 전연 달랐고, 또한 전에는 생각조차 해 본 일이 없던 것이었다.

그러므로 브레이너드의 신앙은 그의 마음에 적용된 은혜의 교리들의 효과였다는 것이 매우 분명하다 할 것이다. 그리고 우리가 무신론자나 이신론자(deists)가 되지 않는 한, 그 효과가 선한 것이었음을 부인할 수 없을 것이다. 나는 묻고 싶다. 곧, 현실적으로 그리스도인의 헌신이라는 것이 과연 있는가? 있다면 그것이 무엇인가? 그 본질은 무엇이며, 그 정당한 척도는 무엇인가? 그 정도가 강하다는 것이 척도가 되어야 하지 않을까? 성경에서 우리는 "마음과 뜻과 성품과 힘을 다하여 하나님을 사랑하는 것과, 하나님을 기뻐하며 주를 즐거워하며 말할 수 없는 즐거움과 충만한 영광으로 즐거워하는 것과, 영혼이 주를 높이며, 하나님을 갈망하며, 의에 주리고 목마른 것과, 영혼이 하나님의 율례를 사모하여 안타까워하며, 말할 수 없는 탄식으로 하나님께 기도하며, 상한 마음과 쓰라린 심령으로 죄를 슬퍼하는 것" 등에 대한 말씀들을 풍성하게 읽을 수 있다. 시편과 성경의 기타 부분들은 그런 것들로 가득 차 있다! 그렇다면, 브레이너드에게서도 그런 것들이 표현되고 나타나는데 그것들이 그 본질에 있어서나 혹은 그 결과와 열매에 있어서 성경에 나타나는 것들과 과연 무엇이 다른가? 그는 그 이상하고도 경이로운 변화를 통해서 그가 이런 것들에게로 이끌림을 받은 것이고, 그는 그것을 가리켜 "회심"이라 부른 것이다. 그렇다면 이것이 신약과 구약에서 그렇게도 자주 말씀한 "새 마음을 주고 바른 심령을 창조하고, 심령이 새롭게 되며, 온전히 거룩해지고, 새로운 피조물이 되는 것"에 관한 내용과 잘 들어맞지 않는가?

소견 IV

앞에서 제시한 브레이너드의 생애에는 우리처럼 목회 사역에 부르심을 받은 자들과 또한 그 위대한 사역을 위한 준비생들인 자들에게 가르침을 주고 임무에 충실하도록 자극을 주는 점이 많지 않은가? 그가 그 사역의 위대함과 중요성을 얼마나 깊이 인식하였으며, 또한 그것을 얼마나 무게 있게 마음에 두었던가! 그는 또한 이 사역을 감당할 수 없는 자신의 부족함을 얼마나 지각하였으며, 하나님의 충족하심을 의지하는 자세는 또한 얼마나 컸던가! 그 사역을 자신이 감당하게 되기를 위해 얼마나 노심초사했던가! 그리고 이를 위하여 얼마나 많은 시간을 성경 읽기와 묵상과 기도와 금식으로 보냈던가! 이 사역을 위하여 그 자신을 온전히 드린 것이다! 그가 하나님을 위하여 얼마나 자신의 전 삶과 자신의 모든 능력과 재질을 드렸던가! 그는 전적으로 자유롭게 이 사역에서 그리스도를 섬기고 또한 "우리 구원의 대장 밑에서 군병이 되어 그를 택하신 하나님을 기쁘시게 하고자" 세상과 그 모든 쾌락과 즐거운 것들을 다 삼가고 버렸던 것이다! 그가 얼마나 조심스럽고도 엄숙하고도 부지런히 우리의 구주이신 하나님께 그 자신을 헌신하였고, 목사 안수를 받을 때에 은밀한 가운데서 그의 임재하심과 축복을 구하였던가! 그리고 그 때에 그 자신이 공적으로 구별되어 세움 받아서 엄숙하게 시작한 그 사역에 그가 얼마나 그의 온 마음을 끊임없이 그 일에 쏟아 부었으며, 그의 시간 전체를 소비했으며, 그의 온 기력을 바쳤던가!

그의 생애는 목회 사역에 성공을 거두는 올바른 길을 보여준다. 마치 용감한 군병이 포위 작전이나 전투에서 승리를 거두기 위해 최선을 다하듯이, 혹은 달리기를 경주하는 선수가 큰 상을 위하여 열심히 뛰듯이, 그는 그렇게 최선을 다하였다. 그는 그리스도와 사람의 영혼을 향한 사랑으로 활기를 얻어서, 공적이며 사적인 말씀과 가르침에서만이 아니라 기도에서도 은밀하게 밤낮으로 "하나님과 씨름하며," 말할 수 없는 탄식과 고뇌로 "해산의 고통으로" 간구하며, 자신이 보내심을 받은 그 사람들의 마음에 "그리스도께서 형성되기"를 위해 힘을 썼던 것이다. 또한 그의 사역에 복이 임하기를 얼마나 갈망하였으며, 얼마나 "영혼을 위하여 경성하기를 자신이 청산할 자인 것 같이" 했던가! 그가 어떻게 주 하나님의 힘으로 나아가며, 성령의 특별하신 역사가 그를 돕고 성공하게 하시기를 구하고 거기에 의지했던가! 오랜 기다림과 어둡고 실망적인 많은 모습이 있은 후에, 결국 그 열매가 얼마나 복되게 나타났던가! 야곱의 참된 아들답게 그는 밤의 모든 어둠이 다 지나고 새벽이 동터오기까지 씨름하며 끝까지 인내한 것이다.

특히 선교사들에게는 불굴의 결의와 인내로 수고하고 기도하며 자신을 부인하며 난관을 극복하는 그의 모범과 또한 여러 다른 점에서 그의 신실하고도 깨어 있고 영민한 행실이 큰 교훈을 준다 할 것이다.

소견 V

앞에서 제시한 브레이너드의 생애의 기록은 일반 그리스도인들에게도 교훈을 줄 수 있을 것이다. 여러 가지 점에서 이는 목적을 이루고 그 유익을 얻기 위해서는 어떻게 신앙을 실천해야 할지 그 바른 길을 보여준다. 또한 그리스도인들의 "달음질이 헛되지 아니하"고 불확실하지도 않고, 세상에서 하나님을 존귀하게 하며, 인류를 섬기며, 사는 동안 신앙의 위로를 얻고 영혼의 상태에 대해 불안한 의심과 어둔 근심에서 자유롭고, 죽음이 다가올 때에 평안을 누리고, 기쁨으로 경주를 마치려면 과연 어떻게 "그 앞에 당한 경주를 경주"해야 하는지도 보여준다 할 것이다. 일반적으로 말해서, 그는 이를 위하여 시간을 아낄 것과 그리스도인의 삶의 중대한 문제에 극히 부지런할 것과 삼가고 경계할 것을 많이 권장하였고, 또한 그 자신이 이 일들을 지극히 놀랍게 모범으로 보여주었다.

특히 한 가지 임무와 관련해서 그가 보여준 모범과 성공이 특별히 목사들과 일반 그리스도인들 모두에게 극히 도움이 될 것인데, 곧 "은밀한 금식"의 임무가 그것이다. 독자는 브레이너드가 얼마나 이 임무를 권장하며 또한 그 자신이 얼마나 빈번하게 그 임무를 시행하였는지를 보았을 것이며, 또한 그가 얼마나 그 임무에 애착을 가졌고 거기서 복을 누렸으며 그 임무가 그의 영혼에게 얼마나 큰 유익을 끼쳤는지도 보았을 것이다. 그가 은밀한 금식과 기도로 많은 날을 보냈고, 또한 그의 일기에 그 내용을 기록하고 있지만, 그렇게 은밀하게 금식하며 기도한 후에 얼마 지나지 않아서 하나님의 성령의 특별하신 역사와 위로 가운데서 눈에 띄는 성공과 놀라운 축복이 뒤따라 나타나지 않은 경우가 한 번도 없었고, 그 날이 지나기 전에 그런 역사가 나타난 경우가 태반이었다. 그러나 여기서 주목해야 할 것은 그가 정말 진실함으로 이 임무를 행하였다는 점이다. 그는 "스스로 분발하여 주를 붙잡"으며, "당신이 내게 축복하지 아니하면 가게 하지 아니하겠나이다"라고 천사에게 말한 야곱의 자세를 본받아 기도에 항상 힘썼던 것이다.

소견 VI

앞에서 제시한 브레이너드의 생애에는, 이 세상에서 그리스도의 나라가 전진하고 확장되기를 위하여 진실로 기도하며 노력하도록 하나님의 백성들을 자극하고 격려해주는 점이 많다. 브레이너드는 우리에게 이 점에서 탁월한 모범을 제시해 준다. 그는 온 힘을 다하여 시온의 번영을 추구하였으며, 그의 가장 큰 즐거움보다도 예루살렘을 더 우선시하였다. 그의 영혼이 그것을 얼마나 사모하였고, 갈망하였던가! 그것을 위하여 얼마나 진지하게 또한 얼마나 자주 하나님과 씨름했었던가! 그는 그리스도에 대한 순결한 사랑과 그의 영광을 위한 진지한 바람에서 활력을 얻어, 모든 사사롭고 이기적인 생각들을 버리고 이러한 바람과 기도에 온전히 헌신하였던 것이다.

 이런 점들을 진지하게 생각함으로써, 하나님의 백성들은 하나님의 성령의 전반적인 부으심과 광범위한 신앙의 부흥을 구하고 그 일을 위해 기도하도록 자극을 받아야 하며, 동시에 이를 위하여 올바른 격려를 받을 수도 있을 것이다. 고백하건대, 하나님께서 이처럼 훌륭한 그의 종에게 이런 자비를 위하여 기도하는 심령을 그렇게 놀랍게 주셨고 또한 그렇게 유례없는 방식으로 그를 자극하셔서 그로 하여금 그의 생애의 여정을 통틀어 때때로 격렬한 영혼의 갈망으로 그것을 사모하게 하시고 그것을 위하여 고뇌 가운데서 기도하게 하셨다는 사실이야말로, 나로 하여금 하나님께서 그의 교회의 유익을 위하여 머지않아 무언가 매우 영광스러운 일을 이루실 계획을 갖고 계시다는 큰 소망을 갖게 해 주는 것이다. 수천 명이 그저 그렇게 냉랭하게 형식적으로 기도하는 것보다도 이와 같은 한 사람의 놀라운 기도의 사례가 더욱 격려가 된다고 생각한다. 그리스도의 나라가 임하기를 위한 브레이너드의 바람과 기도들이 매우 특별하고 놀라운 것이었으니 만큼, 그를 자극하셔서 이런 바람과 기도들을 하게 하신 하나님께서도 무언가 특별하고도 놀라운 것으로 그 기도들에 응답하실 것이라는 소망을 갖는 것이 합당할지도 모르겠다는 생각이 든다. 또한 특별히 주목하고 격려를 받을 만한 가치가 있다고 생각되는 것은, 그가 죽음이 다가오는 때에도 이 땅에서 그리스도의 나라가 번창하기를 그렇게도 간절히 사모하고 이를 위하여 마음을 다해 기도했으며, 또한 마지막 죽어갈 때에 마지막 숨을 내쉬면서 그의 영혼을 구원자의 품에 드리며 그 영광스러운 일을 위해 기도하며 갈망하였고, 그 일이 곧 이루어지기 시작하리라는 큰 소망 가운데 숨을 거두었다는 사실이다.

* * *

이러한 나의 소견을 결말짓기 전에 브레이너드의 죽음의 정황에서 나타난 한 가지 하나님의 자비하신 역사를 지적하고 감사하고자 한다. 그것은 곧, 하나님께서 나와 나의 가족에게 은혜로우신 섭리를 베푸사, 그가 일상적으로 거처하던 곳이 나의 집으로부터 이백 마일 이상 멀리 떨어져 있었는데도 불구하고 그가 마지막 와병 때에 나의 집으로 와서 여기서 죽게 되도록 역사하셨다는 사실이다. 그렇게 해서 우리는 그와 대면하고 대화를 나누고, 그런 처지에서 그에게 친절을 베풀고, 그의 마지막 임종의 모습을 보며, 그의 마지막 유언을 듣고, 그의 마지막 권면을 받고, 그의 마지막 기도의 유익을 누릴 기회를 가졌던 것이다. 하나님께서 무한하신 자비를 베푸사, 우리로 이 일들에 대한 적절한 기억을 항상 보유하게 하시고, 우리가 얻은 유익들을 정당하게 발전시켜가게 하시기를 바란다. 또한 주께서 은혜를 베푸사 앞에 제시한 브레이너드의 생애와 죽음의 기록이 그것을 읽게 될 모든 이들에게 큰 영적인 유익이 되게 해 주시고, 참된 신앙의 부흥을 촉진시키는 복된 수단이 되게 해 주시기를 바란다! 아멘.

해설 /

데이비드 브레이너드의 일기

프랭크 마길

중심 주제

인간은 하나님만이 영광을 받으시도록 그렇게 살아야 한다. 구원은 그리스도의 의를 믿는 믿음을 통하여 얻어진다. 그러나 누구든지 믿기 전에 그는 모든 교만과 자기의(自己義)를 버려야만 한다. 그리스도인은 모든 민족이 회심할 수 있도록 기도하고 힘써야 한다. 그리고 전 세계에 그리스도의 통치가 확장될 수 있도록 간구하여야 한다.

데이비드 브레이너드는 일반적으로 교회사에서 인디언 선교에 생애를 바친 미국 식민지 시대의 한 선교사로 기억되고 있다. 그러나 그의 지속적 중요성은 그의 일기에 기인한다. 그 일기는 그가 죽은 후 영국과 미국의 복음주의 계통에서 널리 읽혀졌다. 본질적으로 하나님과의 관계에서 투쟁하는 한 영혼의 개인적 기록인 이 일기는 임종 직전에 일부는 브레이너드 자신이 편집하고, 조나단 에드워즈(1703~1758)가 일부 자료를 첨가하여 「데이비드 브레이너드의 생애와 일기」라는 제목으로 출판되었다.

브레이너드나 에드워즈는 완전주의를 믿지 않았다. 그리고 저자를 아무 흠이 없는 사람으로 나타내려고 하지 않았다. 에드워즈는 서론에서 말하고 있다. "그러나 이런 모든 불완전에도 불구하고 나는 경건하고 분별력이 있는 독자들은 브레이너드가 그 마음과 실천에 있어서 진정으로 뛰어난 그리스도인의 경건의 한 모범이라고 느낄 것이라고 확신한다. 그는 진정한 종교의 정신과 경건의 능력에 자신을 일치시켜, 정녕 우리가 본받을 만한 인물이 되었다. 이 일기는 주의깊은 독자들에게 여러 면에서 영적 유익을 증진시켜 줄 것이다."

데이비드 브레이너드는 코네티컷 주에서 태어났다. 1740~1743년의 뉴잉글랜드 대각성운동 기간에 그는 성년이 되었다. 기독교 가정의 한 진지한 젊은이로서 그는 하나님의 주권과 선택자의 구원을 위한 그리스도의 죽음의 충족성에 대한 칼빈주의적 교리를 의심 없이 받아들였다. 그의 고민은 부흥운동가들의 강조로 그가 개인적 구원 체험을 얻으려고 할 때 시작되었다. 그의 삶을 생각해 볼 때 그는 저주받은 사람들 중에 자기가 있다고 확신했다. 그리고 구원받기 위해서는 단지 그리스도를 믿으라는 복음주의적 설교가 그에게는 불가능한 것처럼 보였다. 그는 자주 하나님께 반항했다고 말한다. "나는 나를 구원하거나 정죄하는 것이 전적으로 그가 원하시는 대로, 하나님의 기분에 달려 있다는 생각을 견딜 수 없었다." 자신의 반역을 생각해 볼 때 그는 저주받은 자 되기에 합당하다고 더욱더 확신하게 되었다.

그는 1년 이상을 기도와 금식으로 시간을 보냈다. 그는 매일을 "거의 끊임없이 하나님께 자비를 구하며, 하나님이 자기의 눈을 열어 죄악과 예수 그리스도의 생활방식을 깨닫게 하시기를 기도했다." 그는 그의 모든 종교적 갈망이 자기 중심이며 그에게는 하나님에 대한 깊은 사랑이 없다는 것을 점차로 깨닫게 되었다. 이러한 생각은 계속 그를 압박하였는데, 어느 주일날 저녁 "어두운 숲을 걸어가면서," 그는 그의 영혼에 "말할 수 없는 영광"의 느낌을 가지게 되었다. 그것은 환상이나 어떤 현상이 아니었다. 그는 말한다. "그것은 내가 그 전에는 품지 못했던, 하나님에 대한 새로운 내적 이해, 혹은 견해였다. … 뛰어남과 미(美)에 있어서 그것에 필적할 만한 것을 보지 못했다. 그것은 내가 지금까지 하나님에 대하여 가진 모든 개념과 완전히 다른 것이었다 … 내 영혼은 하나님의 뛰어나심, 사랑, 위대함, 그리고 완전성에 매혹되었다. 그리하여 나는 하나님에 의하여 사로잡힌 바 되었다. 처음에는 나 자신의 구원에 대하여 아무 생각도 못했으므로, 나와 같은 피조물이 있는 것을 거의 인식하지 못하였다."

이렇게 그는 하나님만을 높이고 "우주의 왕으로서, 하나님의 영광을 목표로 하여" 자신의 생활을 복종시켰다.

하나님의 주권을 인식하는 이외에도 그는 하나님이 정하신 "구원의 방법"의 지혜와 장엄함에 새로운 인식을 가졌다. 또한 그는 "모든 세상이 전적으로 그리스도의 의에 의한 구원의 방법을 보지도 못했다"는 것을 깨닫고 놀라게 되었다.

며칠간 브레이너드가 체험한 하나님의 임재감이 그의 생애 동안 고통과 암흑의 시기에도 자주 나타나게 된다. 만약 브레이너드가 가톨릭교도였다면, 그는 의심 없이 수도원에 들어갔을 것이다. 그에게 세상은 그의 생각을 하나님으로부터 등지게 하여 주의를 산만케 하는 역할을 하였다. 그러나 그는 청교도였기 때문에, 그는 그의 공부와 교제가 엄격한 경건생활을 방해할지 모른다는 예감에도 불구하고 예일 대학에 진학하여 목회를 준비하기로 결심하였다.

예일 대학의 교수회는 대각성 운동에 별로 공감을 느끼지 못했다. 그리고 브레이너드가 2학년 때, 예일 대학의 학생들 사이에서 부흥의 불길이 미쳤을 때, 대학 측은 브레이너드를 퇴학시켰다. 이런 시련을 겪은 후 그가 쓴 일기 중 두 권을 그 스스로 임종 전에 폐기해버렸다. 그러나 복음주의 계통의 목사들이 대학으로 하여금 그 결정을 번복하도록 시도했을 때 두 번씩이나 계속 그 사건이 되풀이되었다. 놀라운 겸손으로 브레이너드는 이 사건을 자신에게 인간에 대한 사랑과 온유함을 배우는 계기로 삼고 세상의 명예와 학위 등에 대한 애착을 끊어버렸다.

제적된 후, 브레이너드는 여러 목사들로부터 신학을 공부했다. 이 경험은 그로서는 예일 대학에 다니는 것보다 더 만족스러운 것이었을 것이다. 그의 경건생활 가운데 그는 "불쌍한 영혼들과 세상에서 그리스도의 나라의 확장을 위하여" 중보의 기도를 하기 시작했다. 그리고 그는 "이교도의 구원"을 위하여 뭔가 해야만 한다고 느꼈다.

1743년 그는 스코틀랜드 선교회에 들어가 선교사가 되어 처음에는 뉴잉글랜드의 스톡브리지 인디언 사이에서, 나중에는 펜실베이니아와 뉴저지의 델라웨어 인디언 사이에서 복음을 전했다. 처음에 그 일은 다른 사람에게 생생한 종교적 체험을 전달해 주려는 그에게 있어서만은 별로 큰 용기를 주지 못했다. 그러나 브레이너드의 설교는 복음을 한 번도 듣지 못했던 인디언 사이에서 뚜렷이, 교회가 부흥할 때의 특징을 나타내게 하였다. 몇 달 동안에 그는 새로운 개종자들에게 기독교 교리와 그리스도인의 순종에 대하여 가르쳤다. 그리고 그는 그 인디언들이 그 어떤 곳의 그리스도인보다 못하지 않은 사람들이 되었다고 증언하였다.

브레이너드의 일기는 그의 선교업적에 대하여 거의 말하고 있지 않다. 그것은 단지 그의 영적 순례의 기록이다. 그러나 스코틀랜드 선교회의 요청에 따라 그는 공개 일지를 기록했다. 여기서 그는 그의 사역을 자세히 기술했다. 그는 즐기기 위해 일기를 쓰지 않았다. 그리고 공개 일지는 엄격히 기독교 선교의 진전에 대한 보고서일 뿐 지리적 혹은 인종적 상황을 기록한 것이 아니다. 예외적인 것은 그가 서스퀴한나의 인디언 마을에서 우연히 본 제사와 춤에 관한 자세한 묘사이다. "나는 그들로부터 30피트도 안되는 거리에서(발견되지는 않았다) 성경을 들고, 가능하다면 그들의 제사를 금지시키고 지옥의 대답을 듣지 못하게 해야겠다고 결심했다. 그리고 거기서 나는 모든 광경을 지켜보았다."

또 다른 예외는 한 인디언 주술사를 만난 이야기였다. 그 주술사는 그 인디언 사이에서 개혁자와 같은 위치에 있었다. 그 주술사는 브레이너드를 경의로 맞아들였고 그에게 자기의 종교적 경험을 이야기했다. 브레이너드는 말했다. "그가 스스로 찾은 종교적 관념을 가지고 있다는 것은 명백하다. 그것은 전통이라고 단순히 물려받은 것이 아니다. 그리고 그는 그의 기준에 따라서 종교적 성질에 대하여 이야기하는 것을 즐기기도 하고 싫어하기도 한다." 그리고 브레이너드는 논평한다. "그의 기질과 성품 가운데에는 내가 지금껏 다른 이교도들 사이에서 발견한 그 어느 것보다 더 진실한 종교처럼 보이는 어떤 것이 있었다."

공개 일지는 대부분 뉴저지주의 크로스윅성에서의 사역과 그가 자주 설교한 다른 장소에서 만난 고난과 좌절에 대한 이야기이다. 크로스윅성에서의 성공적인 사역은 "사마리아의 여인"처럼 그의 설교를 들으려고 친구들을 데리고 온 일단의 여인들과 아이들로 시작된다. 2주일 후에 약 50명이 모였다. 그들은 하루에 두 번씩 브레이너드가 가르치는 것을 들었다. 그가 떠나야만 했을 때, 그들은 브레이너드에게 다시 와 달라고 요청했다.

한 여인은 하나님이 그녀의 마음을 변화시켜 달라고 기도했고, 다른 여인은 그리스도를 발견하기 원한다고 말했다. 한 추장은 자기의 영혼을 위하여 비통하게 울었다. 한 달 후 브레이너드가 다시 왔을 때 "그들 사이에 곧 놀라운 관심이 명백해졌다." 그들의 모든 대화는 종교적 문제로 변화된 것처럼 보였다. 저녁때 그들은 그가 저녁 식사에 감사기도를 드려주기 전에는 음식을 먹으려고 하지 않았다. 그가 설교했을 때, 울며 자기 죄를 회개하지 않는 사람은 거의 10명에 1명밖에 되지 않았다.

브레이너드는 요령 있게 "인간의 죄를 위하여 아들을 보내신 하나님의 사랑"을 전했고, 불신자에 대한 하나님의 진노에 대해서는 말하지 않았다. 그러나 많은 청중들이 그가 체험했던 양심의 가책을 느꼈다. 그래서 나와서 하나님의 사랑에 동참하라고 초청하였을 때, 그들은 "자신들이 나올 수 없다고 느꼈기 때문에" 괴로워했다. 일주일 후 크로스윅성에 다시 돌아와 설교할 때 "하나님의 능력이 강한 폭풍처럼 회중 가운데 강림하는 것처럼 보였다." 그때에 그들은 모두 자비를 구하며 통곡하였으며, 이미 구원을 얻은 사람들은 큰 위로를 얻었다. 그들은 괴로워하는 동료들을 도울 수 있었다. 많은 사람들이 시간 가는 줄 모르고 몇 시간씩 구원을 위하여 기도하며 남아 있었다. 브레이너드는 기록했다. "오늘은 정말 놀라운 날이었다. 마치 무신론자에게도 하나님의 말씀의 능력과 그 진리를 확신시키기에 충분한 것처럼 보였다."

조나단 에드워즈나 존 웨슬리가 그들의 설교에 의해 야기된 정서적 흥분에 대하여 잘 대처했던 것처럼, 브레이너드는 주의 깊게 "건전하고 올바르며, 성경적인 체험"과 "환상적이며 여러 형태의 정신적 불안과 미혹"을 구분했다. 그는 황홀경에 빠진 한 여인에 대해 이야기하고 있다. 그녀는 자기를 데려가 달라고 그리스도께 외치고 있었다. 브레이너드는 말했다. "나는 매우 조심스럽다. 그들이 황홀경에 빠져 큰 기쁨에 넘칠지도 모른다. 그러나 그들이 신앙에 바로 뿌리가 내렸는지 실질적인 증거는 없다. 그리고 그들의 준비와 참석과 결과에 대하여 그 기쁨이 하나님께로부터 온 것인지 증명할 근거는 없다."

브레이너드는 1743년 봄에 인디언 선교를 시작했다. 그러나 그는 학생시절부터 그를 괴롭혔던 결핵 때문에 1746년 가을에 그 곳을 떠나야 했다. 그가 크로스윅성을 떠났을 때 죽음이 멀지 않음이 명백했다. 생명을 연장하기 위해서는 그가 할 수 있다면 여행을 하지 말라는 조언을 들었다. 그는 남은 12개월 동안 사랑하는 친구들에 둘러싸인 채 침대에 누워 지냈다. 그는 1747년 10월, 29세의 나이로 매사추세츠 주 노샘프턴의 조나단 에드워즈의 자택에서 숨을 거두었다.

그가 임종하기 전 몇 달 동안 브레이너드는, 오랫동안 그를 반대해 왔던 다른 목사들과 교제를 나눌 기회를 가졌다. 그는 이 때에 참 종교의 모조품, 특별히 경건한 생활의 필요성을 강조함이 없이 믿음에 의해 구원 얻는다는 일종의 분파주의적 경건에 대하여 자신의 의견을 나타냈다. 이러한 "도덕폐기론자들"에 반대하여 그는 "겸손, 자신을 비움, 스스로는 아무것도 할 수 없다는 확신"은 "구원의 믿음"에 필수적이며, "스스로 죽지 못한 사람은 결코 진실로 그리스도와 연합되지 못하고, 따라서 멸망한다"고 주장했다. 그가 강조한 다른 관심은 "시온의 미래의 번영"과 목사들이 자신들을 전세계에 그리스도의 나라의 전진을 위하여 몸 바쳐야 할 필연성이었다.

이 선교문제에 대해서는 스코틀랜드의 백성들이 뉴잉글랜드의 백성보다 열심이라고 그는 보았다.

브레이너드의 병의 고통은 그가 죽을 때까지 자주 그를 괴롭혔으나, 그는 큰 평안을 가졌다. 그는 병중에서 말했다. "나는 내 마음이 이렇게 쉽게 하나님의 진리에 빠져본 일이 없다. 은혜의 교리라고 바르게 이름 붙여진 그 위대한 진리들을 명백히 깨닫는 만큼, 나는 의심 없이 종교의 정수는 영혼의 하나님과의 일치로, 모든 이기심을 넘어서서 하나님의 영광을 위하여 모든 일에 그를 기쁘시게 하고 그를 영화롭게 하는 것이라고 깨닫게 되었다. 그리고 이것은 모든 지성적 피조물이 사랑하고, 공경하고, 예배하고 섬겨야 할 하나님의 무한하심과 존귀성에서 볼 때 명백한 것이다."

"크리스천의 영적 성장을 돕는 고전"
세계기독교고전 목록

1. 데이비드 브레이너드 생애와 일기 | 조나단 에드워즈 편집
2. 그리스도를 본받아 | 토마스 아 켐피스
3. 존 웨슬리의 일기 | 존 웨슬리
4. 존 뉴턴 서한집 - 영적 도움을 위하여 | 존 뉴턴
5. 성 프란체스코의 작은 꽃들
6. 경건한 삶을 위한 부르심 | 윌리엄 로
7. 기도의 삶 | 성 테레사
8. 고백록 | 성 아우구스티누스
9. 하나님의 사랑 | 성 버나드
10. 회개하지 않은 자에게 보내는 경고 | 조셉 얼라인
11. 하이델베르크 요리문답 해설 | 우르시누스
12. 죄인의 괴수에게 넘치는 은혜 | 존 번연
13. 하나님께 가까이 | 아브라함 카이퍼
14. 기독교 강요(초판) | 존 칼빈
15. 천로역정 | 존 번연
16. 거룩한 전쟁 | 존 번연
17. 하나님의 임재 연습 | 로렌스 형제
18. 악인 씨의 삶과 죽음 | 존 번연
19. 참된 목자(참 목자상) | 리처드 백스터
20. 예수님이라면 어떻게 하실까 | 찰스 쉘던
21. 거룩한 죽음 | 제레미 테일러
22. 웨이크필드의 목사 | 올리버 골드스미스
23. 그리스도인의 완전 | 프랑소아 페넬롱
24. 경건한 열망 | 필립 슈페너
25. 그리스도인의 행복한 삶의 비결 | 한나 스미스
26. 하나님의 도성(신국론) | 성 아우구스티누스
27. 겸손 | 앤드류 머레이
28. 예수님처럼 | 앤드류 머레이
29. 예수의 보혈의 능력 | 앤드류 머레이
30. 그리스도의 영 | 앤드류 머레이
31. 신학의 정수 | 윌리엄 에임스
32. 실낙원 | 존 밀턴
33. 기독교 교양 | 성 아우구스티누스
34. 삼위일체론 | 성 아우구스티누스
35. 루터 선집 | 마르틴 루터
36. 성령, 위로부터 오는 능력 | 앨버트 심프슨
37. 성도의 영원한 안식 | 리처드 백스터
38. 웨스트민스터 소요리문답 해설 | 토머스 왓슨
39. 신학총론(최종판) | 필립 멜란히톤
40. 믿음의 확신 | 헤르만 바빙크
41. 루터의 로마서 주석 | 마르틴 루터
42. 놀라운 회심의 이야기 | 조나단 에드워즈
43. 새뮤얼 러더퍼드의 편지 | 새뮤얼 러더퍼드
44-46. 기독교 강요(최종판) 상·중·하 | 존 칼빈
47. 인간의 영혼 안에 있는 하나님의 생명 | 헨리 스쿠걸
48. 완전의 계단 | 월터 힐턴
49. 루터의 탁상담화 | 마르틴 루터
50-51. 그리스도인의 전신갑주 I, II | 윌리엄 거널
52. 섭리의 신비 | 존 플라벨
53. 회심으로의 초대 | 리처드 백스터
54. 무릎으로 사는 그리스도인 | 무명의 그리스도인
55. 할레스비의 기도 | 오 할레스비
56. 스펄전의 전도 | 찰스 H. 스펄전
57. 개혁교의학 개요(하나님의 큰 일) | 헤르만 바빙크
58. 순종의 학교 | 앤드류 머레이
59. 완전한 순종 | 앤드류 머레이
60. 그리스도의 기도학교 | 앤드류 머레이
61. 기도의 능력 | E. M. 바운즈
62. 스펄전 구약설교노트 | 찰스 스펄전
63. 스펄전 신약설교노트 | 찰스 스펄전
64. 죄 죽이기 | 존 오웬